Schneeloch/Meyering/Patek
Betriebswirtschaftliche Steuerlehre
Band 4: Grundlagen der Steuerplanung und autonome Steuerplanung

Betriebswirtschaftliche Steuerlehre

Band 4: Grundlagen der Steuerplanung und autonome Steuerplanung

von

StB Univ.-Prof. Dr. Dieter Schneeloch

Univ.-Prof. Dr. Stephan Meyering

StB Prof. Dr. habil. Guido Patek

4., vollständig überarbeitete Auflage

Verlag Franz Vahlen München

StB Univ.-Prof. Dr. Dieter Schneeloch, Emeritus und Leiter der Abteilung für Betriebswirtschaftliche Steuerlehre des „Centrum für Steuern und Finanzen (CSF)" an der FernUniversität in Hagen;

Univ.-Prof. Dr. Stephan Meyering, Inhaber des Lehrstuhls für Betriebswirtschaftslehre, insb. Betriebswirtschaftliche Steuerlehre an der FernUniversität in Hagen;

StB Prof. Dr. habil. Guido Patek, Professor für Rechnungswesen und Steuern an der Hochschule Osnabrück, Fakultät für Management, Kultur und Technik.

ISBN Print 978 3 8006 6187 9
ISBN E-Book 978 3 8006 6188 6

Wilhelmstraße 9, 80801 München
Satz: PDF-Datei der Autoren
Druck und Bindung: Beltz Grafische Betriebe GmbH
Am Fliegerhorst 8, 99947 Bad Langensalza
Umschlaggestaltung: Ralph Zimmermann – Bureau Parapluie

www.vahlen.de

Gedruckt auf säurefreiem, alterungsbeständigem Papier
(hergestellt aus chlorfrei gebleichtem Zellstoff)

Vorwort

Das vorliegende Buch ist der vierte Band eines insgesamt sechsbändigen Werkes zur Betriebswirtschaftlichen Steuerlehre. Das Gesamtwerk stellt die grundlegend überarbeitete Fassung des von Dieter Schneeloch begründeten und während der bisherigen Auflagen allein verfassten doppelbändigen Werkes „Betriebswirtschaftliche Steuerlehre" dar. Zur nunmehrigen siebenten (bisheriger Band 1) bzw. vierten (bisheriger Band 2) Auflage haben die Verfasser und der Verlag gemeinsam beschlossen, jedes der beiden bisherigen Bücher im Umfang von jeweils ca. 600 Seiten inhaltlich geringfügig auszuweiten und in drei dünnere Bände mit einem Umfang von jeweils ca. 200 bis 250 Seiten aufzuteilen.

Adressaten dieses vierten Bandes sind vorrangig Studenten der Betriebswirtschaftslehre mit steuerlicher Schwerpunktsetzung. Darüber hinaus richtet sich das Werk auch an Studenten juristischer Studiengänge, die eine spätere Tätigkeit im steuerlichen Bereich anstreben. Schließlich sind auch Praktiker angesprochen, die grundlegende Kenntnisse erwerben oder auffrischen wollen.

Der vorliegende vierte Band zur Betriebswirtschaftlichen Steuerlehre ist in zwei Teile untergliedert. Teil I enthält methodische Grundlagen zur betrieblichen Steuerplanung; in Teil II werden Probleme einer autonomen Steuerplanung behandelt. Die Steuerplanung ist Teil der allgemeinen Unternehmensplanung. Sie kann als die zielgerichtete, d. h. planmäßige Ausnutzung steuerlicher Gestaltungsmöglichkeiten durch die einzelnen Wirtschaftssubjekte verstanden werden. Bei der in diesem Werk verwendeten Definition gehören zu den Betrieben außer den Unternehmen auch die privaten Haushalte. Damit ist klargestellt, dass im Rahmen der betrieblichen Steuerplanung grundsätzlich auch die Einkommensteuer der betroffenen privaten Haushalte zu erfassen ist. Würde diese nicht berücksichtigt, so würde die für steuerplanerische Entscheidungen meist wichtigste Steuerart nicht erfasst. Krasse Fehlentscheidungen wären mit Sicherheit die häufige Folge einer solchen Vorgehensweise.

Zu den in Teil I dieses Bandes behandelten methodischen Grundlagen gehören eine Analyse der für die Steuerplanung wichtigen Steuersätze, Probleme der Erfassung von Steuerbelastungen, die Formulierung einer Zielfunktion und der aus dieser ableitbaren Vorteilhaftigkeitskriterien sowie der Einfluss der Besteuerung auf die Höhe des Kalkulationszinssatzes. Außerdem wird eine Analyse unterschiedlicher Systeme der Unternehmensbesteuerung vorgenommen. Bei der in Teil II behandelten autonomen Steuerplanung geht es um den zielgerichteten Einsatz von sich aus den Steuergesetzen ergebenden Wahlrechten und Ermessensspielräumen. Schwerpunktmäßig werden in Teil II Probleme der Steuerbilanzpolitik behandelt.

Die Federführung bei der Überarbeitung und zum Teil vorgenommenen Erweiterung des Stoffes dieses Bandes lag bei Dieter Schneeloch. Dieser dankt Frau StBin Dr. Melanie Frieling herzlich für die tatkräftige Unterstützung bei der Anfertigung dieser Auflage. Dank gilt auch Frau Katrin Weber für ihren engagierten Einsatz bei der EDV-technischen Erfassung und Umsetzung der Ausführungen. Ein abschließender Dank gilt den Lesern der dritten Auflage des zweiten Bandes zur Betriebswirtschaftlichen Steuerlehre für wertvolle Korrekturhinweise und Ergänzungsvorschläge.

Um das Gesamtwerk zum Nutzen unserer Leser auch künftig weiterentwickeln zu können, würden wir uns sehr über entsprechende Anregungen und Hinweise zur neu konzipierten Fassung freuen. Diese können gerne auch über die E-Mail-Adresse lehrstuhl.meyering@fernuni-hagen.de kommuniziert werden.

Hagen, 29. Mai 2020

Dieter Schneeloch
Stephan Meyering
Guido Patek

Inhaltsverzeichnis

Teil II Autonome Steuerplanung 129

Abbildungsverzeichnis

Abkürzungsverzeichnis

a. F. .... alte Fassung
Abb. .... Abbildung
Abs. .... Absatz
AfA .... Absetzung für Abnutzung
AO .... Abgabenordnung
Art. .... Artikel

BB .... Betriebs-Berater (Zeitschrift)
BewG .... Bewertungsgesetz
BFH .... Bundesfinanzhof
BFuP .... Betriebswirtschaftliche Forschung und Praxis (Zeitschrift)
BGBl .... Bundesgesetzblatt
BilMoG .... Bilanzrechtsmodernisierungsgesetz
BMF .... Bundesministerium der Finanzen
BR-Drucks. .... Bundesrats-Drucksache
BStBl .... Bundessteuerblatt
BT-Drucks. .... Bundestags-Drucksache
BVerfG .... Bundesverfassungsgericht
BVerfGE .... Entscheidungen des Bundesverfassungsgerichts (Zeitschrift)
bzw. .... beziehungsweise

c. p. .... ceteris paribus
CDU .... Christlich Demokratische Union
CSU .... Christlich Soziale Union

d. h. .... das heißt
DB .... Der Betrieb (Zeitschrift)
DCF-Verfahren ... Discounted-Cash-Flow-Verfahren
DStR .... Deutsches Steuerrecht (Zeitschrift)
DStZ .... Deutsche Steuer Zeitung (Zeitschrift)

€ .... Euro
EGHGB .... Einführungsgesetz zum Handelsgesetzbuch
ErbStG .... Erbschaft- und Schenkungsteuergesetz
ErbStR .... Erbschaftsteuer-Richtlinien
ESt .... Einkommensteuer
EStB .... Ertrag-Steuerberater (Zeitschrift)
EStG .... Einkommensteuergesetz
EStR .... Einkommensteuer-Richtlinien
EU .... Europäische Union
evtl. .... eventuell

f .... folgende
ff .... fortfolgende
Fifo-Verfahren .... First-in-first-out-Verfahren
FR .... Finanz-Rundschau (Zeitschrift)

GE .... Geldeinheiten
gem. .... gemäß
GewSt .... Gewerbesteuer
GewStG .... Gewerbesteuergesetz
GG .... Grundgesetz
ggf. .... gegebenenfalls
GmbH .... Gesellschaft mit beschränkter Haftung
GrS .... Großer Senat
GrStG .... Grundsteuergesetz

h. M. .... herrschende Meinung
HFA .... Hauptfachausschuss (des Instituts der Wirtschaftsprüfer)
HGB .... Handelsgesetzbuch

i. d. F. .... in der Fassung
i. d. R. .... in der Regel
i. H. d. .... in Höhe des
i. H. v. .... in Höhe von
i. S. .... im Sinne
i. S. d. .... im Sinne des (der)
i. S. v. .... im Sinne von
i. V. m. .... in Verbindung mit
IDW .... Institut der Wirtschaftsprüfer
INF .... Die Information für Steuerberater und Wirtschaftsprüfer (Zeitschrift)
InvZulG .... Investitionszulagengesetz

KapG .... Kapitalgesellschaft
KG .... Kommanditgesellschaft
KStG .... Körperschaftsteuergesetz

Lifo-Verfahren Last-in-first-out-Verfahren
LKW .... Lastkraftwagen
lt. .... laut

mbH .... mit beschränkter Haftung
Mio .... Millionen

Nr. .... Nummer
Nrn. .... Nummern

o. a. .... oben angegeben

p. a. .... per annum

R .... Richtlinie (verwendet vom Richtliniengeber bei bestimmten Steuerrichtlinien, insbesondere den EStR)
rd. .... rund

S. .... Seite
s. .... siehe
SolZG .... Solidaritätszuschlaggesetz
SPD .... Sozialdemokratische Partei Deutschland
StuW .... Steuer und Wirtschaft (Zeitschrift)

T .... Tabelle
T€ .... Tausend Euro
Tz. .... Textziffer

u. .... und
u. a. .... unter anderem, und andere
UmwStG .... Umwandlungsteuergesetz
UStG .... Umsatzsteuergesetz

vgl. .... vergleiche

WIST .... Wirtschaftswissenschaftliches Studium (Zeitschrift)
WISU .... Das Wirtschaftsstudium (Zeitschrift)

z. B. .... zum Beispiel
ZfB .... Zeitschrift für Betriebswirtschaft
ZfbF .... Zeitschrift für betriebswirtschaftliche Forschung
ZfhF .... Zeitschrift für handelswissenschaftliche Forschung
z. T. .... zum Teil
z. Zt. .... zur Zeit
zzgl. .... zuzüglich

Symbolverzeichnis

1. Mit griechischen Buchstaben versehene Symbole

α .... Anrechnungsfaktor der Gewerbesteuer auf die Einkommensteuer nach § 35 EStG

α_{ges} .... Anrechnungsfaktor der Gewerbesteuer auf die Einkommensteuer des einzelnen Gesellschafters nach § 35 EStG

β .... Faktor der Hinzurechnung nach § 8 Nr. 1 GewStG

γ .... Faktor der Kürzung nach § 9 Nr. 1 GewStG (1,2 %) nach Multiplikation mit dem Faktor nach § 121a BewG (140 %)

δ .... Faktor, mit dem Dividenden (Ausschüttungen) unter Berücksichtigung des § 3 Nr. 40 EStG steuerpflichtig sind

2. Mit lateinischen Buchstaben versehene Symbole

A .... Ausschüttung(en)

A_n .... Anrechnung

$A_{n/gewst}$ ...... nach § 35 EStG auf die Einkommensteuer anrechenbare Gewerbesteuer

B_{ar} .... Barwert

$B_{ar/kap}$ .... Barwert der Steuerverlagerung bei Kapitalgesellschaften

$B_{ar/persu}$ ...... Barwert der Steuerverlagerung bei Personenunternehmen

B_{mbgr} .... Bemessungsgrundlage der Grundsteuer von Betriebsgrundstücken

B_{mpgr} .... Bemessungsgrundlage der Grundsteuer von Privatgrundstücken

B_r .... Brutto-Bemessungsgrundlage

E .... Erträge bzw. Aufwendungen unter Ausklammerung der betrieblichen Steuern

E^* .... zu versteuerndes Einkommen

E_e .... Einnahmen und Ausgaben, die das Einkommen, nicht aber den Gewerbeertrag beeinflussen, ohne Abzug der Kirchensteuer

E_{ink} .... Einkommen vor Abzug der Kirchensteuer als Sonderausgabe

E_k .... Einnahmen und Ausgaben, die das körperschaftsteuerliche Einkommen, nicht aber den Gewerbeertrag beeinflussen

E_{st} .... Einkommensteuer (evtl. inklusive Zuschlagsteuern)

E_V .... Endvermögen

$F_{e§20}$ .... Freibeträge, die mit Einkünften aus § 20 EStG im Zusammenhang stehen

G_{ewst}	Gewerbesteuer
G_{rst}	Grundsteuer
H_{ge}	Hinzurechnungen und Kürzungen bei Ermittlung des Gewerbeertrags einschließlich des Freibetrags, aber ohne Kürzung nach § 9 Nr. 1 GewStG
h	Gewerbesteuerhebesatz
I	Investitionsauszahlung
i	Zinssatz (Zinsfuß)
i_b	Bruttozinssatz
i_{haben}	Habenzinssatz, Zinssatz für positive Finanzinvestitionen
i_n	Nettozinssatz
$i_{n/kap}$	Nettozinssatz bei Kapitalgesellschaften
$i_{n/kap/zi}$	Nettozinssatz einer Supplementinvestition für Kapitalgesellschaften bei Aufbau einer positiven Finanzinvestition oder Abbau einer Verbindlichkeit, wenn Zinsen nicht zu einer Hinzurechnung nach § 8 Nr. 1 GewStG führen
$i_{n/nat}$	Nettozinssatz einer natürlichen Person bei Zinserträgen durch eine Supplementinvestition im nicht gewerblichen Bereich
$i_{n/nat§32d}$	Nettozinssatz bei Anwendung des gesonderten Steuersatzes gemäß § 32d Abs. 1 EStG
$i_{n/persu}$	Nettozinssatz bei Personenunternehmen
$i_{n/persu/§8,1}$ ...	Nettozinssatz einer Supplementinvestition eines Personenunternehmens einschließlich der Belastung der Mitunternehmer bei Abbau einer Verbindlichkeit, deren Zinsen zu einer Hinzurechnung nach § 8 Nr. 1 GewStG führen
$i_{n/persu/zi}$	Nettozinssatz einer Supplementinvestition eines Personenunternehmens einschließlich der Belastung der Mitunternehmer bei Aufbau einer positiven Finanzinvestition oder Abbau einer Verbindlichkeit, deren Zinsen nicht zu einer Hinzurechnung nach § 8 Nr. 1 GewStG führen
i_{soll}	Sollzinssatz, also auf Verbindlichkeiten entfallender Zinssatz
j	Gestaltungsalternativen (Index)
K	Kapitalwert
K_{ist}	Kirchensteuer
K_{st}	Körperschaftsteuer (evtl. inklusive Solidaritätszuschlag)
$M_{ax!}$	Maximierungsbedingung
M_e	Gewerbesteuermessbetrag
$M_{in!}$	Minimierungsbedingung
m_e	Gewerbesteuermesszahl
n	Anzahl der Perioden des Planungszeitraums (Index)
q	Diskontierungsfaktor $(1 + i)$

R .... Restwert

S .... Steuern, Steuerminderung
S_{ab} .... abzugsfähige Steuern
$S_{ab/a}$ .... Steuerbelastung, die von der Bemessungsgrundlage einer anderen Steuerart abzugsfähig ist
S_{an} .... auf eine andere Steuerschuld anrechenbare Steuer
$S_{e§32a}$ .... sich aus § 32a EStG ergebende kombinierte Einkommen-, Kirchensteuer- und Solidaritätszuschlagbelastung
$S_{ei§32d}$ .... reine Einkommensteuerbelastung der Einkünfte i. S. d. §32d Abs. 1 EStG
$S_{ges/a/bv}$ ...... Steuerbelastung des Gesellschafters einer Kapitalgesellschaft aufgrund einer Ausschüttung, wenn sich die Gesellschaftsanteile im Betriebsvermögen befinden
$S_{ges/a/kap}$ ..... Steuerbelastung einer Kapitalgesellschaft aufgrund der Ausschüttung einer anderen Kapitalgesellschaft
$S_{ges/a/pv}$ ...... Steuerbelastung des Gesellschafters einer Kapitalgesellschaft aufgrund einer Ausschüttung, wenn sich die Gesellschaftsanteile im Privatvermögen befinden
S_{kap} .... Summe der jährlichen Steuerbelastung einer Kapitalgesellschaft
$S_{kap/zi}$ .... Steuerbelastung einer Kapitalgesellschaft im Falle von Zinserträgen bzw. bei der Verringerung von Zinsaufwendungen, die nicht zu einer Hinzurechnung nach § 8 Nr. 1 GewStG führen
$S_{kap/zi§8,1}$ ..... Steuerbelastung einer Kapitalgesellschaft im Falle einer Hinzurechnung von Zinsen nach § 8 Nr. 1 GewStG
S_{na} .... Steuerbelastung einer Steuerart, die von keiner Steuerbemessungsgrundlage abzugsfähig ist
S_{nab} .... Steuerbelastung durch eine nicht abzugsfähige Steuer
S_{nan} .... auf andere Steuerschuld nicht anrechenbare Steuer
S_{nat} .... Summe der jährlichen Steuerbelastung einer natürlichen Person
$S_{nat/\alpha=h}$ ...... Summe der jährlichen Gesamtsteuerbelastung einer natürlichen Person für den Fall, dass der Anrechnungsfaktor der Gewerbesteuer dem Hebesatz entspricht
$S_{nat/zi}$ .... Steuerbelastung von Zinserträgen oder bei Fortfall von nicht unter § 8 Nr. 1 GewStG fallenden Zinsaufwendungen bei natürlichen Personen
S_{olz} .... Solidaritätszuschlag
$S_{persu/zi}$ .... Steuerbelastung von Zinserträgen oder bei Fortfall von nicht unter § 8 Nr. 1 GewStG fallenden Zinsaufwendungen bei Personenunternehmen
$S_{persu/zi§8,1}$ .... Steuerbelastung bei Fortfall von unter § 8 Nr. 1 GewStG fallenden Zinsaufwendungen bei Personenunternehmen
s .... Steuersatz
s^* .... geminderter Steuersatz bei Abzugsfähigkeit einer Steuerart von ihrer eigenen Bemessungsgrundlage
s_{ab} .... Steuersatz einer abzugsfähigen Steuerart

$s_{ab/a}$ .... Steuersatz einer Steuerart, die von der Bemessungsgrundlage einer anderen Steuerart abzugsfähig ist
s_{com} .... kombinierter Steuersatz bei Abzug einer Ertragsteuer von der Bemessungsgrundlage einer anderen
$s_{com/ab/a}$ ...... kombinierter Steuersatz einer Steuerart, die von der Bemessungsgrundlage einer anderen Steuerart abzugsfähig ist
s_e .... kombinierter Einkommen-, Kirchensteuer- und Solidaritätszuschlagsatz
s_e' .... Grenzsteuersatz des kombinierten Einkommen-, Kirchensteuer- und Solidaritätszuschlagsatzes
$s_{e§32a}$ .... sich aus § 32a EStG ergebender kombinierter Einkommen-, Kirchensteuer- und Solidaritätszuschlagsatz
$s_{e§32d}$ .... kombinierter Einkommen-, Kirchensteuer- und Solidaritätszuschlagsatz für Einkünfte i. S. d. § 32d EStG
s_{ei} .... reiner Einkommensteuersatz ohne Kirchensteuer und ohne Solidaritätszuschlag
$s_{ei§32d}$ .... reiner Einkommensteuersatz für Einkünfte i. S. d. § 32d EStG
s_{ge} .... Gewerbesteuersatz
s_{gr} .... Grundsteuersatz
s_k .... kombinierter Körperschaftsteuer- und Solidaritätszuschlagsatz
s_{ki} .... Kirchensteuersatz
$s_{kö}$ .... Körperschaftsteuersatz ohne Solidaritätszuschlag
s_{na} .... Steuersatz einer Steuerart, deren Steuerschuld nichtabzugsfähig ist
s_{nab} .... Steuersatz einer nichtabzugsfähigen Steuerart
s_{olz} .... Solidaritätszuschlagsatz

t .... Zeitindex

W .... Verringerung der Steuerbemessungsgrundlage durch Ausübung eines Wahlrechts

x .... Rechenkonstante i. S. d. § 32a Abs. 1 EStG

y .... Rechenkonstante i. S. d. § 32a Abs. 1 EStG

z .... Rechenkonstante i. S. d. § 32a Abs. 1 EStG
Z_a^* .... Auszahlungen unter Berücksichtigung von Supplementinvestitionen
Z_e^* .... Einzahlungen unter Berücksichtigung von Supplementinvestitionen
Z_i .... Zinsen
$Z_{i/persu/§8,1}$ ... Nettozinsaufwand eines Personenunternehmens im Falle einer Hinzurechnung von Zinsen nach § 8 Nr. 1 GewStG

Teil I

Grundlagen der Steuerplanung

1 Einführung

Zweck dieses ersten Teils des vorliegenden Buches ist es, grundlegende betriebswirtschaftliche Zusammenhänge zu erörtern, deren Kenntnis für die Behandlung von Fragen der betrieblichen Steuerplanung generell von Bedeutung ist. Dies soll in den nachfolgenden Gliederungspunkten 2 (S. 5) und 3 (S. 17) geschehen. Die Kenntnis dieser Zusammenhänge wird dann in den Punkten 4 (S. 51) bis 7 (S. 113) dieses Teils und in Teil II (S. 131) dieses Buches sowie in den Bänden 5 und 6 des Gesamtwerks vorausgesetzt.

Weiterer Zweck dieses Teils des Buches ist es, ein Instrumentarium zu schaffen, mit dessen Hilfe Probleme der betrieblichen Steuerplanung gelöst werden können. Dies soll in den Gliederungspunkten 4 (S. 51) bis 6 (S. 85) geschehen. Hier werden somit noch keine konkreten Probleme der betrieblichen Steuerplanung behandelt, vielmehr werden lediglich methodische Grundlagen zu deren Lösung erarbeitet. In Gliederungspunkt 7 (S. 113) wird in knapper Form die Wirkungsweise unterschiedlicher Systeme der Unternehmensbesteuerung dargestellt. Die Ausführungen sollen es dem Leser ermöglichen, Steuerwirkungen auch bei anderen Systemen der Unternehmensbesteuerung als dem derzeitigen deutschen zu ermitteln.

Probleme der betrieblichen Steuerplanung gibt es in unübersehbarer Fülle. Aus der Vielzahl sollen in Teil II (S. 131) dieses Buches sowie in den Bänden 5 und 6 nur einige wenige herausgegriffen werden. Hierbei handelt es sich allerdings um solche, die nach Einschätzung der Autoren eine herausragende Bedeutung besitzen. So werden in Teil II (S. 131) Probleme einer autonomen Steuerplanung, insbesondere der Steuerbilanzpolitik, behandelt. In Band 5 wird auf den Einfluss der Besteuerung auf bestimmte betriebliche Funktionen eingegangen, und zwar auf die Funktionen Investition und Finanzierung. Nicht behandelt wird hingegen die Bedeutung der Besteuerung für Beschaffungs-, Produktions- und Absatzentscheidungen. Am Ende von Band 5 sowie in Band 6 wird auf den Einfluss der Besteuerung auf die Vorteilhaftigkeit konstitutiver unternehmerischer Entscheidungen eingegangen. Behandelt werden dort Probleme der Standort- und der Rechtsformwahl sowie des Rechtsformwechsels.

Der Begriff „betrieblich" im Zusammenhang mit dem der Steuerplanung wird hier i. S. v. einzelwirtschaftlich verwendet. Er dient damit der Abgrenzung gegenüber dem Begriff gesamtwirtschaftlich. Betriebliche Steuerplanung hat somit die Bedeutung einer Steuerplanung, die durch die einzelnen Wirtschaftssubjekte im Rahmen ihrer einzelwirtschaftlichen Zielsetzungen betrieben wird. Nicht gemeint ist hingegen die staatliche Steuerpolitik. Zu den Betrieben gehören bei dieser Begriffsabgrenzung neben den Unternehmen auch die privaten Haushalte. Damit ist klargestellt, dass im Rahmen der betrieblichen Steuerplanung grundsätzlich auch die Einkommensteuer der betroffenen privaten Haushalte zu erfassen ist. Würde die Einkommensteuer nicht berücksichtigt, so würde die für einzelwirtschaftliche steuerplanerische Entscheidungen meist wichtigste Steuerart nicht erfasst. Krasse Fehlentscheidungen wären mit Sicherheit die häufige Folge einer solchen Vorgehensweise.

In den vorangegangenen Auflagen dieses Werkes wurde anstelle des Begriffs der betrieblichen Steuerplanung vorrangig der der betrieblichen Steuerpolitik verwendet. Beide Begriffe wurden in den früheren Auflagen und werden auch hier synonym genutzt,[1] wobei nunmehr regelmäßig der der Steuerplanung vorgezogen wird. Der Begriff der Steuerpolitik wird nachfolgend nur noch in den Fällen verwendet, in denen er auch heute noch im allgemeinen fachlichen Sprachgebrauch üblich ist. Dies ist insbesondere im Zusammenhang mit der Gestaltung der Steuerbilanz der Fall: Hier ist es in der Fachsprache üblich, von der Steuerbilanzpolitik und nicht von der Steuerbilanzplanung zu sprechen.

[1] Die Begriffe „Steuerpolitik“ und „Steuerplanung“ werden im Schrifttum nicht von allen Autoren synonym verwendet. Die Begriffsabgrenzungen weichen z. T. erheblich voneinander ab. Im Einzelnen vgl. *Heinhold* (1979), S. 20 ff; *Rödder* (1988), S. 3; *Grotherr* (2011), S. 5 ff.

2 Steuerplanung im Rahmen der Unternehmensplanung

2.1 Betriebliche Steuerplanung, steuerliche Aktionsparameter

Die **betriebliche Steuerplanung** (nachfolgend meist nur „Steuerplanung“ genannt) ist Teil der allgemeinen Unternehmensplanung. Sie kann als die *zielgerichtete*, d. h. *planmäßige Ausnutzung steuerlicher Gestaltungsmöglichkeiten* verstanden werden.

Die steuerlichen Gestaltungsmöglichkeiten **(steuerliche Aktionsparameter)** lassen sich in drei Gruppen gliedern, und zwar in

1. steuerliche Wahlrechte,
2. steuerliche Ermessensspielräume und
3. steuerlich orientierte Sachverhaltsgestaltungen.

Steuerliche Wahlrechte sind Wahlmöglichkeiten, die in einem Gesetz oder in einer Verwaltungsanweisung ausdrücklich eingeräumt werden. Sie ermöglichen den Steuerpflichtigen bei gegebenem Sachverhalt die Wahl zwischen zwei oder mehreren Steuerfolgen. Steuerliche Wahlrechte gibt es in weiten Bereichen des Steuerrechts. Besonders verbreitet sind sie bei den Ertragsteuern und hier vor allem im Rahmen der steuerlichen Gewinnermittlung.

Ermessensspielräume sind Wahlmöglichkeiten, die nicht ausdrücklich gesetzlich vorgesehen sind, sich aber faktisch ergeben. Sie können auf unbestimmten Rechtsbegriffen, aber auch auf einer ungeklärten Rechtslage beruhen. Von Ermessensspielräumen soll hier nur dann gesprochen werden, wenn der Rahmen des rechtlich Vertretbaren nicht gesprengt wird. Ein bewusster Verstoß gegen eine Rechtsnorm hingegen soll als illegale Praktik bezeichnet werden. Illegale Praktiken werden grundsätzlich nicht behandelt.

Steuerlich orientierte Sachverhaltsgestaltungen können sowohl alle betrieblichen Aufbauelemente als auch die betrieblichen Funktionen betreffen. So hat die Besteuerung häufig Einfluss auf die Wahl der Rechtsform (Aufbauelement) oder auch auf die Art der Finanzierung (Funktion).

2.2 Steuerliche Partialplanung und integrierte Steuerplanung

Soll das betriebliche Geschehen optimal gestaltet werden, so ist dies nur durch eine *Simultanplanung aller Teilbereiche* möglich. Dieser stehen in der betrieblichen Praxis *unüberwindliche Schwierigkeiten* entgegen, da die erforderliche

Kenntnis aller für die Zukunft zu erwartenden Daten nicht, auch nicht im Schätzwege, erreichbar ist. Als Ausweg bleibt nur die Möglichkeit, eine *Teilplanung (Partialplanung)* einzelner betrieblicher Bereiche vorzunehmen. Die *Teilplanungen* sind dann *iterativ* aufeinander abzustimmen.

Es stellt sich die Frage, in welcher Weise die Besteuerung im Rahmen der betrieblichen Planung berücksichtigt werden kann. Es sind *zwei Fälle* zu unterscheiden, die wie folgt gekennzeichnet werden können:

1. Der *Sachverhalt* nichtsteuerlicher Art ist *gegeben*.

2. Der *Sachverhalt* soll *planerisch gestaltet* werden.

Im *ersten Fall* kann eine rein steuerliche Partialanalyse für die sich eventuell aus dem Sachverhalt ergebenden steuerlichen Wahlrechte (z. B. steuerliche Bilanzierungs- und Bewertungswahlrechte) durchgeführt werden. Das mit Hilfe dieser Analyse ermittelte Optimum kann dann als steuerlicher Teilplan in die Planung der übrigen Bereiche des Betriebes einbezogen werden. Die Erstellung derartiger steuerlicher Teilpläne wird nachfolgend als **steuerliche Partialplanung** oder als **autonome Steuerplanung** bezeichnet.

Im *zweiten Fall* sind die Steuerfolgen als Daten innerhalb der möglichen Sachverhaltsgestaltungen zu berücksichtigen. Die Steuerplanung ist in derartigen Fällen in eine andere betriebliche Teilplanung, z. B. die Finanzplanung, zu integrieren. Diese Art der Planung wird nachfolgend als **integrierte Steuerplanung** bezeichnet. Gibt es bei der Wahl zwischen mehreren Gestaltungsmöglichkeiten nichtsteuerlicher Art zugleich steuerliche Aktionsparameter, so kann die Planung in zwei Stufen vorgenommen werden. Auf der ersten wird im Rahmen einer steuerlichen Partialplanung die optimale Ausnutzung der steuerlichen Aktionsparameter ermittelt. Bei dem sich auf der zweiten Stufe anschließenden Vergleich der nichtsteuerlichen Gestaltungsmöglichkeiten miteinander wird von der optimalen Ausnutzung dieser steuerlichen Aktionsparameter ausgegangen. Nunmehr werden auch die nicht durch Aktionsparameter beeinflussbaren und bisher nicht berücksichtigten Steuerfolgen der miteinander zu vergleichenden Gestaltungsmaßnahmen berücksichtigt. An die steuerliche Partialplanung (erste Stufe) schließt sich somit eine integrierte Planung (zweite Stufe) an.

Beispiel

Die Geschäftsleitung eines Unternehmens steht vor der Wahl, eine Maschine entweder zu kaufen oder zu leasen. Bei Kauf ergeben sich unterschiedliche steuerliche Abschreibungsmöglichkeiten. Weitere steuerliche Aktionsparameter bestehen nicht.

Für die Alternative „Kauf" ist die optimale Gestaltung der Abschreibungen zu ermitteln (erste Stufe). Diese ist anschließend beim Vorteilsvergleich von Kauf und Leasing im Fall des Kaufs zu berücksichtigen (zweite Stufe). In dem Vergleich der Alternativen Kauf und Leasing miteinander sind nunmehr auch alle bisher nicht berücksichtigten und durch steuerliche Wahlrechte nicht beeinflussbaren Steuerfolgen zu berücksichtigen.

2.3 Steuerzahlungen im Rahmen der Steuerplanung

Die hohe steuerliche Belastung der Unternehmen erfordert eine sorgfältige Steuerplanung. Diese beinhaltet eine *genaue Beachtung der Rechtsordnung* im Rahmen der steuerlichen Analyse. Beim Vergleich unterschiedlicher Gestaltungsmöglichkeiten sind demnach *grundsätzlich alle* Steuern, die durch die jeweilige Maßnahme ausgelöst werden, in den Vergleich einzubeziehen. Ist aber geklärt, dass sich einzelne Rechtsnormen auf alle Alternativen *in gleicher Weise* auswirken, Vor- oder Nachteile insoweit also bei keiner Gestaltungsmöglichkeit auftreten, können diese aus der Betrachtung ausgeschlossen werden. Gleiches gilt, wenn feststeht, dass der Einfluss der Steuerbelastung auf den Vergleich vernachlässigbar gering ist. Diese Frage ist allerdings vor der Entscheidung über die Nichtberücksichtigung sorgfältig zu prüfen.

Die hier vertretene Ansicht ist in der Betriebswirtschaftlichen Steuerlehre nicht unumstritten. Insbesondere im älteren Schrifttum wird häufig nur eine einzige Ertragsteuer berücksichtigt. Ein derartiges Vorgehen ist nur dann angebracht, wenn es darum geht, Steuerwirkungen modellmäßig, d. h. ohne Anknüpfung an ein in einem konkreten Raum und einer konkreten Zeit gültiges Steuersystem, zu analysieren. Geht es hingegen um eine Steuerplanung in einem realen Betrieb, so kann eine Außerachtlassung von Steuerfolgen zu völlig falschen Ergebnissen und damit zu Fehlentscheidungen führen.

Zur Beurteilung der Vorteilhaftigkeit von Gestaltungsmaßnahmen ist demnach oft die Berücksichtigung einer Vielzahl von Steuerzahlungen unterschiedlicher Steuerarten erforderlich. Es stellt sich die Frage, in welcher Weise die Steuerzahlungen ermittelt werden sollen.

Aus dem Schrifttum sind drei unterschiedliche Arten der Ermittlung bekannt, und zwar

- eine grobe Schätzung der Steuerzahlungen ohne Berücksichtigung der vielfachen Verästelungen des Steuerrechts,
- eine Ermittlung durch Veranlagungssimulation,
- eine mathematische Erfassung.

Eine *grobe Schätzung* der Steuerzahlungen kann zu Fehlschlüssen führen. Sie ist somit für planerische Entscheidungen ungeeignet und wird daher im Folgenden nicht näher behandelt.

Bei der *Veranlagungssimulation* werden die Steuerfolgen der in den Vergleich einzubeziehenden Gestaltungsmöglichkeiten mit Hilfe fiktiver Veranlagungen ermittelt. Dies geschieht für alle in Betracht kommenden Steuerarten gesondert. Die Summe der Wirkungen aller Steuerarten ergibt dann die Gesamtwirkung einer Gestaltungsmöglichkeit. Dieses in der Steuerberatungspraxis weitverbreitete Verfahren ist allerdings umständlich und zeitraubend, weil bei jeder Modifikation einer Steuerbemessungsgrundlage erneut eine Veranlagungssimulation erforderlich ist. Im Rahmen rechnergestützter Veranlagungssimulationen dürfte der so entstehende Nachteil allerdings nicht mehr groß sein. Ein anderer Nachteil kann aber auch durch rechnergestützte Veranlagungssimulation nicht beseitigt werden. Er besteht darin, dass die gegenseitigen Wechselwirkungen der Veränderung von steuerlichen Bemessungsgrundlagen infolge von Steuergestaltungsmaßnahmen nicht sichtbar werden. Diesen Nachteil der Veranlagungssimulation vermeiden die mathematischen Verfahren der Erfassung von Steuerwirkungen.

Ansätze zur *mathematischen Erfassung* von Steuerwirkungen gibt es bereits seit vielen Jahrzehnten. Sie betrafen zunächst aber nur Teilaspekte betrieblichen Geschehens. So wurden z. B. die Steuerwirkungen bestimmter Finanzierungsmaßnahmen mathematisch erfasst.[2] Methoden zur Berücksichtigung der steuerlichen Wirkungen beliebiger betrieblicher Dispositionen sind Ende der sechziger und Anfang der siebziger Jahre des vergangenen Jahrhunderts sowohl von *Rose* mit der *Teilsteuerrechnung* als auch von einem der Verfasser *(Schneeloch)* mit den auf *Gesamtbelastungsformeln* aufbauenden Steuerbelastungsvergleichen entwickelt worden.[3] Beide Methoden ermöglichen eine einfache Ermittlung der Jahressteuerbelastung alternativer Gestaltungsmaßnahmen. Berücksichtigt werden in diesen Verfahren ausschließlich Steuerfolgen bestimmter laufend veranlagter Steuerarten. Die Rechenmethoden sind allerdings darüber hinaus für beliebige Steuerarten offen. Die von *Schneeloch* entwickelte Methode wird in den Gliederungspunkten 3 (S. 17) und 4 (S. 51) dargestellt.

Sind im Rahmen eines Vorteilsvergleichs außer Steuerzahlungen auch andere Zahlungen, wie z. B. Zinsen, zu berücksichtigen, so können diese gesondert neben den sich aus der Teilsteuerrechnung bzw. den Jahresbelastungsformeln ergebenden Beträgen in den Kalkül einbezogen werden. Sind die Jahresbelastungswerte ermittelt worden, so müssen diese ggf. in einem zweiten Verfahrensschritt in einen mehrperiodigen Belastungsvergleich einbezogen werden. Auf die Art dieses mehrperiodigen Vergleichs wird in Gliederungspunkt 5 (S. 75) noch näher einzugehen sein.

2.4 Handlungsmotive, Ziele, Vorteilskriterien

Vorteilskriterien für die Beurteilung steuerlicher Gestaltungsmaßnahmen müssen aus den Zielen des Steuerpflichtigen, die ihrerseits wiederum auf verschiedenartigen Handlungsmotiven beruhen können, ableitbar sein.

Handlungsmotive können nichtmonetärer, sie können aber auch monetärer Art sein. Nichtmonetär ist beispielsweise das Prestigemotiv. Als monetäre Motive kommen etwa das Verlangen nach dem Besitz eines höheren Vermögens oder der Wunsch nach einer Steigerung des Konsums in Betracht. Nichtmonetäre Motive dürften vermutlich nur selten die Antriebskraft für steuerplanerische Entscheidungen sein. Sie sollen deshalb aus den weiteren Überlegungen ausgeklammert werden.

Um planvoll handeln zu können, müssen die oft verschwommenen Motive in klar definierte *Ziele*, hier also in *monetäre Ziele*, transformiert werden. Ist das konkrete monetäre Ziel definiert, so ist das *Vorteilskriterium* zu bestimmen, anhand dessen ermittelt werden kann, ob und ggf. in welchem Umfang das Ziel

---

[2] Vgl. z. B. *Mertens* (1962), S. 570 ff; *Swoboda* (1967), S. 10 ff.

[3] Vgl. *Schneeloch* (1972), S. 58 ff; *Rose* (1973), S. 56 ff; *Schneeloch* (1975), S. 151 ff.

erreicht wird. Auf die Definition konkreter monetärer Ziele im Rahmen der betrieblichen Steuerplanung sowie auf die Bestimmung von Vorteilskriterien wird in Gliederungspunkt 5 (S. 75) noch näher eingegangen.

2.5 Planungszeitraum – Vergleichszeitraum

Für den planmäßigen Einsatz steuerlicher Gestaltungsmaßnahmen, d. h. für eine aktive Steuerplanung, ist die Kenntnis des Zeitraumes, für den geplant werden soll **(Planungszeitraum)**, unerlässlich. Die Bestimmung des Planungszeitraums gehört seit Jahrzehnten zu den umstrittenen Fragen der betriebswirtschaftlichen Theorie, insbesondere der Investitionstheorie. Letztlich nicht befriedigend lösbar ist das Problem der Zahlungen, die jenseits des Planungshorizonts anfallen, aber bereits im Planungszeitraum verursacht werden. Diese Zahlungen beeinflussen nämlich die Höhe des am Ende des Planungszeitraums vorhandenen Vermögens, dessen Kenntnis für den der Planung zugrunde liegenden Vorteilsvergleich unerlässlich ist.

Bei einer rein *steuerlichen Partialplanung* ist das Problem der Bestimmung des Planungszeitraums weitgehend entschärft. Der Grund liegt darin, dass sich das Problem der Zahlungen jenseits des Planungshorizonts häufig nicht stellt. Oft dürfte es nämlich möglich sein, den Planungszeitraum von vornherein so festzulegen, dass sämtliche entscheidungsrelevanten Steuerzahlungen innerhalb dieses Zeitraums anfallen. Ist z. B. zu entscheiden, ob eine Maschine nur linear-gleichbleibend abgeschrieben oder ob zusätzlich eine Sonderabschreibung in Anspruch genommen werden soll, so ist es sinnvoll, als Planungszeitraum die betriebsgewöhnliche Nutzungsdauer festzulegen. Es ist zu erwarten, dass innerhalb dieses Zeitraums sämtliche für die Entscheidung relevanten Steuerzahlungen entstehen werden.

Als *Planungszeitraum einer autonomen Steuerplanung* kann mithin vielfach der Zeitraum festgelegt werden, für den unterschiedliche steuerliche Wirkungen der Vergleichsmaßnahmen feststellbar sind **(Vergleichszeitraum)**. Dieser beginnt mit dem Zeitpunkt der Durchführung der Gestaltungsmaßnahme und endet mit dem Zeitpunkt, ab dem keine unterschiedlichen steuerlichen Folgen mehr auftreten. Dieses Verfahren kann allerdings in Einzelfällen Planungen über Jahrzehnte erfordern. In der Regel ist der Vergleichszeitraum aber wesentlich kürzer.

In den Fällen, in denen im Rahmen einer steuerlichen Partialplanung der Vergleichszeitraum unabsehbar oder für eine sinnvolle Planung zu lang ist, muss geprüft werden, welche Festlegung des Planungszeitraums am zweckmäßigsten ist. Auf dieses Problem wird in Teil 2 dieses Buches sowie in den Bänden 5 und 6 des Gesamtwerkes wiederholt einzugehen sein. Gleiches gilt für den Fall einer integrierten Steuerplanung.

2.6 Unsichere Erwartungen im Rahmen der betrieblichen Steuerplanung

2.6.1 Unsicherheit hinsichtlich der künftigen wirtschaftlichen Entwicklung des Betriebes

Wirtschaftliches Planen erfordert das *Vorausschätzen* künftiger wirtschaftlicher Entwicklungen. Diese aber sind nicht mit Sicherheit vorhersehbar, ihre Prognose ist vielmehr mit Unsicherheit behaftet. Das sich hieraus ergebende Problem der *Entscheidungen unter Unsicherheit* gehört zu den schwierigsten der Betriebswirtschaftslehre. Da die Höhe der Steuerschulden von der wirtschaftlichen Entwicklung des Betriebes abhängt, ist es naheliegend anzunehmen, dass Unsicherheiten hinsichtlich dieser Entwicklung vergleichbare Unsicherheiten bei der Steuerplanung verursachen. Dass dies nur in wesentlich abgeschwächtem Maße der Fall ist, sollen die nachfolgenden Ausführungen erweisen.

Der eine Grund für diese Behauptung liegt darin, dass die Höhe der Belastungsdifferenzen zwischen alternativen Gestaltungsmöglichkeiten durch unterschiedliche wirtschaftliche Entwicklungen des Datenkranzes vielfach nicht berührt wird. Das gilt immer dann, wenn bei keiner der Gestaltungsmöglichkeiten steuerliche Verluste oder progressive Steuertarife eine Rolle spielen. Lediglich Verluste oder progressive Steuersätze können nämlich Veränderungen der Steuerbelastungsdifferenzen zwischen alternativen Gestaltungsmöglichkeiten bei unterschiedlichen Zukunftslagen bewirken. Sieht man von gesetzgeberischen Änderungen des Steuertarifs ab, so sind nach derzeitigem deutschen Recht beachtenswerte Änderungen des Steuersatzes im Rahmen von steuerlichen Partialanalysen nur bei der Einkommensteuer zu verzeichnen. Einkommensteuerliche Progressionseffekte nach deutschem Recht treten derzeit aber nur für Einkommen bis zu rd. 57 T€ bei unverheirateten und bis zu rd. 114 T€ bei verheirateten Steuerpflichtigen auf (Tarif für den Veranlagungszeitraum 2020 nach dem Rechtsstand im Frühjahr 2020). Nur bis zu diesen Einkommenshöhen können sich somit unterschiedliche wirtschaftliche Entwicklungen auf die Höhe der Steuerbelastungsdifferenzen auswirken. Sind also bei allen Alternativen und allen für möglich erachteten wirtschaftlichen Entwicklungen die angeführten Einkommen überschritten, so haben die unsicheren Erwartungen keinen bzw. nur sehr geringen Einfluss auf die Höhe der Steuerbelastungsdifferenzen. Das hat zur Folge, dass ein exakter oder annähernd exakter steuerlicher Vorteilsvergleich auch bei unsicheren Erwartungen möglich ist.

Ein exakter Vorteilsvergleich kann aber nicht darüber hinwegtäuschen, dass bei Eintritt bestimmter Erwartungslagen einzelne Gestaltungsmöglichkeiten gegen die Nebenbedingung der Aufrechterhaltung der Liquidität verstoßen können. Dieser Frage muss dann im Rahmen einer Liquiditätsplanung nachgegangen werden. Hierbei müssen die Gesamtzahlungen der Alternativen berücksichtigt werden; die Kenntnis der Belastungsdifferenzen allein reicht dann nicht aus.

Der andere Grund für die vergleichsweise geringe Bedeutung des Unsicherheitsproblems im Rahmen der Steuerplanung liegt darin, dass zumindest über zeitliche Steuerverlagerungen mit Hilfe von steuerlichen Aktionsparametern häufig erst dann entschieden zu werden braucht, wenn die Unsicherheit bereits völlig oder doch weitgehend beseitigt ist. Selbst wenn progressive Steuersätze oder Verluste vorliegen, spielt dann das Unsicherheitsproblem keine Rolle. Der Grund für die zwischenzeitlich eingetretene Sicherheit besteht darin, dass die Entscheidung über eine zeitliche Steuerverlagerung erst bei Einreichung der Steuererklärung getroffen werden muss. Das aber ist i. d. R. erst ein Jahr, oftmals auch anderthalb Jahre nach Ablauf des Jahres der Fall, für das die Erklärung zu erstellen ist (Veranlagungszeitraum). So reicht es z. B. vielfach aus, über Bewertungswahlrechte für das Jahr 1 erst im Frühjahr des Jahres 3 zu entscheiden. Dann aber liegen die wirtschaftlichen Ergebnisse für die Jahre 1 und 2 dem Steuerpflichtigen bereits vor. Zumindest für das Jahr 3 dürften zudem hinsichtlich der Steuerbemessungsgrundlagen zuverlässige Prognosen möglich sein. Zum Planerstellungszeitpunkt im Frühjahr des Jahres 3 hat der Steuerpflichtige somit für drei Jahre des Planungszeitraumes bereits Kenntnis des tatsächlichen Sachverhaltes oder doch Anhaltspunkte für eine hinreichend genaue Prognose.

Bilanzierende Steuerpflichtige haben zudem in Einzelfällen wesentlich später noch die Möglichkeit, im Wege einer *Bilanzänderung* die steuerlichen Bemessungsgrundlagen mit Wirkung für die Vergangenheit zu ändern. Hier sind allerdings die engen Voraussetzungen zu beachten, unter denen eine Bilanzänderung nach § 4 Abs. 2 EStG möglich ist.

2.6.2 Durch zu erwartende Steuerrechtsänderungen hervorgerufene Probleme

Unsicherheit herrscht häufig nicht nur hinsichtlich der zu erwartenden wirtschaftlichen Entwicklung des Betriebes, sondern auch hinsichtlich zu erwartender Änderungen des Steuerrechts. Diese können durch den Gesetzgeber, die Steuerrechtsprechung sowie durch die Finanzverwaltung hervorgerufen werden. Von herausragender Bedeutung sind in diesem Zusammenhang die durch den Gesetzgeber verursachten Steuerrechtsänderungen. Als für Steuerbelastungsvergleiche und damit für steuerplanerische Überlegungen besonders wichtige Steuerrechtsänderungen seit 1990 können genannt werden:

- Senkung des Körperschaftsteuersatzes für thesaurierte Gewinne von 56 % auf 50 % zum 1.1.1990,
- Senkung des Spitzensteuersatzes der Einkommensteuer von 56 % auf 53 % zum 1.1.1990,[4]
- Senkung des Körperschaftsteuersatzes für thesaurierte Gewinne von 50 % auf 45 % und des Steuersatzes für ausgeschüttete Gewinne von 36 % auf 30 % zum 1.1.1994,[5]
- Einführung eines Solidaritätszuschlags zum 1.7.1991, dessen Abschaffung zum 30.6.1992 und seine Wiedereinführung zum 1.1.1995,[6]

[4] Die in den ersten beiden Punkten genannten Steuersatzsenkungen ergeben sich aus dem Steuerreformgesetz 1990 vom 25.7.1988, BStBl I 1988, S. 224, Art. 1 u. 2.

[5] Siehe Standortsicherungsgesetz vom 13.9.1993, BGBl I 1993, S. 1569, Art. 1 u. 2.

[6] Siehe Solidaritätsgesetz vom 24.6.1991, BGBl I 1991, S. 1318, Art. 1, zuletzt geändert durch Steueränderungsgesetz 1992 vom 25.2.1992, BGBl I 1992, S. 297, Art. 19; Gesetz zur Umsetzung des

- Einfügung eines § 32c in das EStG und damit Einführung einer Tarifbegrenzung für gewerbliche Einkünfte auf 47 % ab 1994,[7]
- erhebliche Änderungen bei der Erbschaft- bzw. Schenkungsteuer ab 1.1.1996 in Form einer generellen Steuerverschärfung bei hohem Vermögen und Entlastung der Vererbung gewerblichen Vermögens,[8]
- faktische Abschaffung der seit Jahrzehnten erhobenen Vermögensteuer zum 1.1.1997,[9]
- Abschaffung der seit Jahrzehnten erhobenen Gewerbekapitalsteuer zum 1.1.1998,[10]
- Senkung des Solidaritätszuschlags ab 1.1.1998 auf 5,5 %,[11]
- Senkung des Spitzensteuersatzes der Einkommensteuer für gewerbliche Einkünfte (§ 32c EStG) von 47 % (bis 1998) über 45 % (1999) auf 43 % im Veranlagungszeitraum 2000,
- Senkung des Spitzensteuersatzes der Einkommensteuer für alle nicht gewerblichen Einkünfte von 53 % (bis 1999) auf 51 % im Veranlagungszeitraum 2000,
- Senkung des Körperschaftsteuersatzes für einbehaltene Gewinne von 45 % (bis 1998) auf 40 % ab 1999,[12]
- Abschaffung des (in 1977 eingeführten) körperschaftsteuerlichen Anrechnungsverfahrens und Einführung eines einheitlichen Körperschaftsteuersatzes von 25 % ab 1.1.2001,
- Erfassung der Gewinnausschüttungen von Kapitalgesellschaften bei deren Gesellschaftern nur zur Hälfte durch das Halbeinkünfteverfahren ab 1.1.2001,
- Streichung des erst 1994 eingeführten § 32c EStG und damit Abschaffung der Tarifbegrenzung für gewerbliche Einkünfte ab 1.1.2001,
- Senkung der Einkommensteuersätze, insbesondere der Spitzensteuersätze, in mehreren Stufen, und zwar
  - auf 48,5 % ab 1.1.2001,
  - auf 47 % ab 1.1.2003 und

Föderalen Konsolidierungsprogramms vom 23.6.1993, BGBl I 1993, S. 944, Art. 31, geändert durch Mißbrauchsbekämpfungs- und Steuerbereinigungsgesetz vom 21.12.1993, BGBl I 1993, S. 2310, Art. 21.

7 Siehe Standortsicherungsgesetz vom 13.9.1993, BGBl I 1993, S. 1569, Art. 1.

8 Siehe Jahressteuergesetz 1997 vom 20.12.1996, BStBl I 1996, S. 1523, Art. 2 u. 3.

9 Die Nichterhebung der Vermögensteuer basiert auf dem Beschluß des BVerfG vom 22.6.1995, 2 BvL 37/91, BStBl II 1995, S. 655; vgl. auch *Schueppen* (1997), S. 225.

10 Siehe Gesetz zur Fortsetzung der Unternehmenssteuerreform vom 29.10.1997, BGBl I 1997, S. 2590, Art. 4.

11 Siehe Gesetz zur Senkung des Solidaritätszuschlags vom 21.11.1997, BGBl I 1997, S. 2743, Art. 1.

12 Die in den letzten drei Punkten genannten Steuersatzänderungen ergeben sich aus dem Steuerentlastungsgesetz 1999/2000/2002 vom 24.3.1999, BGBl I 1999, S. 402, Art. 1 und 5, dem Gesetz zur Familienförderung vom 22.12.1999, BGBl I 1999, S. 2552 und dem Steuerbereinigungsgesetz 1999 vom 22.12.1999, BGBl I 1999, S. 2601.

  - auf 42 % ab 1.1.2005,

- Anrechnung von Gewerbesteuer auf die Einkommensteuer,[13] und zwar in Höhe des 1,8fachen des Steuermessbetrags bei gleichzeitiger Beibehaltung der Gewerbesteuer als abzugsfähige Betriebsausgabe ab 1.1.2001,
- Senkung der degressiven AfA nach § 7 Abs. 2 EStG von maximal 30 % und höchstens dem Dreifachen der linear-gleichbleibenden AfA auf maximal 20 % und das Zweifache ab 1.1.2001,[14]
- Einfügung des Spitzensteuersatzes der Einkommensteuer für zu versteuernde Einkommen von mehr als 250 T€ (Grundtarif) bzw. 500 T€ (Splittingtarif) i. H. v. 45 % (sog. Reichensteuer) ab 2007,[15]
- Abschaffung der Abzugsfähigkeit der Gewerbesteuer als abzugsfähige Betriebsausgabe bei gleichzeitiger Erhöhung des Anrechnungsfaktors von Gewerbesteuer auf die Einkommensteuer auf 3,8 ab 1.1.2008,
- Abschaffung der degressiven AfA für abnutzbare Wirtschaftsgüter des beweglichen Anlagevermögens ab 1.1.2008,
- Einfügung einer Spezialvorschrift für die Begünstigung nicht entnommener Gewinne von Personenunternehmen in das Einkommensteuergesetz ab 1.1.2008,
- grundlegende Reform der Erbschaft- bzw. Schenkungsteuer und des Bewertungsrechts zum 1.1.2009,[16]
- Abschaffung des (in 2001 eingeführten) Halbeinkünfteverfahrens, Einführung eines gesonderten Steuersatzes für Einkünfte aus Kapitalvermögen und Ausgestaltung der Kapitalertragsteuer als Abgeltungsteuer ab 1.1.2009,[17]
- zeitlich befristete Wiedereinführung der degressiven AfA für abnutzbare bewegliche Wirtschaftsgüter des Anlagevermögens mit einem Höchstsatz von 25 % der Anschaffungs- oder Herstellungskosten und maximal dem 2,5fachen der linear-gleichbleibenden AfA ab 1.1.2009.[18]
- Nochmalige Reform der Erbschaft- bzw. Schenkungsteuer zum 1.7.2016.[19]

---

[13] In der Terminologie des § 35 EStG wird der hier mit „Anrechnung" bezeichnete Vorgang „Steuerermäßigung" genannt. Hierdurch soll zum Ausdruck kommen, dass es durch § 35 EStG nicht zu einer negativen Einkommensteuerschuld kommen kann. Vgl. Gliederungspunkt 4.2 (S. 52).

[14] Die in den letzten sechs Punkten genannten Steuerrechtsänderungen sind alle eingeführt worden durch das Steuersenkungsgesetz vom 23.10.2000, BGBl I 2000, S. 1433, Art. 1, 3 und 6. Die weitere Senkung der Einkommensteuersätze über das im Steuersenkungsgesetz beschlossene Maß hinaus ab 1.1.2005 ist herbeigeführt worden durch das Steuersenkungsergänzungsgesetz vom 19.12.2000, BGBl I 2000, S. 1812.

[15] Siehe Steueränderungsgesetz 2007 vom 24.7.2006, BGBl I 2006, S. 1652. Die genannten zu versteuernden Einkommen von 250 T€ bzw. 500 T€ sind inzwischen mehrfach angehoben worden. Im Einzelnen s. Gliederungspunkt 3.2.1 (S. 18).

[16] Siehe Erbschaftsteuerreformgesetz vom 24.12.2008, BGBl I 2008, S. 3018.

[17] Die in den letzten vier Punkten genannten Steuerrechtsänderungen sind alle eingefügt worden durch das Unternehmensteuerreformgesetz 2008 vom 14.8.2007, BGBl I 2007, S. 1912.

[18] Siehe Gesetz zur Umsetzung steuerrechtlicher Regelungen des Maßnahmenpakets „Beschäftigungssicherung durch Wachstumsstärkung" vom 21.12.2008, BGBl I 2008, S. 2896.

[19] Siehe Gesetz zur Anpassung des Erbschaftsteuer- und Schenkungsteuergesetzes an die Rechtsprechung des Bundesverfassungsgerichts vom 4.11.2016, BGBl I 2016, S. 2464.

- Erhöhung der Wertgrenze für geringwertige Wirtschaftsgüter auf 800€ zum 1.1.2018.[20]
- Einführung einer Sonderabschreibung zur Förderung des Mietwohnungsneubaus zum 1.9.2018.[21]
- Einführung einer Sonderabschreibung für Elektronutzfahrzeuge nach (noch nicht erfolgter) Zustimmung der EU-Kommission.[22]
- Grundlegende Änderung des Grundsteuergesetzes mit Wirkung ab 1.1.2025.[23]
- Abschaffung des Solidaritätszuschlags für die meisten Einkommensteuerpflichtigen ab 1.1.2021.[24]

Die Vielzahl von Steuerrechtsänderungen erschwert die Steuerplanung in erheblichem Maße. Um die Probleme zu mindern, kann der Steuerpflichtige bzw. sein Berater lediglich versuchen, künftige Steuerrechtsänderungen möglichst frühzeitig zu antizipieren. Hierzu sollte er sorgfältig die politische Diskussion zum Steuerrecht verfolgen. Hilfreich sind hierbei Publikationen, die insbesondere von Verbänden und Kammern zur Information ihrer Mitglieder herausgegeben werden. Auch das einschlägige Fachschrifttum bietet eine wichtige Orientierungshilfe. Dieses kann auch hilfreich sein, wenn es darum geht, mögliche Änderungen der höchstrichterlichen Rechtsprechung zu prognostizieren. Größte Bedeutung kommt hierbei dem Studium der Vorlagebeschlüsse einzelner Senate des BFH an den Großen Senat des BFH zu. Gleiches gilt hinsichtlich der Vorlagebeschlüsse des BFH an das Bundesverfassungsgericht oder an den Europäischen Gerichtshof. Auch Äußerungen von Richtern des BFH sowie von Angehörigen der Finanzverwaltung im Schrifttum können genutzt werden, um möglichst frühzeitig künftige Steuerrechtsänderungen prognostizieren zu können.

Zusammenfassend kann festgestellt werden, dass eine sorgfältige Beobachtung der politischen Diskussion und des einschlägigen Schrifttums für die Steuerplanung äußerst wichtig ist. Doch kann sie nicht völlig vor unerwarteten Entwicklungen schützen. Hinzu kommt, dass häufig eine Anpassung an künftige Entwicklungen des Steuerrechts nicht oder nur mit erheblichem Zeitaufwand und hohen Kosten möglich ist.

Positiv für die Steuerplanung wirkt sich allerdings die Vorschrift des § 176 AO aus. Nach Absatz 1 dieser Vorschrift darf eine Aufhebung oder Änderung eines bereits ergangenen Steuerbescheids zu Lasten des Steuerpflichtigen nicht auf folgende Sachverhalte gestützt werden:

---

[20] Siehe Gesetz gegen schädliche Steuerpraktiken im Zusammenhang mit Rechteüberlassungen vom 27.6.2017, BGBl I 2017, S. 2074.

[21] Siehe Gesetz zur steuerlichen Förderung des Mietwohnungsneubaus vom 4.8.2019, BGBl I 2019, S. 1122.

[22] Siehe Gesetz zur steuerlichen Förderung der Elektromobilität und zur Änderung weiterer steuerlicher Vorschriften vom 12.12.2019, BGBl I 2019, S. 2451.

[23] Siehe Gesetz zur Reform des Grundsteuer- und Bewertungsrechts vom 26.11.2019, BGBl I 2019, S. 1794.

[24] Siehe Gesetz zur Rückführung des Solidaritätszuschlags 1995 vom 10.12.2019, BGBl I 2019, S. 2115.

- Das Bundesverfassungsgericht stellt die Nichtigkeit einer gesetzlichen Vorschrift fest.
- Ein oberstes Bundesgericht (i. d. R. der BFH) hält eine Steuerrechtsnorm für verfassungswidrig.
- Ein oberstes Bundesgericht (i. d. R. der BFH) ändert seine Rechtsprechung.

Insbesondere der dritte der genannten Gründe ist von außerordentlich großer praktischer Bedeutung. Hierdurch ist der Steuerpflichtige davor gefeit, dass seine steuerplanerischen Maßnahmen im Nachhinein durch eine Änderung der Rechtsprechung des BFH zunichte gemacht werden. Einmal auf der Grundlage der alten Rechtsprechung gezogene und durch einen Bescheid erhärtete Steuerfolgen dürfen also nicht aufgrund einer geänderten Rechtsprechung mit Wirkung für die Vergangenheit zu Ungunsten des Planenden geändert werden. Änderungen zu Gunsten des Steuerpflichtigen hingegen können und müssen berücksichtigt werden, vorausgesetzt, es besteht in formeller Hinsicht eine Änderungsmöglichkeit. Diese dürfte vielfach auf der Grundlage des § 164 AO (Vorbehaltsfestsetzung) gegeben sein.

3 Steuersätze im Rahmen der betrieblichen Steuerplanung

3.1 Grundsätzliches, Durchschnitts-, Differenz- und Grenzsteuersatz

Eine Steuerschuld besteht aus dem Produkt aus der Bemessungsgrundlage und dem hierauf anzuwendenden Steuersatz. Bei den meisten Steuerarten ist der Steuersatz konstant, d. h. er ist unabhängig von der Höhe der Bemessungsgrundlage. Von diesem Grundsatz gibt es – soweit ersichtlich – in allen Rechtsordnungen der Welt eine wichtige Ausnahme. Sie betrifft die Einkommensteuer. Bei dieser Steuerart ist der Tarif progressiv gestaltet, d. h. der Steuersatz steigt mit der Höhe des zu versteuernden Einkommens. Hierbei lassen sich systematisch die folgenden beiden Methoden zur Erreichung eines Progressionseffekts unterscheiden:

1. Der Einkommensteuersatz, mit dem die jeweils letzte Einheit des zu versteuernden Einkommens belastet wird, steigt mit steigendem zu versteuernden Einkommen stetig an.
2. Der Einkommensteuersatz steigt in Sprüngen, d. h. er beträgt z. B. für die ersten 10.000 Geldeinheiten 0 %, für die zweiten 30.000 Geldeinheiten 20 %, für die nächsten 30.000 Geldeinheiten 30 % und für alle (10.000 + 30.000 + 30.000 =) 70.000 Geldeinheiten übersteigenden Beträge 40 %.

In der Bundesrepublik Deutschland sind die beiden Methoden miteinander verknüpft. Hierauf wird im nächsten Gliederungspunkt eingegangen.

Bei der Einkommensteuer lassen sich drei Arten von Steuersätzen unterscheiden, und zwar

- der Durchschnittssteuersatz,
- der Differenzsteuersatz und
- der Grenzsteuersatz.[25]

Der Durchschnittssteuersatz ist der Steuersatz, mit dem das zu versteuernde Einkommen durchschnittlich belastet ist. Es handelt sich also um den Quotienten aus der Einkommensteuerschuld und dem zu versteuernden Einkommen.

Der Differenzsteuersatz ist der Steuersatz, mit dem eine Einkommensdifferenz belastet ist. Es handelt sich also um den Quotienten aus der Steuerdifferenz und der Differenz der zu versteuernden Einkommen.

[25] Vgl. *Michels* (1982), S. 146 ff.

Der Ermittlung des Grenzsteuersatzes liegt eine Marginalbetrachtung zugrunde. Der Grenzsteuersatz ist der Steuersatz, mit dem eine marginale Einkommensänderung belastet ist. Er wird ermittelt aus dem Quotienten aus der durch eine marginale Einkommensänderung hervorgerufenen Steuerdifferenz und der marginalen Einkommensänderung. Mathematisch handelt es sich also um die erste Ableitung der die Höhe der Einkommensteuer definierenden Gleichungen.

3.2 Einkommensteuersätze nach deutschem Recht

3.2.1 Einführung

Bereits seit Jahrzehnten ist der in der Bundesrepublik Deutschland geltende Einkommensteuertarif in der für den jeweiligen Veranlagungszeitraum geltenden Fassung in § 32a EStG geregelt. Beschließt der Gesetzeber für künftige Veranlagungszeiträume eine Tarifänderung, so regelt er diese traditionell in den Anwendungsvorschriften des § 52 EStG.

Während der letzten Jahre hat der deutsche Gesetzgeber den Einkommensteuertarif nur wenig verändert. So beträgt der Grundfreibetrag des § 32a Abs. 1 EStG für den Veranlagungszeitraum 2017 8.820 €, für 2018 9.000 €, für 2019 9.168 € und für 2020 9.408 €. Die Erhöhungen des Grundfreibetrags decken in etwa die inflationäre Entwicklung in den genannten Jahren. Legislative und Exekutive haben diese Erhöhungen allerdings als Entlastungen der Steuerpflichtigen „verkauft".

An den Grundfreibetrag schließen sich in allen genannten Veranlagungszeiträumen zwei Progressionsbereiche an. Sie werden durch zwei quadratische Gleichungen definiert. Die sich aus diesen Gleichungen ergebenden Kurvenverläufe weichen in den einzelnen Veranlagungszeiträumen nur minimal voneinander ab.

Für alle Einkommensteile, die oberhalb des Progressionsbereichs liegen, beträgt der Grenzsteuersatz der Einkommensteuer seit dem Veranlagungszeitraum 2005 einheitlich 42 %. Der Bereich oberhalb des Progressionsbereichs wird als (unterer) Proportionalbereich oder als **(unterer) Plafond** bezeichnet. Dieser begann im Veranlagungszeitraum 2005 bei rd. 52 T€. Dieser Betrag ist im Laufe der Jahre mehrfach erhöht worden. Für den Veranlagungszeitraum 2020 beträgt er rd. 57 T€. Mit Wirkung ab dem Veranlagungszeitraum 2007 hat der Gesetzgeber für zu versteuernde Einkommen von mehr als 250 T€ einen gesonderten Steuersatz von 45 % eingeführt (Reichensteuer). Seither gibt es einen weiteren Proportionalbereich, der hier als oberer Proportionalbereich oder **oberer Plafond** bezeichnet wird. Die untere Grenze von rd. 250 T€ hat der Gesetzgeber bis zum Veranlagungszeitraum 2020 schrittweise auf rd. 271 T€ erhöht.

Alle genannten Beträge des zu versteuernden Einkommens beziehen sich auf den Grundtarif. Bei Anwendung des Splittingtarifs verdoppeln sie sich gem. § 32a Abs. 5 EStG.

3.2.2 Durchschnitts-, Differenz- und Grenzsteuersätze nach dem für 2020 geltenden Tarif

Der nach dem Rechtsstand im Frühjahr 2020 für das Jahr 2020 gesetzlich definierte Tarif ist im Anhang zu diesem Buch unter „Vorbemerkungen" abgedruckt. Die Wiedergabe dieser Tarifvorschrift erfolgt deshalb, weil in nachfolgenden konkreten Berechnungen häufig auf sie zurückgegriffen wird. Die Wiedergabe soll es dem Leser ersparen, nach dieser Rechtsnorm, die in wenigen Jahren vermutlich geändert sein wird, in einer alten Gesetzessammlung suchen zu müssen. Vorstellbar ist es, dass der im Anhang wiedergegebene Tarif, der aus heutiger Sicht (Frühjahr 2020) für die Steuerplanung besonders wichtig erscheint, nur für einen einzigen Veranlagungszeitraum (2020) zur Anwendung kommt, weil der Gesetzgeber ihn bereits für 2021 ändert. *Nachfolgend wird der im Anhang wiedergegebene Tarif als der Tarif des Jahres 2020 bezeichnet, und zwar nach dem Rechtsstand im Frühjahr 2020.*

Wie bereits ausgeführt, beginnt der deutsche Einkommensteuertarif mit einem Grundfreibetrag, dessen Höhe in § 32a Abs. 1 EStG festgelegt ist. Im Veranlagungszeitraum 2020 beträgt dieser – nach dem Rechtsstand im Frühjahr 2020 – 9.408 €. Innerhalb dieses Bereichs betragen Durchschnitts-, Grenz- und Differenzsteuersatz jeweils 0 %. Bei einem zu versteuernden Einkommen von 9.409 € „springt" der Grenzsteuersatz auf 14 %.

An den Grundfreibetrag schließen sich zwei Progressionsbereiche an. Sie werden durch zwei quadratische Gleichungen definiert. Die Gleichung für den oberen progressiven Bereich, der für zu versteuernde Einkommen von 14.533 € bis 57.051 € anzuwenden ist, lautet gem. § 32a Abs. 1 Satz 2 Nr. 3 EStG wie folgt:

$$E_{st} = (212{,}02 \cdot z + 2.397) \cdot z + 972{,}79. \tag{1}$$

Hierbei gibt E_{st} die Einkommensteuerschuld an. z ist nach § 32 Abs. 1 Satz 4 EStG ein Zehntausendstel des 14.532 € übersteigenden Teils des zu versteuernden Einkommens (E^*):

$$z = \frac{E^* - 14.532}{10.000} \text{ bzw.} \tag{2}$$

$$z = E^* \cdot 10^{-4} - 1{,}4532. \tag{3}$$

Durch Einsetzen von Gleichung (3) in Gleichung (1) ergibt sich:

$$\begin{aligned} E_{st} &= 212{,}02 \cdot \left(E^* \cdot 10^{-4} - 1{,}4532\right) \cdot \left(E^* \cdot 10^{-4} - 1{,}4532\right) \\ &+ 2.397 \cdot \left(E^* \cdot 10^{-4} - 1{,}4532\right) + 972{,}79. \end{aligned} \tag{4}$$

$$\begin{aligned} E_{st} &= 212{,}02 \cdot E^{*2} \cdot 10^{-8} - 0{,}061621 \cdot E^* + 447{,}74176 \\ &+ 0{,}2397 \cdot E^* - 2.510{,}5304. \end{aligned} \tag{5}$$

$$E_{st} = 212{,}02 \cdot E^{*2} \cdot 10^{-8} + 0{,}178079 \cdot E^{*} - 2.062{,}78864. \quad (6)$$

Der Grenzsteuersatz $s_e{}'$ beträgt:

$$s_e{}' = \frac{d_{E_{st}}}{d_{E^*}}. \quad (7)$$

Unter Berücksichtigung von Gleichung (6) ergibt sich hierfür:

$$s_e{}' = 4{,}2404 \cdot E^{*} \cdot 10^{-6} + 0{,}178079. \quad (8)$$

Hieraus lässt sich für ein konkretes zu versteuerndes Einkommen der zugehörige Grenzsteuersatz ermitteln.

Beispiel

Es ist der Grenzeinkommensteuersatz eines ledigen Steuerpflichtigen mit einem zu versteuernden Einkommen von 44.171 € zu bestimmen.

Der Grenzsteuersatz ergibt sich durch Einsetzen von $E^* = 44.171$ in Gleichung (8):

$s_e{}' = 4{,}2404 \cdot 44.171 \cdot 10^{-6} + 0{,}178079,$

$s_e{}' = 0{,}1873027 + 0{,}178079,$

$s_e{}' = 36{,}54\,\%.$

Für alle Einkommensteile, die oberhalb des Progressionsbereichs liegen, beträgt – wie bereits ausgeführt – der Grenzsteuersatz der Einkommensteuer gem. § 32a Abs. 1 EStG einheitlich 42 % bzw. 45 % (oberhalb von rd. 57 T€ bzw. rd. 271 T€).

Die im Anhang befindliche Tabelle T- 1 (S. 218) enthält in Spalte 2 Durchschnitts- und in Spalte 3 Grenzsteuersätze zu den in Spalte 1 aufgeführten zu versteuernden Einkommen. Der Tabelle liegt der Grundtarif des § 32a EStG für das Jahr 2020 (nach dem Rechtsstand im Frühjahr 2020) zugrunde. Bei allen in der Tabelle aufgeführten Steuersätzen handelt es sich um „reine" Einkommensteuersätze, d. h. Solidaritätszuschlag und Kirchensteuer sind nicht berücksichtigt.

Wird jeder der in Spalte 1 der *Tabelle T- 1 (S. 218)* enthaltenen Einkommenswerte als mittlerer Wert einer Einkommensdifferenz angesehen, so kann der hierzu korrespondierende Wert der Spalte 3 auch als Differenzsteuersatz dieser Einkommensdifferenz angesehen werden. *Grenzsteuersatz* und *Differenzsteuersatz* sind dann *identisch*. Das gilt nur unter der Voraussetzung, dass sich sowohl der obere als auch der untere Einkommenswert einheitlich in derselben Tarifzone befinden.

Beispiel

Das zu versteuernde Einkommen des ledigen und konfessionslosen Steuerpflichtigen A erhöht sich von 43 T€ auf 47 T€. A will wissen, mit welchem Steuersatz diese Einkommensdifferenz belastet ist.

Der mittlere Wert der Einkommensdifferenz beträgt 45 T€. Dieser Wert ist in Spalte 1 der Tabelle T- 1 (S. 218) im Anhang aufgeführt. Für diesen Wert ergibt sich nach Spalte 3 dieser Tabelle ein Grenzsteuersatz von 36,89 %. Dies ist zugleich auch der gesuchte Wert des Differenzsteuersatzes der Einkommensdifferenz von 43 T€ bis 47 T€.

Die Werte der im Anhang wiedergegebenen Tabelle T- 1 (S. 218) sind in *Abbildung 3.1* eingetragen. Diese Abbildung enthält je eine Kurve der Durchschnitts- und der Grenzsteuersätze. Beide Kurven verlaufen bis zu einem Einkommen von 9,4 T€ (9.408 €) auf der Abszisse. Die Kurve der Grenzsteuersätze „springt" dann auf einen Steuersatz von 14 % und steigt anschließend in zwei aufeinanderfolgenden Tarifzonen jeweils linear an bis zu einem Einkommen von 57,1 T€ (57.051 €). Ab dieser Einkommenshöhe, also ab Beginn des unteren Plafonds, beträgt der Grenzsteuersatz stets 42 %, d. h. die Grenzsteuersatzkurve verläuft parallel zur Abszisse. Bei einem zu versteuernden Einkommen von 270,5 T€ (270.501 €) „springt" die Grenzsteuersatzkurve erneut, und zwar nunmehr von 42 % auf 45 %. Anschließend verläuft sie wiederum parallel zur Abszisse.

Die zu den einzelnen Punkten der Grenzsteuersatzkurve gehörigen Abszissenwerte können auch als mittlere Werte einer wohldefinierten Einkommensdifferenz angesehen werden. Die Grenzsteuersatzkurve wird dann zu einer Differenzsteuersatzkurve.

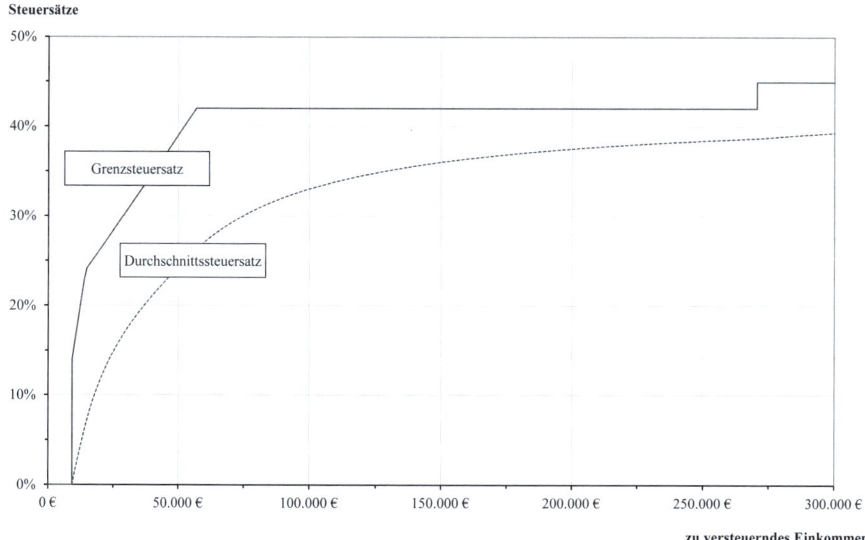

Abb. 3.1: Durchschnitts- und Grenzsteuersätze bei Anwendung des Grundtarifs für das Jahr 2020 ohne Kirchensteuer und Solidaritätszuschlag

Die Ausführungen zum Grenzsteuersatz in den beiden Plafondzonen gelten entsprechend für den Differenzsteuersatz, soweit dieser ebenfalls ausschließlich durch Einkommenswerte bestimmt wird, die sich jeweils in derselben Plafondzone befinden.

Im Gegensatz zur Grenzsteuersatzkurve steigt die Kurve der Durchschnittssteuersätze ab einem zu versteuernden Einkommen von 9,4 T€ stetig an. Sie verläuft stets unterhalb der Grenzsteuersatzkurve. Bei sehr hohen Einkommen nähert sie sich dieser asymptotisch. Die Kurve der Durchschnittssteuersätze weist somit immer dann, wenn der Grundfreibetrag überschritten ist, keinen linearen Verlauf auf. Dennoch erscheint es vertretbar, auch Durchschnittssteuersätze mit Hilfe der linearen Interpolation näherungsweise zu ermitteln.

Für *Ehegatten*, die nach den §§ 26 und 26b EStG zusammen zur Einkommensteuer veranlagt werden, gilt die Tariffunktion für die Hälfte des gemeinsam zu versteuernden Einkommens. Der ermittelte Steuerbetrag wird dann verdoppelt. Für Abbildung 3.1 auf der vorherigen Seite folgt daraus, dass bei Anwendung des Splittingtarifs bei einem unveränderten Verlauf der Durchschnitts- und der Grenzsteuersatzkurve die entsprechenden zu versteuernden Einkommen zu verdoppeln sind.

3.2.3 Kombinierte Einkommen-, Kirchensteuer- und Solidaritätszuschlagsätze

3.2.3.1 Allgemeine Ableitung

In der Bundesrepublik Deutschland wird von den Angehörigen der großen Kirchengemeinden Kirchensteuer erhoben. Unterliegt ein Steuerpflichtiger der Kirchensteuer, so ist es sinnvoll, Einkommen- und Kirchensteuer in einem kombinierten Steuersatz zusammenzufassen. Hierbei ist zu berücksichtigen, dass die Kirchensteuer (K_{ist}) nach derzeit geltendem Recht (Stand: Frühjahr 2020) selbst als Sonderausgabe abzugsfähig ist. Wird das Einkommen bzw. der Einkommensteil vor Abzug der Kirchensteuer mit E_{ink} bezeichnet, so hat die Bemessungsgrundlage sowohl der Einkommen- als auch der Kirchensteuer den Wert $E_{ink} - K_{ist}$. Die Einkommensteuer ergibt sich durch Multiplikation dieser Bemessungsgrundlage mit dem reinen Einkommensteuersatz (s_{ei}), die Kirchensteuer grundsätzlich durch Multiplikation des sich ergebenden Produkts mit dem Kirchensteuersatz (s_{ki}). Die Kirchensteuer kann mithin wie folgt geschrieben werden:

$$K_{ist} = (E_{ink} - K_{ist}) \cdot s_{ei} \cdot s_{ki}. \tag{9}$$

Nach einigen Umformungen ergibt sich hieraus:

$$K_{ist} = \frac{s_{ei} \cdot s_{ki}}{1 + s_{ei} \cdot s_{ki}} \cdot E_{ink}. \tag{10}$$

Die Summe aus Einkommen- und Kirchensteuer entspricht dem Produkt aus dem Einkommen vor Abzug der Kirchensteuer E_{ink} und dem kombinierten Einkommen- und Kirchensteuersatz s_e:

$$E_{st} + K_{ist} = E_{ink} \cdot s_e. \tag{11}$$

Diese Summe entspricht aber auch dem Produkt aus dem zu versteuernden Einkommen und dem reinen Einkommensteuersatz s_{ei}, zuzüglich des Produkts aus der Einkommensteuer und dem Kirchensteuersatz s_{ki}. Das zu versteuernde Einkommen ergibt sich durch Abzug der Kirchensteuer K_{ist} von E_{ink}. Die Einkommensteuer ergibt sich als das Produkt aus dieser Differenz und dem Einkommensteuersatz s_{ei}. Es kann demnach geschrieben werden:

$$E_{st} + K_{ist} = (E_{ink} - K_{ist}) \cdot s_{ei} + (E_{ink} - K_{ist}) \cdot s_{ei} \cdot s_{ki}. \tag{12}$$

Aus den Gleichungen (11) und (12) kann gefolgert werden:

$$E_{ink} \cdot s_e = (E_{ink} - K_{ist}) \cdot s_{ei} + (E_{ink} - K_{ist}) \cdot s_{ei} \cdot s_{ki}. \tag{13}$$

Durch Umformung ergibt sich hieraus:

$$E_{ink} \cdot s_e = E_{ink} \cdot (s_{ei} + s_{ei} \cdot s_{ki}) - K_{ist} \cdot (s_{ei} + s_{ei} \cdot s_{ki}). \tag{14}$$

Durch Einsetzen des Werts von K_{ist} aus Gleichung (10) in Gleichung (14) ergibt sich:

$$E_{ink} \cdot s_e = E_{ink} \cdot s_{ei} \cdot (1 + s_{ki}) - \frac{s_{ei} \cdot s_{ki}}{1 + s_{ei} \cdot s_{ki}} \cdot E_{ink} \cdot s_{ei} \cdot (1 + s_{ki}). \tag{15}$$

Klargestellt sei, dass es sich bei der in den Gleichungen (9) bis (15) enthaltenen Bemessungsgrundlage E_{ink} keinesfalls um das gesamte Einkommen des Steuerpflichtigen handeln muss. Vielmehr sind diese Gleichungen auf beliebige Teile des Einkommens anwendbar, deren Belastung mit Einkommen- und Kirchensteuer ermittelt werden soll.

Nach Division der Gleichung (15) durch E_{ink} und Umformung ergibt sich:

$$s_e = s_{ei} \cdot (1 + s_{ki}) \cdot \left(1 - \frac{s_{ei} \cdot s_{ki}}{1 + s_{ei} \cdot s_{ki}}\right) \text{ bzw.} \tag{16}$$

$$s_e = \frac{s_{ei} \cdot (1 + s_{ki})}{1 + s_{ki} \cdot s_{ei}}. \tag{17}$$

Im Plafond der Einkommensteuer beträgt nach der derzeitigen Rechtslage der Grenz- und der Differenzsteuersatz der Einkommensteuer 42 % bzw. 45 %. Wird der Einkommensteuersatz von 42 % in Gleichung (17) eingesetzt und wird außerdem von einem Kirchensteuersatz von 9 % (s_{ki} = 0,09) ausgegangen, so ergibt sich ein kombinierter Steuersatz von

$$s_e = \frac{0{,}42 \cdot (1 + 0{,}09)}{1 + 0{,}09 \cdot 0{,}42} \text{ bzw.} \tag{18}$$

$$s_e = 0{,}4411255. \tag{19}$$

Im unteren Plafond und bei einem Kirchensteuersatz von 9 % beträgt der kombinierte Einkommen- und Kirchensteuersatz also rd. 44,113 %. Dies gilt sowohl für den Grenz- als auch für den Differenzsteuersatz. Der Durchschnittssteuersatz hingegen ist geringer. Bei Anwendung des Einkommensteuersatzes für die „Reichensteuer“ von 45 % beträgt der kombinierte Einkommen- und Kirchensteuersatz 47,141 %. Der Durchschnittssteuersatz ist wiederum geringer. Er nähert sich mit steigendem zu versteuernden Einkommen asymptotisch dem Wert von 47,141 %.

Nach dem Rechtsstand im Frühjahr des Jahres 2020 wird ein Solidaritätszuschlag zur Einkommensteuer erhoben. Er beträgt nach § 4 Satz 1 SolZG 5,5 % der Einkommensteuer. Ist der Steuerpflichtige konfessionslos, so beträgt der kombinierte Einkommensteuer- und Solidaritätszuschlagsatz z. B. bei einem „reinen“ Einkommensteuersatz von 42 % (42 % + 5,5 % · 42 % =) 44,31 %. Unterliegt der Steuerpflichtige zusätzlich einer 9 %igen Kirchensteuer, so kann der kombinierte Einkommensteuer-, Kirchensteuer- und Solidaritätszuschlagsatz aus Gleichung (17) ermittelt werden, indem in diese Gleichung der Solidaritätszuschlag integriert wird. Gleichung (17) kann dann wie folgt abgewandelt werden:

$$s_e = \frac{s_{ei} \cdot (1 + s_{olz} + s_{ki})}{1 + s_{ki} \cdot s_{ei}}. \tag{20}$$

Bei einem „reinen“ Einkommensteuersatz von 30 % (s_{ei} = 0,3) beträgt dann der sich aus Gleichung (20) ergebende kombinierte Steuersatz 33,447 %, bei einem Einkommensteuersatz von 42 % (s_{ei} = 0,42) beträgt er 46,338 % und bei einem Einkommensteuersatz von 45 % (s_{ei} = 0,45) 49,519 %.

3.2.3.2 Verminderung und spätere Abschaffung des Solidaritätszuschlags

Bereits seit vielen Jahren gibt es in Politik und Gesellschaft starke Bestrebungen, den - zur Finanzierung der deutschen Einheit in den 1990er Jahren eingeführten - Solidaritätszuschlag wieder abzuschaffen. Im Jahre 2019 hat der deutsche Gesetzgeber durch das „Gesetz zur Rückführung des Solidaritätszuschlags 1995“ eine teilweise Abschaffung des Solidaritätszuschlags beschlossen. Nach dem durch dieses Gesetz geänderten § 3 Abs. 3 SolZG ist ein Solidaritätszuschlag auf die *Einkommensteuer* nur noch dann zu erheben, wenn die als Bemessungsgrundlage dienende Einkommensteuer die in dieser Rechtsnorm genannten Grenzen übersteigt. Die Grenze beträgt im Falle der Einzelveranlagung nach § 3 Abs. 3 Satz 1 Nr. 2 SolZG 16.956 € jährlich. Im Falle der Zusammenveranlagung verdoppelt sie sich nach der Nr. 1 dieser Rechtsnorm auf 33.912 €. Diese Neuregelung gilt ab dem Veranlagungszeitraum 2021. Der Gesetzgeber geht davon aus, dass ab 2021 nur noch etwa 10 % der Einkommensteuerpflichtigen Solidaritätszuschlag werden entrichten müssen.

§ 3 Abs. 3 Satz 1 EStG hat für die Anwendung von Gleichung (20) zur Folge, dass in ihr für zu versteuernde Einkommen, die die sich aus der genannten Rechtsnorm ergebenden Grenzen nicht überschreiten, $s_{olz} = 0$ zu setzen ist.

Bei einem Blick in die für das Jahr 2020 geltenden Einkommensteuertabellen wird klar, dass die in § 3 Abs. 3 SolzG genannten Einkommensteuerbeträge sich aus zu versteuenden Einkommen ergeben, die im Bereich der in § 32a Abs. 1 Satz 2 Nr. 4 EStG definierten Tarifzone liegen. Im Falle der Anwendung des Grundtarifs ergibt sich hieraus folgender Gleichungsansatz zur Ermittlung des einer Einkommensteuerschuld von 16.956 € entsprechenden zu versteuernden Einkommens (E^*):

$$16.956 = 0{,}42 \cdot E^{*} - 8.963{,}74.$$

Durch Auflösung dieser Gleichung nach E^{*} ergibt sich:

$$E^{*} = 61.713{,}67.$$

Das zu versteuernde Einkommen, das zu einer Vollausschöpfung der Freigrenze nach § 3 Abs. 3 SolZG führt, beträgt also bei Anwendung des Grundtarifs 61.713,67 €. Bei Anwendung des Splittingtarifs verdoppelt sich dieser Betrag auf 123.427,34 €. Erst bei höheren zu versteuernden Einkommen entsteht also Solidaritätszuschlag. Infolge von vermuteten Änderungen des § 32a EStG in den Jahren ab 2021 werden sich die genannten Beträge der sich aus § 3 Abs. 3 SolZG ergebenden zu versteuernden Einkommen wahrscheinlich erhöhen.

§ 3 Abs. 3 Satz 1 EStG beinhaltet eine Freigrenzen- und nicht eine Freibetragsregelung. Dies bedeutet, dass bei einem Anstieg der Einkommensteuerschuld über 16.956 € bzw. 33.912 € hinaus auf die gesamte Einkommensteuer Solidaritätszuschlag erhoben wird. Ohne die Milderungsregelung des § 4 Satz 2 SolZG würde nach Satz 1 dieser Rechtsnorm auf die gesamte Einkommensteuer ein 5,5 %iger Solidaritätszuschlag erhoben. Dies würde bedeuten, dass – bei Anwendung des Grundtarifs des Jahres 2020 – der Solidaritätszuschlag bei einer Einkommensteuerschuld von 16.956 € 0 €, bei einer Einkommensteuerschuld von 16.957 € hingegen (16.957 · 5,5 % =) 932,63 € betragen würde. Dieses Ergebnis hat der Gesetzgeber für unbillig erachtet und deshalb in § 4 Satz 2 SolZG eine Milderungsregelung geschaffen. Danach beträgt der Solidaritätszuschlagsatz nicht mehr als 11,9 % des Unterschiedbetrages zwischen der Bemessungsgrundlage des Solidaritätszuschlags, also der Einkommensteuerschuld, und der in § 3 Abs. 3 SolZG definierten Freigrenze. Wie bereits ausgeführt, beträgt diese in der im Frühjahr 2020 geltenden Fassung 16.956 € bei Anwendung des Grund- bzw. 33.912 € bei Anwendung des Splittingtarifs. Ein Beispiel soll die Zusammenhänge verdeutlichen.

Beispiel

Der ledige Steuerpflichtige S erzielt im Jahre 1 ein zu versteuerndes Einkommen von 65.000 €. Er gehört keiner Religionsgemeinschaft an. Es ist der von ihm für das Jahr 1 zu entrichtende Solidaritätszuschlag zu ermitteln. Hierbei ist von dem Einkommensteuertarif des Jahres 2020 und von dem SolZG in der im Frühjahr 2020 geltenden Fassung für 2021 auszugehen.

Nach § 32a Abs. 1 Nr. 4 EStG in der für 2020 geltenden Fassung beträgt die Einkommensteuer auf ein zu versteuerndes Einkommen von 65.000 € (0,42 · 65.000 € - 8.963,74 € =) 18.336 €. Sie ist nach § 3 Abs. 2 SolZG die Bemessungsgrundlage des Solidaritätszuschlags. Auf sie ist nach § 4 Satz 1 SolZG ein Solidaritätszuschlagsatz von 5,5 % anzuwenden. Ohne Berücksichtigung der Milderungsregelung des § 4 Satz 2 SolZG ergibt sich hieraus ein Solidaritätszuschlag i. H. v. (18.336 € · 5,5 % =) 1.008,48 €.

Nach der Milderungsregelung des § 4 Satz 2 SolZG beträgt der Solidaritätszuschlag aber höchstens 11,9 % der Differenz aus der Bemessungsgrundlage des Solidaritätszuschlags, d. h. der Einkommensteuer von 18.336 €, und der Freigrenze nach § 3 Abs. 3 Satz 1 Nr. 2 SolZG von 16.956 €. Der Höchstbetrag des Solidaritätszuschlags beträgt demnach 11,9 % · (18.336 € - 16.956 €) = 164,22 €.

Soll der Wert des zu versteuernden Einkommens ermittelt werden, bei dem die Milderungsregelung des § 4 Satz 2 SolZG gerade keine Wirkung mehr entfaltet, so muss eine Schnittpunktberechnung durchgeführt werden. Es müssen dann die Steuerwirkungen, die sich bei einer Anwendung des § 4 Satz 1 SolZG ergeben, mit denen gleichgesetzt werden, die nach § 4 Satz 2 SolZG entstehen. Dies soll nachfolgend für den Fall geschehen, dass der Grundtarif des § 32a Abs. 1 EStG in der für den Veranlagungszeitraum 2020 geltenden Fassung und § 4 SolZG in der im Frühjahr 2020 bekannten Fassung, die ab dem Jahre 2021 gelten soll, angewendet werden. Die Inkonsistenz, die sich aus der Anwendung der Gesetzesfassungen für zwei verschiedene Jahre ergibt, muss in Kauf genommen werden, da der für das Jahr 2021 zur Anwendung kommende Einkommensteuertarif zum Zeitpunkt der Fertigstellung dieses Buches (Frühjahr 2020) noch nicht feststeht. Nach der derzeitigen Gesetzeslage ist dies der hier verwendete Tarif. Doch ist zu vermuten, dass im Laufe des Jahres 2020 vom Gesetzgeber für 2021 eine (geringfügige) Änderung vorgenommen werden wird.

Bemessungsgrundlage des Solidaritätszuschlags ist nach § 3 Abs. 3 SolZG die Einkommensteuer (E_{st}). Diese ergibt sich in dem für die Schnittpunktberechnung anzuwendenden Fall aus § 32a Abs. 1 Satz 2 Nr. 4 EStG mit

$$E_{st} = 0{,}42 \cdot E^{*} - 8.963{,}74. \tag{21}$$

E^{*} ist das zu versteuernde Einkommen.[26] Nach § 4 Satz 1 SolZG wird hierauf ein 5,5 %iger Solidaritätszuschlagsatz erhoben. Der Solidaritätszuschlag (S_{olz}) beträgt also:

$$S_{olz} = (0{,}42 \cdot E^{*} - 8.963{,}74) \cdot 0{,}055 \text{ bzw.} \tag{22}$$

$$S_{olz} = 0{,}0231 \cdot E^{*} - 493{,}0057. \tag{23}$$

Der Höchstbetrag des zu erhebenden Solidaritätszuschlags ergibt sich nach § 4 Satz 2 SolZG mit 11,9 % der Differenz zwischen dem zu versteuernden Einkommen und der in § 3 Abs. 3 SolZG vom Gesetzgeber festgelegten Freigrenze. Diese beträgt nach der hier verwendeten Gesetzesfassung bei Anwendung des Grundtarifs 16.956 €. Der sich nach § 4 Satz 2 SolZG ergebende Höchstbetrag des Solidaritätszuschlags beträgt demnach:

$$S_{olz} = [(0{,}42 \cdot E^{*} - 8.963{,}74) - 16.956] \cdot 0{,}119 \text{ bzw.} \tag{24}$$

$$S_{olz} = 0{,}04998 \cdot E^{*} - 3.084{,}449. \tag{25}$$

Da zur Schnittpunktberechnung der Solidaritätszuschlag nach Gleichung (23) gleich sein muss demjenigen, der sich aus Gleichung (25) ergibt, kann das Schnittpunkteinkommen wie folgt berechnet werden:

$$0{,}0231 \cdot E^{*} - 493{,}0057 = 0{,}04998 \cdot E^{*} - 3.084{,}449. \tag{26}$$

[26] Im Gesetz wird für das zu versteuernde Einkommen statt des hier verwendeten Symbols E^{*} das Symbol x verwendet.

Aufgelöst nach E^* ergibt sich hieraus

$$E^* = 96.407{,}86. \tag{27}$$

Bei Anwendung des Grundtarifs endet die Milderungsregelung des § 4 Satz 2 SolZG also bei einem zu versteuernden Einkommen von 96.407,86 €. Bei höheren zu versteuernden Einkommen beträgt der Solidaritätszuschlag stets 5,5 % der Einkommensteuer. Bei zu versteuernden Einkommen von bis zu 96.407,86 € lässt sich der Solidaritätszuschlag demnach aus Gleichung (23) ermitteln. Bei höheren zu versteuernden Einkommen ist die sich aus der vierten bzw. fünften Tarifformel des § 32a EStG ergebende Einkommensteuer mit dem Solidaritätszuschlagsatz von 5,5 % zu multiplizieren.

Wie bereits erläutert, kann der Solidaritätszuschlag innerhalb des Milderungsbereichs des § 4 Satz 2 SolZG aus Gleichung (25) ermittelt werden. Der Durchschnitts-Zuschlagsatz kann dann durch Division des Zuschlags durch das zu versteuernde Einkommen (E^*) ermittelt werden. Nach der derzeitigen Gesetzeslage kann also auf der Grundlage von Gleichung (25) formuliert werden:

$$\frac{S_{olz}}{E^*} = \frac{0{,}04998 \cdot E^* - 3.084{,}449}{E^*}. \tag{28}$$

Aus dem Term auf der rechten Seite der Gleichung (28) lässt sich für beliebige Werte von E^* – bezogen auf diese Größe – ein Durchschnitts-Zuschlagsatz ermitteln.

Beispiel

Es ist unter Anwendung des Einkommensteuer-Grundtarifs und des § 4 Satz 2 SolZG in der für das Jahr 2021 geltenden Fassung (nach den im Frühjahr 2020 geltenden Gesetzesfassungen) der Durchschnitts-Zuschlagsatz für ein zu versteuerndes Einkommen von 75.000 € zu ermitteln.

Nach Gleichung (25) beträgt der Solidaritätszuschlag

$0{,}04998 \cdot 75.000 - 3.084{,}449 = 664{,}05.$

Hieraus ergibt sich ein Durchschnitts-Zuschlagsatz – bezogen auf das zu versteuernde Einkommen – von (664,05 : 75.000 =) 0,8854 %.

Wie bereits weiter oben abgeleitet (Gleichung (25)), beträgt der Solidaritätszuschlag innerhalb der Milderungszone des § 4 Satz 2 SolZG, d. h. innerhalb des Bereichs zu versteuernder Einkommen von 61.713,67 € bis 96.407,86 €, jeweils:

$$S_{olz} = 0{,}04998 \cdot E^* - 3.084{,}449.$$

Die erste Ableitung dieser Funktion beträgt:

$$\frac{d_{S_{olz}}}{d_{E^*}} = 0{,}04998. \tag{29}$$

Bezogen auf das zu versteuernde Einkommen ergibt sich also in diesem Bereich ein Grenzsteuersatz von 4,998 %. Diesen Wert nehmen auch alle Differenz-Zuschlagsätze an, sofern die diese bestimmenden zu versteuernden Einkommen sich innerhalb des durch § 4 Satz 2 SolZG definierten Bereichs bewegen.

Zur Ermittlung des kombinierten Grenz- bzw. eines Differenzsteuersatzes aller drei relevanten Steuern vom Einkommen (Einkommensteuer, Kirchensteuer und Solidaritätszuschlag) kann auch hier wieder auf Gleichung (20) zurückgegriffen werden. Zu beachten ist aber, dass sich s_{olz} in dieser Gleichung auf die gesetzliche Bemessungsgrundlage des Solidaritätszuschlags gem. § 3 Abs. 1 SolZG, dass heißt auf die Einkommensteuerschuld, und nicht auf das zu versteuernde Einkommen E^* bezieht. Da alle hier relevanten zu versteuernden Einkommen im unteren Plafond liegen, beträgt die Einkommensteuer stets 42 % des zu versteuernden Einkommens. Bezogen auf die in s_{olz} erfasste gesetzliche Bemessungsgrundlage, die Einkommensteuer, ergibt sich für s_{olz} ein Wert von

$$\left(\frac{4,998\,\% \cdot 100}{42\,\%}\right) = 11{,}9\,\%.$$

Mit diesem Wert ist s_{olz} also in der gesamten Milderungszone des § 4 Satz 2 SolZG in Gleichung (20) zu berücksichtigen. Da s_{ei} in diesem Bereich stets 42 % und s_{ki} i. d. R. 9 % beträgt, ergibt sich ein kombinierter Grenz- bzw. Differenzsteuersatz von:

$$\frac{0{,}42 \cdot (1 + 0{,}119 + 0{,}09)}{1 + 0{,}119 \cdot 0{,}42} = 0,4836092,$$

also rd. 48,36 %.

Oberhalb der Milderungszone, d. h. oberhalb eines zu versteuernden Einkommens von 96.407,86 € sind Differenz- und Grenzsteuersätze ebenfalls jeweils gleich. In Gleichung (20) anzusetzen sind dann $s_{ei} = 42\,\%$, $s_{olz} = 5{,}5\,\%$ und $s_{ki} = 9\,\%$. Der kombinierte Differenz- bzw. Grenzsteuersatz beträgt in diesem Fall:

$$s_e = \frac{0{,}42 \cdot (1 + 0{,}055 + 0{,}09)}{1 + 0{,}09 \cdot 0{,}42} = 0{,}463384.$$

Im unteren Plafond, aber oberhalb der Milderungsregelung des § 4 Satz 2 SolZG beträgt der kombinierte Ertragsteuersatz also 46,3384 % des zu versteuernden Einkommens.

Im oberen Plafond, d. h. bei zu versteuernden Einkommen oberhalb von 270.500 € (Grundtarif) bzw. 541.000 € (Splittingtarif) ist in der zuletzt ermittelten Gleichung für s_{ei} ein Wert von 0,45 anzusetzen. Die übrigen Werte bleiben gleich. Für s_e ergibt sich dann folgender Wert:

$$s_e = \frac{0{,}45 \cdot (1 + 0{,}055 + 0{,}09)}{1 + 0{,}09 \cdot 0{,}45} = 0{,}4951946.$$

Im oberen Plafond beträgt der kombinierte Einkommen-, Kirchensteuer- und Solidaritätszuschlagsatz also rd. 49,5195 % des zu versteuernden Einkommens.

Die bisher in diesem Gliederungspunkt dargestellten Steuerwirkungen gelten nach der derzeitigen Rechtslage (Frühjahr 2020) zeitlich unbefristet. Es ist aber zu erwarten, dass während der nächsten Jahre der Solidaritätszuschlag vollständig abgeschafft werden wird. Wahrscheinlich wird dies nach der nächsten Bundestagswahl durch den Gesetzgeber erfolgen. Sollte dies nicht geschehen, so ist es nicht unwahrscheinlich, dass nach einigen weiteren Jahren der Zuschlag infolge einer Entscheidung des Bundesverfassungsgerichts nicht mehr erhoben werden darf. In diesem Zusammenhang ist zu bedenken, dass als Grund für die Einführung des Solidaritätszuschlags vom Gesetzgeber die Finanzierung der deutschen Vereinigung genannt worden ist. Dieser Grund dürfte aber inzwischen entfallen sein.

Wenn der Solidaritätszuschlag in Zukunft – aus welchem Grund auch immer – abgeschafft werden wird, hat das für alle bisher abgeleiteten Formeln zur Folge, dass in ihnen für künftige Jahre $s_{olz} = 0$ zu setzen ist. Eine Neuableitung dieser Gleichungen ist also wegen einer vollständigen Abschaffung des Solidaritätszuschlags nicht erforderlich. Aus der weiter oben abgeleiteten allgemeinen Gleichung (20) wird dann Gleichung (17).

3.2.3.3 Von der Bemessungsgrundlage der Einkommensteuer abweichende Bemessungsgrundlage der Kirchensteuer

Die im letzten Gliederungspunkt abgeleiteten Gleichungen (9) bis (29) gelten unter der Voraussetzung, dass die Bemessungsgrundlage, deren Belastung zu ermitteln ist, für die Einkommensteuer und für die darauf zu erhebenden Zuschlagsteuern gleich groß ist. Zwischen der (Teil-)Bemessungsgrundlage der Einkommensteuer und derjenigen der Zuschlagsteuern dürfen also keine Unterschiede bestehen. Diese Voraussetzung ist nur für die Einkommensteile erfüllt, für die § 51a Abs. 1 EStG gilt. Abweichungen können sich hingegen aus § 51a Abs. 2 EStG ergeben.

Nach § 51a Abs. 2 Satz 1 EStG ist zusätzlich zu dem zu versteuernden Einkommen ein fiktives zu versteuerndes Einkommen zu ermitteln. Dieses ergibt sich durch Abzug der Freibeträge für Kinder nach § 32 Abs. 6 EStG von dem tatsächlichen zu versteuernden Einkommen. Für steuerplanerische Zwecke ist diese Änderung ohne Bedeutung. Auf sie soll deshalb hier nicht weiter eingegangen werden.

Aus § 51a Abs. 2 Satz 3 EStG ergibt sich eine weitere Abweichung. Nach dieser Rechtsnorm ist bei der Ermittlung der fiktiven Einkommensteuer, die nach Satz 1 derselben Rechtsnorm die Bemessungsgrundlage der Zuschlagsteuern darstellt, § 35 EStG nicht anzuwenden. Hierauf wird in diesem Buch erst an späterer Stelle eingegangen.[27]

3.2.4 Arten von Tabellen und Kurven und deren Anwendung

Im Anhang sind mit den Tabellen T- 1 (S. 218) bis T- 6 (S. 223) für den Rechtsstand des Veranlagungszeitraums 2021 (nach der Gesetzeslage im Frühjahr 2020) Tabellen mit Durchschnitts-, Grenz- und Differenzsteuersätzen wiedergegeben. Diese bilden nur einen Teil der während dieses Veranlagungszeitraums

[27] Vgl. Gliederungspunkt 4.2.2 (S. 56).

möglichen Kombinationen von Tarifen und einbezogenen Steuerarten ab. Für jeden beliebigen Rechtsstand lässt sich je eine Tabelle für folgende Kombinationen bilden:

- Grundtarif ohne Kirchensteuer und ohne Solidaritätszuschlag,
- Grundtarif mit Kirchensteuer, ohne Solidaritätszuschlag,
- Grundtarif ohne Kirchensteuer, mit Solidaritätszuschlag und
- Grundtarif mit Kirchensteuer und mit Solidaritätszuschlag.

Auf die Erstellung der an zweiter Stelle genannten möglichen Tabelle (mit Kirchensteuer, ohne Solidaritätszuschlag) wird in diesem Werk verzichtet, da der teilweise Wegfall des Solidaritätszuschlags ab 2021 in der vierten Kombination der genannten Fälle miterfasst wird.

Ausdrücklich sei darauf hingewiesen, dass der Einkommensteuertarif des § 32a EStG für das Jahr 2021 in der derzeit geltenden Fassung (Frühjahr 2020) vermutlich nicht exakt demjenigen entspricht, der im Jahre 2021 tatsächlich zur Anwendung kommen wird. Der Grund liegt darin, dass dieser Tarif zum Zeitpunkt der Fertigstellung dieses Buches noch nicht vom Gesetzgeber formuliert und verabschiedet worden ist. Er kann somit den Autoren dieses Werkes auch nicht bekannt sein. Ihnen blieb deshalb nichts anderes übrig, als auf den im Frühjahr 2020 bekannten Tarif für den Veranlagungszeitraum 2020, der nach der derzeitigen Rechtslage bis auf weiteres gilt, zurückzugreifen. Vermutlich wird der tatsächlich für 2021 anzuwendende Tarif nur sehr geringfügig von dem hier verwendeten abweichen. Gleiches gilt für die hier ermittelten Tabellenwerte.

Für den Splittingfall lassen sich in gleicher Weise, wie soeben dargestellt, ebenfalls Tabellen erstellen. Die Zahl der möglichen Tabellen lässt sich dann noch erhöhen, wenn unterschiedliche Kirchensteuersätze berücksichtigt werden. Derzeit gibt es bundesweit sowohl einen 8 %igen als auch einen 9 %igen Kirchensteuersatz. Außerdem gibt es Kirchensteuer mit und ohne Kappung. Bei einer Kappung wird die Kirchensteuer auf einen bestimmten Prozentsatz des zu versteuernden Einkommens begrenzt.

Diese kurzen Ausführungen zeigen, dass allein für den hier angesprochenen Tarif des Jahres 2020 ein umfangreiches Tabellenwerk von Durchschnitts-, Grenz- und Differenzsteuersätzen erstellt werden könnte. Darauf aufbauend könnten entsprechende graphische Darstellungen erfolgen, wie sie aus Abbildung 3.1 (S. 21) ersichtlich sind. Dies ist nicht Sinn und Zweck dieses Werkes. Deshalb wird hierauf verzichtet. Im Rahmen dieses Werkes wird vielmehr bei konkreten Berechnungen auf die durch die Tabellen T- 1 (S. 218) bis T- 6 (S. 223) gekennzeichneten Fälle zurückgegriffen. Diese beruhen auf dem Grund- bzw. Splittingtarif des Jahres 2020 nach dem Rechtsstand im Frühjahr 2020. Hierbei wird bei den Tabellen mit Solidaritätszuschlag von der ab 2021 geltenden Rechtsgrundlage hinsichtlich des Solidaritätszuschlags ausgegangen.

Anhand der im Anhang befindlichen Tabellen lassen sich nur für wenige Einkommenshöhen und für wenige Einkommensdifferenzen Durchschnitts-,

Grenz- und Differenzsteuersätze direkt ablesen. Mit Hilfe linearer Interpolation bzw. auf graphischem Wege lassen sich aber für nicht in den Tabellen aufgeführte Einkommen bzw. Einkommensdifferenzen die dazugehörigen Steuersätze schätzen. Hinsichtlich der Ermittlung der Grenz- und der Differenzsteuersätze ist in diesem Zusammenhang die Aufteilung des Tarifbereichs in die in § 32a Abs. 1 EStG vorgegebenen fünf Teilbereiche von herausragender Bedeutung. Nach dem für den Veranlagungszeitraum 2020 geltenden Recht sind dies folgende fünf Bereiche:

1. der Bereich innerhalb des Grundfreibetrags von 9.408 € bzw. 18.816 €,
2. der untere Progressionsbereich von 9.409 € bzw. 18.818 € bis 14.532 € bzw. 29.064 €,
3. der obere Progressionsbereich von 14.533 € bzw. 29.066 € bis 57.051 € bzw. 114.102 €,
4. der untere Plafond, d. h. der Bereich von 57.052€ bzw. 114.104€ bis 270.500 € bzw. 541.000 €,
5. der obere Plafond (Reichensteuer) von 270.501 € bzw. 541.002 € an aufwärts.

Die jeweils zuerst genannte Zahl bezieht sich auf den Fall der Anwendung des Grundtarifs, die an zweiter Stelle genannte auf den der Anwendung des Splittingtarifs.

Innerhalb des unteren Plafonds (vierte Tarifzone) ergibt sich eine weitere Untergliederung infolge der Vorschrift zur Milderung des Solidaritätszuschlags gem. § 4 Satz 2 SolZG. Die Wirkungsweise dieser Norm ist unter Gliederungspunkt 3.2.3.2 (S. 24) ausführlich dargestellt worden.

Innerhalb der einzelnen Bereiche bestehen jeweils lineare Zusammenhänge zwischen der Einkommenshöhe einerseits und der Höhe der Grenz- bzw. Differenzsteuersätze andererseits. Lineare Interpolationen sind somit ohne Einschränkungen möglich.

Beispiel

Der ledige Anton Berger (B) rechnet für das Jahr 2020 mit einem zu versteuernden Einkommen von 42 T€. Er steht vor der Frage, ob er das Einkommen um 6 T€ dadurch steigern soll, dass er eine Vortragstätigkeit übernimmt. Er will die Entscheidung u. a. davon abhängig machen, wie diese sich steuerlich auswirkt. Er stellt deshalb seinem Steuerberater folgende Fragen:

- Wie verändern sich Durchschnitts-, Differenz- und Grenzsteuersätze aufgrund der Entscheidung,
- mit welchem Steuersatz werden die zusätzlichen 6 T€ steuerlich belastet sein?

B gehört keiner Konfession an. Der Solidaritätszuschlag soll unberücksichtigt bleiben.

Zur Lösung der angeschnittenen Fragen kann von Tabelle T- 1 (S. 218) des Anhangs ausgegangen werden. Ein zu versteuerndes Einkommen von 42 T€ ist in Tabelle T- 1 (S. 218) nicht angegeben. Es liegt zwischen den in der Tabelle angegebenen Einkommen von

40 T€ und 45 T€. Bei einem Einkommen von 40 T€ beträgt der Durchschnittssteuersatz 21,13 % und der Grenzsteuersatz 34,77 %. Die entsprechenden Werte für ein Einkommen von 45 T€ lauten 22,76 % und 36,89 %. Das tatsächliche Einkommen liegt bei 40 % der Strecke zwischen beiden Einkommen oberhalb des unteren der beiden. Die Differenz der Durchschnittssteuersätze beträgt (22,76 % - 21,13 % =) 1,63 %, die Differenz der Grenzsteuersätze (36,89 % - 34,77 % =) 2,12 %. Für den Durchschnittssteuersatz bei einem Einkommen von 42 T€ ergibt sich ein Wert von (21,13 % + 40 % · 1,63 % =) 21,78 %. Der entsprechende Wert des Grenzsteuersatzes beläuft sich auf (34,77 % + 40 % · 2,12 % =) 35,62 %.

Wird das Einkommen um 6 T€ erhöht, so beträgt es 48 T€. Die Durchschnitts- und Grenzsteuersätze lassen sich in gleicher Weise berechnen, wie soeben dargestellt. Sie lauten 23,67 % und 38,16 %.

Der Durchschnittssteuersatz erhöht sich also bei einer Einkommenserhöhung von 42 T€ auf 48 T€ von 21,78 % auf 23,67 %.

Der Differenzeinkommensteuersatz, mit dem die Einkommenserhöhung von 6 T€ durchschnittlich belastet ist, kann als arithmetisches Mittel der beiden Grenzsteuersätze bei Einkommen von 42 T€ und 48 T€ ermittelt werden. Er beträgt [(35,62 % + 38,16 %) : 2 =] 36,89 %.

Es können aber auch die sich aus Spalte 5 der Tabelle T- 1 (S. 218) des Anhangs ergebenden Steuersätze angewendet werden. Auf (45 - 42 =) 3 T€ ist dann ein Steuersatz von 35,83 % und auf (48 - 45 =) 3 T€ ein Steuersatz von 37,95 % anzuwenden. Es ergibt sich eine Differenzsteuerbelastung von (3.000 · 35,83 % + 3.000 · 37,95 % =) 2.213,40 €. Dies entspricht einem Differenzsteuersatz von (2.213,40 : 6.000 =) 36,89 %. Dies ist der Steuersatz, mit dem die zusätzlichen 6 T€ belastet werden.

In der nachfolgenden Abbildung 3.2 auf der gegenüberliegenden Seite sind die soeben geschilderten Zusammenhänge des Beispiels graphisch dargestellt.

Auszugehen ist bei der graphischen Darstellung von der im Anhang befindlichen Tabelle T- 1 (S. 218). Es sind dann zu den jeweils relevanten Einkommenshöhen Parallelen zu der Ordinate zu ziehen. Die Schnittpunkte dieser Parallelen mit den entsprechenden Steuerkurven bestimmen die gesuchten Steuersätze. Diese ergeben sich, indem durch die Schnittpunkte Parallelen zur Abszisse gelegt werden. Die Punkte, an denen diese Parallelen die Ordinate schneiden, bestimmen die jeweiligen Steuersätze. Im Einzelnen ergeben sich folgende Steuersätze: Durchschnittssteuersatz bei einem Einkommen von 42 T€ = 21,78 %, Durchschnittssteuersatz bei einem Einkommen von 48 T€ = 23,67 %, Grenzsteuersatz bei einem Einkommen von 42 T€ = 35,62 %, Grenzsteuersatz bei einem Einkommen von 48 T€ = 38,16 %.

Der Differenzsteuersatz kann als arithmetisches Mittel der beiden Grenzsteuersätze ermittelt werden. Er beträgt dann [(35,62 % + 38,16 %) : 2 =] 36,89 %. Der Differenzsteuersatz kann aber auch direkt der Grenzsteuersatzkurve entnommen werden. Er entspricht dann dem Grenzsteuersatz des mittleren Wertes zwischen den beiden Einkommensbegrenzungen von 42 T€ und 48 T€, d. h. er entspricht dem Grenzsteuersatz, der sich für ein zu versteuerndes Einkommen von 45 T€ ergibt. Dieser Grenzsteuersatz lässt sich auf die soeben dargestellte Weise graphisch ermitteln. Er beträgt 36,89 %. Damit beträgt auch der gesuchte Differenzsteuersatz 36,89 %.

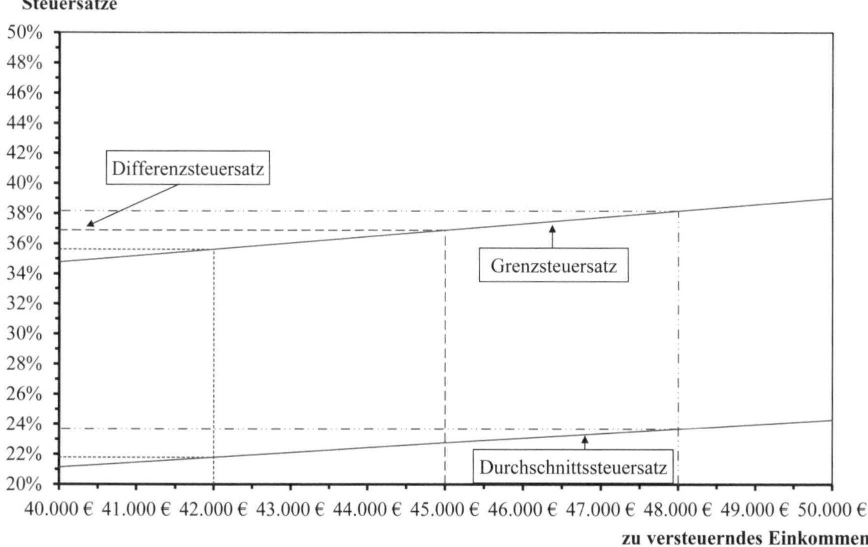

Abb. 3.2: Graphische Ermittlung konkreter Durchschnitts-, Grenz- und Differenzsteuersätze

3.2.5 Zur Genauigkeit der ermittelten Werte für kombinierte Einkommen- und Kirchensteuersätze

Die auf der Grundlage der Gleichungen (17) bzw. (20) ermittelten Werte für kombinierte Einkommen- und Kirchensteuersätze beruhen auf der Prämisse, dass die Kirchensteuer im Veranlagungszeitraum ihrer Entstehung zum Abzug vom Einkommen führt. Dies setzt voraus, dass sie im Jahr ihrer Entstehung zu einer Auszahlung führt, und zwar genau in Höhe des Betrags ihrer Entstehung. Diese Prämisse ist zwar möglich, aber keinesfalls zwingend. Regelmäßig dürfte es in der Realität vielmehr so sein, dass sich die für ein Jahr zu entrichtende Kirchensteuer nicht genau mit der in diesem Jahr für dieses Jahr zu entrichtenden Kirchensteuer deckt. Bekanntlich kommt es dann in einem späteren Jahr zu einer Nachzahlung oder zu einer Erstattung von Kirchensteuer. Entstehung und Entrichtung der Kirchensteuer fallen somit teilweise zeitlich auseinander. Regelmäßig dürften die sich hierdurch ergebenden Effekte auf die Höhe der kombinierten Einkommen- und Kirchensteuersätze aber so gering sein, dass sie vernachlässigt werden können. Ausnahmen können sich allenfalls dann ergeben, wenn sich die zu versteuernden Einkommen im Zeitablauf unterhalb des Plafonds bewegen, aber innerhalb der relevanten Jahre ungewöhnlich großen Schwankungen unterliegen.

Eine Ermittlung kombinierter Einkommen- und Kirchensteuersätze nach den Gleichungen (17) und (20) und damit auch die Ermittlung von auf diesen Gleichungen beruhenden Tabellenwerten beinhaltet einen leichten methodischen Fehler. Er beruht darauf, dass bei Anwendung der Gleichungen (17) und (20) der reine Einkommensteuersatz s_{ei} nach dem vorläufigen zu versteuernden Einkommen E_{ink} bemessen wird, d. h. nach dem Einkommen, das sich vor Abzug der Kirchensteuer als Sonderausgabe ergibt. Korrekt wäre es aber, s_{ei} nach dem endgültigen zu versteuernden Einkommen zu bemessen. Dieses ist aber vor Kenntnis der noch zu bestimmenden Kirchensteuer unbekannt. Um zu einem exakten Ergebnis zu kommen, müssten also das zu versteuernde Einkommen und die zu dessen Ermittlung abzuziehende Kirchensteuer simultan ermittelt werden. Dies geschieht bei einer Ermittlung der kombinierten Steuersätze mit Hilfe der Gleichungen (17) und (20) nicht. Dadurch wird die Steuerbelastung systematisch überschätzt. Das gilt aber nur in den Fällen, in denen die Steuersätze bei unterschiedlichen Einkommen differieren. Dies ist nur der Fall

- bei allen Durchschnittssteuersätzen, die sich auf Einkommen oberhalb des Grundfreibetrags beziehen,
- bei Differenz- und Grenzsteuersätzen nur dann, wenn sich die Einkommen im Progressionsbereich und nicht im Plafond befinden.

In den Fällen, in denen die Steuerbelastung bei Anwendung der Gleichungen (17) bzw. (20) überschätzt wird, ist die Abweichung gegenüber dem exakten Ergebnis allerdings so gering, dass sie i. d. R. vernachlässigt werden kann. Die Abweichung soll anhand eines Beispiels veranschaulicht werden.

Beispiel

Das zu versteuernde Einkommen eines ledigen Steuerpflichtigen vor Abzug der Kirchensteuer als Sonderausgabe beträgt 30.006 €. Der Steuerpflichtige unterliegt einer 9 %igen Kirchensteuer, Solidaritätszuschlag entsteht – der Regelung des § 3 Abs. 3 SolZG entsprechend – nicht. Es ist die kombinierte Einkommen- und Kirchensteuer nach Gleichung (17) sowie mit Hilfe einer exakten Ermittlung zu berechnen. Ferner ist die Abweichung zwischen beiden Werten in % des vorläufigen zu versteuernden Einkommens, d. h. des Einkommens vor Abzug der Kirchensteuer als Sonderausgabe, zu ermitteln. Es ist von dem für das Jahr 2021 geltendem Recht – nach dem Rechtsstand im Frühjahr 2020 – auszugehen. Es ist also der für das Jahr 2020 anzuwendende Einkommensteuertarif anzuwenden.

Wird auf den genannten Betrag von 30.006 € der Grundtarif des Jahres 2020 angewendet, ergibt sich eine Einkommensteuer von 5.189 € und ein reiner Einkommensteuersatz s_{ei} von 17,30 %. Wird dieser Wert in Gleichung (17) eingesetzt, so ergibt sich für den kombinierten Einkommen- und Kirchensteuersatz s_e ein Wert von 18,56 %.

Die exakte Steuerbelastung soll mit Hilfe eines iterativen Verfahrens ermittelt werden. Dieses besteht darin, dass in einem ersten Schritt die Einkommensteuer ohne Berücksichtigung der Abzugsfähigkeit der Kirchensteuer als Sonderausgabe ermittelt wird. Von der sich ergebenden Einkommensteuer wird eine vorläufige Kirchensteuer ermittelt. Diese wird in einem zweiten Schritt von dem Ausgangsbetrag von 30.006 € als Sonderausgabe abgezogen. Von dem sich nunmehr ergebenden zu versteuernden Einkommen wird wiederum die Einkommensteuer und von dieser die Kirchensteuer ermittelt. Dieses Verfahren wird so oft angewendet, bis sich zeigt, dass durch weitere Schritte keine Veränderungen mehr eintreten. Dies ist hier mit dem vierten Schritt der Fall, so dass die sich dann ergebende Einkommen- und Kirchensteuer die durch iterative Vorgehensweise ermittelte Steuerbelastung darstellt. Im Einzelnen ergibt sich Folgendes:

	€
1. Schritt	
Einkommensteuer auf zu versteuerndes Einkommen von 30.006 €	5.189
9 % Kirchensteuer von 5.189 €	467
2. Schritt	
Nach dem Ergebnis des ersten Schritts geändertes zu versteuerndes Einkommen (30.006 - 467 =)	29.539
Einkommensteuer auf 29.539 €	5.047
9 % Kirchensteuer von 5.047 €	454
3. Schritt	
Nach dem Ergebnis des zweiten Schritts geändertes zu versteuerndes Einkommen (30.006 - 454 =)	29.552
Einkommensteuer auf 29.552 €	5.051
9 % Kirchensteuer auf 5.051 €	455
4. Schritt	
Nach dem Ergebnis des dritten Schritts geändertes zu versteuerndes Einkommen (30.006 - 455 =)	29.551
Einkommensteuer auf 29.551 €	5.051
9 % Kirchensteuer auf 5.051 €	455

Ein Vergleich der Ergebnisse der Schritte 3 und 4 zeigt, dass hinsichtlich der Höhe der Kirchensteuer kein Unterschied mehr vorhanden ist. Damit erübrigen sich weitere Schritte. Die sich im dritten Schritt ergebenden Steuerbelastungen stellen also die sich mit Hilfe der iterativen Steuerermittlung ergebenden endgültigen dar.

Die mit Hilfe der iterativen Ermittlung sich ergebende Steuerbelastung beträgt demnach (5.051 + 455 =) 5.506 €. Die Durchschnittsteuerbelastung beträgt demnach:

$\frac{5.506}{30.006} = 18{,}35\,\%$.

Wie bereits dargestellt, beträgt der Durchschnittssteuersatz bei Anwendung von Gleichung (17) hingegen 18,56 %. Die Differenz der sich durch iterative Abstimmung ergebenden Durchschnittssteuersätze beträgt demnach (18,56 % - 18,35 % =) 0,21 % des vorläufigen zu versteuernden Einkommens von 30.006 €. Die absolute Steuerdifferenz beträgt (0,21 % · 30.006 € =) rd. 63 €. Diese Differenz ist für Entscheidungsrechnungen i. d. R. vernachlässigbar gering.

3.2.6 Steuersätze bei außerordentlichen Einkünften

3.2.6.1 Einführung

Alle bisherigen Ausführungen zu den Einkommensteuersätzen beruhen auf dem „Normaltarif" des § 32a EStG. Nicht berücksichtigt sind die Steuersätze, die sich aus § 34 EStG für außerordentliche Einkünfte ergeben können. § 34 EStG hat Begünstigungscharakter; die auf dieser Vorschrift beruhenden Steuersätze können zu einer niedrigeren Einkommensteuerbelastung führen als sich bei alleiniger Anwendung des § 32a EStG ergibt. Voneinander zu unterscheiden sind die sich aus § 34 *Abs. 1* EStG und die sich aus § 34 *Abs. 3* EStG ergebenden Steuersätze. Zu beachten ist, dass *Abs. 3* nur dann zur Anwendung kommt, wenn der Steuerpflichtige beantragt, diese Vorschrift anstelle derjenigen des § 34 Abs. 1 EStG anzuwenden. Im Gegensatz zu § 34 Abs. 1 EStG ist die Anwendung des § 34 Abs. 3 EStG darüber hinaus auf Veräußerungsgewinne beschränkt. Außerdem kann § 34 Abs. 3 EStG von dem Steuerpflichtigen nur einmal im Leben in Anspruch genommen werden. Eine solche Beschränkung gibt es bei § 34 Abs. 1 EStG nicht. Weitere Voraussetzung bei Anwendung des § 34 Abs. 3 EStG ist, dass der Steuerpflichtige das 55. Lebensjahr vollendet hat oder im sozialversicherungsrechtlichen Sinne dauernd berufsunfähig ist.

3.2.6.2 Wirkungen der Fünftelregelung des § 34 Abs. 1 EStG

Nach § 34 Abs. 1 Satz 2 EStG ist zunächst die Einkommensteuer auf das um die außerordentlichen Einkünfte geminderte zu versteuernde Einkommen **(verbleibendes zu versteuerndes Einkommen)** zu ermitteln. In einem *zweiten Schritt* ist dann die Einkommensteuer auf die *Summe aus verbleibendem zu versteuernden Einkommen und einem Fünftel* der außerordentlichen Einkünfte zu berechnen. In einem *dritten Schritt ist die Differenz* zwischen diesen beiden Beträgen zu bilden und der sich ergebende Betrag zu *verfünffachen*. Dieser verfünffachte Differenzbetrag ist der Betrag, mit dem gem. § 34 Abs. 1 Satz 2 EStG die außerordentlichen Einkünfte zu versteuern sind. Das in § 34 Abs. 1 EStG kodifizierte Verfahren ist im Schrifttum unter der Bezeichnung **Fünftelregelung**[28] bekannt.

Beispiel

Das zu versteuernde Einkommen des in Köln wohnhaften ledigen, konfessionslosen Alfons Müller (M) beträgt im Jahr 2020 190.446 €. Hierin ist ein Veräußerungsgewinn i. S. d. § 16 EStG i. H. v. 150.000 € enthalten.

Die Steuerschuld des M für das Jahr 2020 kann wie folgt ermittelt werden:

- verbleibendes zu versteuerndes Einkommen (190.446 - 150.000 =) 40.446 €,
- auf das verbleibende zu versteuernde Einkommen entfallende Einkommensteuer lt. Grundtabelle 8.608 €,
- verbleibendes zu versteuerndes Einkommen plus 1/5 der außerordentlichen Einkünfte (40.446 + 1/5 · 150.000 = 40.446 + 30.000 =) 70.446 €,
- Einkommensteuer auf 70.446 € lt. Grundtarif (0,42 · 70.446 - 8.963,74 =) 20.623 €,
- Differenz der Einkommensteuerbelastungen (20.623 - 8.608 =) 12.015 €,
- fünffache Differenzbelastung = Steuerbelastung der außerordentlichen Einkünfte (12.015 · 5 =) 60.075 €,
- Jahressteuerschuld des M für das Jahr 2020 (8.608 + 60.075 =) 68.683 €.

Ohne Anwendung des § 34 Abs. 1 EStG ergibt sich die Einkommensteuerschuld des M für 2020 aus der vierten Tarifformel des § 32a Abs. 1 EStG. Die Einkommensteuerschuld 2020 beträgt dann (0,42 · 190.446 - 8.963,74 =) 71.023 €. Die Steuerersparnis durch Anwendung des § 34 Abs. 1 EStG beträgt mithin (71.023 - 68.683 =) 2.340 €.

---

[28] Vgl. *Schmidt* (2000), S. 2401; *Hagen/Schynol* (2001), S. 397; *Pedack* (2001), S. 165; *Houben* (2006), S. 200; *Siegel/Diller* (2008), S. 178; *Nettersheim/Gottwald* (2012), S. 148; *Hechtner* (2017), S. 472.

§ 34 Abs. 1 EStG hat zur Folge, dass eine *Steuerermäßigung nur dann* eintreten kann, *wenn das verbleibende zu versteuernde Einkommen unterhalb des Plafonds* liegt. Nur dann kann es zu einer Senkung des auf die außerordentlichen Einkünfte entfallenden Steuersatzes kommen. Liegt das verbleibende zu versteuernde Einkommen hingegen *im Plafond*, so ist auf die außerordentlichen Einkünfte vor und nach der Verteilungsrechnung i. S. d. § 34 Abs. 1 EStG der *Spitzensteuersatz* der Einkommensteuer anzuwenden.

Ist das verbleibende zu versteuernde Einkommen *negativ*, das zu versteuernde Einkommen hingegen *positiv*, so ist nicht Satz 2, sondern Satz 3 des § 34 Abs. 1 EStG anzuwenden. Nach dieser Vorschrift beträgt die Einkommensteuer das Fünffache der auf ein Fünftel des zu versteuernden Einkommens entfallenden Einkommensteuer.

Beispiel

Das zu versteuernde Einkommen des M aus dem letzten Beispiel beträgt nicht 190.446 €, sondern lediglich 140.446 €.

Das verbleibende zu versteuernde Einkommen ergibt sich durch Abzug des Veräußerungsgewinns von 150.000 € von dem zu versteuernden Einkommen von 140.446 €. Das verbleibende zu versteuernde Einkommen beträgt (140.446 - 150.000 =) - 9.554 €. Es ist also negativ. Die Jahressteuerschuld des M lässt sich nach § 34 Abs. 1 Satz 3 EStG wie folgt ermitteln:

- 1/5tel des zu versteuernden Einkommens (140.446 : 5 =) 28.089 €,
- Einkommensteuer auf 28.089 € lt. Grundtabelle 4.612 €,
- Verfünffachung des Betrages von 4.612 € (4.612 · 5 =) 23.060 €.

Ohne Anwendung des § 34 Abs. 1 EStG ergibt sich die Einkommensteuerschuld des M für 2020 auch in diesem Beispiel aus der vierten Tarifformel des § 32a Abs. 1 EStG. Die Einkommensteuerschuld des Jahres 2020 beträgt dann (0,42 · 140.446 - 8.963,74 =) 50.023 €. Die Steuerersparnis durch Anwendung des § 34 Abs. 1 Satz 3 EStG beträgt (50.023 - 23.060 =) 26.963 €.

Die Ausführungen lassen erkennen, dass bei einem negativen verbleibenden zu versteuernden Einkommen aufgrund der Fünftelregelung des § 34 Abs. 1 EStG für den Steuerpflichtigen im Vergleich zur Anwendung des Normaltarifs erhebliche steuerliche Vorteile entstehen können. Der Steuersatz, mit dem das zu versteuernde Einkommen zu belegen ist, kann wesentlich unter dem liegen, der sich bei Anwendung des § 32a EStG ergibt.

Der maximal mögliche Vorteil, der sich bei Anwendung des § 34 Abs. 1 EStG im Vergleich zur Anwendung des § 32a EStG ergeben kann, beläuft sich auf das Vierfache des Formelabzugsbetrags des § 32a Abs. 1 Satz 2 Nr. 5 EStG.[29] Dies liegt daran, dass bei Anwendung des § 34 Abs. 1 EStG dieser Abzugsbetrag infolge der Fünftelregelung fünffach zur Anwendung kommt, bei Anwendung des § 32a Abs. 1 EStG hingegen nur einmal. Für den Veranlagungszeitraum 2020 beträgt der maximale Vorteil (17.078,74 · 4 =) 68.314,96 € bei Anwendung der Grundtabelle und das Doppelte des Betrages, d. h. 136.629,92 €, bei Anwendung der Splittingtabelle.

[29] Vgl. *Herzig/Förster* (1999), S. 714.

3.2.6.3 Wirkungen des ermäßigten Steuersatzes des § 34 Abs. 3 EStG

Ist in dem zu versteuernden Einkommen eines Steuerpflichtigen ein *Veräußerungsgewinn* enthalten, so kann dieser – soweit die in dieser Vorschrift genannten weiteren Voraussetzungen erfüllt sind – nach § 34 Abs. 3 EStG auf Antrag des Steuerpflichtigen nach einem **ermäßigten Steuersatz** besteuert werden. Auf das restliche zu versteuernde Einkommen **(verbleibendes zu versteuerndes Einkommen)** ist der Normaltarif des § 32a EStG anzuwenden.

Der *ermäßigte Steuersatz* beträgt nach der für das Jahr 2020 geltenden Rechtslage 56 % des durchschnittlichen Steuersatzes, der sich ergeben würde, wenn die tarifliche Einkommensteuer nach dem gesamten zu versteuernden Einkommen zu bemessen wäre. Er beträgt aber mindestens 14 %. Dieser *Mindeststeuersatz* entspricht dem Grenzsteuersatz am unteren Tarifende. Die Anwendung des ermäßigten Steuersatzes ist auf einen Veräußerungsgewinn von maximal 5 Mio € begrenzt. Auf den übersteigenden Betrag ist der Normaltarif des § 32a EStG anzuwenden.

Das Konzept des § 34 Abs. 3 EStG geht also von einer Kombination aus 56 % des Durchschnittssteuersatzes und dem Mindeststeuersatz aus. Zur Anwendung des 56 %igen Durchschnittssteuersatzes kommt es erst dann, wenn das zu versteuernde Einkommen eine Höhe erreicht, bei der der Durchschnittssteuersatz (14 % : 56 % =) 25 % überschreitet. Das ist bei zu versteuernden Einkommen von rd. 52,5 T€ der Fall. Dieses zu versteuernde Einkommen gilt bei Anwendung des Grundtarifs; bei Anwendung des Splittingtarifs verdoppelt es sich. Bis zu der genannten Einkommenshöhe ist bei Anwendung des § 34 Abs. 3 EStG also der Mindeststeuersatz anzusetzen, erst bei darüber hinausgehenden Einkommenshöhen kommt es zur Anwendung des Steuersatzes von 56 % des Durchschnittssteuersatzes.

Ein Vorteil im Vergleich zur Anwendung des Normaltarifs kann mit Hilfe des ermäßigten Steuersatzes nur dann erzielt werden, wenn der Mindeststeuersatz niedriger ist als der auf das gesamte zu versteuernde Einkommen bezogene Durchschnittssteuersatz. Dies ist nur bei zu versteuernden Einkommen der Fall, die rd. 23,5 T€ übersteigen. Der genannte Betrag gilt wiederum bei Anwendung der Grundtabelle; bei Anwendung der Splittingtabelle verdoppelt er sich. Mit wachsendem zu versteuernden Einkommen wächst der absolute Vorteil. Er ist aber zunächst noch geringer als der sich bei Anwendung der Fünftelregelung ergebende.[30]

Große Vorteile bewirkt der ermäßigte Steuersatz bei hohen Veräußerungsgewinnen und gleichzeitig verbleibenden zu versteuernden Einkommen im Plafond. Dies sind genau die Fälle, in denen die Fünftelregelung keinen Vorteil im Vergleich zum Normaltarif bewirkt. Es handelt sich somit um die Fälle, in denen die Anwendung des ermäßigten Steuersatzes am ehesten in Betracht kommt. Vor einer entsprechenden Antragstellung sollte aber jeweils sorgfältig geprüft werden, ob nicht noch weitere Veräußerungsgewinne zu erwarten sind und hieraus evtl. höhere Steuervorteile entstehen. Diese sind dann zu ermitteln, auf den Vergleichszeitpunkt abzuzinsen und mit dem Vorteil bei einer Antragstellung „jetzt" zu vergleichen. Dieser Vergleich ist erforderlich, da der Steuerpflichtige nur einmal in seinem Leben in den Genuss des ermäßigten Steuersatzes kommen kann.

[30] Vgl. *Schmidt* (2000), S. 2401 ff; *Zimmermann* (2009), S. 85.

3.2.7 Gesonderter Steuersatz für Einkünfte aus Kapitalvermögen

Seit dem Beginn des Jahres 2009 ist gem. § 32d EStG auf Einkünfte aus Kapitalvermögen ein gesonderter Einkommensteuersatz anzuwenden. Dieser beträgt nach Abs. 1 Satz 1 dieser Rechtsnorm grundsätzlich 25 % der entsprechenden Einkünfte. Zwischen der Höhe dieser Einkünfte und der auf sie entfallenden Steuerschuld besteht also ein linearer Zusammenhang. Unter Einbeziehung des derzeitigen 5,5 %igen Solidaritätszuschlags ergibt sich in den Fällen des § 32d Abs. 1 Satz 1 EStG ein kombinierter Einkommensteuer-Solidaritätszuschlagsatz i. H. v. (25 % · 1,055 =) 26,375 %. Sowohl die Einkommensteuer als auch der Solidaritätszuschlag auf Einkünfte aus Kapitalvermögen werden gem. § 43 Abs. 1 i. V. m. § 51a Abs. 1 EStG i. V. m. § 3 Abs. 1 Nr. 5 SolzG grundsätzlich im Wege des Kapitalertragsteuerabzugs erhoben. Mit der Kapitalertragsteuer gilt die auf die Einkünfte aus Kapitalvermögen entfallende Einkommensteuer gem. § 43 Abs. 5 EStG grundsätzlich als abgegolten.

Ausdrücklich sei darauf hingewiesen, dass im Rahmen des Kapitalertragsteuer-Abzugsverfahrens der auf die Kapitalertragsteuer anfallende Solidaritätszuschlag auch ab 2021 5,5 % der Kapitalertragsteuer beträgt. Die Freigrenzenregelung des § 3 Abs. 3 Satz 1 SolZG kommt also nicht zur Anwendung (§ 3 Abs. 1 Nr. 1 SolZG).

Unterliegt der Steuerpflichtige zusätzlich zu der Einkommensteuer auch der Kirchensteuer, so ermäßigt sich nach § 32d Abs. 1 Satz 3 EStG die Einkommensteuer um 25 % der auf die Kapitalerträge entfallenden Kirchensteuer. Mit dieser Regelung wird die Abzugsfähigkeit der Kirchensteuer von der einkommensteuerlichen Bemessungsgrundlage als Sonderausgabe gem. § 10 Abs. 1 Nr. 4 EStG erfasst. § 32d Abs. 1 Satz 3 EStG definiert für diesen Fall eine Formel. Danach ergibt sich die Einkommensteuer auf die dem Steuersatz des § 32d Abs. 1 EStG unterliegenden Einkünfte ($S_{ei§32d}$) wie folgt:

$$S_{ei§32d} = \frac{e - 4q}{4 + k}. \tag{30}$$

Hierbei haben die vom Gesetzgeber verwendeten Symbole folgende Bedeutung:

e = nach § 20 EStG ermittelte Einkünfte,
q = auf die Einkommensteuerschuld anrechenbare ausländische Einkommensteuer,
k = Kirchensteuersatz.

Wird der Fall betrachtet, dass keine anrechenbaren ausländischen Steuern vorliegen ($q = 0$) und wird der Kirchensteuersatz k durch das in Gleichung (17) hierfür verwendete Symbol s_{ki} ersetzt, so kann Gleichung (30) wie folgt geschrieben werden:

$$S_{ei§32d} = \frac{e}{4 + s_{ki}}. \tag{31}$$

Die gesamte Steuerbelastung auf die Bemessungsgrundlage setzt sich dann aus $S_{ei\S32d}$ und der auf $S_{ei\S32d}$ entfallenden Kirchensteuer zusammen. Diese Gesamtbelastung ist genau so hoch wie diejenige, die sich bei Anwendung des aus Gleichung (17) ermittelbaren kombinierten Einkommensteuer- und Solidaritätszuschlagsatzes s_e auf die Bemessungsgrundlage e ergibt. Auf eine allgemeine Ableitung der behaupteten Identität soll hier verzichtet und diese lediglich anhand eines Beispiels aufgezeigt werden.

Beispiel

Der Steuerpflichtige S bezieht Einkünfte i. S. d. § 20 EStG i. H. v. 100.000 €. Er unterliegt der Kirchensteuer; der Kirchensteuersatz beträgt 9 %.

Aus dem Sachverhalt ergibt sich für e i. S. d. Gleichung (31) ein Wert von 100.000 € und für s_{ki} ein Wert von 0,09. Durch Einsetzen dieser Werte in Gleichung (31) ergibt sich eine Einkommensteuerbelastung von

$E_{st} = \frac{100.000\,€}{4+0{,}09}$ bzw.

$E_{st} = 24.450\,€$.

Die Kirchensteuer (K_{ist}) ergibt sich als das Produkt aus dieser Einkommensteuer und dem Kirchensteuersatz von 9 %. Sie beträgt:

$K_{ist} = 24.450 \cdot 9\,\%$ bzw.

$K_{ist} = 2.200\,€$.

Insgesamt ergibt sich eine Steuerschuld von (24.450 + 2.200 =) 26.650 €.

Wird die Gesamtsteuerschuld nicht mit Hilfe der Gleichung (31), sondern mit der der Gleichung (17) ermittelt, so ist der aus dieser Gleichung ermittelte kombinierte Einkommensteuer- und Solidaritätszuschlagsatz mit der Bemessungsgrundlage e von 100.000 € zu multiplizieren. In dieser Gleichung sind s_{ei} mit 25 % (0,25) und s_{ki} mit 9 % (0,09) anzusetzen. Es ergibt sich Folgendes:

$E_{st} + K_{ist} = \frac{0{,}25 \cdot (1+0{,}09)}{1+0{,}09 \cdot 0{,}25} \cdot 100.000\,€$ bzw.

$E_{st} + K_{ist} = 26.650\,€$.

Die Ergebnisse stimmen also überein.

Soweit an späteren Stellen in diesem Buch der für Einkünfte aus Kapitalvermögen maßgebende kombinierte Einkommen- und Kirchensteuersatz bzw. der kombinierte Einkommen-, Kirchensteuer- und Solidaritätszuschlagsatz anzuwenden ist, wird dieser aus Gleichung (17) bzw. (20) und nicht aus den Gleichungen (30) bzw. (31) ermittelt.

3.2.8 Auf den nicht entnommenen Gewinn anzuwendende Steuersätze

Einkommensteuerpflichtige können auf nicht entnommene Gewinne bzw. Gewinnbestandteile anstelle des Tarifs des § 32a EStG einen in § 34a Abs. 1 EStG festgelegten linearen Steuersatz anwenden. Dieser beträgt nach dem Rechtsstand im Frühjahr 2020 28,25 %. Bemessungsgrundlage ist der Teil des thesaurierten Gewinnes, für dessen begünstigte Besteuerung der Steuerpflichtige einen Antrag nach § 34a Abs. 1 EStG stellt. Auf die sich als Produkt aus Bemessungsgrundlage und Thesaurierungssteuersatz ergebende Einkommensteuer sind in der üblichen Weise nach § 51a Abs. 1 EStG Zuschlagsteuern zu erheben, die bekanntlich aus dem Solidaritätszuschlag und ggf. der Kirchensteuer bestehen. Der kombinierte Einkommen-, Kirchensteuer- und Solidaritätszuschlagsatz kann dann durch Einsetzen der konkreten Werte für s_{ei}, s_{ki} und s_{olz} aus der in Gliederungspunkt (3.2.3.1) abgeleiteten Gleichung (20) ermittelt werden. Bei Ansatz der derzeitigen gesetzlichen Steuersätze für s_{ei} von 28,25 % und für s_{olz} von 5,5 % sowie einem Kirchensteuersatz s_{ki} von 9 % ergibt sich ein kombinierter Steuersatz von 31,544 %. Unterliegt der Steuerpflichtige nicht der Kirchensteuer ($s_{ki} = 0$), so ergibt sich ein kombinierter Einkommensteuer- und Solidaritätszuschlagsatz von 29,804 %.

Kommt es in einem späteren Jahr nach § 34a Abs. 4 EStG zu einer Nachversteuerung, so unterliegt der Nachversteuerungsbetrag nach derzeitigem Recht einem linearen Einkommensteuersatz von 25 % ($s_{ei} = 0{,}25$). Durch Einsetzen der Werte für s_{olz} und s_{ki} kann auch hier der kombinierte Einkommen-, Kirchensteuer- und Solidaritätszuschlagsatz ermittelt werden. Bei einem Kirchensteuersatz von 9 % und einem Solidaritätszuschlagsatz von 5,5 % beträgt er 27,995 %. Unterliegt der Steuerpflichtige nicht der Kirchensteuer, so beträgt der kombinierte Einkommensteuer- und Solidaritätszuschlagsatz 26,375 %. Klargestellt sei, dass die kumulierten Nachversteuerungsbeträge i. S. d. § 34a Abs. 4 EStG kleiner sind als die kumulierten Beträge, die zuvor dem Begünstigungssteuersatz des § 34a Abs. 1 EStG unterlegen haben. Dies ergibt sich bereits daraus, dass der entnahmefähige Betrag um die sich aus § 34a Abs. 1 EStG ergebenden Steuerbeträge kleiner sein muss als der der Besteuerung nach dieser Vorschrift unterliegende Bruttothesaurierungsbetrag. Eine quantitative Analyse soll aber erst in Band 6 des Gesamtwerkes erfolgen.[31]

3.3 Steuersätze bei anderen Steuerarten als der Einkommensteuer

Im Gegensatz zur Einkommensteuer (einschließlich der Zuschlagsteuern) weisen fast alle laufend veranlagten Steuerarten nach derzeit geltendem deutschen Recht (Stand Frühjahr 2020) einen linearen Tarifverlauf aus. Dies ist keinesfalls selbstverständlich. So hat bis zum Erhebungszeitraum 2007 die von gewerblichen Personenunternehmen zu entrichtende Gewerbesteuer einen nicht durchgängig linearen Verlauf gehabt.[32] Gleiches hat bis zum Veranlagungszeitraum 1976 für die von bestimmten kleinen Kapitalgesellschaften zu entrichtende Körperschaftsteuer gegolten.[33] Auch in anderen Ländern als der Bundesrepublik Deutschland gibt es nicht lineare Tarife außer bei der Einkommensteuer z. T. auch bei anderen laufend veranlagten Steuerarten. In den meisten Fällen handelt es sich dann um eine der deutschen Körperschaftsteuer vergleichbare Steuer (ausländische Körperschaftsteuer).

Weist eine Steuerart einen durchgängig linearen Tarif aus, so ist die Ermittlung der Steuerschuld denkbar einfach: Sie ergibt sich aus dem Produkt aus der Bemessungsgrundlage und dem anzuwendenden Steuersatz. Gleiches gilt dann

[31] Näheres hierzu s. bei *Schneeloch* (2009), S. 322 ff.
[32] Näheres hierzu s. bei *Schneeloch* (2002), S. 36 ff.
[33] Näheres hierzu s. bei *Burwitz* (2020), Tz. 2 ff.

auch hinsichtlich der Ermittlung eines für eine konkrete steuerplanerische Frage relevanten Differenz- bzw. Grenzsteuersatzes. Dieser entspricht dann dem im Gesetz festgelegten Steuersatz.

In den Fällen eines nicht durchgängig linearen Tarifs kann die Ermittlung des für steuerplanerische Zwecke anwendbaren Differenz- bzw. Grenzsteuersatzes aufwendig sein. Vielfach dürfte es aber vertretbar sein, ihn näherungsweise im Schätzwege zu ermitteln. Naheliegend ist es in diesem Zusammenhang, den relevanten Durchschnitts- bzw. Grenzsteuersatz in ähnlicher Weise zu schätzen wie dies in Gliederungspunkt 3.2 (S. 18) dargestellt worden ist.

Unter den nicht laufend veranlagten, d. h. unter den auf Grund eines besonderen Ereignisses erhobenen Steuern, hat die Erbschaft- bzw. Schenkungsteuer eine herausragende Bedeutung. Eine derartige Steuer wird weltweit in fast allen Ländern erhoben.[34] Soweit ersichtlich, weist sie überall einen progressiven Tarif auf. Dieser ist regelmäßig in ähnlicher Weise gestaffelt wie dies in der Bundesrepublik Deutschland in § 19 ErbStG der Fall ist. Da planerische Überlegungen im Hinblick auf die Erbschaft- bzw. Schenkungsteuer regelmäßig nur in großen Zeitabständen vorgenommen werden müssen, fällt der Aufwand, der zur Ermittlung der relevanten Steuersätze alternativer Gestaltungsmaßnahmen betrieben werden muss, nicht ins Gewicht. Regelmäßig lässt sich der Steuersatz für jede Alternative unmittelbar dem einschlägigen Gesetz entnehmen.

3.4 Aufgabe 1

1. Ministerialrat Manske (M) steht vor der Frage, ob er das Angebot eines Fachverlages annehmen soll, in dessen Auftrag mehrere Wochenendseminare durchzuführen. Nimmt er das Angebot an, so erhöht sich das zu versteuernde Einkommen der Eheleute M im Veranlagungszeitraum um 10 T€ von 80 T€ auf voraussichtlich 90 T€. Beide Ehegatten sind evangelisch. Beide Ehegatten beabsichtigen, die Zusammenveranlagung zu beantragen. Vor einer Entscheidung über die Annahme oder Ablehnung des Angebots will M den Durchschnitts-, den Differenz- und den Grenzsteuersatz, den eine Annahme bewirken würde, erfahren. Er beauftragt Sie, als seinen Steuerberater, mit der Ermittlung dieser Steuersätze. Außerdem will er wissen, welcher der drei Steuersätze sinnvollerweise für seine Entscheidung von Bedeutung sein sollte. Bei der Lösung soll von dem für das Jahr 2021 geltenden Recht ausgegangen werden, und zwar nach dem Rechtsstand im Frühjahr 2020.

[34] Vgl. *Förster* (2019), Tz. 40, 111.

3.5 Einfache und kombinierte Ertragsteuersätze bei Abzug und Anrechnung von Steuern

3.5.1 Grundsätzliches

Im Rahmen der Steuerplanung spielen die Ertragsteuern zweifellos eine herausragende Rolle. Diese können unverbunden nebeneinander stehen. Sie können aber auch durch Abzug von einer Bemessungsgrundlage oder durch Anrechnung auf eine Steuerschuld miteinander verbunden sein. Außerdem kann die Steuerschuld einer Steuerart von der Bemessungsgrundlage derselben Steuerart abzugsfähig sein. Letztlich kann die Steuerschuld einer Ertragsteuerart die Bemessungsgrundlage für eine andere Steuerart darstellen.

In allen Fällen der Verbundenheit von zwei oder mehr Ertragsteuerarten miteinander ist es im Rahmen der Steuerplanung zweckmäßig, die Abhängigkeit voneinander formelmäßig darzustellen. So sind die Zusammenhänge besser durchschaubar als bei einer isolierten Berechnung der Steuerschulden der einzelnen Steuerarten. Die Abhängigkeiten können durch die Ermittlung kombinierter Ertragsteuersätze erfasst werden. Dies soll nachfolgend geschehen. Vorab soll der Fall behandelt werden, dass die Steuerschuld einer Steuerart von ihrer eigenen Bemessungsgrundlage abzugsfähig ist. Kombinierte Steuersätze sollen anschließend für folgende Fälle ermittelt werden:

- Eine Ertragsteuer ist von ihrer eigenen Bemessungsgrundlage und von der einer anderen abzugsfähig.
- Eine Ertragsteuer ist von der Bemessungsgrundlage einer anderen abzugsfähig.
- Es findet eine Anrechnung oder teilweise Anrechnung einer Ertragsteuer auf die Steuerschuld einer anderen statt.
- Eine Ertragsteuer stellt die Bemessungsgrundlage für eine andere dar.

3.5.2 Abzug einer Ertragsteuer von ihrer eigenen Bemessungsgrundlage

Zunächst soll der Fall behandelt werden, dass die Steuerschuld einer Steuerart von der Bemessungsgrundlage dieser Steuerart abzugsfähig ist. I. d. R. dürfte es sich um den Abzug einer Ertragsteuer von ihrer eigenen Bemessungsgrundlage handeln.

Ausgegangen wird von der Brutto-Bemessungsgrundlage (B_r) der Steuern, die abzugsfähig sind. Hierbei kann es sich um einen Teil der gesamten Bemessungsgrundlage der entsprechenden Steuerart (Teilbemessungsgrundlage) handeln. Die Wahl einer Teilbemessungsgrundlage für die Berechnung ist dann sinnvoll, wenn es darum geht zu ermitteln, mit welcher Steuer eine Erhöhung oder Verminderung der Bemessungsgrundlage der betrachteten Steuerart belastet ist.

Der Steuersatz, mit dem (B_r) belastet ist, wird mit s und die sich ergebende Steuerschuld mit S bezeichnet.

Die gesetzliche Bemessungsgrundlage der Steuerart ergibt sich durch Abzug der Steuerschuld S von der Bruttobemessungsgrundlage (B_r). Diese ist mit dem gesetzlichen Steuersatz belastet. Aus diesem Zusammenhang ergibt sich folgende Formel für die Steuerbelastung:

$$S = (B_r - S) \cdot s. \tag{32}$$

Diese Gleichung kann umgeformt werden zu:

$$S = \frac{s}{1+s} \cdot B_r. \tag{33}$$

In Steuerbelastungsrechnungen kann es im Einzelfall sinnvoll sein, mit den Bruttogrößen, d. h. den Erträgen und Aufwendungen (Einnahmen und Ausgaben) vor Berücksichtigung der auf diese entfallenden Steuer zu rechnen. Geschieht dies, so kann allerdings nicht mit dem gesetzlichen Steuersatz, vielmehr muss mit einem geminderten Steuersatz gerechnet werden. Dieser bezieht sich dann auf die Bruttogrößen. Wird dieser Steuersatz mit s^* bezeichnet, so besteht also folgender Zusammenhang:

$$S = B_r \cdot s^*. \tag{34}$$

Wird S in Gleichung (33) durch den sich aus Gleichung (34) ergebenden Wert ersetzt, so ergibt sich:

$$B_r \cdot s^* = \frac{s}{1+s} \cdot B_r. \tag{35}$$

Gleichung (35) kann vereinfacht werden zu:

$$s^* = \frac{s}{1+s}. \tag{36}$$

Gleichung (36) bildet also den Zusammenhang zwischen den auf die Brutto-Bemessungsgrundlage B_r bezogenen Steuersatz s^* und dem gesetzlichen Steuersatz s ab. Dieser ist auf die gesetzliche Bemessungsgrundlage, d. h. auf den um die Steuerschuld S geminderten Bruttobetrag bezogen.

Gleichung (36) ermöglicht es, für beliebige gesetzliche Steuersätze die entsprechenden auf die Brutto-Bemessungsgrundlage bezogenen Steuersätze zu ermitteln. Diese sind – wie Gleichung (36) unschwer entnommen werden kann – niedriger als die gesetzlichen Steuersätze.

3.5.3 Abzug einer Ertragsteuer von ihrer eigenen Bemessungsgrundlage und der einer anderen

Nunmehr soll der Fall betrachtet werden, dass eine Steuerschuld von ihrer eigenen Bemessungsgrundlage und von der einer anderen abzugsfähig ist. Die

Steuerschuld aus der anderen Steuerart ist weder von der Bemessungsgrundlage der einen noch von der der anderen abzugsfähig.

Die hier geschilderte Situation hat es in der Bundesrepublik Deutschland bis zum Erhebungs- bzw. Veranlagungszeitraum 2007 gegeben. Bis zu diesem Zeitraum war die Gewerbesteuer eine abzugsfähige Betriebsausgabe. Sie minderte ihre eigene Bemessungsgrundlage und die entweder der Einkommen- oder die der Körperschaftsteuer. Seit dem Erhebungszeitraum 2008 gehört die Gewerbesteuer bekanntlich aufgrund des in das Gesetz eingefügten § 4 Abs. 5b EStG zu den nicht abzugsfähigen Betriebsausgaben.

Nachfolgend sollen die abzugsfähigen Steuern mit S_{ab}, die nicht abzugsfähigen mit S_{nab} bezeichnet werden. Entsprechend soll der Steuersatz der abzugsfähigen Steuern mit s_{ab}, derjenige der nicht abzugsfähigen mit s_{nab} gekennzeichnet werden. Die Summe der Steuern beider Steuerarten (S) beträgt dann:

$$S = S_{ab} + S_{nab}. \tag{37}$$

Die Bemessungsgrundlage der abzugsfähigen Steuern entsteht aus der Brutto-Bemessungsgrundlage B_r durch Abzug der abzugsfähigen Steuern. Wird auf diese Bemessungsgrundlage der Steuersatz s_{ab} angewendet, so ergeben sich die abzugsfähigen Steuern mit:

$$S_{ab} = (B_r - S_{ab}) \cdot s_{ab}. \tag{38}$$

Diese Gleichung kann umgeformt werden zu:

$$S_{ab} = \frac{s_{ab}}{1 + s_{ab}} \cdot B_r. \tag{39}$$

Bemessungsgrundlage der nicht abzugsfähigen Steuern ist – ebenso wie derjenige der abzugsfähigen – die Brutto-Bemessungsgrundlage B_r nach Abzug der abzugsfähigen Steuern s_{ab}. Hierauf ist der Steuersatz s_{nab} anzuwenden, so dass sich die nicht abzugsfähigen Steuern wie folgt ergeben:

$$S_{nab} = (B_r - S_{ab}) \cdot s_{nab} \quad \text{bzw.} \tag{40}$$

$$S_{nab} = B_r \cdot s_{nab} - S_{ab} \cdot s_{nab}. \tag{41}$$

Durch Einsetzen des Werts von S_{ab} aus Gleichung (39) in Gleichung (41) kann geschrieben werden:

$$S_{nab} = B_r \cdot s_{nab} - \frac{s_{ab}}{1 + s_{ab}} \cdot B_r \cdot s_{nab}. \tag{42}$$

Gleichung (42) kann umgeformt werden zu:

$$S_{nab} = \frac{s_{nab}}{1 + s_{ab}} \cdot B_r. \tag{43}$$

Durch Einsetzen der Werte von S_{ab} aus Gleichung (39) und von S_{nab} aus Gleichung (43) in Gleichung (37) ergibt sich die Gesamtsteuerbelastung mit

$$S = \frac{s_{ab}}{1 + s_{ab}} \cdot B_r + \frac{s_{nab}}{1 + s_{ab}} \cdot B_r. \tag{44}$$

Gleichung (44) kann vereinfacht werden zu:

$$S = \frac{s_{ab} + s_{nab}}{1 + s_{ab}} \cdot B_r. \tag{45}$$

Der kombinierte Steuersatz (s_{com}), mit dem die gemeinsame (Teil-)Bemessungsgrundlage beider Steuerarten B_r belastet ist, ergibt sich als Quotient der Gesamtsteuerbelastung gem. Gleichung (45) und B_r:

$$s_{com} = \frac{S}{B_r}. \tag{46}$$

Durch Einsetzen des Werts von S aus Gleichung (45) in Gleichung (46) ergibt sich:

$$s_{com} = \frac{s_{ab} + s_{nab}}{1 + s_{ab}}. \tag{47}$$

Abbildung 3.3 enthält kombinierte Steuersätze für verschiedene Kombinationen zweier Steuersätze, von denen einer zu einer abzugsfähigen, der andere zu einer nichtabzugsfähigen Steuerart gehört.

Abbildung 3.3 enthält in der Kopfzeile verschiedene konkrete Steuersätze der abzugsfähigen Steuerart, und zwar Steuersätze von 0 %, 10 % usw. bis zu 50 %. In der ersten Spalte auf der linken Seite der Tabelle sind konkrete Steuersätze der nichtabzugsfähigen Steuerart verzeichnet, und zwar ebenfalls Steuersätze von 0 %, 10 % usw. bis zu 50 %. Die Tabellenwerte unterhalb der Kopfzeile und rechts von der linken Spalte geben die kombinierten Steuersätze an, die sich aus den jeweiligen abzugsfähigen und nichtabzugsfähigen Steuersätzen ergeben. So ergibt sich bei einem Steuersatz s_{ab} von 0 % und einem Steuersatz s_{nab} von ebenfalls 0 % ein kombinierter Steuersatz s_{com} von 0 %. Betragen s_{ab} und s_{nab} hingegen jeweils 50 %, so ergibt sich ein kombinierter Steuersatz von 66,67 % (Wert rechts unten).

s_{ab} / s_{nab}	0 %	10 %	20 %	30 %	40 %	50 %
0 %	0,00	9,09	16,67	23,08	28,57	33,33
10 %	10,00	18,18	25,00	30,77	35,71	40,00
20 %	20,00	27,27	33,33	38,46	42,86	46,67
30 %	30,00	36,36	41,67	46,15	50,00	53,33
40 %	40,00	45,45	50,00	53,85	57,14	60,00
50 %	50,00	54,55	58,33	61,54	64,29	66,67

Abb. 3.3: Kombinierter Steuersatz (s_{com}) bestehend aus den Steuersätzen einer abzugsfähigen (s_{ab}) und einer nicht abzugsfähigen (s_{nab}) Steuerart in % der Brutto-Bemessungsgrundlage (B_r)

In Abbildung 3.4 sind für die Steuersätze $s_{ab} = 0\,\%$, $s_{ab} = 20\,\%$ und $s_{ab} = 50\,\%$ und für Steuersätze $s_{nab} = 0$ bis zu $s_{nab} = 50\,\%$ die zugehörigen kombinierten Steuersätze s_{com} in % der Brutto-Bemessungsgrundlage B_r eingezeichnet. Die sich ergebenden Kurven beruhen auf Gleichung (47) bzw. auf den Werten der Abbildung 3.3 auf der gegenüberliegenden Seite. Die Kurven veranschaulichen die aufgezeigten Wirkungszusammenhänge.

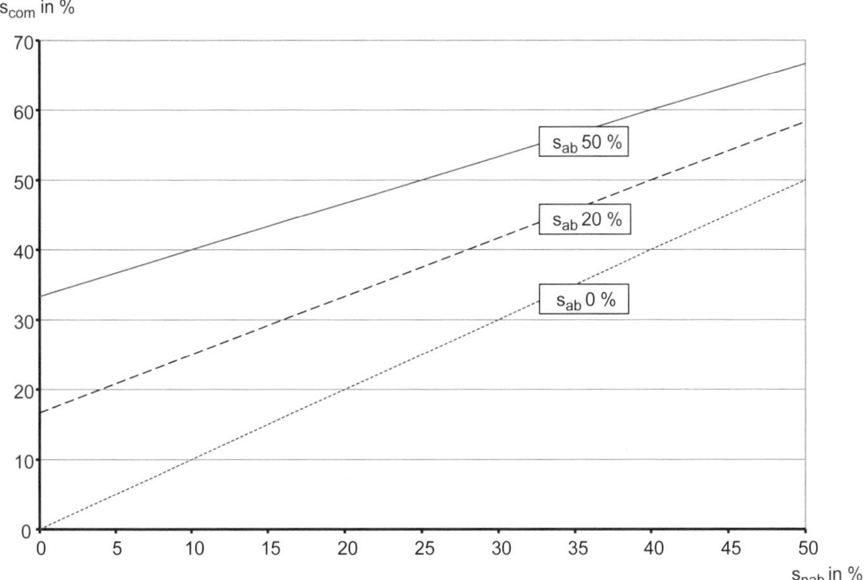

Abb. 3.4: Kombinierter Steuersatz s_{com} in Abhängigkeit vom Steuersatz der nicht abziehbaren Steuerart s_{nab} bei unterschiedlichen Höhen des Steuersatzes der abzugsfähigen Steuerart s_{ab} in % der Brutto-Bemessungsgrundlage B_r

3.5.4 Abzug einer Ertragsteuer von der Bemessungsgrundlage einer anderen

Nunmehr soll der Fall behandelt werden, dass eine Ertragsteuer von der Bemessungsgrundlage einer anderen, nicht aber von der der eigenen abzugsfähig ist. Nach geltendem deutschen Recht kann sich dieser Fall aus § 34c Abs. 2 EStG ergeben. Nach dieser Rechtsnorm können der deutschen Einkommensteuer vergleichbare ausländische Steuern auf Antrag anstatt von der deutschen Einkommensteuerschuld von der Bemessungsgrundlage der Einkommensteuer abgezogen werden. Wie in Band 1 dieses Werkes ausgeführt, kann ein derartiger Antrag in solchen Jahren vorteilhaft sein, in denen der Steuerpflichtige Verluste erzielt.[35]

In den hier betrachteten Fällen besteht die gesamte Steuerbelastung (S) aus der Steuerbelastung der Steuerart, die von keiner Bemessungsgrundlage abzugsfähig ist (S_{na}), und der Steuerbelastung, die zwar nicht von der eigenen Bemessungsgrundlage, wohl aber von der Bemessungsgrundlage der anderen Steuerart abzugsfähig ist ($S_{ab/a}$):

[35] Näheres s. bei *Schneeloch/Meyering/Patek*, Band 1 (2016), Gliederungspunkt 2.7.3.2.

$$S = S_{na} + S_{ab/a}. \tag{48}$$

$S_{ab/a}$ ergibt sich als das Produkt aus der Brutto-Bemessungsgrundlage (B_r) und dem Steuersatz $s_{ab/a}$:

$$S_{ab/a} = B_r \cdot s_{ab/a}. \tag{49}$$

$s_{ab/a}$ ist der Steuersatz der von der Bemessungsgrundlage der Steuerschuld der anderen Steuerart abzugsfähigen Steuer.

Bemessungsgrundlage von S_{na} ist die Brutto-Bemessungsgrundlage B_r nach Abzug von $S_{ab/a}$. Auf diese Bemessungsgrundlage ist der Steuersatz s_{na} anzuwenden. Es ergibt sich also:

$$S_{na} = (B_r - S_{ab/a}) \cdot s_{na}. \tag{50}$$

In Gleichung (50) gibt s_{na} den Steuersatz der Steuerart an, deren Steuerschuld nicht abzugsfähig ist.

Durch Einsetzen der Werte aus den Gleichungen (49) und (50) in Gleichung (48) ergibt sich:

$$S = B_r \cdot s_{ab/a} + B_r \cdot s_{na} - S_{ab/a} \cdot s_{na}. \tag{51}$$

Durch Einsetzen des Werts von Gleichung (49) in Gleichung (51) und nach Umformung ergibt sich:

$$S = (s_{ab/a} + s_{na} - s_{ab/a} \cdot s_{na}) \cdot B_r. \tag{52}$$

Aus Gleichung (52) kann der kombinierte Steuersatz der beiden Steuerarten ($s_{com/ab/a}$) ermittelt werden. Er ergibt sich durch Division dieser Gleichung durch B_r. Er beträgt also:

$$s_{com/ab/a} = s_{ab/a} + s_{na} - s_{ab/a} \cdot s_{na}. \tag{53}$$

Mit Hilfe dieser Gleichung können in ähnlicher Weise Tabellenwerte kombinierter Steuersätze bei unterschiedlichen Sätzen der beiden Einzelsteuersätze ermittelt werden wie dies in Abbildung 3.3 (S. 46) geschehen ist. Diese lassen sich in ähnlicher Weise graphisch darstellen wie das in Abbildung 3.4 auf der vorherigen Seite aufgezeigt worden ist. Auf eine Darstellung soll hier aber verzichtet werden.

3.5.5 Anrechnung oder teilweise Anrechnung einer Ertragsteuer auf die Steuerschuld einer anderen

Insbesondere im grenzüberschreitenden Bereich spielt die Anrechnung von Steuern aus einer Steuerart auf die Steuerschuld einer anderen eine Rolle. So kann es z. B. zur Anrechnung einer an einen ausländischen Fiskus entrichteten Steuer auf die deutsche Einkommen- oder Körperschaftsteuer kommen.

Die entsprechenden Regelungen finden sich bekanntlich in den §§ 34c und 34d EStG bzw. in § 26 KStG. Derartige Anrechnungen sind weltweit bedeutsam. Im Einzelfall kann es zu einer vollständigen oder auch nur zu einer teilweisen Anrechnung kommen.

Neben der Anrechnung ausländischer Steuern auf die deutsche Einkommen- oder Körperschaftsteuer kennt das deutsche Steuerrecht die Anrechnung von Gewerbesteuer in pauschaler Form auf die Einkommensteuer gem. § 35 EStG.[36] Auch hier kann es im Einzelfall zu einer teilweisen oder vollständigen Anrechnung kommen.

Wird die auf eine andere Steuerschuld anrechenbare Steuer mit S_{an} und die nicht auf eine andere Steuerschuld anrechenbare Steuer mit S_{nan} bezeichnet, so setzt sich die gesamte Steuerschuld des Steuerpflichtigen (S) wie folgt zusammen:

$$S = S_{an} + S_{nan} - S_{an} \quad \text{bzw.} \tag{54}$$

$$S = S_{nan}. \tag{55}$$

Auf den Fall der Anrechnung von Gewerbesteuer auf die Einkommensteuerschuld eines Steuerpflichtigen wird an späterer Stelle noch näher eingegangen.[37]

3.5.6 Zuschlag einer Steuer auf die Steuerschuld einer anderen

Kombinierte Steuersätze können sich auch dadurch ergeben, dass die Steuerschuld einer Steuerart auf der Steuerschuld einer anderen als Bemessungsgrundlage beruht. Nach deutschem Recht ist dies hinsichtlich der Zuschlagsteuern i. S. d. § 51a EStG der Fall. Bekanntlich dient die Einkommen- bzw. Körperschaftsteuer als Bemessungsgrundlage für den Solidaritätszuschlag, die Einkommensteuer darüber hinaus auch als Bemessungsgrundlage für die Kirchensteuer. Die Vorgehensweise zur Erfassung der Zusammenhänge zwischen der Einkommen- bzw. Körperschaftsteuer und den Zuschlagsteuern ist bereits ausführlich dargestellt worden.[38] An dieser Stelle braucht deshalb nicht hierauf eingegangen zu werden.

---

[36] In der Terminologie des § 35 EStG handelt es sich nicht um eine „Anrechnung“, sondern um eine Steuerermäßigung. Hierdurch soll zum Ausdruck kommen, dass eine Anrechnung nur bis zu einer Steuerschuld von 0 € möglich ist, mithin es aufgrund des § 35 EStG nicht zu einer Erstattung kommen kann.

[37] Vgl. Gliederungspunkt 4.2.2 (S. 56) und 4.2.3 (S. 61).

[38] Vgl. Gliederungspunkt 3.2.3 (S. 22).

4 Formelmäßige Erfassung von Steuerbelastungen und kombinierten Steuersätzen

4.1 Ziel und Einschränkung der mathematischen Darstellung

Ein wesentliches Ziel dieses Teils der Ausführungen ist es, die nach deutschem Recht durch Steuergestaltungsmaßnahmen hervorgerufenen Steuerzahlungen mathematisch zu erfassen. Dies soll aber nur insoweit erfolgen, wie es zweckmäßig erscheint. Das ist nur bei laufend veranlagten Steuern der Fall. Die Berücksichtigung einmaliger Steuern hingegen ist zu aufwendig. Diese werden besser im Einzelfall gesondert erfasst. Gleiches gilt für branchenspezifische Steuern, die allenfalls in einer Belastungsformel der entsprechenden Branche berücksichtigt werden sollten. Steht von vornherein fest, dass einzelne Steuerarten die Ergebnisse der durchzuführenden Steuerbelastungsvergleiche nicht beeinflussen können, so werden sie in den Gesamtbelastungsformeln ebenfalls nicht berücksichtigt.

Bei einer Durchsicht der rund 40 Steuerarten, die nach deutschem Recht derzeit erhoben werden, ergibt sich, dass nach den genannten Kriterien lediglich folgende Steuerarten mit ihren gegenseitigen Abhängigkeiten für eine formelmäßige Erfassung in Betracht kommen: die Lohn-, Einkommen-, Körperschaft-, Kapitalertrag-, Gewerbe- und Kirchensteuer sowie der Solidaritätszuschlag als Ertragsteuern, ferner die Grundsteuer als Substanzsteuer und letztlich die Umsatzsteuer als Verkehrsteuer. Von den genannten Steuerarten brauchen aber die Lohn- und Kapitalertragsteuer nicht gesondert behandelt zu werden, da sie als besondere Erhebungsformen der Einkommensteuer bei dieser erfasst werden können.

Auch eine formelmäßige Erfassung der Umsatzsteuer ist nicht sinnvoll. Der Grund liegt darin, dass die Umsatzsteuer wegen des Vorsteuerabzugs wirtschaftlich gesehen regelmäßig wie ein durchlaufender Posten wirkt. Auf ihre Erfassung kann deshalb i. d. R. völlig verzichtet werden. Lediglich in den Fällen, in denen es nach § 15 Abs. 2 UStG zu einer vollständigen oder teilweisen Versagung des Vorsteuerabzugs kommt, müssen die Umsatz- und Vorsteuerzahlungen berücksichtigt werden. Dies geschieht dann aber zweckmäßigerweise außerhalb einer formelmäßigen Erfassung.

Für eine mathematische Erfassung verbleiben somit lediglich die Einkommen- und Kirchensteuer einschließlich des Solidaritätszuschlags, die Körperschaftsteuer ebenfalls einschließlich des Solidaritätszuschlags, die Gewerbesteuer und die Grundsteuer. Hierbei kommt Einkommensteuer nur bei natürlichen Personen in Betracht, Körperschaftsteuer hingegen nur bei Kapitalgesellschaften (und sonstigen Körperschaften i. S. d. KStG). Als Folge dieses Unterschieds ist je eine Belastungsformel für natürliche Personen und für Kapitalgesellschaften abzuleiten.

Da alle für die mathematische Erfassung verbliebenen Steuern Jahressteuern sind, werden die Belastungsformeln als Jahresbelastungsformeln konzipiert.

4.2 Steuerbelastung und kombinierte Steuersätze bei natürlichen Personen

4.2.1 Belastungsformel für natürliche Personen

Nach den voranstehenden Ausführungen sollen durch die Steuerbelastungsformel eines Jahres die vermögensabhängige Grund- (G_{rst}) sowie die ertragsabhängige Gewerbe- (G_{ewst}) und Einkommensteuer (E_{st}) erfasst werden. Die Einkommensteuer E_{st} soll nachfolgend auch die auf die Einkommensteuer entfallenden Zuschlagsteuern (Solidaritätszuschlag und Kirchensteuer) erfassen. Wird die Summe dieser Steuern mit S_{nat} bezeichnet, so kann geschrieben werden:

$$S_{nat} = G_{rst} + G_{ewst} + E_{st}. \tag{56}$$

Die Grundsteuer ergibt sich durch Multiplikation der Bemessungsgrundlage der Betriebs- (B_{mbgr}) und der Privatgrundstücke (B_{mpgr}) mit dem Grundsteuersatz (s_{gr}):

$$G_{rst} = B_{mbgr} \cdot s_{gr} + B_{mpgr} \cdot s_{gr}. \tag{57}$$

Seit vielen Jahrzehnten ist die Bemessungsgrundlage der Grundsteuer der Einheitswert des jeweiligen Grundstücks. Die Einheitswerte beruhen auf den Wertverhältnissen zum 1.1.1935 (neue Bundesländer) bzw. 1.1.1964 (alte Bundesländer).[39] Seither hat es in den einzelnen Regionen Deutschlands stark voneinander abweichende Wertentwicklungen der (unbebauten und der bebauten) Grundstücke gegeben. Diese Entwicklung hat das Bundesverfassungsgericht im Jahre 2018 dazu veranlasst, die Anwendung der Einheitswerte als Bemessungsgrundlage für die Grundsteuer für verfassungswidrig zu erklären.[40] Es hat allerdings die weitere Anwendung der Einheitswerte bis zum Ende des Erhebungszeitraums 2024 unter den beiden folgenden Voraussetzungen erlaubt:

- Der Gesetzgeber regelt die Bemessungsgrundlage der Grundsteuer in einer verfassungskonformen Weise bis Ende 2019 neu und
- die Finanzverwaltung führt bis zum Ende des Jahres 2024 flächendeckend eine Bewertung aller Grundstücke auf der Grundlage des neuen Rechts durch.

[39] Näheres s. *Schneeloch/Meyering/Patek*, Band 3 (2017b), Gliederungspunkt 1.2.3.2.

[40] BVerfG-Urteil vom 10.4.2018, 1BvL 11/14, BVerfGE 148, S. 147.

Ende des Jahres 2019 hat der Gesetzgeber die Bewertung der Grundstücke für grundsteuerliche Zwecke in einem Bundesgesetz neu geregelt.[41] Die Neuregelungen betreffen das Bewertungs- und das Grundsteuergesetz. Da einzelne Bundesländer – insbesondere der Freistaat Bayern – die neue bundesgesetzliche Regelung für nicht akzeptabel halten, hat der Gesetzgeber in Art. 72 Abs. 3 Nr. 7 GG eine sog. Öffnungsklausel hinsichtlich der Bewertung der Grundstücke aufgenommen.[42] Danach kann jedes Bundesland mit Hilfe eines Landesgesetzes eine vom Bundesrecht abweichende Regelung hinsichtlich der Bewertung von Grundstücken treffen.

Derzeit (Frühjahr 2020) lässt sich noch nicht absehen, welche vom Bundesrecht abweichende Regelungen es ab 2025 geben wird. Auch ist fraglich, ob alle möglichen Abweichungen sich als verfassungskonform erweisen werden. Außerdem erscheint es z. Zt. fraglich, ob die Finanzverwaltung – wie vom Bundesverfassungsgericht gefordert – tatsächlich eine flächendeckende Neubewertung aller Grundstücke bis Ende 2024 vornehmen kann. Skepsis ist deshalb angebracht, weil der von der Finanzverwaltung zu leistende Arbeitsaufwand enorm hoch sein dürfte.

Unabhängig davon, welche Rechtsentwicklung hinsichtlich der Grundsteuer eintreten wird, lässt sie sich derzeit und auch in Zukunft durch die allgemein gehaltene Gleichung (57) erfassen. Das gilt selbst für den Fall, dass die Grundsteuer ab 2025 entfallen sollte, weil es der Öffentlichen Hand bis Ende 2024 nicht gelingt, die Vorgaben des Bundesverfassungsgerichts zu erfüllen. In diesem Fall sind B_{mbgr} und B_{mpgr} in Gleichung (57) jeweils mit Null anzusetzen.

Der Gewerbesteuer unterliegen die im Steuerbilanzgewinn enthaltenen Erträge nach Abzug der gewinnmindernden Aufwendungen. Sowohl die Erträge als auch die Aufwendungen werden durch das Symbol E erfasst, wobei nur das Vorzeichen unterschiedlich ist.

Die Bemessungsgrundlage der Gewerbesteuer wird durch Hinzurechnungen erhöht und durch Kürzungen vermindert. Hierfür wird das Symbol H_{ge} eingeführt. Mit H_{ge} können alle tatsächlichen und fiktiven Einnahmen und Ausgaben erfasst werden, die die Höhe der Gewerbesteuer, nicht aber die der Einkommensteuer berühren. Als H_{ge} mit negativem Vorzeichen kann auch der Freibetrag gem. § 11 Abs. 1 GewStG behandelt werden.

Nicht in H_{ge} erfasst werden soll die Kürzung nach § 9 Nr. 1 GewStG, dergemäß nach derzeitigem Recht (Frühjahr 2020) ein Betrag i. H. v. 1,2 % des Einheitswerts der Betriebsgrundstücke von der Bemessungsgrundlage der Gewerbesteuer abgezogen wird. Dieser Betrag ist nach § 121a BewG mit 1,4 zu multiplizieren. Es ergibt sich dann ein zusätzlicher Abzug von $\gamma \cdot B_{mbgr}$. Der Faktor γ gibt hierbei das Produkt aus dem Faktor nach § 9 Nr. 1 GewStG von derzeit 1,2 % und dem Faktor nach § 121a BewG von derzeit 140 % an. Ab 1.1.2025 wird nach derzeitiger Rechtslage der Zuschlag nach § 121a BewG entfallen. In der ab diesem Zeitpunkt geltenden Fassung des § 9 Nr. 1 Satz 1 GewStG heißt es dann „. . . 0,11 Prozent des Grundsteuerwerts“. Auch nach der Grundsteuerreform wird es also eine Kürzung der Gewerbesteuer nach § 9 Nr. 1 GewStG geben. Doch ist die konkrete Regelung dann eine andere als die derzeitige.

[41] Gesetz zur Reform des Grundsteuer- und Bewertungsrechts vom 26.11.2019, BGBl I 2019, S. 1794.

[42] Gesetz zur Änderung des Grundgesetzes (Artikel 72, 105 und 125b) vom 15.11.2019, BGBl I 2019, S. 1546.

Die Kürzung nach § 9 Nr. 1 GewStG wird zweckmäßigerweise nicht in H_{ge} berücksichtigt, damit sämtliche Wirkungen der Bemessungsgrundlage „B_{mbgr}" zusammengefasst werden können. Gesondert erfasst werden, außer der Kürzung nach § 9 Nr. 1 GewStG, die bei der Gewerbesteuer abzugsfähigen Steuern. Dies ist seit dem Veranlagungs- bzw. Erhebungszeitraum 2008 von den hier formelmäßig zu erfassenden Steuern lediglich noch bei der Grundsteuer der Fall. Bis zum Erhebungszeitraum 2007 einschließlich war hingegen zusätzlich die Gewerbesteuer abzugsfähig; sie minderte also ihre eigene Bemessungsgrundlage. Zu beachten ist, dass die Grundsteuer nur insoweit von der Bemessungsgrundlage der Gewerbesteuer abzugsfähig ist, als sie durch Betriebsgrundstücke verursacht wird.

Die Gewerbesteuer ist das Produkt aus der so definierten Bemessungsgrundlage und dem Gewerbesteuersatz s_{ge}:

$$G_{ewst} = (E + H_{ge} - \gamma \cdot B_{mbgr} - B_{mbgr} \cdot s_{gr}) \cdot s_{ge}. \tag{58}$$

Der Gewerbesteuersatz s_{ge} ist das Produkt aus der Steuermesszahl nach dem Gewerbeertrag m_e und dem Gewerbesteuer-Hebesatz h.

Die Bemessungsgrundlage der Einkommensteuer wird durch die auch bei der Gewerbesteuer anzusetzenden betrieblichen Erträge nach Abzug der entsprechenden Aufwendungen bestimmt, d. h. der Erträge und Aufwendungen, die durch E gekennzeichnet werden. Nicht in E enthalten ist auch hier wieder die betriebliche Grundsteuer. Zusätzlich zur betrieblichen mindert auch die private Grundsteuer das Einkommen, sofern sie mit Einkünften aus Vermietung und Verpachtung im Zusammenhang steht. Neben den durch E gekennzeichneten Betriebseinnahmen und Betriebsausgaben können auch andere Einnahmen und Ausgaben das Einkommen beeinflussen. Erwähnt seien die nicht gewerblichen Einkünfte, die Sonderausgaben, außergewöhnlichen Belastungen und die verschiedenen Freibeträge. Gemeinsam ist allen diesen tatsächlichen und fiktiven Einnahmen und Ausgaben, dass sie zwar das Einkommen, nicht aber den Gewerbeertrag beeinflussen. Sie werden insgesamt mit dem Symbol E_e versehen. Nicht in E_e erfasst werden soll aber die als Sonderausgabe abzugsfähige Kirchensteuer.

Die Einkommensteuer ergibt sich durch Multiplikation der so definierten Bemessungsgrundlage mit dem Einkommensteuersatz s_e. Von diesem Produkt ist die nach § 35 EStG auf die Einkommensteuer anrechenbare pauschalierte Gewerbesteuer ($A_{n/gewst}$) abzuziehen. In Höhe von $A_{n/gewst}$ mindert sich nach § 3 Abs. 2 SolZG auch die Bemessungsgrundlage des Solidaritätszuschlags,[43] nach § 51a Abs. 2 Satz 3 EStG aber nicht diejenige der Kirchensteuer. Insgesamt findet also eine Anrechnung von Gewerbesteuer auf Einkommensteuer und Solidaritätszuschlag i. H. v. $A_{n/gewst} \cdot (1 + s_{olz})$ statt. Unter Berücksichtigung dieses Anrechnungsbetrages ergibt sich die Einkommensteuerschuld (einschließlich der Zuschlagsteuern) wie folgt:

$$E_{st} = (E + E_e - B_{mbgr} \cdot s_{gr} - B_{mpgr} \cdot s_{gr}) \cdot s_e - A_{n/gewst} \cdot (1 + s_{olz}). \tag{59}$$

[43] Vgl. BMF-Schreiben vom 24.2.2009, III C 6 - S 2296 - a/08/10002, BStBl I 2009, S. 440, Tz. 4.

Es ist bereits darauf hingewiesen worden, dass § 35 EStG *nicht* den Begriff der *Anrechnung, sondern* den der *Ermäßigung* der Einkommensteuer verwendet. Hierdurch will der Gesetzgeber klarstellen, dass es aufgrund des § 35 EStG nicht zu einer Erstattung von Einkommensteuer kommen kann. Vielmehr kommt nach § 35 EStG nur eine Ermäßigung der Einkommensteuer bis zu einer Steuerschuld von minimal 0 € in Betracht. Auch eine Übertragung eines Anrechnungsguthabens in einen anderen Veranlagungszeitraum kommt nicht in Betracht. *Trotz der gesetzlich anderslautenden Terminologie wird hier der Begriff der Anrechnung verwendet.* Hierdurch wird es möglich, das Symbol „A_n" in der Weise zu verwenden, dass es die Anfangsbuchstaben des Substantivs wiedergibt, das es symbolisieren soll. Bei Verwendung des Begriffs der Ermäßigung wäre die Verwendung eines Symbols mit dem Hauptbuchstaben „E" naheliegend. Dieses Hauptsymbol wird aber in vielen anderen Zusammenhängen benötigt. Eine Verwendung für den in § 35 EStG geregelten Tatbestand erscheint nicht sinnvoll.

Das mit „A_n" in Gleichung (59) multiplikativ verbundene Symbol s_{olz} gibt den Solidaritätszuschlagsatz an.

Ausdrücklich sei noch einmal darauf hingewiesen, dass der Steuersatz s_e einen kombinierten Einkommen-, Kirchensteuer- und Solidaritätszuschlagsatz beinhaltet. Bei gegebenem „reinen" Einkommensteuersatz s_{ei} kann er den bereits an früherer Stelle abgeleiteten Gleichungen (17) bzw. (20) entnommen werden.[44]

Durch Einsetzen der Gleichungen (57), (58) und (59) in (56) ergibt sich nach einigen Umformungen die Gesamtbelastungsformel natürlicher Personen mit:[45]

$$\begin{aligned} S_{nat} = {} & E \cdot (s_e + s_{ge}) + E_e \cdot s_e + H_{ge} \cdot s_{ge} - A_{n/gewst} \cdot (1 + s_{olz}) \\ & + B_{mbgr} \cdot \left[s_{gr} \cdot (1 - s_e - s_{ge}) - \gamma \cdot s_{ge} \right] + B_{mpgr} \cdot s_{gr} \cdot (1 - s_e) \, . \end{aligned} \tag{I}$$

Bei Anwendung der Gleichung (I) ist stets darauf zu achten, dass ein *Steuersatz nur dann einen von 0 verschiedenen Wert* annehmen kann, *wenn* die *Bemessungsgrundlage* der jeweils zugehörigen Steuerart abzüglich evtl. vorhandener Freibeträge oder Freigrenzen *größer* als 0 ist. So beträgt z. B. s_{ge} immer 0, wenn der Gewerbeertrag den Freibetrag gem. § 11 Abs. 1 GewStG von 24.500 € nicht übersteigt.

Mit Ausnahme der Einkommensteuer verlaufen alle in Gleichung (I) enthaltenen Steuern grundsätzlich linear zu ihrer jeweiligen Bemessungsgrundlage. Allerdings macht der Gewerbesteuersatz bei Personenunternehmen bei einem Gewerbeertrag von 24.500 € einen „Sprung". Bis zu 24.500 € Gewerbeertrag beträgt der Gewerbesteuersatz 0 %, anschließend „springt" der Grenzsteuersatz der Gewerbesteuer auf einen von 0 verschiedenen Wert, der dann für alle Gewerbeerträge von mehr als 24.500 € gilt. Bei Kapitalgesellschaften weist die Gewerbesteuerfunktion hingegen einen durchgängig linearen Verlauf aus.

[44] Vgl. Gliederungspunkt 3.2.3 (S. 22).

[45] Für den Untersuchungsgang wichtige Gleichungen werden mit römischen Zahlen gekennzeichnet. Sie werden außerdem in den Anhang unter Anhang 2: Wichtige Formeln (S. 229) aufgenommen.

4.2.2 Formelmäßige Erfassung des Anrechnungsguthabens gem. § 35 EStG und Einfügung in die Gesamtbelastungsformel

4.2.2.1 Allgemeine Ableitung

In Gleichung (I) wird das sich nach § 35 EStG ergebende Anrechnungsguthaben ohne Bezugnahme auf die in dieser Gleichung enthaltenen Teilbemessungsgrundlagen von der Steuerschuld abgezogen. Nunmehr sollen die mathematischen Abhängigkeiten des Anrechnungsguthabens von diesen Teilbemessungsgrundlagen berücksichtigt werden. Abhängigkeiten bestehen nur zu den Teilbemessungsgrundlagen, die mit Gewerbesteuer belastet sind bzw. eine Gewerbesteuerentlastung bewirken, die mithin zu einer Beeinflussung des Gewerbesteuermessbetrages i. S. d. § 35 EStG führen. Diese sind alle in der die Gewerbesteuer definierenden Gleichung (58) enthalten, die bereits weiter oben abgeleitet worden ist. Wird in dieser der Gewerbesteuersatz s_{ge} durch das Produkt aus Steuermesszahl m_e und dem Hebesatz h ersetzt, so ergibt sich:

$$G_{ewst} = (E + H_{ge} - \gamma \cdot B_{mbgr} - B_{mbgr} \cdot s_{gr}) \cdot m_e \cdot h. \tag{60}$$

Der Klammerausdruck in Gleichung (60) stellt die Bemessungsgrundlage der Gewerbesteuer, den Gewerbeertrag, dar. Das Produkt aus dieser Bemessungsgrundlage und der Steuermesszahl m_e ergibt den Gewerbesteuer-Messbetrag M_e. Dieser kann also wie folgt geschrieben werden:

$$M_e = (E + H_{ge} - \gamma \cdot B_{mbgr} - B_{mbgr} \cdot s_{gr}) \cdot m_e. \tag{61}$$

Der Gewerbesteuer-Messbetrag ist nach § 35 Abs. 1 EStG die Bemessungsgrundlage des Anrechnungsbetrages $A_{n/gewst}$. Dieser ergibt sich durch Multiplikation des Wertes des Steuermessbetrages in Gleichung (61) mit dem Anrechnungsfaktor α. Es kann also formuliert werden:

$$A_{n/gewst} = (E + H_{ge} - \gamma \cdot B_{mbgr} - B_{mbgr} \cdot s_{gr}) \cdot me \cdot \alpha. \tag{62}$$

Bei α handelt es sich um den im jeweiligen konkreten Fall anzusetzenden Anrechnungsfaktor. Dieser kann derzeit nach § 35 Abs. 1 EStG maximal 3,8 betragen, er kann aber auch infolge der verschiedenen in § 35 EStG definierten Beschränkungen der Anrechnung darunter liegen. Nach derzeitigem Recht gilt also nach § 35 Abs. 1 EStG:

$$\alpha \leq 3{,}8. \tag{63}$$

Durch Einsetzen des Werts aus Gleichung (62) in Gleichung (I) und Ersatz des Ausdrucks „s_{ge}" in dieser Gleichung durch „$m_e \cdot h$" ergibt sich Folgendes:

$$\begin{aligned} S_{nat} = {} & E \cdot (s_e + m_e \cdot h) + E_e \cdot s_e + H_{ge} \cdot m_e \cdot h \\ & - (E + H_{ge} - \gamma \cdot B_{mbgr} - B_{mbgr} \cdot s_{gr}) \cdot m_e \cdot \alpha \cdot (1 + s_{olz}) \\ & + B_{mbgr} \cdot [s_{gr} \cdot (1 - s_e - m_e \cdot h) - \gamma \cdot m_e \cdot h] + B_{mpgr} \cdot s_{gr} \cdot (1 - s_e). \end{aligned} \tag{64}$$

Gleichung (64) kann umformuliert werden zu:

$$\begin{aligned} S_{nat} = {} & E \cdot \{s_e + m_e \cdot [h - \alpha \cdot (1 + s_{olz})]\} + E_e \cdot s_e \\ & + H_{ge} \cdot m_e \cdot [h - \alpha \cdot (1 + s_{olz})] \\ & + B_{mbgr} \cdot [\gamma \cdot m_e \cdot \alpha \cdot (1 + s_{olz}) + s_{gr} \cdot m_e \cdot \alpha \cdot (1 + s_{olz}) \\ & + s_{gr} \cdot (1 - s_e - m_e \cdot h) - \gamma \cdot m_e \cdot h] \\ & + B_{mpgr} \cdot s_{gr} \cdot (1 - s_e). \end{aligned} \tag{II}$$

4.2.2.2 Spezialfall eines unter dem gesetzlich genannten Anrechnungsfaktor von 3,8 liegenden Gewerbesteuerhebesatzes

Nunmehr soll der wichtige Spezialfall untersucht werden, dass der gewerbesteuerliche Hebesatz geringer ist als der gesetzlich höchstmögliche Anrechnungsfaktor von derzeit 3,8. In diesem Fall nimmt α den Wert des Gewerbesteuerhebesatzes h an. Gleichung (62) kann dann wie folgt geschrieben werden:

$$A_{n/gewst} = (E + H_{ge} - \gamma \cdot B_{mbgr} - B_{mbgr} \cdot s_{gr}) \cdot m_e \cdot h. \tag{65}$$

Durch Einsetzen dieses Wertes in Gleichung (64) ergibt sich für den Spezialfall, dass $\alpha = h$ ist, die jährliche Gesamtsteuerbelastung einer natürlichen Person ($S_{nat/\alpha=h}$) mit:

$$\begin{aligned} S_{nat/\alpha=h} = {} & E \cdot (s_e + m_e \cdot h) + E_e \cdot s_e + H_{ge} \cdot m_e \cdot h \\ & - (E + H_{ge} - \gamma \cdot B_{mbgr} - B_{mbgr} \cdot s_{gr}) \cdot m_e \cdot h \cdot (1 + s_{olz}) \\ & + B_{mbgr} \cdot [s_{gr} \cdot (1 - s_e - m_e \cdot h) - \gamma \cdot m_e \cdot h] \\ & + B_{mpgr} \cdot s_{gr} \cdot (1 - s_e). \end{aligned} \tag{66}$$

Gleichung (66) kann vereinfacht werden zu:

$$\begin{aligned} S_{nat/\alpha=h} = {} & E \cdot (s_e - m_e \cdot h \cdot s_{olz}) + E_e \cdot s_e - H_{ge} \cdot m_e \cdot h \cdot s_{olz} \\ & + B_{mbgr} \cdot \{\gamma \cdot m_e \cdot h \cdot (1 + s_{olz}) - \gamma \cdot m_e \cdot h \\ & + s_{gr} \cdot [m_e \cdot h \cdot (1 + s_{olz}) + 1 - m_e \cdot h - s_e]\} \\ & + B_{mpgr} \cdot s_{gr} \cdot (1 - s_e). \end{aligned} \tag{III}$$

4.2.2.3 Nicht formelmäßig erfasste Einschränkungen und interpersonelle Verschiebungen der Anrechnung

4.2.2.3.1 Problemstellung

Mit Hilfe der Gleichung (II) allein lassen sich nicht alle in § 35 EStG formulierten Einschränkungen der Anrechnung erfassen. In einigen Fällen bedarf es vielmehr einer Nebenrechnung. Auch interpersonelle Verschiebungen der Anrechnung zwischen Gesellschaftern bedürfen zusätzlicher Überlegungen. Mit den sich ergebenden Problemen beschäftigen sich die nachfolgenden Ausführungen.

4.2.2.3.2 Anwendungsbereich bei Einzelunternehmen

Bei gewerblichen Einzelunternehmen kann die Gleichung (II) in aller Regel angewendet werden. Ausnahmen ergeben sich dann, wenn das 3,8fache des Steuermessbetrags größer ist als die auf die gewerblichen Einkünfte anteilig entfallende Einkommensteuer des Unternehmers. Insoweit als das 3,8fache des Gewerbesteuermessbetrags diese anteilige Einkommensteuer übersteigt, kommt es nach § 35 Abs. 1 EStG nicht zu einer Anrechnung. In aller Regel wird sich leicht abschätzen lassen, ob dieser Effekt eintreten kann.

Beispiel

Der verwitwete Bäckermeister B erzielt im Jahr 2020 einen Gewinn aus Gewerbebetrieb von 110.394 € und einen Gewerbeertrag von 120.500 €. Außerdem bezieht er weitere Einkünfte, so dass das zu versteuernde Einkommen des B 165.591 € beträgt. Der Hebesatz beträgt 400 %.

B kommt in den Genuss des Freibetrags des § 11 Abs. 1 GewStG. Es ergibt sich ein Gewerbesteuermessbetrag i. H. v. [(120.500 - 24.500) · 3,5 % =] 3.360 €. Die nach § 35 Abs. 1 GewStG maximal anrechenbare Gewerbesteuer beträgt (3.360 · 3,8 =) 12.768 €. Ohne nähere Prüfung kann davon ausgegangen werden, dass dieser Betrag erheblich niedriger ist als die auf die gewerblichen Einkünfte von 110.394 € anteilig entfallende Einkommensteuer. Damit kann von einer vollständigen Anrechnung nach § 35 Abs. 1 EStG ausgegangen werden.

Misstraut der Leser diesem Ergebnis und will er es sicherheitshalber durch eine Berechnung belegen, so ergibt sich Folgendes:

- Tarifliche Einkommensteuer auf 165.591 € lt. Grundtarif, (0,42 · 165.591 - 8.963,74 =) 60.584 €.
- Davon entfallen auf gewerbliche Einkünfte ($\frac{110.394}{165.591} \cdot 60.584 =$) 40.389 €.

Die auf die gewerblichen Einkünfte entfallende Einkommensteuer beträgt somit 40.389 €. Damit ist die maximal anrechenbare Gewerbesteuer von 12.768 € in vollem Umfang anrechenbar.

Eine weitere Ausnahme ergibt sich dadurch, dass die Anrechnung nicht zu einem Einkommensteuer-Erstattungsanspruch führen kann, da der Gesetzgeber in § 35 Abs. 1 EStG keinen Anrechnungs-, sondern einen Ermäßigungsanspruch formuliert hat. Es muss also in Fällen, in denen der Verdacht besteht, dass es nach Gleichung (II) zu einer insgesamt negativen Einkommensteuerschuld kommen könnte, geprüft werden, ob dies tatsächlich der Fall ist. Derartige Fälle können (nur) dann auftreten, wenn das zu versteuernde Einkommen im Vergleich zum Gewerbeertrag sehr gering ist. Auf eine nähere Analyse muss hier aus Platzgründen verzichtet werden.

4.2.2.3.3 Anwendungsbereich und Modifikation bei Mitunternehmerschaften

Bei Mitunternehmerschaften ist hinsichtlich der Anwendung der Gleichung (II) zu unterscheiden zwischen

- dem Fall der Anwendung auf die Mitunternehmerschaft als Ganzes und
- dem Fall der Anwendung auf den einzelnen Mitunternehmer.

Bei einer Anwendung der Gleichung auf die gesamte Mitunternehmerschaft kann nur dann der sich aus § 35 EStG ergebende Anrechnungsfaktor α von 3,8 angesetzt werden, wenn bei allen Mitunternehmern eine vollständige Anrechnung des auf sie entfallenden maximalen Anrechnungsbetrages möglich ist. Dies ist nur dann der Fall, wenn bei jedem Gesellschafter die auf seine gewerblichen Einkünfte entfallende tarifliche Einkommensteuer höher ist als sein sich aus § 35 Abs. 1 EStG ergebender anteiliger Anrechnungsbetrag. Ist diese Voraussetzung nicht erfüllt, so nimmt α einen Wert an, der kleiner ist als der sich aus § 35 EStG ergebende Faktor von derzeit maximal 3,8. Sollen die Gleichungen (II) bzw. (III) auf die gesamte Mitunternehmerschaft angewendet werden, so ist der in ihr enthaltene Einkommensteuersatz s_e als der Differenzeinkommensteuersatz anzusehen, der sich im gewogenen Durchschnitt aller Mitunternehmer ergibt. Dies setzt voraus, dass dieser Steuersatz – zumindest im Schätzwege – ermittelt werden kann.

Sollen die Gleichungen (II) bzw. (III) auf einen einzelnen Mitunternehmer angewendet werden, so ist die sich aus § 35 Abs. 1 EStG ergebende Einschränkung der Anrechnung auf diesen zu beachten. Eine Anrechnung des anteiligen Anrechnungsguthabens findet also nur insoweit statt, als die auf die gewerblichen Einkünfte des Gesellschafters entfallende anteilige Einkommensteuer das anteilige Anrechnungsguthaben abdeckt. Ist das anteilige Anrechnungsguthaben größer als die auf die gewerblichen Einkünfte des Gesellschafters entfallende Einkommensteuer, so ist der übersteigende Betrag nicht anrechenbar. Der auf den einzelnen Gesellschafter bezogene Anrechnungsfaktor α (α_{ges}) nimmt dann einen kleineren Wert an, als der sich aus § 35 EStG ergebende Faktor von derzeit 3,8.

Bei Ermittlung des anteiligen Anrechnungsbetrags des einzelnen Mitunternehmers ist § 35 Abs. 2 Satz 2 EStG zu beachten. Danach richtet sich der für die Anrechnung maßgebliche Anteil eines Mitunternehmers am Gewerbesteuermessbetrag nach dem gesellschaftsrechtlichen Gewinnverteilungsschlüssel. Vorabgewinne sind bei der Ermittlung des Anteils ausdrücklich nicht zu berücksichtigen. Hierdurch können sich erhebliche Abweichungen zwischen dem Anteil des einzelnen Mitunternehmers an dem steuerlichen Gewinn der Mitunternehmerschaft einerseits und seinem Anteil am Gewerbesteuermessbetrag andererseits ergeben. Ein Beispiel soll dies verdeutlichen.

Beispiel

An dem Gewinn (Jahresüberschuss) der A-KG sind nach deren Gesellschaftsvertrag die Gesellschafter A, B und C zu je einem Drittel beteiligt. Im Jahr 1 erzielt die KG einen

Jahresüberschuss von 300 T€. Abweichungen zwischen Handels- und Steuerbilanz der KG bestehen nicht, so dass auch der Steuerbilanzgewinn der A-KG 300 T€ beträgt. Diesen Gewinn haben Gehaltszahlungen der A-KG an A i. H. v. 180 T€ gemindert. Weitere Vergütungen i. S. d. § 15 Abs. 1 Satz 1 Nr. 2 EStG hat die KG nicht geleistet. Gewerbesteuerliche Hinzurechnungen und Kürzungen sind im Jahr 1 nicht vorzunehmen.

Die Gehaltszahlung an A stellt einen Vorabgewinn i. S. d. § 15 Abs. 1 Satz 1 Nr. 2 EStG dar. Der steuerliche Gewinn der Mitunternehmerschaft setzt sich aus dem Gewinn der Gesellschaft i. H. v. 300 T€ und dem Vorabgewinn des A i. H. v. 180 T€ zusammen. Insgesamt beträgt der Gewinn der Mitunternehmerschaft also (300 + 180 =) 480 T€. Da weder Hinzurechnungen noch Kürzungen vorzunehmen sind, ergibt sich ein Gewerbeertrag in gleicher Höhe. Nach Abzug des sich aus § 11 Abs. 1 GewStG ergebenden Freibetrags von 24,5 T€ kann auf den verbleibenden Betrag von (480 - 24,5 =) 455,5 T€ eine Steuermesszahl von 3,5 % angewendet werden. Der Gewerbesteuermessbetrag beträgt (455,5 T€ · 3,5 % =) 15.943 €.

Würde der Gewerbesteuermessbetrag entsprechend ihrem Anteil am steuerlichen Gesamtgewinn auf die Mitunternehmer aufgeteilt, so ergäbe sich für Gesellschafter A ein Anteil i. H. v.

$\frac{180.000+100.000}{480.000} \cdot 15.943 = 9.300$ €.

Der Rest, d. h. (15.943 - 9.300 =) 6.643 €, entfiele je zur Hälfte auf die Gesellschafter B und C. Ihr Anteil am Gewerbesteuermessbetrag beliefe sich also auf je 3.321 €. Diese Aufteilung entspricht aber nicht der gesetzlichen Regelung des § 35 Abs. 2 Satz 2 EStG. Nach dieser Rechtsnorm ist der den Gesellschaftern zuzurechnende Anteil an dem Gewerbesteuermessbetrag anhand des gesellschaftsrechtlichen Gewinnverteilungsschlüssels zu ermitteln. Nach diesem entfällt aber je ein Drittel des handelsrechtlichen Gewinns von 300 T€ auf jeden der drei Gesellschafter. Damit beträgt der Anteil eines jeden der Gesellschafter am Gewerbesteuermessbetrag (1/3 · 15.943 =) 5.314 €. A erhält somit ein um (9.300 - 5.314 =) 3.986 € geringeres Anrechnungsguthaben als er erhielte, wenn die Anrechnung an seinen Anteil am zu versteuernden Gesamtgewinn anknüpfte. Entsprechend erhöhen sich die Anrechnungsbeträge der Gesellschafter B und C um je (5.314 - 3.321 =) 1.993 €. Aufgrund der gesetzlichen Regelung findet also eine Verschiebung des Anrechnungsbetrages zu Lasten des Gesellschafters A und zu Gunsten der Gesellschafter B und C statt.

Das Beispiel verdeutlicht, dass der prozentuale Anteil eines Mitunternehmers an dem sich aus § 35 EStG ergebenden maximalen Anrechnungsbetrag nicht seinem prozentualen Anteil am zu versteuernden Gewinn der Mitunternehmerschaft entsprechen muss. Durch die Zahlung von Vorabvergütungen kann es vielmehr zu einer Verschiebung zwischen diesen Prozentsätzen kommen. Durch eine Vorabvergütung verringert sich – c. p. – der prozentuale Anteil des die Vergütung empfangenden Gesellschafters an der maximalen Anrechnung im Vergleich zu seinem prozentualen Anteil an dem zu versteuernden Gewinn der Mitunternehmerschaft. Damit kann das auf seine Person bezogene α i. S. d. Gleichung (II) geringer werden als der sich aus § 35 EStG ergebende (anteilige) Anrechnungsfaktor. Entsprechend steigt der Anrechnungsfaktor derjenigen Gesellschafter, die keine oder nur geringe Vorabvergütungen erhalten. Bei einer auf den einzelnen Gesellschafter bezogenen Anwendung der Gleichung (II) für die Anrechnung von Gewerbesteuer kann also der Faktor α i. S. dieser Gleichung einen von dem gesetzlichen Wert von derzeit 3,8 bzw. h abweichenden Wert annehmen. Der Wert kann kleiner, er kann aber auch größer sein als 3,8. Es gilt also:

$$0 < \alpha_{ges} < \infty. \tag{67}$$

Allerdings dürfte ein deutlich über 3,8 liegender Wert des Anrechnungsfaktors eines Gesellschafters selten sein.

Der konkrete Wert von α_{ges} ist bei Bedarf in einer Nebenrechnung zu ermitteln. Klargestellt sei aber nochmals, dass die Summe der maximalen Anrechnung aller Gesellschafter das 3,8fache des Gewerbesteuermessbetrags beträgt. Bezogen auf die gesamte Mitunternehmerschaft gilt also stets $\alpha \leq 3{,}8$.

4.2.3 Gesamtwirkung der Gewerbesteuer und ihrer pauschalen Anrechnung

Gesetzgeberisches Ziel bei Schaffung des § 35 EStG war es, die Belastung der Personenunternehmen mit Gewerbesteuer im Ergebnis aufzuheben. Dies sollte für einen durchschnittlichen Gewerbesteuerhebesatz gelten. Dieses Ziel wird offenbar dann erreicht, wenn der sich aus Gleichung (60) für die Gewerbesteuer ergebende Wert exakt dem aus Gleichung (62) für den Anrechnungsbetrag ermittelten entspricht:

$$G_{ewst} \stackrel{!}{=} A_{n/gewst}. \tag{68}$$

Durch Einsetzen der Werte aus den genannten Gleichungen ergibt sich hieraus:

$$\begin{aligned} &\left(E + H_{ge} - \gamma \cdot B_{mbgr} - B_{mbgr} \cdot s_{gr}\right) \cdot m_e \cdot h \\ &\stackrel{!}{=} \left(E + H_{ge} - \gamma \cdot B_{mbgr} - B_{mbgr} \cdot s_{gr}\right) \cdot m_e \cdot \alpha. \end{aligned} \tag{69}$$

Als Gleichheitsbedingung folgt hieraus:

$$h = \alpha. \tag{70}$$

Da nach der derzeit geltenden Fassung des § 35 EStG stets gilt $\alpha \leq 3{,}8$, folgt, dass es zu einer vollen Anrechnung der Gewerbesteuer bei der Einkommensteuer nur dann kommen kann, wenn der Gewerbesteuerhebesatz nicht größer ist als 380 %. Übersteigt er diesen Satz, so kommt es zu einem Überhang an Gewerbesteuer, d. h. die Gewerbesteuerschuld ist größer als das Anrechnungsguthaben bei der Einkommensteuer. Hinzu kommt allerdings die entsprechende Anrechnung bei dem Solidaritätszuschlag. Zu einer Anrechnung, die höher ist als die Gewerbesteuerschuld kann es nicht kommen, da der Anrechnungsbetrag nach § 35 Abs. 1 Satz 5 EStG auf die tatsächlich zu zahlende Gewerbesteuer beschränkt ist, d. h. es gilt stets:

$$\alpha \leq h. \tag{71}$$

Ist der Hebesatz nicht größer als 380 % ($h \leq 3{,}8$), kommt es also grundsätzlich zu einer vollständigen Anrechnung der Gewerbesteuer auf die Einkommensteuer. Das gilt nach § 35 Abs. 1 Satz 2 EStG aber dann nicht, wenn die auf die gewerblichen Einkünfte entfallende Einkommensteuer geringer ist als der sich aus Gleichung (62) ergebende Betrag. Die Anrechnung ist dann auf den sich in § 35 Abs. 1 Satz 5 EStG definierten Anrechnungshöchstbetrag beschränkt. Diese Beschränkung kann wie folgt formuliert werden:

$$A_{n/gewst} \leq \frac{\sum \text{der positiven gewerblichen Einkünfte}}{\sum \text{aller positiven Einkünfte}} \cdot \text{tarifliche } E_{st}. \tag{72}$$

Diese Schranke ist bei jeder Berechnung des Anrechnungsbetrags zu beachten. In den meisten Fällen dürfte sich aber eine konkrete Berechnung erübrigen, weil infolge der Höhe der Einkommensteuer und des hohen Anteils der gewerblichen Einkünfte an diesem problemlos ersichtlich ist, dass die Bedingung der Gleichung (72) erfüllt ist.

Aus Gleichung (I) ergibt sich – in Übereinstimmung mit § 51a Abs. 2 EStG – dass die Anrechung bei der Einkommensteuer mit dem Faktor $(1 + s_{olz})$ zu multiplizieren ist. Nur so wird die *Gesamtwirkung der Anrechnung* erkennbar. Die Anrechnung wirkt sich eben nicht nur bei der Einkommensteuer, sondern über § 51a Abs. 2 EStG darüber hinaus auch bei dem Solidaritätszuschlag aus. Soll die Bedingung formuliert werden, unter der die Gesamtwirkung der Anrechnung, also $A_{n/gewst} \cdot (1 + s_{olz})$, gerade noch so groß sein kann wie die Gewerbesteuerschuld, so ist die rechte Seite der Gleichung (62) mit dem Faktor $(1 + s_{olz})$ zu multiplizieren und für α dessen maximaler Wert einzusetzen. Nach § 35 EStG kann α derzeit einen Wert von höchstens 3,8 annehmen. Es ergibt sich dann Folgendes:

$$\begin{aligned} &\left(E + H_{ge} - \gamma \cdot B_{mbgr} - B_{mbgr} \cdot s_{gr}\right) \cdot m_e \cdot h \\ &\stackrel{!}{=} \left(E + H_{ge} - \gamma \cdot B_{mbgr} - B_{mbgr} \cdot s_{gr}\right) \cdot m_e \cdot 3{,}8 \cdot (1 + s_{olz})\,. \end{aligned} \tag{73}$$

Als Gleichheitsbedingung folgt hieraus:

$$h = 3{,}8 \cdot (1 + s_{olz})\,. \tag{74}$$

Wird in dieser Gleichung der Solidaritätszuschlagsatz mit seinem derzeitigen gesetzlichen Wert von 5,5 % angesetzt ($s_{olz} = 0{,}055$), so ergibt sich Folgendes:

$$h = 4{,}009. \tag{75}$$

Hieraus folgt, dass unter Berücksichtigung der Anrechnungswirkung auf den Solidaritätszuschlag eine vollständige Anrechnung der Gewerbesteuer bei einem Hebesatz von maximal 400,9 % möglich ist.

Klargestellt sei, dass die Gleichungen (74) und (75) nur solange gelten, wie Solidaritätszuschlag erhoben wird, und zwar in der derzeitigen (Frühjahr 2020) Höhe. Wenn in Zukunft kein Solidaritätszuschlag erhoben werden sollte, gilt Ungleichung (71).

4.2.4 Teilbemessungsgrundlagen und kombinierte Steuersätze bei natürlichen Personen und Personengesellschaften

Die Gleichungen (I), (II) bzw. (III) enthalten insgesamt fünf **Teilbemessungsgrundlagen**, und zwar E, E_e, H_{ge}, B_{mbgr} und B_{mpgr}. Diese Teilbemessungsgrundlagen führen zu unterschiedlichen Steuerbelastungen. Die Steuerbelastung ergibt sich aus dem Produkt der jeweiligen Teilbemessungsgrundlage und dem zugehörigen kombinierten Steuersatz.

In Spalte 1 der Abbildung 4.1 auf der nächsten Seite sind die genannten Teilbemessungsgrundlagen, in Spalte 2 die dazu gehörenden kombinierten Steuersätze in allgemeiner Form aufgeführt, und zwar in der Form, in der sie in Gleichung (II) dargestellt sind. Die Spalten 3 bis 10 enthalten kombinierte Steuersätze in konkreten Zahlen. Der Inhalt der Abbildung 4.1 auf der nächsten Seite ist zusätzlich im Anhang in *Tabelle T- 7 (S. 224)* wiedergegeben.

Allen Spalten der Tabelle mit konkreten Steuersätzen, d. h. den Spalten 3 bis 10 liegen folgende gemeinsame Voraussetzungen zugrunde:

- Der Faktor für die Anrechnung von Gewerbesteuer auf die Einkommensteuer beträgt – dem höchstmöglichen Anrechnungsfaktor nach der derzeitigen Fassung des § 35 EStG entsprechend – 3,8 ($\alpha = 3{,}8$).
- Der Faktor der Kürzung nach § 9 Nr. 1 GewStG i. V. m. § 121a BewG wird – ebenfalls dem geltenden Recht entsprechend[46] – mit (1,2 % · 140 % =) 1,68 % angesetzt ($\gamma = 0{,}0168$).
- Der Grundsteuersatz wird mit dem Wert 1,4 % berücksichtigt ($s_{gr} = 0{,}014$). Dies entspricht einem Grundsteuerhebesatz von 400 %.

Spalte 3 der Abbildung 4.1 auf der nächsten Seite enthält den Fall, der hier als **Ausgangsfall** bezeichnet werden soll. Er ist gekennzeichnet durch

- einen Gewerbesteuersatz von 14 % ($s_{ge} = 0{,}14$), d. h. eine Steuermesszahl von 3,5 % ($m_e = 0{,}035$) und einen Hebesatz von 400 % (h = 4),
- einen Einkommensteuersatz von 42 % ($s_{ei} = 0{,}42$), d. h. den Steuersatz im unteren Plafond,
- einen Solidaritätszuschlagsatz von 0 % ($s_{olz} = 0$) und
- einen Kirchensteuersatz von 0 % ($s_{ki} = 0$).

Der Ausgangsfall kann hinsichtlich der Höhe des Einkommensteuersatzes als typisch für viele mittelgroße und große, aber auch für einen erheblichen Teil der kleinen Betriebe in den Rechtsformen eines Einzelunternehmens oder einer Personenhandelsgesellschaft angesehen werden. Unternehmer von Kleinstbetrieben, aber auch einige Unternehmer von Kleinbetrieben dürften hingegen häufig einem deutlich unter 42 % liegenden Steuersatz unterliegen, während Alleininhaber bzw. Mehrheitsgesellschafter von Großunternehmen vielfach mit 45 % besteuert werden.

[46] Vgl. Gliederungspunkt 4.2.1 (S. 52).

Zeile	Teilbemessungsgrundlage	Kombinierte Steuersätze in allgemeiner Form	Konkrete kombinierte Steuersätze in % der jeweiligen Teilbemessungsgrundlage bei natürlichen Personen							
	Spalte 1	Spalte 2*	**Spalte 3**	Spalte 4	Spalte 5	**Spalte 6**	Spalte 7	Spalte 8**	Spalte 9	Spalte 10
			m_e = 3,5 % h = 400 % s_{ei} = 42 % s_{olz} = 0 % s_{ki} = 0 %	m_e = 3,5 % h = 400 % s_{ei} = 42 % s_{olz} = 5,5 % s_{ki} = 0 %	m_e = 3,5 % h = 400 % s_{ei} = 42 % s_{olz} = 0 % s_{ki} = 9 %	**m_e = 3,5 % h = 400 % s_{ei} = 42 % s_{olz} = 5,5 % s_{ki} = 9 %**	m_e = 3,5 % h = 500 % s_{ei} = 42 % s_{olz} = 0 % s_{ki} = 0 %	m_e = 3,5 % h = 400 % s_{ei} = 25 % s_{olz} = 5,5 % s_{ki} = 9 %	m_e = 3,5 % h = 400 % s_{ei} = 45 % s_{olz} = 5,5 % s_{ki} = 9 %	m_e = 0 % h = offen s_{ei} = 42 % s_{olz} = 5,5 % s_{ki} = 9 %
1	E	$s_e + m_e \cdot [h - \alpha \cdot (1 + s_{olz})]$	**42,700**	44,279	44,813	**46,307**	46,200	27,964	49,488	46,338
2	E_e	s_e	**42,000**	44,310	44,113	**46,338**	42,000	27,995	49,519	46,338
3	H_{ge}	$m_e \cdot [h - \alpha \cdot (1 + s_{olz})]$	**0,700**	– 0,032	0,700	**– 0,032**	4,200	– 0,032	– 0,032	0,000
4	B_{mbgr}	$\gamma \cdot m_e \cdot \alpha \cdot (1 + s_{olz})$ $+ s_{gr} \cdot m_e \cdot \alpha \cdot (1 + s_{olz})$ $+ s_{gr} \cdot (1 - s_e - m_e \cdot h)$ $- \gamma \cdot m_e \cdot h$	**0,790**	0,781	0,761	**0,752**	0,683	1,009	0,708	0,751
5	B_{mpgr}	$s_{gr} \cdot (1 - s_e)$	**0,812**	0,780	0,782	**0,751**	0,812	1,008	0,707	0,751

* Der Faktor α, d. h. der Faktor, mit dem der Gewerbesteuermessbetrag nach § 35 EStG zu multiplizieren ist, wird in dieser Tabelle generell mit dem Wert von 3,8 angesetzt. Klargestellt sei, dass in Fällen, in denen keine Gewerbesteuer entsteht (m_e = 0), es nicht zu einer Anrechnung von Gewerbesteuer kommen kann. Der Grundsteuersatz s_{gr} wird mit dem Wert 1,4 % berücksichtigt. Dies entspricht einem Grundsteuerhebesatz von 400 %. Der Faktor γ wird mit 1,68 % angesetzt. Dies entspricht einer Kürzung nach § 9 Nr. 1 GewStG von 1,2 % und einer Multiplikation mit 140 % nach § 121a BewG.

** Der Hauptanwendungsfall eines Einkommensteuersatzes von 25 % ist der des Abgeltungsteuersatzes i. S. d. § 32d Abs. 1 EStG.

*Abb. 4.1: Teilbemessungsgrundlagen und kombinierte Steuersätze für natürliche Personen**

Die Spalten 4 bis 10 beinhalten allesamt Varianten des Ausgangsfalls. Spalte 4 unterscheidet sich von Spalte 3 dadurch, dass nunmehr ein 5,5 %iger Solidaritätszuschlag berücksichtigt wird. In Spalte 5 wird zwar kein Solidaritätszuschlag, dafür aber eine 9 %ige Kirchensteuer erhoben. In Spalte 6 werden beide Zuschlagsteuern berücksichtigt. Dieser Fall wird nachfolgend als **Standardfall** bezeichnet. Er wird – ebenso wie der Ausgangsfall – fett gedruckt.

In Spalte 7 wird gegenüber dem Ausgangsfall der Gewerbesteuerhebesatz variiert. Er beträgt nunmehr 500 %.

Spalte 8 knüpft an den Standardfall an. Er unterscheidet sich von diesem dadurch, dass der Einkommensteuersatz lediglich 25 % beträgt. In Spalte 9 hingegen beträgt dieser 45 %.

In Spalte 10 fällt überhaupt keine Gewerbesteuer an. Dies wird dadurch gekennzeichnet, dass $m_e = 0$ gesetzt wird.

Die Zeilen 4 und 5 der Abbildung 4.1 auf der gegenüberliegenden Seite lassen erkennen, dass die Gesamtbelastung der Grundstücke mit Steuern, d. h. die Belastung von B_{mbgr} und B_{mpgr}, gering ist. Bei hohen Einkommensteuersätzen (42 % bzw. 45 %) beträgt sie in allen Fällen der Abbildung deutlich weniger als 1 % der Bemessungsgrundlage und lediglich bei niedrigen Einkommensteuersätzen (25 %) rd. 1 %. Die Steuerwirkungen von B_{mbgr} und B_{mpgr} werden deshalb nachfolgend nur selten berücksichtigt. Weisen die Bemessungsgrundlagen B_{mbgr} und B_{mpgr} in einem konkreten Fall positive Werte auf, so kann die Belastung bei hohen Einkommensteuersätzen vereinfachend auf 0,8 % und bei niedrigen auf 1 % der Bemessungsgrundlage geschätzt werden.

Abbildung 4.2 veranschaulicht die relativ geringe Bedeutung der Gewerbe- im Vergleich zur Einkommensteuer. Die Abbildung enthält weder Kirchensteuer noch Solidaritätszuschlag.

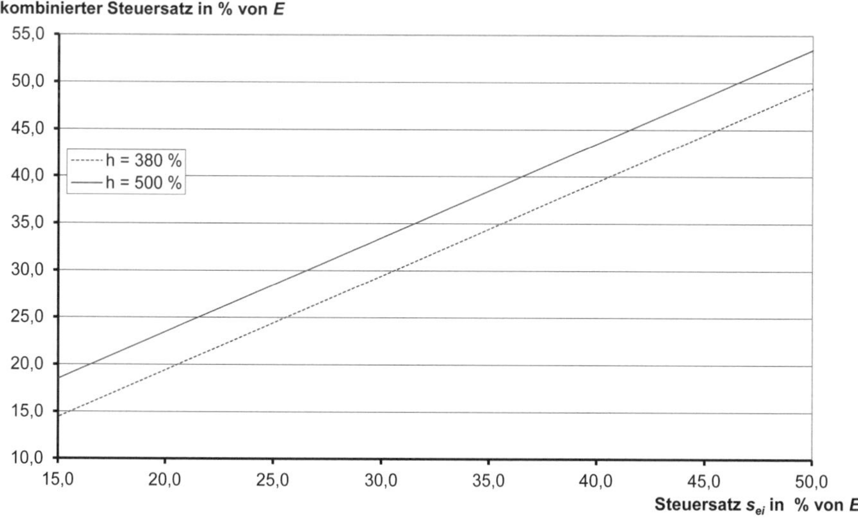

Abb. 4.2: Kombinierter Steuersatz, mit dem „E" belastet ist, in Abhängigkeit vom Steuersatz s_{ei} und vom Gewerbesteuerhebesatz in % von E

Bei Gewerbesteuerhebesätzen bis einschließlich 380 % entspricht der kombinierte Einkommen- und Gewerbesteuersatz dem jeweiligen Einkommensteuersatz. Dies beruht darauf, dass es bis zu diesem Hebesatz zu einer Vollanrechnung der Gewerbesteuer auf die Einkommensteuer kommt. Übersteigt der Hebesatz 380 %, so fällt die Gewerbesteuer auch im Ergebnis zusätzlich zur Einkommensteuer an. Bei dem in der Abbildung berücksichtigten Hebesatz von 500 % beträgt die durch die Gewerbesteuer hervorgerufene Mehrbelastung 4,2 % der Bemessungsgrundlage E. Dieser Satz ergibt sich aus der Differenz des Hebesatzes von 500 % und dem Anrechnungssatz von 380 %, multipliziert mit der Steuermesszahl von 3,5 % [(500 % - 380 %) · 3,5 % = 4,2 %].

Angemerkt sei, dass eine Vollanrechnung von Gewerbe- auf die Einkommensteuer nur bei Einkommensteuersätzen von mindestens 13,3 % möglich ist. Bei geringeren Einkommensteuersätzen ergibt sich hingegen eine Beschränkung der Gewerbesteueranrechnung infolge einer zu geringen Einkommensteuer.[47]

4.2.5 Zum Anwendungsbereich der Gesamtbelastungsformel

Die Gesamtbelastungsformel und die in ihr enthaltenen Teilbemessungsgrundlagen und kombinierten Steuersätze eignen sich gut zur Ermittlung von *Steuerbelastungsdifferenzen alternativer Gestaltungsmaßnahmen*. Hierbei kann eine der möglichen Gestaltungsmaßnahmen auch in der *Unterlassungsalternative*, d. h. in dem Verzicht auf eine Maßnahme, bestehen.

Beispiel

Universitätsprofessor U überlegt, ob er das Angebot eines befreundeten Anwalts, für ihn ein Gutachten anzufertigen, annehmen soll. U will die Annahme des Angebots von den zu erwartenden Steuerfolgen abhängig machen.

Die alternativen Gestaltungsmaßnahmen bestehen in der Annahme des Angebots bzw. in dessen Ablehnung (Unterlassungsalternative). Nimmt U das Angebot an, so erhöht sich bei ihm E_e i. S. v. Gleichung (I) bzw. (II) gegenüber der Unterlassungsalternative. Die zusätzliche Steuerbelastung kann dadurch ermittelt werden, dass das zusätzliche Honorar, ggf. gekürzt um zusätzliche Betriebsausgaben, mit dem Steuersatz s_e multipliziert wird.

Soweit durch alternative Gestaltungsmaßnahmen kombinierte Steuersätze berührt werden, in denen die Einkommensteuersätze s_e enthalten sind, handelt es sich bei diesen um *Differenzsteuersätze*. Es handelt sich um diejenigen Einkommensteuersätze, ggf. um die kombinierten Einkommensteuer-, Solidaritätszuschlag- und Kirchensteuersätze, die auf die sich ändernden Teilbemessungsgrundlagen, also z. B. auf die Veränderung von E und E_e, anzuwenden sind.

Beispiel

U aus dem letzten Beispiel rechnet für das laufende Jahr mit einem zu versteuernden Einkommen von rd. 90 T€. Hierin ist der Gewinn, den er bei Annahme des Angebots zur Erstellung eines Gutachtens erzielen kann, noch nicht enthalten. U schätzt den bei

[47] Vgl. Gliederungspunkt 4.2.2.3.2 (S. 58).

Anfertigung des Gutachtens entstehenden Gewinn auf 5 T€. U ist seit Jahren geschieden. Er unterliegt einer 9 %igen Kirchensteuer. Es ist das im Jahr 2020 geltende Recht (nach dem Rechtsstand im Frühjahr 2020) anzuwenden.

Bei Übernahme des Gutachtens erhöht sich das Einkommen des U von 90 T€ auf 95 T€. In dieser Höhe entsteht zusätzliches E_e i. S. v. Gleichung (II). Da der Grundtarif anzuwenden ist, bewegt sich das Differenzeinkommen von 5 T€ in vollem Umfang im unteren Plafond. Als Differenzsteuersatz ist der im Plafond unter Berücksichtigung einer 9 %igen Kirchensteuer und des Solidaritätszuschlags von 5,5 % sich ergebende Differenzsteuersatz anzuwenden. Er beträgt 46,338 %. Dieser Wert ist als der mit E_e zu verknüpfende kombinierte Steuersatz s_e in Gleichung (II) anzusetzen. Die bei Übernahme des Gutachtens zu erwartende zusätzliche Steuerbelastung beträgt (5.000 · 46,338 % =) 2.317 €.

Das Beispiel lässt erkennen, dass die Anwendung der Gleichungen (I) bzw. (II) im Rahmen von Steuerbelastungsvergleichen dann unproblematisch ist, wenn sich das Differenzeinkommen im Plafond bewegt. Doch ist ihre Anwendung auch im Progressionsbereich der Einkommensteuer ohne große Probleme möglich.

Beispiel

Es handelt sich um das gleiche Beispiel wie das zuletzt behandelte. Ein Unterschied besteht lediglich insoweit, als das zu versteuernde Einkommen ohne Übernahme des Gutachtens voraussichtlich lediglich 40 T€ betragen wird.

Bei Übernahme des Gutachtens entsteht auch hier zusätzliches E_e i. S. v. Gleichung (II) i. H. v. 5 T€. Da sich das zu versteuernde Einkommen hier aber nicht innerhalb des Plafonds, sondern innerhalb des Progressionsbereichs der Einkommensteuer erhöht, kann der Steuersatz nicht Abbildung 4.1 (S. 64) entnommen, vielmehr kann dieser unter Zuhilfenahme der Tabelle T- 1 (S. 218) ermittelt werden. Der reine Differenzeinkommensteuersatz für die hier relevante Einkommenssteigerung von 40 T€ auf 45 T€ beträgt gem. Spalte 5 der Tabelle T- 1 (S. 218) 35,83 %. Eingesetzt in Gleichung (20) mit einem Kirchensteuersatz von 9 % und einem im Jahr 2020 gültigen Solidaritätszuschlagsatz von 5,5 % ergibt sich ein kombinierter Steuersatz von 39,74 %. Die zusätzliche Steuerbelastung des U bei Übernahme des Gutachtens wird voraussichtlich (5.000 · 39,74 % =) 1.987 € betragen.

Sollen keine Steuerbelastungsdifferenzen ermittelt, sondern die absoluten Höhen von Steuerbelastungen berechnet werden, so dürfte es häufig zweckmäßiger sein, diese nicht anhand der Gleichungen (I) bzw. (II) zu ermitteln, sondern Veranlagungssimulationen durchzuführen.

4.2.6 Aufgaben 2 und 3

2. Der Installateur I steht vor der Frage, ob er einen Auftrag, dessen Ausführung er eigentlich erst zu Beginn des Jahres 2 vornehmen wollte, noch Ende des Jahres 1 durchführen soll. Mit einem Eingang des Geldes wäre allerdings auch in diesem Falle im Jahre 2 zu rechnen. Ein Vorziehen des Auftrags hätte eine Gewinnrealisation von 5 T€ im Jahre 1 statt im Jahre 2 zur Folge. Hierbei sind die auf diesen Gewinn entfallenden Steuern noch nicht

berücksichtigt. I rechnet für beide Jahre mit einem zu versteuernden Einkommen und einem Gewerbeertrag von mehr als jeweils 200 T€. I erwägt, den Auftrag deshalb vorzuziehen, weil der Rat der Stadt, in der I ansässig ist, eine Anhebung des Gewerbesteuerhebesatzes von 450 % auf 480 % zum 1.1.2 beschlossen hat. Es ist davon auszugehen, dass Supplementinvestitionen (Differenzinvestitionen zwischen den Alternativen), die I tätigt, eine Nettoverzinsung von 3 % p. a. erzielen. Die Nettoverzinsung ergibt sich aus der Bruttoverzinsung nach Abzug der auf die Supplementinvestition entfallenden Steuern. I ist verheiratet. Die Eheleute sind römisch-katholisch und wählen beide die Zusammenveranlagung. Es ist von dem Recht des Jahres 2021 nach dem Rechtsstand im Frühjahr 2020 auszugehen.

3. Der Gewerbetreibende G will Ende des Jahres 1 für 100 T€ Teilschuldverschreibungen der „Sylvesteranleihe" des Bundes erwerben. Der Emissionskurs der Anleihe beträgt 100 %, der Zinssatz 2 % p. a. G steht vor der Frage, ob er die Wertpapiere als gewillkürtes Betriebsvermögen oder als gewillkürtes Privatvermögen behandeln soll. Zur Vorbereitung der Entscheidung hierüber will er wissen, wie hoch die Alternativen jährlich mit Steuern belastet sind. Da er die Wertpapiere bis zum Ende ihrer Laufzeit behalten will, sollen die Auswirkungen eventueller künftiger Kursschwankungen nicht berücksichtigt werden. Es ist von dem ab dem Jahr 2021 geltenden Recht (nach dem Rechtsstand im Frühjahr 2020) auszugehen.

   G ist verheiratet. Beide Ehegatten sind evangelisch. Der Kirchensteuersatz beträgt 9 % (ohne Kappung). G geht von folgenden künftigen Daten aus:

   - Das zu versteuernde Einkommen der Ehegatten wird voraussichtlich stets zwischen 200 T€ und 300 T€ betragen,
   - der Gewerbeertrag wird voraussichtlich stets größer als 200 T€ sein,
   - der Hebesatz der Gewerbesteuer wird voraussichtlich 480 % betragen,
   - die Einkünfte aus Kapitalvermögen der Eheleute G dürften stets mindestens 10 T€ betragen,
   - das übrige zu versteuernde Einkommen stammt aus gewerblichen Einkünften.

4.3 Steuerbelastung und kombinierte Steuersätze bei Kapitalgesellschaften

4.3.1 Belastungsformel für Kapitalgesellschaften

Die jährliche Steuerbelastung einer Kapitalgesellschaft (S_{kap}) kann in gleicher Weise ermittelt werden wie die Steuerbelastung einer natürlichen Person. Allerdings findet keine Anrechnung von Gewerbesteuer auf die Körperschaftsteuer statt, da das KStG keine dem § 35 EStG entsprechende Vorschrift enthält. Grundsätzlich fallen die gleichen Steuerarten an wie bei natürlichen Personen. Lediglich die Einkommensteuer wird durch die Körperschaftsteuer (K_{st}) ersetzt. Anstelle von Gleichung (56) kann somit geschrieben werden:

$$S_{kap} = G_{rst} + G_{ewst} + K_{st}. \tag{76}$$

Grundstücke können abweichend von natürlichen Personen bei Kapitalgesellschaften nur Betriebsgrundstücke sein, so dass sich die Grundsteuer wie folgt ergibt:

$$G_{rst} = B_{mbgr} \cdot s_{gr}. \tag{77}$$

Die Gewerbesteuer lässt sich in gleicher Form erfassen wie bei natürlichen Personen, so dass insoweit auf Gleichung (58) verwiesen werden kann. Wie bereits ausgeführt, lautet diese:

$$G_{ewst} = (E + H_{ge} - \gamma \cdot B_{mbgr} - B_{mbgr} \cdot s_{gr}) \cdot s_{ge}. \tag{58}$$

Zu beachten ist lediglich, dass § 11 GewStG keinen Freibetrag für Kapitalgesellschaften vorsieht.

Körperschaftsteuer fällt entsprechend den Ausführungen zur Einkommensteuer auf den Saldo der voll anzusetzenden Erträge und Aufwendungen (E) und auf den Saldo der nur bei der Körperschaftsteuer, nicht aber bei der Gewerbesteuer anzusetzenden Einnahmen und Ausgaben (E_k) an. Abzuziehen ist die Grundsteuer. Auf die so gewonnene Bemessungsgrundlage ist der Körperschaftsteuersatz (s_k) anzuwenden. Dieser ist ggf. in der bereits bekannten Weise um den Solidaritätszuschlag zu erhöhen. Es handelt sich dann bei s_k also um einen kombinierten Körperschaft- und Solidaritätszuschlagsatz. Nach dem seit 2008 geltenden Recht beträgt er (15 % + 5,5 % · 15 % =) 15,825 %.

Die Körperschaftsteuer beträgt demnach:

$$K_{st} = (E + E_k - G_{rst}) \cdot s_k. \tag{78}$$

Durch Einsetzen der Werte der Gleichungen (77), (58) und (78) in Gleichung (76) und nach einigen Umformungen ergibt sich die Steuerbelastung der Kapitalgesellschaft mit:

$$\begin{aligned} S_{kap} = {} & E \cdot (s_k + s_{ge}) + E_k \cdot s_k + H_{ge} \cdot s_{ge} \\ & + B_{mbgr} \cdot [(1 - s_k) \cdot s_{gr} - (\gamma + s_{gr}) \cdot s_{ge}]. \end{aligned} \tag{IV}$$

Auch bei Anwendung dieser Gleichung ist darauf zu achten, dass ein Steuersatz nur dann einen von Null verschiedenen Wert annehmen kann, wenn die Bemessungsgrundlage der jeweils zugehörigen Steuerart abzüglich eventuell vorhandener Freibeträge oder Freigrenzen größer als Null ist.

Auch bei Kapitalgesellschaften kann es in Einzelfällen sinnvoll sein, den Gewerbesteuersatz s_{ge} als das Produkt aus Steuermesszahl m_e und Hebesatz h zu schreiben. Geschieht dies, so wird Gleichung (IV) zu:

$$S_{kap} = E \cdot (s_k + m_e \cdot h) + E_k \cdot s_k + H_{ge} \cdot m_e \cdot h \\ + B_{mbgr} \cdot [(1 - s_k) \cdot s_{gr} - (\gamma + s_{gr}) \cdot m_e \cdot h]. \tag{V}$$

An dieser Stelle sei ausdrücklich darauf hingewiesen, dass nach dem derzeitigen Rechtsstand (Frühjahr 2020) keine Abschaffung des Solidaritätszuschlags auf die Körperschaftsteuer ab 2021 erfolgen wird. Zwar will die CDU/CSU-Fraktion diese Steuer so schnell wie möglich abschaffen, doch scheitert dieses Vorhaben bisher am Widerstand des Koalitionspartners, der SPD. Je nach Ausgang der nächsten Bundestagswahl dürfte es aber nach dieser Wahl zu einer vollständigen Abschaffung des Solidaritätszuschlags kommen. Angemerkt sei, dass der Solidaritätszuschlag ursprünglich zur Finanzierung der deutschen Einheit eingeführt worden ist. Nachdem die deutsche Einheit vor rd. 30 Jahren vollendet worden ist, erscheint es äußerst zweifelhaft, ob die Erhebung eines Solidaritätszuschlags derzeit noch verfassungskonform ist.

4.3.2 Teilbemessungsgrundlagen und kombinierte Steuersätze bei Kapitalgesellschaften

Die Gleichungen (IV) bzw. (V) enthalten insgesamt vier Teilbemessungsgrundlagen, und zwar E, E_k, H_{ge}, und B_{mbgr}. Die Steuerbelastung der jeweiligen Teilbemessungsgrundlage ergibt sich als das Produkt aus dieser Teilbemessungsgrundlage und dem zugehörigen kombinierten Steuersatz.

In Spalte 1 der *Abbildung 4.3 auf der gegenüberliegenden Seite* sind die genannten Teilbemessungsgrundlagen, in Spalte 2 die dazu gehörenden kombinierten Steuersätze in allgemeiner Form aufgeführt. Die Spalten 3 bis 9 enthalten kombinierte Steuersätze in konkreten Zahlen. Allen Tabellenwerten liegt auch hier ein Grundsteuerhebesatz von 400 % zugrunde. Die übrigen Steuersätze hingegen werden in der Tabelle variiert. Der Inhalt der Abbildung 4.3 auf der gegenüberliegenden Seite ist zusätzlich im Anhang in *Tabelle T- 8 (S. 225)* wiedergegeben.

Den in Zeile 4 der Abbildung 4.3 auf der gegenüberliegenden Seite enthaltenen konkreten Werten liegen gemeinsam folgende Voraussetzungen zugrunde:

- Der Faktor der Kürzung nach § 9 Nr. 1 GewStG i. V. m. § 121a BewG wird – dem geltenden Recht entsprechend – mit 1,68 % angesetzt (γ = 0,0168).
- Der Grundsteuersatz wird mit dem Wert 1,4 % berücksichtigt (s_{gr} = 0,014). Dies entspricht einem Grundsteuerhebesatz von 400 %.

Die übrigen die kombinierten Steuersätze beeinflussenden Faktoren hingegen werden in den Spalten 3 bis 9 variiert. Hierbei handelt es sich um folgende Steuersätze:

- den „reinen" Körperschaftsteuersatz $s_{kö}$, d. h. den Körperschaftsteuersatz ohne Berücksichtigung des Solidaritätszuschlags,

Zeile	Teilbemessungs grundlagen	Kombinierte Steuersätze in allgemeiner Form	Konkrete kombinierte Steuersätze in % der jeweiligen Teilbemessungsgrundlage bei Kapitalgesellschaften						
	Spalte 1	Spalte 2	**Spalte 3**	**Spalte 4**	Spalte 5	Spalte 6	Spalte 7	Spalte 8	**Spalte 9**
			$s_{kö}$ = 15 % **s_{olz} = 0 %** **h = 400 %**	**$s_{kö}$ = 15 %** **s_{olz} = 5,5 %** **h = 400 %**	$s_{kö}$ = 15 % s_{olz} = 0 % h = 500 %	$s_{kö}$ = 15 % s_{olz} = 0 % h = 300 %	$s_{kö}$ = 25 %** s_{olz} = 0 % h = 400 %	$s_{kö}$ = 40 %*** s_{olz} = 0 % h = 400 %	**$s_{kö}$ = 10 %****** **s_{olz} = 0 %** **h = 400 %**
1	E	$s_k + m_e \cdot h$	**29,000**	**29,825**	32,500	25,500	39,000	54,000	**24,000**
2	E_k	s_k	**15,000**	**15,825**	15,000	15,000	25,000	40,000	**10,000**
3	H_{ge}	$m_e \cdot h$	**14,000**	**14,000**	17,500	10,500	14,000	14,000	**14,000**
4	B_{mbgr}	$(1 - s_k) \cdot s_{gr} - (\gamma + s_{gr}) \cdot m_e \cdot h$	**0,759**	**0,747**	0,651	0,867	0,619	0,409	**0,829**

* In dieser Tabelle werden m_e mit 3,5 % und γ mit 1,68 % angesetzt. Letzteres entspricht einer Kürzung nach § 9 Nr. 1 GewStG von 1,2 % und einer Multiplikation mit 140 % nach § 121a BewG. Außerdem wird der Grundsteuersatz mit 1,4 % (s_{gr} = 1,4 %) konstant gehalten. Dies entspricht einem Grundsteuerhebesatz von 400 %.

** Dieser Körperschaftsteuersatz entspricht demjenigen, der während der Jahre 2001 bis 2007 anwendbar war. Abweichend von der Behandlung hier war die Gewerbesteuer damals eine abzugsfähige Betriebsausgabe.

*** Ein Körperschaftsteuersatz von 40 % entspricht demjenigen, der während der Jahre 1999 und 2000. d. h. in der Schlussphase des körperschaftsteuerlichen Anrechnungsverfahrens, anwendbar war. Abweichend von der Behandlung hier war die Gewerbesteuer damals eine abzugsfähige Betriebsausgabe.

**** Eine Senkung des Körperschaftsteuersatzes von derzeit 15 % auf 10 % erscheint im Rahmen der derzeit weltweiten Senkung der Körperschaftsteuersätze durchaus realistisch.

*Abb. 4.3: Teilbemessungsgrundlagen und kombinierte Steuersätze bei Kapitalgesellschaften**

- den Solidaritätszuschlag s_{olz} und
- den Gewerbesteuerhebesatz h.

Spalte 3 enthält den Fall, der als **Ausgangsfall bei Kapitalgesellschaften** bezeichnet werden soll. Er ist gekennzeichnet durch

- einen Gewerbesteuerhebesatz von 400 % ($h = 4$),
- einen Körperschaftsteuersatz von 15 % ($s_{kö} = 0{,}15$) und
- eine Nichterhebung bzw. Nichtberücksichtigung von Solidaritätszuschlag ($s_{olz} = 0$). Der kombinierte Körperschaft- und Solidaritätszuschlagsatz s_k entspricht demnach dem reinen Körperschaftsteuersatz $s_{kö}$ von 15 %.

Spalte 4 der Abbildung 4.3 unterscheidet sich vom Ausgangsfall der Spalte 3 lediglich dadurch, dass nunmehr ein 5,5 %iger Solidaritätszuschlag erhoben wird. Er wird hier als **Standardfall bei Kapitalgesellschaften** bezeichnet. Auf ihn wird in den späteren Ausführungen besonders häufig zurückgegriffen.

In den Spalten 5 und 6 wird der Ausgangsfall der Spalte 3 hinsichtlich der Höhe des Gewerbesteuerhebesatzes variiert. In Spalte 5 beträgt dieser 500 %, in Spalte 6 hingegen 300 %.

In den Spalten 7 bis 9 wird der Körperschaftsteuersatz variiert. Er beträgt in Spalte 7 25 %, in Spalte 8 40 % und in Spalte 9 10 %. Einen Körperschaftsteuersatz von 25 % hat es in der Bundesrepublik Deutschland zur Zeit des Halbeinkünfteverfahrens, d. h. während der Jahre 2001 bis 2007, gegeben, einen Steuersatz von 40 % während der Jahre 1999 bis 2000, d. h. in der Endphase des körperschaftsteuerlichen Anrechnungsverfahrens. Zu beachten ist aber, dass damals das System der Ertragsbesteuerung sich deutlich von dem heutigen unterschieden hat. Insbesondere war die Gewerbesteuer eine abzugsfähige Betriebsausgabe. Die in den Spalten 7 und 8 ermittelten kombinierten Steuersätze entsprechen also nicht denjenigen, die sich damals tatsächlich ergeben haben.[48] Eine Senkung des Körperschaftsteuersatzes auf 10 % erscheint im Rahmen der derzeit weltweiten Senkung der Körperschaftsteuersätze durchaus realistisch. Der Druck von Seiten der Wirtschaft auf die Politik, eine derartige Senkung vorzunehmen, ist nach Einschätzung der Verfasser sehr groß.

Abbildung 4.3 lässt erkennen, dass die Steuerbelastung der Teilbemessungsgrundlage B_{mbgr} im Vergleich zu der der anderen drei Teilbemessungsgrundlagen sehr gering ist. Sie spielt deshalb im Rahmen der Steuerplanung eine untergeordnete Rolle. Im Einzelfall erscheint es deshalb durchaus vertretbar, sie zu vernachlässigen oder aber sie – ohne nähere Berechnung – auf einen Wert zwischen 0,6 % und 0,9 % der Bemessungsgrundlage (B_{mbgr}) zu schätzen.

4.3.3 Einbeziehung der Gesellschafter in die Betrachtung

Bisher ist lediglich die Steuerbelastung der Kapitalgesellschaft berücksichtigt worden. Nunmehr soll die Belastung der Gesellschafter betrachtet werden. Diese beziehen in Höhe der Ausschüttungen steuerpflichtige Einnahmen.

---

[48] Vgl. *Schneeloch* (2002), S. 59.

Sofern sich die Anteile an der Kapitalgesellschaft im Privatvermögen des Gesellschafters (Aktionärs) befinden, handelt es sich bei der Ausschüttung um Einnahmen aus Kapitalvermögen. Diese haben die Wirkung von E_e i. S. v. Gleichung (I) bzw. (II).

Infolge einer Ausschüttung kann es im Einzelfall zum Abzug eines Teils des Sparer-Pauschbetrags ($F_{e§20}$) kommen. Dies ist dann der Fall, wenn ohne die betrachtete Ausschüttung die Einnahmen aus Kapitalvermögen geringer sind als der Sparer-Pauschbetrag, d. h. wenn dieser noch nicht durch andere Einnahmen aus Kapitalvermögen voll ausgeschöpft ist.

Wird die Steuerbelastung des Gesellschafters aufgrund der Ausschüttung mit $S_{ges/a/pv}$ bezeichnet, so ergibt sich diese nach den bisherigen Ausführungen wie folgt:

$$S_{ges/a/pv} = (A - F_{e§20}) \cdot s_{e§32d}. \tag{VI}$$

Hierbei gibt $s_{e§32d}$ den für Einkünfte aus Kapitalvermögen geltenden kombinierten Steuersatz i. S. d. § 32d EStG an.

Auch dann, wenn die Anteile zum Betriebsvermögen eines gewerblichen (Mit-) Unternehmers gehören, zeitigen die Ausschüttungen bei dem Empfänger im Ergebnis keine gewerbesteuerlichen Folgen. Der Grund liegt in der Kürzungsvorschrift des § 9 Nr. 2a GewStG. Die Ausschüttung unterliegt also auch in diesem Fall lediglich der Einkommensteuer. Allerdings kommt es in diesem Fall nicht zur Anwendung des gesonderten Steuertarifs gem. § 32d EStG, da diese Rechtsnorm Einkünfte aus Kapitalvermögen voraussetzt. Hier aber handelt es sich um Einkünfte aus Gewerbebetrieb, für die das Teileinkünfteverfahren gem. § 3 Nr. 40 EStG gilt. Danach ist die Ausschüttung lediglich mit dem Anteil δ steuerpflichtig. Die Steuerbelastung kann daher als Produkt von δ und dem normalen Einkommensteuersatz $s_{e§32a}$ ermittelt werden. Der Freibetrag $F_{e§20}$ ist ebenfalls nicht anwendbar, da auch er Einkünfte aus Kapitalvermögen voraussetzt. Tatsächliche Betriebsausgaben sind aber unter Berücksichtigung des § 3c Abs. 2 EStG zu 60 % abziehbar. Die Steuerbelastung des Gesellschafters in dem Fall, dass er die Ausschüttungen in seinem gewerblichen Betriebsvermögen bezieht ($S_{ges/a/bv}$), ergibt sich demnach wie folgt:

$$S_{ges/a/bv} = \delta \cdot A \cdot s_{e§32a}. \tag{VII}$$

Ist Empfänger einer Ausschüttung weder eine natürliche Person noch eine Personengesellschaft, sondern eine Kapitalgesellschaft, so kommt § 8b Abs. 1 KStG zur Anwendung. Damit bleibt die Ausschüttung bei der sie empfangenden Gesellschaft außer Ansatz, d. h. sie bleibt steuerfrei. Dies gilt aber nur unter der Voraussetzung, dass bereits zu Beginn des Kalenderjahres eine mindestens 10 %ige unmittelbare Beteiligung an der ausschüttenden Kapitalgesellschaft bestanden hat (§ 8b Abs. 4 KStG). Damit ergeben sich lediglich bei der ausschüttenden Gesellschaft die sich aus Gleichung (IV) ermittelbaren Steuerwirkungen. Erst dann, wenn auch die die Ausschüttung empfangende Gesellschaft ihrerseits eine Ausschüttung vornimmt, können Steuerwirkungen gem.

den Gleichungen (VI) bzw. (VII) eintreten. Dies ist aber nur dann der Fall, wenn der Empfänger dieser Ausschüttung eine natürliche Person bzw. eine Personengesellschaft ist.

Zu beachten ist, dass nach § 8b Abs. 5 KStG 5 % der Ausschüttungen bei der die Ausschüttung empfangenden Kapitalgesellschaft als nichtabziehbare Ausgaben gelten. Im Zusammenhang mit der Beteiligung entstandene Betriebsausgaben sind in vollem Umfang abziehbar. Dies hat zur Folge, dass 5 % der Ausschüttungen bei der die Ausschüttung empfangenden Gesellschaft der Körperschaft- und der Gewerbesteuer zu unterwerfen sind. 5 % der Ausschüttungen stellen also E i. S. v. Gleichung (IV) bzw. (V) dar. Es entsteht also folgende Steuerbelastung:

$$S_{ges/a/kap} = 0{,}05 \cdot A \cdot (s_k + m_e \cdot h)\,. \tag{VIII}$$

Klargestellt sei, dass eine (95 %ige) Freistellung von der Gewerbesteuer nur dann eintritt, wenn das Schachtelprivileg des § 9 Nr. 2a bzw. Nr. 7 GewStG zur Anwendung kommt. Streudividenden i. S. d. § 8b Abs. 4 KStG werden hingegen in vollem Umfang erfasst, d. h. der Faktor 0,05 in Gleichung (VIII) nimmt den Wert 1 an.

4.3.4 Aufgabe 4

4. Der Alleingesellschafter G der X-GmbH (die Anteile befinden sich im Privatvermögen des G) erwägt, dieser zur Verbesserung ihres Bilanzbildes 100.000 € Eigenkapital zur Verfügung zu stellen. Die GmbH soll hierfür Ende des Jahres 1 Teilschuldverschreibungen der „Sylvesteranleihe“ des Bundes erwerben. Der Emissionskurs der Anleihe beträgt 100 %, der Zinssatz 2 % p. a. Bevor G eine Entscheidung trifft, will er die jährlichen Steuerfolgen der von ihm erwogenen Maßnahme kennenlernen. Das Geld für die Eigenkapitalerhöhung der GmbH kann G aus dem Verkauf von zu seinem Privatvermögen gehörenden Bauland gewinnen. Der Einheitswert des Baulands, d. h. die bis einschließlich 2024 geltende Bemessungsgrundlage der Grundsteuer, beträgt 5.000 €. Der Tatbestand des § 23 EStG wird bei der Veräußerung des Baulands nicht erfüllt. Die durch den Erwerb der Wertpapiere zu erwartenden Zinserträge beabsichtigt G i. H. v. 1.000 € p. a. für zusätzliche Ausschüttungen zu verwenden.

   Der Gewerbesteuerhebesatz der Gemeinde wird während der nächsten Jahre voraussichtlich 400 % betragen, derjenige der Grundsteuer ebenfalls. Die auf das Bauland angefallene Grundsteuer war bei G bisher weder als Werbungskosten noch als Betriebsausgaben abzugsfähig, da das Bauland brach lag.

   G geht davon aus, dass sein zu versteuerndes Einkommen während der nächsten Jahre stets zwischen 200 T€ und 300 T€ betragen wird. Der mit Einkünften aus Kapitalvermögen im Zusammenhang stehende Sparer-Pauschbetrag des § 20 Abs. 9 EStG ist bereits ausgeschöpft. G ist konfessionslos. Es ist von dem im Veranlagungszeitraum 2020 geltenden Steuerrecht (nach dem Rechtsstand im Frühjahr 2020) auszugehen.

5 Ziele und Vorteilskriterien im Rahmen der Steuerplanung

5.1 Endvermögensmaximierung, Konsummaximierung, Wohlstandsmaximierung

Die Ziele der betrieblichen Steuerplanung dürften i. d. R. nur monetärer Art sein. Als Ziele monetärer Art kommen in Betracht:

- die Maximierung des Endvermögens (Endvermögensmaximierung),
- die Maximierung der für Konsumzwecke zur Verfügung stehenden Mittel (Konsummaximierung),
- eine Kombination der beiden genannten Ziele (Wohlstandsmaximierung).

Im Fall der **Endvermögensmaximierung** will der Handelnde bei vorgegebener jährlicher Konsumentnahme sein Vermögen am Ende des Planungszeitraums maximieren. Zielgröße ist also das Endvermögen am Planungshorizont. Unbeeinflusst vom Zielerreichungsgrad ist hingegen die Höhe der für Konsumzwecke vorgesehenen Entnahmen bzw. Gewinnausschüttungen.

Im Fall der **Konsummaximierung** will der Handelnde während des Planungszeitraums seine Konsumentnahmen bzw. die für Konsumzwecke vorgesehenen Ausschüttungen maximieren. Hierbei geht er von einem vorgegebenen Endvermögen am Planungshorizont aus, d. h. das Endvermögen wird unabhängig von der Höhe der Entnahmen bzw. Ausschüttungen geplant. Die Zielsetzung der Konsummaximierung ist nicht eindeutig, vielmehr sind unterschiedliche Varianten denkbar. So kann das konkrete Ziel darin bestehen,

- einen konstanten oder
- einen gewichteten

Entnahmestrom (Ausschüttungsstrom) zu maximieren. Im ersten Fall ist also die Höhe der Entnahmen während des ganzen Planungszeitraums konstant. Im zweiten Fall hingegen werden die Entnahmen innerhalb des Planungszeitraums hinsichtlich des von ihnen ausgehenden Nutzens unterschiedlich gewichtet. So wird regelmäßig davon ausgegangen, dass eine Entnahme im Jahre 1 einen größeren Nutzen erbringt als eine gleich hohe Entnahme im Jahre 2.

Beim **Wohlstandsstreben**, als dritter möglicher Zielsetzung, sind sowohl Konsum als auch Vermögen variabel. Das Streben des Handelnden richtet sich auf die Erlangung von beidem. Da Konsum und Vermögen aber nicht gleichzeitig maximiert werden können, setzt Wohlstandsstreben eine Austauschregel zwischen beiden Zielen voraus. Derartige Austauschregeln zwischen Konsumstreben einerseits und Vermögensstreben andererseits hängen von den individuellen Nutzenfunktionen der Handelnden ab. Generell gültige Austauschregeln können demnach nicht ermittelt werden. Damit kann auch keine allgemeingültige Zielfunktion für das Wohlstandsstreben abgeleitet werden.

5.2 Endvermögensmaximierung

Endvermögensmaximierung, Konsummaximierung und Wohlstandsmaximierung können als Ziele auf der obersten monetären Zielebene bezeichnet werden. Von diesen drei möglichen Zielen wird nachfolgend nur das erstgenannte, d. h. also das Ziel der Endvermögensmaximierung, weiter betrachtet. Der Grund liegt darin, dass die beiden anderen Ziele – wie bereits ausgeführt – nicht allgemeingültig bestimmbar sind, vielmehr der Konkretisierung im individuellen Einzelfall bedürfen.

Bestehen j Gestaltungsmöglichkeiten ($j = 1, 2, \ldots, m$), so sind im Rahmen eines Vorteilsvergleichs deren Endvermögen (E_V) miteinander zu vergleichen. Bei zielgerechtem Verhalten ist die Alternative mit dem höchsten Endvermögen zu wählen:

$$E_{Vj} \rightarrow M_{ax}! \tag{79}$$

Das Endvermögen wird durch die Summe der Einzahlungen ($Z_e{}^*$) nach Abzug der Summe der Auszahlungen ($Z_a{}^*$) bis zum Ende des Planungszeitraums bestimmt. Sind Zahlungen noch jenseits des Planungshorizonts zu erwarten, so besteht am Ende des Planungszeitraums ein Restwert (R). Beträgt der Planungszeitraum t Jahre ($t = 0, 1, 2, \ldots, n$), so kann das Endvermögen am Planungshorizont wie folgt geschrieben werden:

$$E_V = \sum_{t=0}^{n} (Z_e{}^*{}_t - Z_a{}^*{}_t) + R. \tag{80}$$

Der Restwert R gibt den abgezinsten Wert der Einzahlungen und Auszahlungen von jenseits des Planungshorizonts am Planungshorizont an. Seine Schätzung kann im Einzelfall außerordentlich problematisch sein.

Unterschiedliche Gestaltungsmaßnahmen führen zu unterschiedlichen Zahlungsreihen. Als Konsequenz hieraus ergeben sich bei der Endvermögensmaximierung unterschiedliche betriebliche Investitionen, da annahmegemäß der Konsum von der Wahl der Gestaltungsmaßnahmen nicht beeinflusst wird. Bei diesen **Differenzinvestitionen**, häufig auch **Supplementinvestitionen** genannt, kann es sich sowohl um **Realinvestition** (z. B. Anschaffung eines Grundstücks, einer Maschine, Herstellung eines Gebäudes) als auch um **Finanzinvestitionen** (z. B. Erhöhung der Bankguthaben oder Abbau von Verbindlichkeiten) handeln.

Bei einer *autonomen betrieblichen Steuerplanung* erfolgen die Differenzinvestitionen stets in der Form von Finanzinvestitionen, da voraussetzungsgemäß das reale Geschehen bei allen Vergleichstatbeständen gleich ist. Aber auch in einer Vielzahl von Fällen, in denen *keine* autonome Steuerplanung angebracht ist, diese vielmehr in eine größere betriebliche Teilplanung integriert werden soll, ist die Annahme gleicher Realinvestitionen für alle Gestaltungsmaßnahmen sinnvoll. So hat z. B. die Wahl zwischen den Rechtsformen der GmbH und der KG häufig keinen Einfluss auf die Höhe der Realinvestitionen. Gleiches gilt hinsichtlich der Wahl zwischen mehreren Finanzierungsalternativen. Nachfolgend wird deshalb in aller Regel von geplanten Realinvestitionen ausgegangen, so dass unterschiedliche Ein- und Auszahlungsreihen lediglich die Finanzinvestitionen beeinflussen. Nur bei Fragestellungen, die die Art, den Umfang oder den Zeitpunkt von Realinvestitionen zum Inhalt haben, wird z. T. von dieser Regel abgewichen.

$Z_e{}^*$ und $Z_a{}^*$ können nach der hier gewählten Definition auch Zinseinnahmen und Zinsausgaben (korrekt: Zinseinzahlungen und Zinsauszahlungen) enthalten. Führen *Zahlungsdifferenzen* zu *Differenzinvestitionen (Supplementinvestitionen)* in der Form von *Finanzinvestitionen*, so können die auf diese entfallenden Zinseinzahlungen bzw. verhinderten Zinsauszahlungen auch mit den üblichen Mitteln der *Finanzmathematik* berücksichtigt werden. Dies bedeutet, dass diese Zinseinzahlungen bzw. Zinsauszahlungen und die diesen zugrundeliegenden Finanzinvestitionen nicht in $Z_e{}^*$ bzw. $Z_a{}^*$ erfasst werden müssen, vielmehr mit Hilfe der jeweils relevanten Zinssätze dieser Finanzinvestitionen berücksichtigt werden können. Bei diesen Zinssätzen kann es sich also je nach Lage des Einzelfalls sowohl um Soll- als auch um Habenzinsen handeln. Werden die um die genannten Zinseinzahlungen bzw. Zinsauszahlungen und um die Finanzinvestitionen gekürzten Einzahlungen und Auszahlungen mit Z_e bzw. Z_a bezeichnet, so kann das Endvermögen wie folgt geschrieben werden:

$$E_V = \sum_{t=0}^{n} (Z_{et} - Z_{at}) \cdot \prod_{y=t+1}^{n} q_y + R \begin{cases} \text{mit } q_y = (1 + i_{soll\,t}) \\ \text{mit } q_y = (1 + i_{haben\,t}). \end{cases} \tag{81}$$

Wird davon ausgegangen, dass *in einer Periode ein einheitlicher Zinssatz* i_t herrscht, so kann dieser als der **Kalkulationszinsfuß** dieser Periode bezeichnet werden. Gleichung (81) wird dann zu:

$$E_V = \sum_{t=0}^{n} (Z_{et} - Z_{at}) \cdot (1 + i_t)^{n-t} + R. \tag{82}$$

Wird definiert:

$$1 + i_t = q_t, \tag{83}$$

so kann Gleichung (82) wie folgt geschrieben werden:

$$E_V = \sum_{t=0}^{n} (Z_{et} - Z_{at}) \cdot q_t{}^{n-t} + R. \tag{84}$$

Die Einzahlungen Z_e und die Auszahlungen Z_a werden in den Gleichungen (81), (82) und (84) also auf das Ende des Planungszeitraums aufgezinst.

Hierbei wird unterstellt, dass die Zahlungen eines Jahres jeweils an dessen Ende anfallen. Trifft diese Prämisse nicht zu, so vernachlässigen die Gleichungen unterjährige Verzinsungen.

5.3 Kapitalwertmaximierung

Kann innerhalb einer Periode von einem einheitlichen Kalkulationszinsfuß ausgegangen werden, so kann zur Vergleichbarmachung der zu unterschiedlichen Zeitpunkten anfallenden Zahlungen statt einer Aufzinsung auch eine Abzinsung vorgenommen werden. Der abgezinste Wert **(Barwert)** wird in der Betriebswirtschaftslehre üblicherweise als **Kapitalwert** (K) bezeichnet. Für den auf das Ende des Jahres $t = 0$ (Beginn des Planungszeitraums) abgezinsten Kapitalwert ergibt sich dann:

$$K = \sum_{t=0}^{n} (Z_{et} - Z_{at}) \cdot (1 + i_t)^{-t} + R \cdot (1 + i_t)^{-n} \tag{85}$$

bzw.

$$K = \sum_{t=0}^{n} (Z_{et} - Z_{at}) \cdot q_t^{-t} + R \cdot q_t^{-n}. \tag{86}$$

q_t^{-t} wird hierbei als der **Abzinsungsfaktor** oder **Diskontierungsfaktor** bezeichnet.

Wird der Kapitalwert als Vorteilskriterium gewählt, so wird aus dem Ziel der Endvermögensmaximierung das Ziel der **Kapitalwertmaximierung**. Aus Gleichung (79) wird dann:

$$K_j \rightarrow M_{ax}! \tag{87}$$

Wird der Kapitalwert als Vorteilskriterium für betriebliche Entscheidungen gewählt, so wird diese Vorgehensweise als **Kapitalwertverfahren** bezeichnet.

In den Darstellungsweisen der Gleichungen (82), (84), (85) und (86) weisen alle Supplementinvestitionen des Jahres t einen einheitlichen Kalkulationszinssatz i_t auf. Im Schrifttum wird in diesem Zusammenhang üblicherweise von der Vorstellung eines *vollkommenen Kapitalmarktes* ausgegangen. Diese beinhaltet, dass auf dem Kapitalmarkt ein einheitlicher Zinssatz herrscht, zu dem Finanzanlagen in beliebiger Höhe getätigt und Kredite ebenfalls in beliebiger Höhe aufgenommen werden können.

Ein Blick in die Finanzierungspraxis zeigt, dass die Annahme eines vollkommenen Kapitalmarkts *realitätsfern* ist. So sind Sollzinsen üblicherweise deutlich höher als Habenzinsen. Die Höhe der Sollzinsen ihrerseits richtet sich in erheblichem Maße nach der Bonität des Schuldners und nach den von ihm zur Verfügung gestellten Sicherheiten. Die Höhe der Habenzinsen hingegen richtet sich in erster Linie nach der gewählten Anlageform. So weist eine Termineinlage i. d. R. einen (geringfügig) höheren Zinssatz auf als ein Kontokorrentguthaben.

Auf den ersten Blick erscheint damit der Kapitalwert in der hier dargestellten Form als Entscheidungskriterium unbrauchbar. Die Nichtanwendung des Kapitalwertkriteriums hätte zur Folge, dass stets das wesentlich aufwendigere Verfahren der Endvermögensmaximierung mit Hilfe der Aufstellung vollständiger Finanzpläne angewendet werden müsste. Bei näherem Hinsehen ist aber die Anwendung eines einheitlichen Kalkulationszinssatzes häufig aus Vereinfachungsgründen vertretbar. Das kann z. B. dann der Fall sein, wenn bei allen Entscheidungsvarianten stets nur Supplementinvestitionen im Bereich positiver Finanzinvestitionen auftreten. In derartigen Fällen kann vielfach zumindest *näherungsweise* von einem *einheitlichen Habenzinssatz* für alle diese Finanzinvestitionen ausgegangen werden. Gleiches gilt häufig für die Fälle, in denen bei allen Entscheidungsvarianten stets nur Supplementinvestitionen im Bereich der Verbindlichkeiten auftreten. Die Supplementinvestitionen bestehen hier in einem Abbau von Verbindlichkeiten. Auch in derartigen Fällen kann häufig zumindest *näherungsweise* von einem *einheitlichen Sollzinssatz* ausgegangen werden. In Gliederungspunkt 6.8 (S. 110) wird darüber hinaus begründet werden, dass häufig auch die Anwendung eines *Mischkalkulationszinssatzes* vertretbar ist. Hierbei handelt es sich um einen fiktiven Zinssatz, der anhand von zwei oder mehreren für den Betrieb real relevanten Zinssätzen geschätzt wird. Dieser kann sich sowohl aus Soll- als auch aus Habenzinssätzen zusammensetzen.

Im Schrifttum wird bei Ermittlung des Kapitalwerts häufig nicht nur von einem einheitlichen, sondern auch von einem *im Zeitablauf konstanten Kalkulationszinssatz i* ausgegangen. Die Gleichungen (85) bzw. (86) werden dann zu

$$K = \sum_{t=0}^{n} (Z_{et} - Z_{at}) \cdot (1+i)^{-t} + R \cdot (1+i)^{-n} \tag{88}$$

bzw.

$$K = \sum_{t=0}^{n} (Z_{et} - Z_{at}) \cdot q^{-t} + R \cdot q^{-n}. \tag{89}$$

5.4 Steuerendwert- und Steuerbarwertminimierung

Eine erhebliche *Vereinfachung* des Vorteilsvergleichs ergibt sich dann, wenn die Einzahlungen in den Vergleichsfällen *in gleicher Höhe* prognostiziert werden können. Dies ist z. B. bei einem Rechtsformvergleich der Fall. So ist nicht einzusehen, weshalb sich die Einzahlungen bei Wahl der Rechtsform einer KG anders entwickeln sollten, als bei Wahl der Rechtsform einer GmbH.

Sind die Einzahlungen in den Vergleichsfällen gleich, so haben sie *keinen* Einfluss auf die relative Vorteilhaftigkeit. Sie können dann aus dem Vorteilsvergleich herausgenommen werden. Dies kann dadurch geschehen, dass Z_e in den abgeleiteten Gleichungen der Wert *0* zugeordnet wird. Aus dem Ziel der Endvermögensmaximierung wird dann das Ziel der Minimierung des Auszahlungsendwerts und aus dem Ziel der Kapitalwertmaximierung wird das Ziel der Minimierung des *Barwerts der Auszahlungen*. Auf eine explizite mathematische Darstellung dieser Ziele wird hier verzichtet. Werden nur einzelne Auszahlungen berücksichtigt, so soll von einem *wohldefinierten Auszahlungsbarwert* gesprochen werden.

Im Rahmen einer steuerlichen Partialplanung sind lediglich Steuerzahlungen, d. h. Auszahlungen, zu berücksichtigen. Die Einzahlungen hingegen sind bei allen in der Planung zu beachtenden Alternativen gleich, so dass sie außer Betracht bleiben können. Endvermögen und Kapitalwert sind unter diesen Umständen umso größer, je kleiner die Summe der Steuerzahlungen und der durch sie verursachten Zinsauszahlungen (bzw. fortfallenden Zinseinzahlungen) bis zum Ende des Planungszeitraums ist. Fallen bei einzelnen Alternativen Steuerzahlungen jenseits des Planungshorizonts an, so sind sie auf das Ende des Planungszeitraums abzuzinsen und in den Vorteilsvergleich einzubeziehen. Dieser Fall soll aber nachfolgend nicht weiter betrachtet werden. Vielmehr soll grundsätzlich davon ausgegangen werden, dass der Planungszeitraum alle die Perioden erfasst, während derer bei den unterschiedlichen Gestaltungsmöglichkeiten unterschiedliche Steuerzahlungen anfallen.

Wird die Summe der auf das Ende des Planungszeitraums aufgezinsten Steuerzahlungen als **Steuerendwert** bezeichnet, so kann im Rahmen einer autonomen Steuerplanung formuliert werden:

> Das Endvermögensmaximum wird erreicht durch eine *Minimierung des Steuerendwerts*. Als *Zielvorschrift* einer rein steuerlichen Partialplanung kann also die Minimierung des Steuerendwerts angesehen werden.

Wird die Summe der auf den Anfang des Planungszeitraums abgezinsten Steuerzahlungen als **Steuerbarwert** bezeichnet, so kann definiert werden:

> Das Ziel einer autonomen Steuerpolitik ist die *Minimierung des Steuerbarwerts*.

Nachfolgend soll lediglich auf die Steuerbarwertminimierung, nicht hingegen auf die Steuerendwertminimierung, näher eingegangen werden. Dies geschieht deshalb, weil die Steuerbarwertminimierung im Schrifttum zur Betriebswirtschaftlichen Steuerlehre wesentlich weiter verbreitet ist als die Steuerendwertminimierung.[49] Der Grund liegt vermutlich darin, dass ein Steuerbarwert für anschaulicher gehalten wird als ein auf einen evtl. fernen Zeitpunkt errechneter Steuerendwert.

Bei der Steuerbarwertermittlung ist der *Barwert* (B_{ar}) der sich aus der jeweiligen Gestaltungsmaßnahme ergebenden Steuerzahlungen zu ermitteln. Er ergibt sich als die Summe der auf den Beginn des Planungszeitraums ($t = 0$) abgezinsten Steuerzahlungen:

$$B_{ar} = \sum_{t=0}^{n} S_t \cdot q^{-t}. \tag{90}$$

[49] Vgl. *Marettek* (1971); *Siegel* (1982), S. 73.

Hierbei gibt S_t die Jahressteuerbelastung des Jahres t an. Sie kann grundsätzlich mit Hilfe der bereits abgeleiteten Jahresbelastungsformeln ermittelt werden. Ist im Einzelfall eine steuerliche Wirkung nicht durch die Belastungsformel erfassbar, so ist sie gesondert zu ermitteln und der Steuerbelastung des entsprechenden Jahres hinzuzurechnen.

Bestehen j steuerliche Gestaltungsalternativen ($j = 1, 2, \ldots, m$), so sind im Rahmen der Steuerplanung deren Barwerte (B_{arj}) miteinander zu vergleichen. Die Alternative mit dem geringsten Barwert ist sodann bei zieladäquatem Verhalten zu wählen:

$$B_{arj} \rightarrow M_{in}! \tag{91}$$

Vielfach erweist sich die Errechnung der Barwerte für den Vorteilsvergleich als nicht erforderlich, vielmehr reicht die Kenntnis der *Differenz der* miteinander zu vergleichenden *Barwerte*. Sind in derartigen Fällen die Barwerte der Alternativen (1) und (2) miteinander zu vergleichen, so kann die Differenz der Barwerte als **Barwert der jährlichen Steuerdifferenzen** zwischen den Alternativen geschrieben werden:

$$\sum_{t=0}^{n} S_{1t} \cdot q^{-t} - \sum_{t=0}^{n} S_{2t} \cdot q^{-t} = \sum_{t=0}^{n} (S_{1t} - S_{2t}) \cdot q^{-t}. \tag{92}$$

Alternative (1) ist dann vorteilhafter, wenn gilt:

$$\sum_{t=0}^{n} (S_{1t} - S_{2t}) \cdot q^{-t} < 0. \tag{93}$$

Die Zahlen „1" und „2" nach dem Hauptsymbol „*S*" in den Gleichungen (92) und (93) kennzeichnen die gleichnamigen Alternativen.

Aus Gründen der sprachlichen Vereinfachung wird in den weiteren Ausführungen anstelle des Begriffs des Barwerts der Steuerdifferenzen häufig auch der Begriff des **Differenzenbarwerts** verwendet.

5.5 Vereinfachende Ersatzkriterien des Vorteilsvergleichs und allgemeingültige Aussagen

Endvermögensmaximierung bzw. Kapitalwertmaximierung und Steuerbarwertminimierung erweisen sich oft als aufwendige Verfahren des Vorteilsvergleichs. Daher wird in dem nachfolgenden Teil dieses Buches sowie in den Bänden 5 und 6 des Gesamtwerkes versucht, für einzelne Fragestellungen vereinfachende Vorteilskriterien zu finden. Diese müssen aber jeweils mit der Zielsetzung der Kapitalwertmaximierung bzw. der Barwertminimierung *vereinbar* sein und sich aus ihr ergeben. Bei der Suche nach derartigen **Ersatzkriterien** des Vorteilsvergleichs wird teilweise auf eine streng mathematische Ableitung aus dem Kapitalwert- bzw. Steuerbarwertkriterium verzichtet. Es werden dann Plausibilitätsüberlegungen, d. h. heuristische Methoden, angewendet. Als brauchbare Ersatzkriterien werden sich z. B. in vielen Fällen des Rechtsformvergleichs die Jahresbelastungsdifferenzen zwischen den zu untersuchenden Rechtsformen erweisen. Als Ersatzkriterien im Rahmen der Steuerbilanzpolitik lassen sich unter bestimmten Voraussetzungen Zinssätze ableiten.

Eine weitere erhebliche Vereinfachung des Vorteilsvergleichs ergibt sich dann, wenn es gelingt, zu allgemeingültigen Aussagen über die Vorteilhaftigkeit von Steuergestaltungsmaßnahmen zueinander zu gelangen. Der Frage, ob und unter welchen Voraussetzungen derartige Aussagen möglich sind, wird in diesem Band sowie in den Bänden fünf und sechs des Gesamtwerkes wiederholt nachgegangen werden.

5.6 Systematische Darstellung der Zusammenhänge

Abbildung I/5 soll die wichtigsten Zusammenhänge nochmals verdeutlichen. Die Abbildung weist auf der obersten monetären Zielebene das Ziel der Endvermögensmaximierung aus. Wird von der Anwendung der Regeln der Finanzmathematik ausgegangen, so kann anstelle des Ziels der Endvermögensmaximierung das Ziel der Kapitalwertmaximierung formuliert werden. Können im Rahmen des Vorteilsvergleichs die Einzahlungen außer Acht gelassen werden, so kommt man von der Kapitalwertmaximierung zur Minimierung des Auszahlungsbarwerts, bei Reduktion auf bestimmte Auszahlungen zu einem wohldefinierten Auszahlungsbarwert.

Wird der Vorteilsvergleich allein auf die Steuerzahlungen und die hieraus entstehenden Supplementinvestitionen reduziert, so kann das weiter vereinfachende Vorteilskriterium des Steuerbarwerts angewendet werden. Zu minimieren ist dann der Steuerbarwert.

Sollen mehrere Steuerbarwerte miteinander verglichen werden, so reicht es aus, die Barwerte der Steuerdifferenzen zu ermitteln. Mit Hilfe der Differenzbetrachtung wird dann die Alternative mit dem geringsten Steuerbarwert ersichtlich. Erfolgt im Planungszeitraum kein Vorzeichenwechsel, so reicht die Ermittlung einer Jahresbelastungsdifferenz aus.

Die Ermittlung aller bisher aufgezeigten Vorteilskriterien kann sehr zeitaufwendig und damit auch kostenträchtig sein. Dies gilt umso mehr, je höher die Zielebene ist, auf der die Vorteilskriterien angesiedelt sind. So dürfte die Ermittlung eines Steuerbarwerts regelmäßig wesentlich weniger zeitaufwendig sein als die Ermittlung des Endvermögens bei gleichem zu beurteilenden Sachverhalt. Dennoch kann aber auch die Ermittlung eines Steuerbarwerts noch sehr zeitaufwendig sein. Es ist daher angebracht, im konkreten Einzelfall nach weiter vereinfachenden Vorteilskriterien zu suchen. Diese müssen aber mit den übergeordneten Zielen vereinbar sein, sie müssen sich aus ihnen ergeben.

Abb. 5.1: Zielebenen im Rahmen der betrieblichen Steuerplanung

5.7 Aufgaben 5 und 6

5. Ermitteln Sie die Steuerbarwerte (bei $i = 6\,\%$) folgender Steuerzahlungsreihen:

Jahr	Alternative 1	Alternative 2
	€	€
0	100.000	100.000
1	120.000	125.000
2	130.000	125.000
3	180.000	180.000
∑	530.000	530.000

   Die Abzinsung soll zum 31.12. des Jahres 0 erfolgen. Es wird davon ausgegangen, dass die Steuerzahlungen jeweils zum 31.12. des Jahres ihrer Entstehung erfolgen.

6. Wählen Sie unter dem Gesichtspunkt der Kapitalwertmaximierung die günstigere der beiden nachfolgend aufgeführten Alternativen aus. Hierbei ist von einem Kalkulationszinsfuß von 4 % p. a. auszugehen. Die Abzinsung soll zum 31.12. des Jahres 0 erfolgen.

	Alternative 1		Alternative 2	
Jahr	Einzahlungen	Auszahlungen	Einzahlungen	Auszahlungen
	T€	T€	T€	T€
0	90	23	80	26
1	92	24	95	29
2	103	31	109	30
3	117	12	116	12
∑	402	90	400	97

6 Zinssätze der Differenzinvestitionen

6.1 Zur Problematik des Kalkulationszinssatzes

Die Errechnung von Steuerbar- bzw. Kapitalwerten setzt die Kenntnis eines *Kalkulationszinssatzes (Kalkulationszinsfußes)* voraus. Es ist nun zu untersuchen, welcher Kalkulationszinsfuß zu wählen ist. Die Frage nach dem „richtigen" Kalkulationszinsfuß ist in der Literatur immer wieder gestellt und recht unterschiedlich beantwortet worden.[50] Wie bereits dargestellt, sind Kalkulationszinssätze lediglich in Partial-, nicht hingegen in Totalmodellen erforderlich. Der Ansatz eines Kalkulationszinssatzes wird durch die vereinfachenden Annahmen des Partialmodells erzwungen. Hieraus folgt, dass sich die Höhe des Kalkulationszinssatzes nach den Vereinfachungen des Modells richtet. Aus dieser Erkenntnis kann nur die Konsequenz gezogen werden, dass es unmöglich ist, einen allgemein „richtigen" Kalkulationszinssatz zu ermitteln. Es ist deshalb lediglich zu erörtern, welcher Kalkulationszinssatz sich aus den hier gesetzten Prämissen ergibt.

Die *grundlegende Prämisse* der meisten Ausführungen dieses Werkes (Bände 4 bis 6) besteht in der Annahme geplanter Realinvestitionen. Differenzinvestitionen zwischen einzelnen Gestaltungsmöglichkeiten können somit im Hinblick auf die meisten Fragestellungen lediglich die Form von *Finanzinvestitionen* haben. Sie können demnach entweder die Höhe der positiven Finanzanlagen oder die der Verbindlichkeiten beeinflussen.

Die *Zinssätze dieser Differenzinvestitionen* sind die Ausgangsgrößen für die Kalkulationszinssätze der hier beabsichtigten Partialanalysen. Fraglich ist nur, ob von diesen Zinssätzen Steuern abzuziehen sind.

Im Schrifttum war es lange umstritten, ob und gegebenenfalls welche Steuerbelastungen im Kalkulationszinsfuß zu berücksichtigen sind. So hat noch vor wenigen Jahrzehnten die Literatur Steuern überwiegend überhaupt nicht in den Kalkulationszinsfuß aufgenommen. Heute kann es als herrschende Meinung angesehen werden, dass Steuern im Kalkulationszinsfuß zu berücksichtigen sind.[51] Vielen Veröffentlichungen, in denen Steuern im Kalkulationszinsfuß berücksichtigt werden, ist aber gemeinsam, dass nicht die Komplexität des Steuerrechts beachtet, vielmehr die Steuerbelastung mit Hilfe eines pauschalen Steuersatzes erfasst wird. Allgemein ergibt sich dann der Nettozinssatz (i_n) durch Abzug des Produkts aus dem Bruttozinssatz (i_b) und dem Steuersatz (s) von dem Bruttozinssatz. Es kann also geschrieben werden:

---

[50] Hinsichtlich grundlegender Ausführungen zur Bestimmung des Kalkulationszinsfußes s. insbesondere *Moxter* (1961), S. 186 ff; *Schult* (1977), S. 108 ff, *Schneider* (1992), S. 102 f; *Bitz* (2005), S. 109 f; *Hering* (2017), S. 33 ff; *Kruschwitz* (2019), S. 78 ff.

[51] Vgl. *Haberstock* (1970); *Wagner/Dirrigl* (1980), S. 30 ff; *Baan* (1980); *Siegel* (1982), S. 69 ff; *Haberstock/Breithecker* (2016), S. 139 ff; *Kußmaul* (2020), S. 164 f.

$$i_n = i_b \cdot (1 - s)\,. \tag{94}$$

Werden die Steuerwirkungen in der in Gleichung (94) dargestellten Weise lediglich mit Hilfe eines pauschalen Steuersatzes erfasst, so können derart große Fehler entstehen, dass der Vorteilsvergleich bereits im Ansatz unzuverlässig wird. Nachfolgend sollen deshalb die Gesamtwirkungen des Steuerrechts auf den Kalkulationszinsfuß berücksichtigt werden. Hierbei wird wegen der unterschiedlichen steuerlichen Wirkungen zwischen der Ermittlung von Nettozinssätzen bei Kapitalgesellschaften $i_{n/kap}$, bei Personenunternehmen $i_{n/persu}$ und im nichtgewerblichen Bereich natürlicher Personen $i_{n/nat}$ unterschieden. Da die Steuerwirkungen bei Kapitalgesellschaften infolge des Fehlens einer dem § 35 EStG entsprechenden Vorschrift wesentlich leichter überschaubar sind als bei Personenunternehmen, soll mit der Ermittlung von Nettozinssätzen bei Kapitalgesellschaften begonnen werden.

Es ist bereits darauf hingewiesen worden, dass bei geplanten Realinvestitionen Endwert- und Kapitalwertmaximierung bzw. Steuerendwert- und Steuerbarwertminimierung austauschbare Ziele sind. Voraussetzung ist allerdings, dass die Abzinsung bei Steuerbarwertminimierung zu den gleichen Nettozinssätzen erfolgt, wie die Aufzinsung bei Steuerendwertminimierung. Nachfolgend wird deshalb so vorgegangen, dass die Nettoverzinsung bei Aufzinsung ermittelt wird; der Zinssatz wird sodann als Kalkulationszinsfuß für die Errechnung des Barwertes verwendet. Da Kapitalgesellschaften teilweise mit anderen Steuern belastet sind als natürliche Personen (Körperschaftsteuer statt Einkommensteuer), müssen die Nettozinssätze für natürliche Personen und für Kapitalgesellschaften gesondert ermittelt werden. Bei natürlichen Personen muss – wie bereits ausgeführt – zwischen gewerblichem und nicht gewerblichem Bereich unterschieden werden.

Bei allen Steuerschulden, die in die Belastungsvergleiche eingehen, wird stets davon ausgegangen, dass die Zahlungen mit Ablauf des Jahres ihrer Entstehung erfolgen, mithin zu diesem Zeitpunkt Differenzinvestitionen entstehen, die nachfolgend zu Differenzerträgen bzw. -aufwendungen, i. d. R. also zu Zinserträgen bzw. Zinsaufwendungen, führen.

6.2 Ableitung von Nettozinssätzen bei Kapitalgesellschaften

Tätigt eine *Kapitalgesellschaft* mit Ablauf des Jahres 0 eine Differenzinvestition (I_0) in Form einer *positiven Finanzinvestition* oder eines *Abbaus von Verbindlichkeiten*, die nicht zu einer Hinzurechnung nach § 8 Nr. 1 Buchstabe a GewStG führen **(Nicht-Hinzurechnungszinsen)**, so entstehen im Jahr 1 Supplementzinserträge bzw. es verringern sich die Zinsaufwendungen in Höhe von:

$$Z_{i1} = I_0 \cdot i_b. \tag{95}$$

i_b gibt den Bruttozinssatz, d. h. den Zinssatz vor Steuern der Finanzinvestition an.

Die Nicht-Hinzurechnungszinsen erhöhen das Einkommen und den Gewerbeertrag des Jahres 1, d. h. sie sind als E im Sinne von Gleichung (IV) bzw. (V) anzusehen. Hierdurch entstehen – bei Verwendung der Schreibweise von Gleichung (V) – als Folge der Supplementinvestition folgende zusätzliche Steuerzahlungen (S_{kap/zi_1}):

$$S_{kap/zi_1} = I_0 \cdot i_b \cdot (s_k + m_e \cdot h)\,. \tag{96}$$

Das bis zum Ende des Jahres 1 entstandene Supplementvermögen (I_1) ergibt sich aus der Summe des ursprünglichen Supplementvermögens (I_0) und der hieraus entstandenen Zinsdifferenz des Jahres 1 (Z_{i1}) nach Abzug der zusätzlich anfallenden Steuerzahlungen (S_{kap/zi_1}):

$$I_1 = I_0 + Z_{i1} - S_{kap/zi_1}. \tag{97}$$

Durch Einsetzen der Werte der Gleichungen (95) und (96) in Gleichung (97) und nach einigen Umformungen ergibt sich:

$$I_1 = I_0 + I_0 \cdot i_b \cdot (1 - s_k - m_e \cdot h)\,. \tag{98}$$

Die letzten beiden Faktoren im zweiten Summanden der Gleichung (98) stellen den Nettozinssatz der Supplementinvestition im Jahre 1 ($i_{n/kap/zi_1}$) dar, so dass geschrieben werden kann:

$$I_1 = I_0 + I_0 \cdot i_{n/kap/zi_1}. \tag{99}$$

Allgemein und unter Verzicht auf Indizierung kann der Nettozinssatz ($i_{n/kap/zi_1}$) wie folgt geschrieben werden:

$$i_{n/kap/zi} = i_b \cdot (1 - s_k - m_e \cdot h)\,. \tag{100}$$

Bisher ist nur der Fall behandelt worden, dass es sich bei den Supplementinvestitionen um positive Finanzinvestitionen oder um den Abbau solcher Verbindlichkeiten handelt, die nicht zu einer Hinzurechnung nach § 8 Nr. 1 Buchstabe a GewStG führen. Nunmehr soll der Fall behandelt werden, dass die Supplementinvestitionen zum Abbau von solchen Zinsen, die zu einer Hinzurechnung gem. § 8 Nr. 1 Buchstabe a GewStG führen **(Hinzurechnungszinsen)**, verwendet werden. In diesem Fall ändert sich die Steuerbelastung gegenüber dem bisher betrachteten und in Gleichung (100) abgebildeten Fall. Die Änderung ergibt sich durch die Hinzurechnungsvorschrift des § 8 Nr. 1 Buchstabe a GewStG. Fallen durch eine Supplementinvestition Hinzurechnungszinsen weg, so entfällt gleichzeitig die 25 %ige Hinzurechnung nach § 8 Nr. 1 Buchstabe a GewStG. 25 % der fortfallenden Zinsen ($0{,}25 \cdot I_0 \cdot i_b$) führen somit zu einer Minderung von H_{ge} i. S. v. Gleichung (IV) bzw. (V). Im Übrigen ergeben sich die gleichen Steuerwirkungen wie in Gleichung (96) dargestellt.

Insgesamt ergeben sich im Falle von Hinzurechnungszinsen im Jahre 1 also folgende Steuerwirkungen ($S_{kap/zi§8,1}$):

$$S_{kap/zi§8,1} = I_0 \cdot i_b \cdot (s_k + m_e \cdot h) - 0{,}25 \cdot I_0 \cdot i_b \cdot m_e \cdot h. \tag{101}$$

Wird der Faktor, mit dem die Zinsen dem Gewerbeertrag hinzugerechnet werden, nicht mit 0,25, sondern allgemein mit β bezeichnet, so ergibt sich nach einigen Umformungen:

$$S_{kap/zi\S8,1} = I_0 \cdot i_b \cdot (s_k + m_e \cdot h - \beta \cdot m_e \cdot h)\,. \tag{102}$$

Wird $S_{kap/zi\S8,1}$ anstelle von S_{kap/zi_1} in die Gleichungen (96) und (97) eingesetzt, so kann analog zur Ableitung von Gleichung (98) Folgendes ermittelt werden:

$$I_1 = I_0 + I_0 \cdot i_b - I_0 \cdot i_b \cdot (s_k + m_e \cdot h - \beta \cdot m_e \cdot h)\,. \tag{103}$$

Durch Umformung ergibt sich hieraus:

$$I_1 = I_0 + I_0 \cdot i_b \cdot (1 - s_k - m_e \cdot h + \beta \cdot m_e \cdot h). \tag{104}$$

Der Bruttozinssatz multipliziert mit dem Klammerausdruck im zweiten Summanden von Gleichung (104) stellt die Nettoverzinsung von I_0 dar. Diese kann wie folgt geschrieben werden:

$$i_{n/kap} = i_b \cdot [1 - s_k - m_e \cdot h \cdot (1 - \beta)]\,. \tag{IX}$$

Wird in Gleichung (IX) β mit 0 angesetzt, so ergibt sich aus Gleichung (IX) die bereits bekannte Gleichung (100). Damit zeigt sich, dass Gleichung (IX) als allgemeiner Fall zu Gleichung (100) aufgefasst werden kann.

6.3 Ableitung von Nettozinssätzen bei natürlichen Personen und Personenunternehmen

6.3.1 Einführung und Fallunterscheidung

Allen hier zu behandelnden Fällen ist gemeinsam, dass die Zinsen aus Supplementinvestitionen in der Form von Finanzinvestitionen nicht der Körperschaftsteuer, grundsätzlich aber der Einkommensteuer unterliegen. Im Übrigen können die Steuerfolgen aber stark voneinander abweichen. Einflussfaktoren auf die Höhe des Nettozinssatzes bei gleichem Bruttozinssatz sind:

- der anzuwendende Einkommensteuertarif, d. h. die Anwendung des allgemeinen Tarifs nach § 32a EStG oder des gesonderten Steuertarifs des § 32d EStG,
- der Anfall bzw. Nichtanfall von Gewerbesteuer,
- im Falle des Anfalls von Gewerbesteuer die Unterfälle
  - der Anwendung des § 8 Nr. 1 Buchstabe a GewStG und
  - der Nichtanwendung des § 8 Nr. 1 Buchstabe a GewStG.

In *Abbildung 6.1* sind die Zusammenhänge schaubildmäßig zusammengefasst. In den nachfolgenden Ausführungen wird anhand der in der Abbildung getroffenen Unterscheidungen vorgegangen.

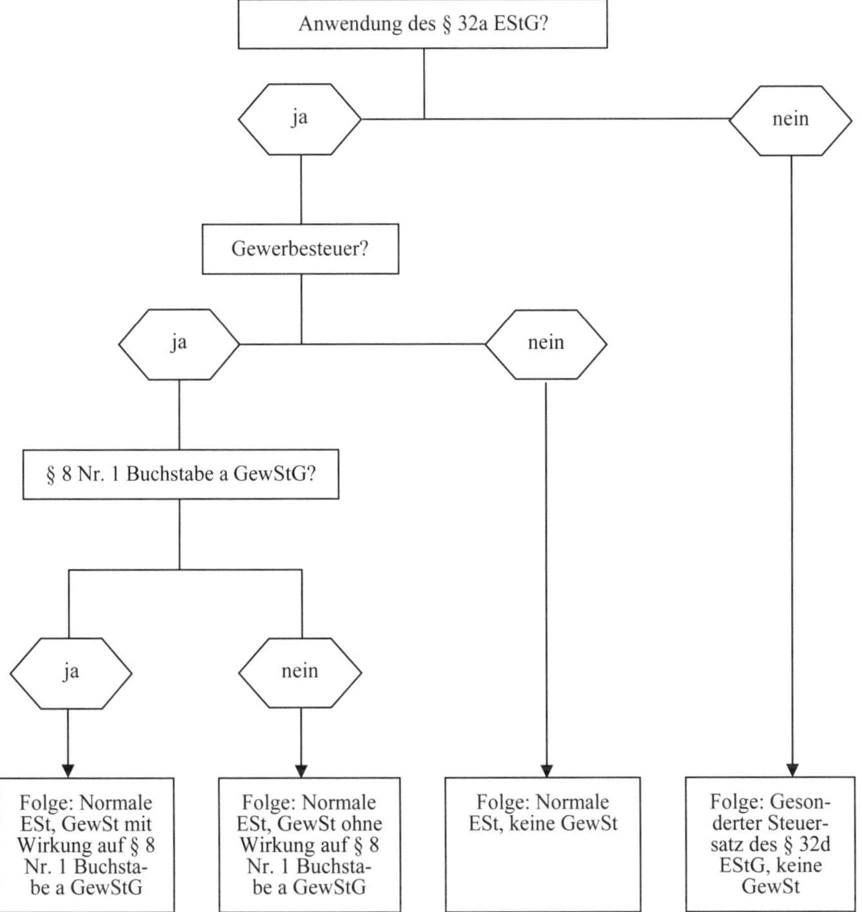

Abb. 6.1: Einflussfaktoren auf die Nettozinssätze bei natürlichen Personen und Personenunternehmen

6.3.2 Nettozinssätze bei Anwendung des allgemeinen Tarifs des § 32a EStG

6.3.2.1 Einführung

Der allgemeine Tarif des § 32a EStG kommt bei der Besteuerung von Supplementinvestitionen in der Form von Finanzinvestitionen grundsätzlich dann zur Anwendung, wenn die des gesonderten Steuertarifs des § 32d Abs. 1 EStG ausgeschlossen ist. Diese Voraussetzung ist erfüllt, wenn die Supplementinvestitionen

- im gewerblichen Bereich oder
- im Rahmen der Einkünfte aus § 13, 18 oder 21 EStG erfolgen.

6.3.2.2 Ableitung von Nettozinssätzen bei gewerblichen Personenunternehmen

Tätigt ein gewerbliches Personenunternehmen (gewerbliches Einzelunternehmen oder Mitunternehmerschaft i. S. d. § 15 EStG) eine Differenzinvestition in der Form einer *positiven Finanzinvestition* oder eines *Abbaus von Verbindlichkeiten*, bei denen es nicht zu einer *Hinzurechnung* nach § 8 Nr. 1 Buchstabe a GewStG kommt, so entstehen Supplementzinserträge bzw. es verringern sich die Zinsaufwendungen in gleicher Weise wie in Gleichung (95) dargestellt. Die Supplementerträge ($I_0 \cdot i_b$) unterliegen aber nunmehr nicht der Körperschaftsteuer, sondern der Einkommensteuer des (Mit-)Unternehmers. Hierbei sind in dem anzuwendenden Steuersatz s_e ggf. die Zuschlagsteuern (Kirchensteuer, Solidaritätszuschlag) in der aus den Gleichungen (17) bzw. (20) bekannten Weise zu berücksichtigen. Zur Klarstellung wird dieser Steuersatz hier mit $s_{e\S32a}$ bezeichnet. Ein weiterer Unterschied im Vergleich zu den Wirkungen bei Kapitalgesellschaften ergibt sich dadurch, dass Gewerbesteuer i. H. d. Faktors α multipliziert mit dem Steuermessbetrag bzw. (bei Hebesätzen < 380 %) in Höhe der tatsächlich entrichteten Gewerbesteuer nach § 35 EStG auf die Einkommensteuer des (Mit-)Unternehmers anzurechnen ist. Beides wird in dem kombinierten Steuersatz berücksichtigt, der mit E i. S. v. Gleichung (II) verknüpft ist. Die Supplementerträge des Jahres 1 ($I_0 \cdot i_b$) haben somit die Wirkung von E i. S. v. Gleichung (II). Hieraus ergibt sich eine Steuerbelastung des Personenunternehmens einschließlich derjenigen seines (Mit)Unternehmers (S_{persu/zi_1}) i. H. v.:

$$S_{persu/zi_1} = I_0 \cdot i_b \cdot \left[s_{e\S32a} + m_e \cdot h - \alpha \cdot m_e \cdot (1 + s_{olz})\right]. \qquad (105)$$

Diese Steuerbelastung wird in gleicher Weise wie in Gleichung (98) dargestellt, von den Bruttosupplementerträgen ($I_0 \cdot i_b$) abgezogen. Es kann dann in gleicher Weise, wie in Gleichung (100) aufgezeigt, der Nettozinssatz ($i_{n/persu/zi}$) ermittelt werden. Dieser beträgt:

$$i_{n/persu/zi} = \left[1 - s_{e\S32a} - m_e \cdot h + \alpha \cdot m_e \cdot (1 + s_{olz})\right] \cdot i_b. \qquad (106)$$

Tätigt ein Personenunternehmen Differenzinvestitionen in der Form eines *Abbaus von Schulden*, so haben die fortfallenden *Zinsaufwendungen* die Wirkung fortfallender Betriebsausgaben und damit die Wirkungen von E i. S. v. Gleichung (II). Außerdem können die fortfallenden Zinsen einen Fortfall von Hinzurechnungen nach § 8 Nr. 1 Buchstabe a GewStG bewirken. In Höhe von maximal einem Viertel (β) der Zinsen entfällt dann H_{ge} i. S. v. Gleichung (II). Insgesamt hat die Differenzinvestition I_0 also in diesem Fall folgende Steuerwirkungen ($S_{persu/zi\S8,1}$):

$$\begin{aligned} S_{persu/zi\S8,1} = {} & I_0 \cdot i_b \cdot \left[s_{e\S32a} + m_e \cdot h - \alpha \cdot m_e \cdot (1 + s_{olz})\right] \\ & - \beta \cdot I_0 \cdot i_b \cdot m_e \cdot \left[h - \alpha \cdot (1 + s_{olz})\right]. \end{aligned} \qquad (107)$$

Auch in dieser Gleichung gibt β den Faktor an, mit dem Zinsen nach § 8 Nr. 1 Buchstabe a GewStG hinzugerechnet werden.

Gleichung (107) kann transformiert werden zu:

$$S_{persu/zi\S8,1} = I_0 \cdot i_b \cdot \{s_{e\S32a} + m_e \cdot [h \cdot (1-\beta) - \alpha \cdot (1+s_{olz}) \cdot (1-\beta)]\}. \tag{108}$$

Die Nettozinsen des Personenunternehmens im Falle einer Investition im Bereich des § 8 Nr. 1 Buchstabe a GewStG ($Z_{i/persu/\S8,1}$) ergeben sich aus den Bruttozinsen ($I_0 \cdot i_b$) durch Abzug der darauf lastenden Steuerbelastung gem. Gleichung (108). Sie betragen:

$$Z_{i/persu/\S8,1} = I_0 \cdot i_b \cdot \{1 - s_{e\S32a} - m_e \cdot [h \cdot (1-\beta) - \alpha \cdot (1+s_{olz}) \cdot (1-\beta)]\}. \tag{109}$$

In dieser Gleichung stellt das Produkt aus dem Klammerausdruck und dem Bruttozinssatz den Nettozinssatz ($i_{n/persu/\S8,1}$) dar. Dieser beträgt also:

$$i_{n/persu/\S8,1} = \{1 - s_{e\S32a} - m_e \cdot [h \cdot (1-\beta) - \alpha \cdot (1+s_{olz}) \cdot (1-\beta)]\} \cdot i_b. \tag{110}$$

Wird in Gleichung (110) $\beta = 0$ gesetzt, d. h. findet keine Hinzurechnung von Zinsen statt, so erhält die rechte Seite der Gleichung (110) die gleiche Gestalt wie die bereits bekannte Gleichung (106):

$$i_{n/persu/zi} = \left[1 - s_{e\S32a} - m_e \cdot h + \alpha \cdot m_e \cdot (1+s_{olz})\right] \cdot i_b. \tag{106}$$

Dieser Zusammenhang zeigt, dass Gleichung (106) als Spezialfall zu Gleichung (110) aufgefasst werden kann, als ein Fall, in dem der Faktor der Hinzurechnung von Zinsen zum Gewerbeertrag 0 % beträgt. Damit kann Gleichung (110) – unter Verzicht auf eine Kennzeichnung der Zinsen mit „$/_{\S8,1}$“ – auch als allgemeine Form der Nettozinsen im Falle von Personenunternehmen formuliert werden. Sie lautet:

$$i_{n/persu} = \{1 - s_{e\S32a} - m_e \cdot [h \cdot (1-\beta) - \alpha \cdot (1+s_{olz}) \cdot (1-\beta)]\} \cdot i_b. \tag{X}$$

Die bisherigen Ausführungen zeigen, dass die Zusammenhänge bei der Besteuerung von Zinsen im gewerblichen Bereich von Personenunternehmen äußerst komplex sind. Die Komplexität steht aber ausschließlich mit der Gewerbesteuer im Zusammenhang. Wie in Gliederungspunkt 4.2.3 (S. 61) gezeigt worden ist, heben sich die einzelnen Wirkungen bei Hebesätzen von bis zu rd. 401 % aber i. d. R. gegenseitig auf. Dies gilt zumindest für den Fall gewerblicher Einzelunternehmen. Bei gewerblichen Personengesellschaften kann vielfach wenigstens näherungsweise davon ausgegangen werden, dass sich die

Wirkungen gegenseitig aufheben. Liegt der Gewerbesteuerhebesatz über 401 %, so ist zwar die Gewerbesteuerbelastung größer als die Anrechnung von Gewerbesteuer auf die Einkommensteuer (und ggf. den Solidaritätszuschlag), näherungsweise dürfte es aber auch in derartigen Fällen häufig vertretbar sein, davon auszugehen, dass sich die Wirkungen gegenseitig aufheben.

Heben sich die Wirkungen der Gewerbesteuer und deren Anrechnung in pauschaler Form gegenseitig auf oder wird es für vertretbar gehalten, hiervon im Rahmen einer konkreten Steuerplanung näherungsweise auszugehen, so vereinfacht sich Gleichung (X) deutlich. In diesem Fall nimmt nämlich der mit m_e verknüpfte Term den Wert 0 an. Gleichung (X) wird dann zu:

$$i_{n/persu} = (1 - s_{e\S 32a}) \cdot i_b. \tag{XI}$$

6.3.2.3 Nettozinssätze in anderen Fällen der Anwendung des § 32a EStG

Werden von natürlichen Personen Supplementinvestitionen in der Form eines *Aufbaus von positiven Finanzinvestitionen* (Aufbau von Guthaben) außerhalb des gewerblichen Bereichs getätigt, so unterliegen die Zinserträge nur der Einkommensteuer und den auf diese erhobenen Zuschlagsteuern. Die Zinserträge können hierbei im Rahmen der Einkünfte aus

- Land- und Forstwirtschaft (§ 13 EStG),
- selbständiger Arbeit (§ 18 EStG),
- Kapitalvermögen (§ 20 EStG) und
- Vermietung und Verpachtung (§ 21 EStG)

anfallen. Auf Zinserträge im Rahmen der Einkünfte aus Kapitalvermögen ist § 32a EStG, dessen Anwendung in diesem Gliederungspunkt vorausgesetzt wird, aber nur dann tatsächlich anzuwenden, wenn die Steuerschuld nicht nach § 32d Abs. 1 i. V. m. § 43 Abs. 5 EStG mit der Erhebung von Kapitalertragsteuer abgegolten ist.

Erfolgen die Supplementinvestitionen in der Form eines *Abbaus von Verbindlichkeiten*, so führen die ersparten Zinsaufwendungen vielfach zu einer Erhöhung der Einkünfte aus einer der soeben genannten Einkunftsarten. Diese zusätzlichen Einkünfte werden dann grundsätzlich ebenfalls mit Einkommensteuer und deren Zuschlagsteuern – und zwar nur mit diesen Steuern belastet. Die Wirkungen sind also grundsätzlich die gleichen wie in den Fällen der zuerst genannten Zinserträge.

Stehen *Zinsaufwendungen mit keiner Einkunftsart im Zusammenhang*, so berührt ihr Fortfall nicht die Höhe des zu versteuernden Einkommens. Mathematisch kann dies am einfachsten dadurch ausgedrückt werden, dass dem Einkommensteuersatz der Wert Null zugeordnet wird.

Auch in den hier behandelten Fällen erhöht sich das zu Beginn eines Jahres vorhandene Supplementvermögen um die Bruttozinseinnahmen bzw. die verhinderten Bruttozinsausgaben und vermindert sich um die Steuern, die auf die

Zinsen der Supplementinvestition entfallen. Diese Zusammenhänge können unverändert in der in Gleichung (97) wiedergegebenen Form dargestellt werden, wobei lediglich S_{kap/zi_1} durch $S_{nat/zi1}$ zu ersetzen ist. Die Gleichung lautet dann:

$$I_1 = I_0 + Z_{i1} - S_{nat/zi1}. \tag{111}$$

Im Gegensatz zu Zinsen im gewerblichen Bereich haben Zinsen hier – wie soeben dargestellt – lediglich Einfluss auf die Höhe des zu versteuernden Einkommens, nicht hingegen des Gewerbeertrags. Sie stellen also E_e i. S. v. Gleichung (I) bzw. (II) dar. Eine Supplementinvestition und die darauf entfallenden Zinsen verursachen somit folgende Steuerwirkungen:

$$S_{nat/zi1} = I_0 \cdot i_b \cdot s_{e§32a}. \tag{112}$$

Das am Ende des Jahres 0 vorhandene Supplementvermögen (I_0) steigt somit bis zum Ende des Jahres 1 an auf:

$$I_1 = I_0 + I_0 \cdot i_b - I_0 \cdot i_b \cdot s_{e§32a}. \tag{113}$$

Gleichung (113) kann umgeformt werden zu:

$$I_1 = I_0 + I_0 \cdot i_b \cdot (1 - s_{e§32a}). \tag{114}$$

Auch hier stellen die beiden letzten Faktoren im zweiten Summanden der Gleichung den Nettozinssatz dar. Dies ergibt sich durch einen Vergleich der Gleichung (114) mit Gleichung (113). Die Nettoverzinsung beträgt also:

$$i_{n/nat} = (1 - s_{e§32a}) \cdot i_b. \tag{XII}$$

Diese Gleichung ist für einen Spezialfall im gewerblichen Bereich bereits am Schluss des letzten Gliederungspunktes abgeleitet worden.

Das gleiche Ergebnis, wie soeben abgeleitet, ergibt sich auch dann, wenn in der weiter oben abgeleiteten Gleichung (X) $m_e = 0$ gesetzt wird.

6.3.3 Nettozinssatz bei Anwendung des gesonderten Steuersatzes des § 32d EStG

Der gesonderte Steuersatz des § 32d Abs. 1 EStG kann nach dieser Rechtsnorm nur auf Einkünfte aus Kapitalvermögen angewendet werden. Weitere Voraussetzungen sind, dass seine Anwendung nicht nach § 32d Abs. 2 EStG ausgeschlossen ist und der Steuerpflichtige keinen Antrag auf Einbeziehung der Einkünfte in die Veranlagung gestellt hat.

Ein Ausschluss der Anwendung des gesonderten Steuersatzes nach § 32d Abs. 1 EStG ergibt sich insbesondere in folgenden beiden Fällen (§ 32d Abs. 2 EStG):

- Gläubiger und Schuldner der Zinsen sind einander nahestehende Personen.[52]

- Die Zinsen werden von einer Kapitalgesellschaft geschuldet und der Empfänger der Zinsen, oder eine diesem nahe stehende Person, ist an der Kapitalgesellschaft zu mindestens 10 % beteiligt.

Kommt es zur Anwendung des gesonderten Steuersatzes des § 32d EStG, so ist die entstehende Steuerschuld nach § 43 EStG in Form der Kapitalertragsteuer zu erheben und an das Finanzamt abzuführen. Mit der Kapitalertragsteuer gilt die Steuerschuld des Zinsempfängers gem. § 43 Abs. 5 EStG als abgegolten. Dies bedeutet, dass der Schuldner der Zinsen zwar die Steuerschuld einzubehalten und zu entrichten hat, dass Steuerschuldner aber der Zinsempfänger ist. Bei dem Kapitalertragsteuersatz handelt es sich somit um eine spezielle Ausprägung des Einkommensteuersatzes s_{ei}. Der Steuersatz in diesen Fällen ($s_{ei\S32d}$) beträgt also stets 25 % (Rechtsstand im Frühjahr des Jahres 2020). Hinzu kommt nach § 1 i. V. m. § 3 Abs. 1 und § 4 SolZG ein 5,5 %iger Solidaritätszuschlag, so dass ein kombinierter Einkommensteuer- und Solidaritätszuschlagsatz i. H. v. [25 % · (1 + 5,5 %) =] 26,375 % entsteht. Zu beachten ist, dass nach dem derzeitigen Rechtsstand der auf die Abgeltungsteuer entfallende Solidaritätszuschlag nicht ab 2021 wegfällt und auch nicht gesenkt wird.

Unterliegt der Steuerpflichtige der Kirchensteuer, so ist diese nach § 32d Abs. 1 Sätze 3 und 4 EStG – und zwar unter Beachtung der Abzugsfähigkeit der Kirchensteuer als Sonderausgabe – ebenfalls zu berücksichtigen. Wie bereits an früherer Stelle dargestellt, führt die gesetzliche Regelung des § 32d Abs. 1 Sätze 3 und 4 EStG zu dem gleichen Ergebnis wie die Anwendung der in Gliederungspunkt 3.2.3 (S. 22) abgeleiteten Gleichung (20).[53] Damit kann der Zusammenhang zwischen dem „reinen" Einkommensteuersatz $s_{ei\S32d}$ und dem kombinierten Einkommen-, Kirchensteuer- und Solidaritätszuschlagsatz Gleichung (20) in Gliederungspunkt 3.2.3.1 (S. 22) entnommen werden. Durch Einsetzen der konkreten Steuersätze von

- $s_{ei\S32d} = 0{,}25$,
- $s_{olz} = 0{,}055$ und
- $s_{ki} = 0{,}09$

ergibt sich der kombinierte Einkommen-, Kirchensteuer- und Solidaritätszuschlagsatz $s_{e\S32d}$ gem. § 32d EStG wie folgt:

$$s_{e\S32d} = \frac{0{,}25 \cdot (1 + 0{,}055 + 0{,}09)}{1 + 0{,}09 \cdot 0{,}25}.$$

Dies ergibt:

$s_{e\S32d} = 0{,}27995$.

[52] Zum Begriff der nahestehenden Person i. S. d. § 32d Abs. 2 EStG s. BMF-Schreiben vom 18.1.2016, IV C 1 – S 2252/08/10004 :017, BStBl I 2016, S. 85, Tz. 136.

[53] Vgl. Gliederungspunkt 3.2.7 (S. 39).

Bei einem 9 %igen Kirchensteuersatz beträgt der kombinierte gesonderte Steuersatz also 27,995 %. Bei Anwendung eines lediglich 8 %igen Kirchensteuersatzes ermäßigt sich der kombinierte Steuersatz geringfügig auf 27,819 %.

Der Nettozinssatz bei Anwendung des gesonderten Steuersatzes kann als Unterfall des sich aus Gleichung (XI) für die Supplementinvestitionen natürlicher Personen ergebenden Nettozinssatzes dargestellt werden. Er beträgt demnach:

$$i_{n/nat\S32d} = i_b \cdot (1 - s_{e\S32d}). \tag{115}$$

In Gleichung (115) gibt $i_{n/nat\S32d}$ den zu ermittelnden Nettozinssatz und $s_{e\S32d}$ den kombinierten Einkommen-, Kirchensteuer- und Solidaritätszuschlagsatz bei Anwendung des sich aus § 32d Abs. 1 EStG ergebenden gesonderten Tarifs an.

6.3.4 Zusammenfassung der Ergebnisse

Die Untersuchung zu den Nettozinssätzen von Supplementinvestitionen, die von natürlichen Personen und Personenunternehmen durchgeführt werden, haben Folgendes ergeben:

1. Außerhalb des gewerblichen Bereichs wird der Bruttozinssatz i_b stets nur durch den kombinierten Einkommen-, Kirchensteuer- und Solidaritätszuschlagsatz gemindert. Der Nettozinssatz i_n kann dann jeweils anhand folgender einfacher Formel ermittelt werden: $i_n = i_b \cdot (1 - s_e)$. Hierbei handelt es sich bei s_e, je nach Fallgruppe, entweder um $s_{e\S32a}$ oder um $s_{e\S32d}$.

2. Innerhalb des gewerblichen Bereichs sind die Zusammenhänge zwischen Brutto- und Nettozinssätzen aufgrund der gewerbesteuerlichen Effekte wesentlich komplizierter als außerhalb. Dies gilt insbesondere dann, wenn es zu einer Hinzurechnung von Zinsen zum Gewerbeertrag gem. § 8 Nr. 1 Buchstabe a GewStG kommt. Sofern der Gewerbesteuerhebesatz nicht mehr als 401 % beträgt, heben sich die gewerbesteuerlichen Effekte und die Anrechnung von Gewerbesteuer auf die Einkommensteuer der (Mit-)Unternehmer allerdings regelmäßig vollständig oder doch weitgehend gegenseitig auf. In derartigen Fällen kann deshalb für steuerplanerische Zwecke auf die unter 1. dargestellte Formel zurückgegriffen werden.

6.4 Ermittlung von konkreten Nettozinssätzen auf nichtmathematischem Wege

Bisher sind Nettozinssätze formelmäßig abgeleitet worden. Dies ist aber nicht zwingend. Vielmehr lässt sich im konkreten Einzelfall ein Nettozinssatz auch dadurch bestimmen, dass von dem Bruttozinssatz die auf die Erträge der Finanzinvestition entfallenden Steuerbelastungen abgezogen werden. Die Zusammenhänge sollen anhand eines Beispiels verdeutlicht werden:

Beispiel

Der Gesellschafter-Geschäftsführer G der X-GmbH beabsichtigt zum Ende des Jahres 1 für ein Jahr 100 T€ auf einem betrieblichen Festgeldkonto anzulegen. Er rechnet mit einer Verzinsung dieses Guthabens i. H. d. Bruttozinssatzes i_b p. a. Für das Jahr 2 geht er von folgenden steuerlichen Bemessungsgrundlagen aus: Gewerbeertrag 2 Mio €, zu versteuerndes Einkommen 900 T€. Der Körperschaftsteuersatz beträgt 15 %, der Gewerbesteuerhebesatz 440 %. Solidaritätszuschlag wird i. H. v. 5,5 % erhoben. Es ist der Nettozinssatz i_n zu ermitteln.

Der Nettozinssatz der sich aus dem Festgeldkonto ergebenden Zinserträge lässt sich wie folgt ermitteln:

Bruttozinssatz	i_b
Gewerbesteuer (3,5 % · 440 % · i_b =)	-15,4 % · i_b
Körperschaftsteuer (15 % · i_b =)	-15,0 % · i_b
Solidaritätszuschlag auf die Körperschaftsteuer (5,5 % · 15 % · i_b =)	-0,8 % · i_b
= Nettozinssatz i_n	68,8 % · i_b

Der Nettozinssatz i_n beträgt in diesem Beispiel also 68,8 % des Bruttozinssatzes.

Eine etwas andere Darstellungsweise ergibt sich, wenn die Supplementinvestition die Form der Minderung von Schulden hat und dies durch fortfallende Zinsen nach § 8 Nr. 1 Buchstabe a GewStG i. H. v. 25 % zu einer Minderung der Hinzurechnung führt. Auch dies soll anhand eines Beispiels dargestellt werden.

Beispiel

Es handelt sich um das gleiche Beispiel wie das zuletzt behandelte mit der Abweichung, dass die Supplementinvestitionen in der Form eines Abbaus von Schulden erfolgen. Die auf die Schulden entfallenden Schuldzinsen werden nach § 8 Nr. 1 Buchstabe a GewStG zu 25 % dem Gewinn aus Gewerbebetrieb zur Ermittlung des Gewerbeertrags hinzugerechnet.

Es ergibt sich Folgendes:

Bruttozinssatz	i_b	i_b
fortfallende Hinzurechnung von Schuldzinsen	-25 % · i_b	
Änderung des Gewerbeertrags	75 % · i_b	
Gewerbesteuer (3,5 % · 440 % · 75 % · i_b =)		-11,6 % · i_b
Körperschaftsteuer (15 % · i_b =)		-15,0 % · i_b
Solidaritätszuschlag auf die Körperschaftsteuer (5,5 % · 15 % · i_b =)		-0,8 % · i_b
Nettozinssatz		72,6 % · i_b

Der Nettozinssatz i_n beträgt in diesem Beispiel also 72,6 % des Bruttozinssatzes i_b.

Deutlich komplizierter als bei Kapitalgesellschaften sind die Zusammenhänge zur Ermittlung von Nettozinssätzen bei Personenunternehmen. Dies liegt

– wie bereits weiter oben ausgeführt – zum einen an der Anrechnung von Gewerbesteuer auf die Einkommensteuer des (Mit-)Unternehmers, zum anderen an der Abzugsfähigkeit der Kirchensteuer als Sonderausgabe. Diese Abzugsfähigkeit lässt sich ohne großen Rechenaufwand nur lösen, wenn insoweit doch auf eine formelmäßige Ermittlung, und zwar durch Anwendung der Gleichung (17) bzw. (20) aus Gliederungspunkt 3.2.3.1 (S. 22) zurückgegriffen wird. Auch diese Zusammenhänge sollen wiederum anhand eines Beispiels verdeutlicht werden.

Beispiel

Einzelunternehmer E beabsichtigt zum Ende des Jahres 1 100 T€ auf einem betrieblichen Festgeldkonto anzulegen. Er rechnet mit einer Verzinsung dieses Guthabens mit einem Zinssatz von i_b. Für das Jahr 2 geht er von folgenden steuerlichen Bemessungsgrundlagen aus: Gewerbeertrag 1 Mio €, zu versteuerndes Einkommen 900 T€. Der Gewerbesteuerhebesatz beträgt 440 %, der Spitzensteuersatz der Einkommensteuer 45 %. E ist evangelisch. Der Kirchensteuersatz beträgt 9 %. Es wird ein Solidaritätszuschlag i. H. v. 5,5 % erhoben.

Der Nettozinssatz der sich aus dem Festgeldkonto ergebenden Zinserträge lässt sich wie folgt ermitteln:

Bruttozinssatz	i_b
Gewerbesteuer (3,5 % · 440 % · i_b =)	-15,4 % · i_b
Kombinierte Einkommen- und Kirchensteuer plus Solidaritätszuschlag gem. Gleichung (20) ($\frac{0{,}45 \cdot (1+0{,}055+0{,}09)}{1+0{,}09 \cdot 0{,}45} \cdot i_b =$)	-49,5 % · i_b
verbleiben vor Anrechnung gem. § 35 EStG	35,1 % · i_b
Anrechnung gem. § 35 EStG (3,5 % · 380 % · i_b =)	+13,3 % · i_b
Verringerung des Solidaritätszuschlags (5,5 % · 13,3 % · i_b =)	+0,7 % · i_b
Nettozinssatz i_n	49,1 % · i_b

Aus einem Bruttozinssatz von i_b wird also im konkreten Fall ein Nettozinssatz von lediglich 49,1 % des Bruttozinssatzes. Wird der Nettozinssatz zu Kontrollzwecken nach Gleichung (106) ermittelt, so ergibt sich ein Nettozinssatz von ebenfalls [(1 - 49,5 % - 3,5 % · 440 % + 380 % · 3,5 % · (1 + 5,5 %)) · i_b =] 49,1 % · i_b. Werden hingegen aus Vereinfachungsgründen die Wirkungen der Gewerbesteuer und ihrer pauschalen Anrechnung auf die Einkommensteuer vernachlässigt, so kann der Nettozinssatz nach Gleichung (XI) ermittelt werden. Er beträgt dann [(1 - 49,5 %) · i_b =] 50,5 % · i_b. Er ist somit geringfügig, d. h. um (50,5 % - 49,1 % =) 1,4 % des Bruttozinssatzes, größer als bei einer exakten Ermittlung.

6.5 Aufgabe 7

7. Durch die Vornahme einer Sonderabschreibung auf ein Betriebsgebäude kann in den Fällen a) und b) im Jahre 1 jeweils eine Steuerersparnis von 100.000 € erzielt werden. Wird von dieser Möglichkeit Gebrauch gemacht, so kommt es zum 1.1. des Jahres 2 jeweils zu einer Supplementinvestition in Höhe dieser Steuerersparnis. Die Fälle a) und b) sind wie folgt gekennzeichnet:

a) Die Sonderabschreibung und die Supplementinvestitionen erfolgen in der X-GmbH, wobei die Supplementinvestitionen in einem Abbau der Schulden bestehen. Für diese wird mit einem Bruttozinssatz von 4 % p. a. gerechnet. Ohne Berücksichtigung der Supplementerträge erwartet der Geschäftsführer G für die X-GmbH einen Gewerbeertrag von 420.000 € und ein zu versteuerndes Einkommen von 320.000 €. Die Verringerung der Zinsen führt i. H. v. 25 % zu einer Verringerung der Hinzurechnung gem. § 8 Nr. 1 Buchstabe a GewStG. Der Gewerbesteuerhebesatz für das Jahr 2 beträgt 360 %.

b) Die Sonderabschreibung und die Supplementinvestitionen erfolgen in dem Unternehmen des Einzelunternehmers Werner Müller (M). Die Supplementinvestition hat die Form einer positiven Finanzinvestition mit einem Bruttozinssatz von 2 % p. a. Für das Jahr 2 erwartet M ohne Berücksichtigung der Supplementerträge einen Gewerbeertrag von 420.000 € und ein aus gewerblichen Einkünften bestehendes zu versteuerndes Einkommen von 320.000 €. Der Gewerbesteuerhebesatz für das Jahr 2 beträgt 480 %. M ist evangelisch und ledig. Der Kirchensteuersatz beträgt 9 %.

Es sind die Nettozinssätze zu ermitteln. Es ist von dem für das Jahr 2021 geltenden Recht (nach dem Rechtsstand im Frühjahr 2020) auszugehen.

6.6 Einflussfaktoren auf die Höhe der Nettozinssätze

6.6.1 Einführung

Die Gleichungen (IX), (X) und (XI) weisen die Einflussfaktoren aus, von denen die Höhe der Nettokalkulationszinssätze abhängt. Wie bereits ausgeführt, gilt Gleichung (IX) für Kapitalgesellschaften, die Gleichungen (X) und (XI) gelten für natürliche Personen. Einflussfaktor ist in allen Fällen der Bruttozinssatz i_b. Die übrigen Einflussfaktoren auf die Höhe des Nettozinssatzes hingegen weichen in den Gleichungen (IX), (X) und (XI) voneinander ab. Nachfolgend sollen die Einflussfaktoren näher betrachtet werden. Da die Zusammenhänge bei natürlichen Personen wegen des progressiven Einkommensteuertarifs, wegen der Kirchensteuer und wegen der notwendigen Unterscheidung zwischen Zinsen im gewerblichen und im nichtgewerblichen Bereich komplexer sind als bei Kapitalgesellschaften, sollen zunächst die Einflussfaktoren bei Kapitalgesellschaften betrachtet werden. Anschließend werden dann die Einflussfaktoren auf die Nettozinssätze bei natürlichen Personen behandelt.

6.6.2 Untersuchung für Kapitalgesellschaften

Wie sich aus Gleichung (IX) ergibt, hängt die Höhe der Nettozinssätze bei Kapitalgesellschaften von

- der Höhe des Bruttozinssatzes i_b,
- der Höhe des Körperschaftsteuersatzes bzw. des kombinierten Körperschaftsteuer- und Solidaritätszuschlagsatzes s_k,

- der Höhe des Gewerbesteuersatzes $s_{ge} = m_e \cdot$ h und
- dem Umstand ab, ob die Zinsen zu einer (teilweisen) Hinzurechnung nach § 8 Nr. 1 Buchstabe a GewStG führen oder nicht, d. h. davon, welchen Wert β annimmt.

Aus Gleichung (IX) ist ersichtlich, dass zwischen dem Nettozinssatz $i_{n/kap}$ und den diesen bestimmenden Einflussfaktoren ausschließlich lineare Zusammenhänge bestehen. Dieser Umstand ermöglicht es – c. p. –, das Verhältnis der Nettoverzinsung unabhängig von der konkreten Höhe des Bruttozinssatzes zu ermitteln. Dies ist in Abbildung 6.2 auf der nächsten Seite geschehen.

Abbildung 6.2 enthält in Spalte 1 drei unterschiedliche Gewerbesteuersätze, und zwar i. H. v. 10,5 % (Zeilen 1 und 4), 14 % (Zeilen 2 und 5) und 17,5 % (Zeilen 3 und 6). Dies entspricht Gewerbesteuerhebesätzen von 300 %, 400 % und 500 %. Damit wird das gängige Spektrum der Hebesätze abgedeckt. Bei allen drei Gewerbesteuersätzen wird jeweils zwischen dem Fall $\beta = 0$ (Zeilen 1 bis 3) und $\beta = 0{,}25$ (Zeilen 4 bis 6) unterschieden. Es sei daran erinnert, dass $\beta = 0$ kennzeichnet, dass es nicht zu einer Hinzurechnung der Zinsen zum Gewerbeertrag nach § 8 Nr. 1 Buchstabe a GewStG kommt. $\beta = 0{,}25$ hingegen gibt an, dass in Höhe von 25 % der Zinsen eine Hinzurechnung nach § 8 Nr. 1 Buchstabe a GewStG vorzunehmen ist.

Die Spalten 2 bis 7 enthalten jeweils im Kopf unterschiedliche Körperschaftsteuer- ($s_{kö}$) und Solidaritätszuschlagsätze (s_{olz}). Die Körperschaftsteuersätze betragen in den Spalten 2 und 3 jeweils 15 % und in den Spalten 4 und 5 30 %. Ein Körperschaftsteuersatz von 15 % entspricht der seit Veranlagungszeitraum 2008 geltenden Fassung des § 23 Abs. 1 KStG, ein Körperschaftsteuersatz von 30 % kommt nach derzeitigem Recht nicht vor. In den Spalten 6 und 7 wird jeweils von einem Körperschaftsteuersatz von 10 % ausgegangen. Dies ist ein Steuersatz, von dem erwartet werden kann, dass er nach Abschluss der neuesten weltweiten Runde der Absenkung von Körperschaftsteuersätzen in einigen Jahren gesetzlich verankert sein wird. In den Spalten 2, 4 und 6 wird jeweils kein Solidaritätszuschlag berücksichtigt ($s_{olz} = 0$), in den Spalten 3, 5 und 7 hingegen ist jeweils ein Solidaritätszuschlag von 5,5 % erfasst.

Der Anteil der Nettozinsen an den Bruttozinsen sinkt sowohl mit steigendem Körperschaft- als auch mit steigendem Gewerbesteuersatz. Außerdem ist er bei einer vollen Versteuerung mit Gewerbesteuer niedriger als bei einer nur 75 %igen, wie sie im Falle der Hinzurechnung nach § 8 Nr. 1 Buchstabe a GewStG stattfindet. Es unterscheiden sich – c. p. – die Werte für $\beta = 0$ und $\beta = 0{,}25$ voneinander. Die Werte für $\beta = 0$ sind niedriger als die Werte für $\beta = 0{,}25$. In Abbildung 6.2 zeigen sich diese Zusammenhänge darin, dass sich die höchste Nettoverzinsung dieser Tabelle bei h = 300 % ($s_{ge} = 10{,}5\,\%$), $\beta = 0{,}25$, $s_{kö} = 10\,\%$ und $s_{olz} = 0\,\%$ (Spalte 6, Zeile 4), die niedrigste hingegen bei h = 500 % ($s_{ge} = 17{,}5\,\%$), $\beta = 0$, $s_{kö} = 30\,\%$ und $s_{olz} = 5{,}5\,\%$ (Spalte 5, Zeile 3) befindet.

In *Abbildung 6.3 (S. 101)* sind für zwei unterschiedliche Konstellationen steuerlicher Einflussfaktoren Nettozinssätze in Abhängigkeit von den Bruttozinssätzen dargestellt. Da – wie aus Gleichung (IX) ersichtlich – ausschließlich lineare Zusammenhänge vorliegen, erfolgt die Abbildung in zwei Geraden. Die obere von ihnen ist durch $s_{kö} = 0$ und $s_{ge} = 0$ bestimmt. Die Zinsen werden hier also weder mit Körperschaft- noch mit Gewerbesteuer belastet. Die untere

Zeile	Gewerbesteuerliche Variable	Nettozinssätze $i_{n/kap}$ im Verhältnis zu den Bruttozinssätzen i_b ($i_{n/kap} : i_b$) bei Kapitalgesellschaften					
	Spalte 1	Spalte 2	Spalte 3	Spalte 4	Spalte 5	Spalte 6	Spalte 7
		$s_{kö}$ = 15 % s_{olz} = 0 %	$s_{kö}$ = 15 % s_{olz} = 5,5 %	$s_{kö}$ = 30 % s_{olz} = 0 %	$s_{kö}$ = 30 % s_{olz} = 5,5 %	$s_{kö}$ = 10 % s_{olz} = 0 %	$s_{kö}$ = 10 % s_{olz} = 5,5 %
1	s_{ge} = 10,5 %, β = 0	74,50 %	73,68 %	59,50 %	57,85 %	79,50 %	78,95 %
2	s_{ge} = 14,0 %, β = 0	71,00 %	70,18 %	56,00 %	54,35 %	76,00 %	75,45 %
3	s_{ge} = 17,5 %, β = 0	67,50 %	66,68 %	52,50 %	50,85 %	72,50 %	71,95 %
4	s_{ge} = 10,5 %, β = 0,25	77,13 %	76,30 %	62,13 %	60,48 %	82,13 %	81,58 %
5	s_{ge} = 14,0 %, β = 0,25	74,50 %	73,68 %	59,50 %	57,85 %	79,50 %	78,95 %
6	s_{ge} = 17,5 %, β = 0,25	71,88 %	71,05 %	56,88 %	55,23 %	76,88 %	76,33 %

Abb. 6.2: Nettoverzinsung in % der Bruttoverzinsung bei Kapitalgesellschaften in Abhängigkeit von den Werten für $s_{kö}$, s_{olz}, s_{ge} und β

der beiden Geraden ist durch $s_{kö} = 15\,\%$, $s_{olz} = 5{,}5\,\%$, $s_{ge} = (3{,}5\,\% \cdot 500\,\% =)$ $17{,}5\,\%$ und $\beta = 0$ bestimmt. Die beiden Geraden markieren die bei vorgegebenen Bruttozinssätzen höchstmöglichen Nettozinssätze (Fall 1) sowie einen Fall sehr niedriger Nettozinssätze.

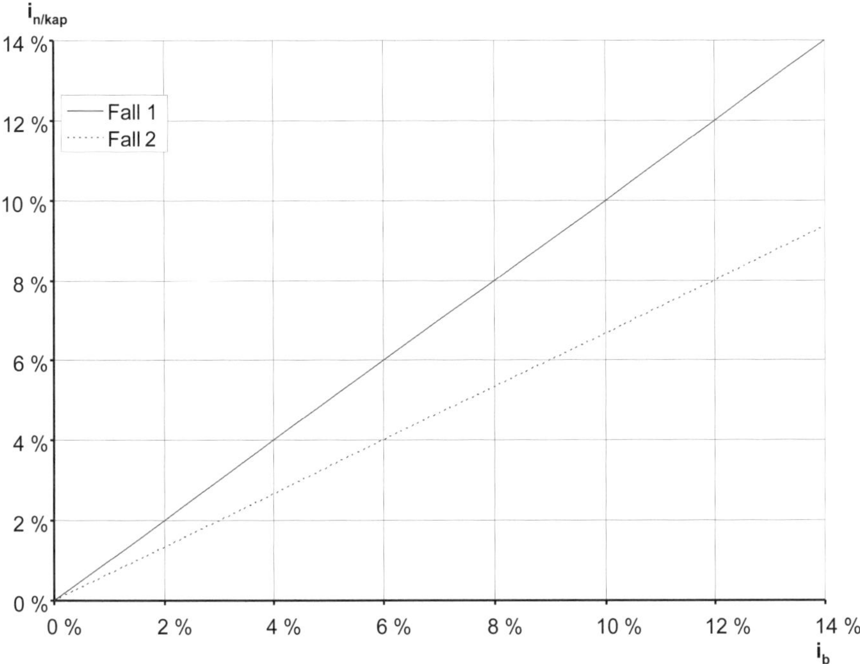

Abb. 6.3: Nettozinssätze in Abhängigkeit von der Höhe der Bruttozinssätze bei unterschiedlichen steuerlichen Einflussfaktoren nach geltendem Recht
Fall 1: Höchstmögliche Nettoverzinsung
Fall 2: Niedrige Nettoverzinsung bei Hebesatz von 500 %

6.6.3 Untersuchung für natürliche Personen

6.6.3.1 Übersicht über die Einflussfaktoren auf die Höhe der Nettozinssätze

Tätigt eine natürliche Person eine Finanzinvestition, so ist deren Nettoverzinsung außer von der Höhe des Bruttozinssatzes von folgenden steuerlichen Einflussfaktoren abhängig:

- dem Einkommensteuersatz s_{ei},
- dem Kirchensteuersatz s_{ki},
- dem Solidaritätszuschlagsatz s_{olz},
- der Gewerbesteuermesszahl m_e,
- dem Gewerbesteuerhebesatz h,
- dem Faktor der Hinzurechnung von Zinsen zum Gewerbeertrag β und

- dem Faktor α, d. h. dem Faktor, mit dem eine Anrechnung von Gewerbesteuer auf die Einkommensteuer stattfindet.

Nach derzeit geltendem Recht (Stand Frühjahr 2020) kann die Steuermesszahl entweder einen Wert von 3,5 % (bei Zinsen im Bereich gewerblicher Personenunternehmen) bzw. von 0 (in allen anderen Fällen, in denen natürliche Personen Zinsen vereinnahmen oder verausgaben) annehmen.

Die Zahl der Einflussfaktoren ist größer als die entsprechende im Falle einer von einer Kapitalgesellschaft getätigten Finanzinvestition. Bei Kapitalgesellschaften sind folgende Einflussfaktoren nicht vorhanden:

- der Kirchensteuersatz und
- der Faktor α.

Dem Einkommensteuersatz bei natürlichen Personen entspricht bei Kapitalgesellschaften der Körperschaftsteuersatz. Dieser kann nach geltendem Recht nur 15 % oder 0 % betragen. Der Einkommensteuersatz hingegen kann nach geltendem Recht beliebige Werte zwischen 0 % und 45 % annehmen. Dies gilt für die – für steuerplanerische Zwecke regelmäßig relevanten – Differenzsteuersätze.

In den folgenden Gliederungspunkten werden zunächst die Einkommen- und Kirchensteuersätze sowie der Solidaritätszuschlag variiert. Anschließend wird auf den Einfluss der Gewerbesteuermesszahl, des Gewerbesteuerhebesatzes und des Faktors β eingegangen. Letztlich werden unterschiedliche Werte für den Anrechnungsfaktor α berücksichtigt.

6.6.3.2 Einkommensteuersatz und Zuschlagsteuersätze

Abbildung 6.4 auf der gegenüberliegenden Seite enthält in den Spalten 2 bis 6 Nettozinssätze im Falle von Personenunternehmen in Abhängigkeit von der Höhe des Bruttozinssatzes einerseits und von den Einkommen-, Kirchensteuer- und Solidaritätszuschlagsätzen andererseits. Alle Werte sind aus Gleichung (X) ermittelt worden. Die in der Abbildung berücksichtigten unterschiedlichen Bruttozinssätze sind in Spalte 1 aufgeführt. Den Werten der Abbildung liegt grundsätzlich eine Gewerbesteuermesszahl von 3,5 % (m_e = 0,035), ein Hebesatz von 400 % (h = 4) und ein Anrechnungsfaktor von Gewerbesteuer auf die Einkommensteuer i. H. v. 3,8 (α = 3,8) zugrunde. Außerdem wird davon ausgegangen, dass die Zinsen nicht zu einer Hinzurechnung nach § 8 Nr. 1 Buchstabe a GewStG führen, d. h. es gilt $\beta = 0$.

In Spalte 2 der Abbildung 6.4 wird von einem Einkommensteuersatz von 0 % (s_{ei} = 0) ausgegangen. Hierdurch nehmen sowohl der Kirchensteuer- als auch der Solidaritätszuschlagsatz ebenfalls den Wert 0 an, d. h. es gilt s_{ki} = 0 und s_{olz} = 0. Es entsteht also weder Einkommensteuer noch Solidaritätszuschlag. Dies hat zur Folge, dass auch keine Gewerbesteuer auf die (nicht vorhandene) Einkommensteuer bzw. den Solidaritätszuschlag angerechnet werden kann. α ist also in Spalte 2 – abweichend von der Handhabung in den anderen Spalten – mit dem Wert Null anzusetzen. Die hier zugrunde gelegte Konstellation der steuerlichen Einflussfaktoren kennzeichnet solche Fälle, in denen der zu betrachtende Teil des Gewerbeertrags oberhalb des sich aus § 11 Abs. 1 GewStG ergebenden Freibetrags liegt, das zu versteuernde Einkommen des (Mit-)Unternehmers aber geringer ist als der Grundfreibetrag des Einkommensteuertarifs nach § 32a EStG.

Zeile	Brutto-zinssatz	Nettozinssätze $i_{n/persu}$				
	Spalte 1	Spalte 2	Spalte 3	Spalte 4	Spalte 5	Spalte 6
	i_b	s_{ei} = 0 % s_{ki} = 0 % s_{olz} = 0 %	s_{ei} = 42 % s_{ki} = 0 % s_{olz} = 0 %	s_{ei} = 45 % s_{ki} = 0 % s_{olz} = 0 %	s_{ei} = 42 % s_{ki} = 9 % s_{olz} = 0 %	s_{ei} = 42 % s_{ki} = 9 % s_{olz} = 5,5 %
1	0,5 %	0,43 %	0,29 %	0,27 %	0,28 %	0,27 %
2	2,0 %	1,72 %	1,15 %	1,09 %	1,10 %	1,07 %
3	4,0 %	3,44 %	2,29 %	2,17 %	2,21 %	2,15 %
4	6,0 %	5,16 %	3,44 %	3,26 %	3,31 %	3,22 %
5	8,0 %	6,88 %	4,58 %	4,34 %	4,41 %	4,30 %
6	10,0 %	8,60 %	5,73 %	5,43 %	5,52 %	5,37 %

* Allen Tabellenwerten liegt eine Steuermesszahl von 3,5 % (m_e = 0,035), ein Hebesatz von 400 % (h = 4) und ein Anrechnungsfaktor nach § 35 EStG von 3,8 (α = 3,8) zugrunde. Lediglich in Spalte 2 kommt es mangels einer Einkommensteuerbelastung nicht zu einer Anrechnung von Gewerbesteuer. Außerdem wird davon ausgegangen, dass die Zinsen nicht zu einer Hinzurechnung nach § 8 Nr. 1 Buchstabe a GewStG führen, d. h. es gilt β = 0.

*Abb. 6.4: Nettozinssätze bei Personenunternehmen $i_{n/persu}$ in Abhängigkeit vom Bruttozinssatz i_b und von dem Einkommen-, Kirchensteuer- und Solidaritätszuschlagsatz**

In den Spalten 3 bis 6 der Abbildung 6.4 wird jeweils von einem Grenz- bzw. Differenzsteuersatz der Einkommensteuer ausgegangen, und zwar in den Spalten 3, 5 und 6 von dem des unteren (s_{ei} = 0,42) und in Spalte 4 von dem des oberen Plafonds (s_{ei} = 0,45). In den Spalten 3 und 4 betragen sowohl der Kirchensteuer- als auch der Solidaritätszuschlagsatz jeweils 0 % ($s_{ki} = 0$, $s_{olz} = 0$). In Spalte 5 wird – unter Zugrundelegung des Einkommensteuersatzes des unteren Plafonds – eine 9 %ige Kirchensteuer (s_{ki} = 0,09) und in Spalte 6 zusätzlich ein 5,5 %iger Solidaritätszuschlag (s_{olz} = 0,055) berücksichtigt.

Abbildung 6.4 lässt erkennen, dass sowohl die Höhe des Bruttozinssatzes als auch die des Einkommensteuersatzes einen großen Einfluss auf die Höhe des Nettozinssatzes hat. Der Einfluss der Kirchensteuer und der des Solidaritätszuschlags hingegen ist gering.

6.6.3.3 Gewerbesteuerliche Einflüsse

Als gewerbesteuerliche Einflüsse auf die Höhe der Nettozinssätze kommen in Betracht:

- die Höhe der Steuermesszahl m_e,
- die Höhe des Gewerbesteuerhebesatzes h,

- die Hinzurechnung bzw. Nichthinzurechnung nach § 8 Nr. 1 Buchstabe a GewStG, gekennzeichnet durch den Faktor β.

In *Abbildung 6.5* sind für unterschiedliche Konstellationen von m_e, h und β Nettozinssätze zu den aus Spalte 1 ersichtlichen Bruttozinssätzen wiedergegeben. Alle Nettozinssätze sind aus Gleichung (X) ermittelt worden. Allen Tabellenwerten liegt der Einkommensteuersatz im unteren Plafond i. H. v. 42 % (s_{ei} = 0,42) zugrunde. Zuschlagsteuern sind in allen Fällen nicht berücksichtigt, d. h. es gilt stets $s_{ki} = 0$ und $s_{olz} = 0$. Außerdem wird in allen Fällen, in denen Gewerbesteuer entsteht, von einer pauschalen Anrechnung von Gewerbesteuer auf die Einkommensteuer i. H. d. 3,8fachen des Steuermessbetrages ausgegangen. Der Faktor α beträgt also maximal 3,8.

Die Werte der Spalten 2 bis 5 der Abbildung 6.5 beruhen auf einer Steuermesszahl von 3,5 %. Der hier betrachtete Teil des Gewerbeertrags liegt also oberhalb des Freibetrags des § 11 Abs. 1 GewStG. Die Spalten 2 bis 4 unterscheiden sich hinsichtlich der Höhe des Gewerbesteuerhebesatzes. Dieser beträgt in Spalte 2 stets 300 %, in Spalte 3 400 % und in Spalte 4 500 %. In allen drei Spalten findet keine Hinzurechnung von Zinsen zum Gewerbeertrag statt, d. h. es gilt $\beta = 0$. Spalte 5 entspricht der Spalte 3 mit der Ausnahme, dass nunmehr ein Viertel der Zinsen als Schuldzinsen dem Gewerbeertrag hinzugerechnet werden. Es gilt also $\beta = 0{,}25$.

Zeile	Brutto-zinssatz	Nettozinssätze $i_{n/persu}$ bzw. $i_{n/nat}$				
	Spalte 1	Spalte 2	Spalte 3	Spalte 4	Spalte 5	Spalte 6
	i_b	m_e = 3,5 % h = 300 % β = 0	m_e = 3,5 % h = 400 % β = 0	m_e = 3,5 % h = 500 % β = 0	m_e = 3,5 % h = 400 % β = 0,25	m_e = 0 % $h \geq$ 0 % $\beta \geq$ 0
1	0,5 %	0,29 %	0,29 %	0,27 %	0,29 %	0,29 %
2	2,0 %	1,16 %	1,15 %	1,08 %	1,15 %	1,16 %
3	4,0 %	2,32 %	2,29 %	2,15 %	2,30 %	2,32 %
4	6,0 %	3,48 %	3,44 %	3,23 %	3,45 %	3,48 %
5	8,0 %	4,64 %	4,58 %	4,30 %	4,60 %	4,64 %
6	10,0 %	5,80 %	5,73 %	5,38 %	5,75 %	5,80 %

* Allen Tabellenwerten liegt ein Einkommensteuersatz von 42 % (s_{ei} = 0,42), ein Kirchensteuersatz von 0 % (s_{ki} = 0) und ein Solidaritätszuschlagsatz von 0 % (s_{olz} = 0) zugrunde. Außerdem wird davon ausgegangen, dass der Faktor der Anrechnung von Gewerbesteuer auf die Einkommensteuer α bei h < 380 % dem Hebesatz h entspricht, bei höheren Hebesätzen hingegen stets 380 % beträgt.

*Abb. 6.5: Nettozinssätze natürlicher Personen ($i_{n/persu}$ bzw. $i_{n/nat}$) in Abhängigkeit vom Bruttozinssatz i_b und von den gewerbesteuerlichen Einflussfaktoren**

In Spalte 6 beträgt die Steuermesszahl 0 %. Dies kann bedeuten, dass die Zinsen außerhalb des gewerblichen Bereichs erzielt bzw. aufgewendet werden. Es kann aber auch bedeuten, dass es sich zwar um Zinsen im gewerblichen Bereich handelt, diese aber einem Teil des Gewerbeertrags zugeordnet werden, der innerhalb des Freibetrags des § 11 Abs. 1 GewStG liegt. Da bei $m_e = 0$ auf keinen Fall Gewerbesteuer anfällt, ist es ohne Bedeutung, ob der Hebesatz 0 % beträgt oder aber einen positiven Wert annimmt. Es gilt also h ≥ 0. Außerdem ist es irrelevant, ob eine Hinzurechnung von Zinsen als Dauerschuldzinsen stattfindet oder nicht. Es gilt also $\beta \geq 0$.

Bei einem Vergleich der Werte der Abbildung 6.5 auf der gegenüberliegenden Seite mit denen der Abbildung 6.4 (S. 103) zeigt sich, dass die in Abbildung 6.5 berücksichtigten Einflussfaktoren nur einen vergleichsweise geringen Einfluss auf die Höhe der Nettozinssätze haben.

6.6.3.4 Umfang der Anrechnung von Gewerbesteuer auf die Einkommensteuer

§ 35 EStG sieht grundsätzlich eine Anrechnung von Gewerbesteuer i. H. d. 3,8fachen des Gewerbesteuermessbetrages vor. Wie bereits ausgeführt,[54] ergibt sich hieraus aber keinesfalls stets ein Anrechnungsfaktor α von 3,8. Vielmehr kann α auch kleinere Werte annehmen. Diese können sich insbesondere für einzelne Mitunternehmer einer Mitunternehmerschaft ergeben.[55]

Abbildung 6.6 auf der nächsten Seite enthält in ihrer Spalte 1 die bereits aus der Abbildung 6.4 (S. 103) und der Abbildung 6.5 auf der gegenüberliegenden Seite bekannten Bruttozinssätze. Die Spalten 2 bis 6 enthalten in ihren jeweiligen Zeilen 1 bis 6 Nettozinssätze. Diese sind wiederum aus Gleichung (X) ermittelt worden. Allen Tabellenwerten liegt ein Einkommensteuersatz von 42 % (s_{ei} = 0,42) zugrunde. Es handelt sich also um den Grenz- bzw. Differenzsteuersatz im unteren Plafond der Einkommensteuer. In allen Spalten ist weder Kirchensteuer noch Solidaritätszuschlag berücksichtigt, d. h. es gilt stets $s_{ki} = 0$ und $s_{olz} = 0$. Außerdem wird stets von einer Gewerbesteuermesszahl von 3,5 % (m_e = 0,035) und einem Hebesatz von 400 % ($h = 4$) ausgegangen. In allen Fällen führen die Zinsen nicht zu einer Hinzurechnung gem. § 8 Nr. 1 Buchstabe a GewStG.

Die Spalten 2 bis 6 unterscheiden sich ausschließlich durch die Höhe des Anrechnungsfaktors. Berücksichtigt sind Anrechnungsfaktoren der Gesellschafter einer Mitunternehmerschaft (α_{ges}). Diese nehmen Werte von 0,1 (Spalte 2), 1,0 (Spalte 3), 2,0 (Spalte 4), 3,0 (Spalte 5) und 3,8 (Spalte 6) an. Ein Anrechnungsfaktor von 0 wird nicht berücksichtigt. Ein derartiger Wert ist zwar grundsätzlich möglich, aber nur in dem Fall, dass die Einkommensteuer des Mitunternehmers kleiner ist als die anrechenbare Gewerbesteuer. Dieser Fall ist nicht vereinbar mit der Prämisse, dass der Einkommensteuersatz 42 % beträgt.

[54] Vgl. Gliederungspunkt 4.2.2 (S. 56).

[55] Zur möglichen Höhe von α vgl. Gliederungspunkt 4.2.2 (S. 56).

Zeile	Bruttozinssatz	Nettozinssätze $i_{n/persu}$				
	Spalte 1	Spalte 2	Spalte 3	Spalte 4	Spalte 5	Spalte 6
	i_b	α_{ges} = 0,1	α_{ges} = 1,0	α_{ges} = 2,0	α_{ges} = 3,0	α_{ges} = 3,8
1	0,5 %	0,22 %	0,24 %	0,26 %	0,27 %	0,29 %
2	2,0 %	0,89 %	0,95 %	1,02 %	1,09 %	1,15 %
3	4,0 %	1,77 %	1,90 %	2,04 %	2,18 %	2,29 %
4	6,0 %	2,66 %	2,85 %	3,06 %	3,27 %	3,44 %
5	8,0 %	3,55 %	3,80 %	4,08 %	4,36 %	4,58 %
6	10,0 %	4,44 %	4,75 %	5,10 %	5,45 %	5,73 %

* Allen Tabellenwerten liegt ein Einkommensteuersatz von 42 % (s_{ei} = 0,42), ein Kirchensteuersatz von 0 % (s_{ki} = 0) und ein Solidaritätszuschlagsatz von 0 % (s_{olz} = 0) zugrunde. Außerdem wird stets von einer Gewerbesteuermesszahl von 3,5 % (m_e = 0,035) und einem Hebesatz von 400 % (h = 4) ausgegangen. Bei den Zinsen kommt es in allen Fällen nicht zu einer Hinzurechnung gem. § 8 Nr. 1 Buchstabe a GewStG, d. h. es gilt β = 0.

*Abb. 6.6: Nettozinssätze bei Personenunternehmen ($i_{n/persu}$) in Abhängigkeit vom Bruttozinssatz i_b und von dem Faktor einer pauschalen Anrechnung von Gewerbesteuer auf die Einkommensteuer α_{ges}**

Abbildung 6.6 zeigt, dass der Anrechnungsfaktor α durchaus einen beachtenswerten Einfluss auf die Höhe der Nettozinsen hat.

6.6.3.5 Verhältnis der Netto- zur Bruttoverzinsung

Gleichung (X), d. h. die Gleichung zur Ermittlung von Nettozinssätzen aus vorgegebenen Bruttozinssätzen für natürliche Personen, beinhaltet ebenso wie die entsprechende Gleichung (IX) für Kapitalgesellschaften ausschließlich lineare Zusammenhänge. Im Gegensatz zu Gleichung (IX) gilt Linearität bei Gleichung (X) uneingeschränkt aber nur dann, wenn auf die Einkommensteuersätze s_e und nicht auf die diesen zugrunde liegenden zu versteuernden Einkommen abgestellt wird. Bekanntlich sind die Zusammenhänge zwischen den zu versteuernden Einkommen und den sich aus diesen ergebenden Differenz- bzw. Grenzsteuersätzen nur innerhalb des Grundfreibetrags und des Plafonds linear. Im Progressionsbereich hingegen bestehen quadratische Beziehungen.

Wird von Einkommensteuersätzen und nicht von zu versteuernden Einkommen ausgegangen, so können in ähnlicher Weise wie dies in Gliederungspunkt 6.6.2 (S. 98) für Kapitalgesellschaften geschehen ist, auch im Falle natürlicher Personen anteilige Nettoverzinsungen aus vorgegebenen Bruttoverzinsungen ermittelt werden. Dies ist in *Abbildung 6.7 auf der gegenüberliegenden Seite* beispielhaft für die dort angegebenen Steuersätze und sonstigen steuerlichen Daten geschehen. Diese Abbildung enthält also unter Zugrundelegung unterschiedlicher steuerlicher Daten Nettoverzinsungen in % der jeweiligen Bruttoverzinsung.

Abbildung 6.7 enthält in den Spalten 2 bis 6 für unterschiedliche steuerliche Konstellationen Nettozinssätze in % des Bruttozinssatzes i_b. Auch hier sind die Nettozinssätze wiederum aus Gleichung (X) ermittelt worden. Die unterschiedlichen steuerlichen Konstellationen ergeben sich zum einen aus den in

Spalte 1 angegebenen kombinierten Einkommen-, Kirchensteuer- und Solidaritätszuschlagsätzen, zum anderen aus den unterschiedlichen gewerbesteuerlichen Einflussfaktoren, die jeweils im Kopf der Spalten 2 bis 6 angegeben sind.

Abbildung 6.7 lässt erkennen, dass die Höhe des Einkommensteuersatzes – bei unverändertem Bruttozinssatz – für die Höhe des Nettozinssatzes von herausragender Bedeutung ist.

Zeile	Kombinierter Steuersatz	Nettozinssätze $i_{n/persu}$ bzw. $i_{n/nat}$ im Verhältnis zu den Bruttozinssätzen i_b				
	Spalte 1	Spalte 2	Spalte 3	Spalte 4	Spalte 5	Spalte 6
	s_e*	m_e = 3,5 % h = 400 % α = 3,8 β = 0	m_e = 3,5 % h = 500 % α = 3,8 β = 0	m_e = 3,5 % h = 400 % α = 3,8 β = 0,25	m_e = 3,5 % h = 500 % α = 3,8 β = 0,25	m_e = 0 % $h \geq 0$ % $\alpha \geq 0{,}0$ $\beta \geq 0$
1	0,00 %**	86,00 %	82,50 %	89,50 %	86,88 %	100,00 %
2	30,00 %	70,03 %	66,53 %	70,02 %	67,40 %	70,00 %
3	42,00 %***	57,30 %	53,80 %	57,48 %	54,85 %	58,00 %
4	44,31 %***	55,72 %	52,22 %	55,71 %	53,09 %	55,69 %
5	46,34 %***	53,69 %	50,19 %	53,68 %	51,06 %	53,66 %
6	49,52 %***	50,51 %	47,01 %	50,50 %	47,88 %	50,48 %

* Bei dem Steuersatz s_e handelt es sich um den kombinierten Einkommen-, Kirchensteuer- und Solidaritätszuschlagsatz. Hierbei kann sowohl der Kirchensteuer- als auch der Solidaritätszuschlagsatz den Wert 0 annehmen.

** In Zeile 1, d. h. bei $s_e = 0$ nimmt auch der Anrechnungsfaktor von Gewerbesteuer auf die Einkommensteuer α nach § 35 EStG den Wert 0 an.

*** Der Steuersatz von 42,00 % für s_e in Zeile 3 entspricht dem Differenz- bzw. Grenzsteuersatz der Einkommensteuer im unteren Plafond ohne Kirchensteuer und ohne Solidaritätszuschlag. Der Steuersatz von 44,31 % in Zeile 4 umfasst zusätzlich einen 5,5 %igen Solidaritätszuschlag und der Steuersatz von 46,34 % in Zeile 5 zusätzlich eine 9 %ige Kirchensteuer. Der Steuersatz von 49,52 % in Zeile 6 beruht auf einem Einkommensteuersatz von 45 %, einem Kirchensteuersatz von 9 % und einem Solidaritätszuschlagsatz von 5,5 %. Es handelt sich um den derzeit (Frühjahr 2020) höchstmöglichen kombinierten Einkommen-, Kirchensteuer- und Solidaritätszuschlagsatz.

Abb. 6.7: Nettoverzinsung in % der Bruttoverzinsung bei natürlichen Personen in Abhängigkeit von unterschiedlichen steuerlichen Situationen

6.7 Von der Art des Investors und von der Art der Finanzinvestition abhängige Nettozinssätze

Die bisherigen Ausführungen lassen erkennen, dass – bei gleich hohen Bruttozinssätzen – die Höhe der Nettozinssätze u. a. von der Art des Investors und der Art der Finanzinvestition abhängt.

Als *Arten von Investoren* lassen sich im Rahmen dieses Buches folgende Gruppen unterscheiden:

- gewerbliche Unternehmer bzw. Mitunternehmer, die Finanzinvestitionen im Rahmen ihres Betriebsvermögens tätigen (gewerbliche Personenunternehmer),
- Kapitalgesellschaften,

- natürliche Personen, die Finanzinvestitionen im nichtgewerblichen Bereich tätigen.

Als Arten der Finanzinvestitionen kommen in Betracht:

- positive Finanzinvestitionen, d. h. Investitionen im Bereich von Finanzguthaben,
- Investitionen im Bereich von Verbindlichkeiten mit den Unterfällen,
  - dass die fortfallenden Schuldzinsen zu einer Verringerung der Hinzurechnung nach § 8 Nr. 1 Buchstabe a GewStG führen und
  - dass dies nicht geschieht.

Die Art des Investors bestimmt, welche Steuerarten und welche speziellen Vorschriften des Steuerrechts die Höhe der Nettozinssätze beeinflussen. So unterliegen von gewerblichen Personenunternehmen in deren Betriebsvermögen getätigte Finanzinvestitionen sowohl der Gewerbe- als auch der Einkommensteuer, ggf. zuzüglich der auf letztere entfallenden Zuschlagsteuern. Außerdem kann es zur Anwendung des Freibetrags nach § 11 Abs. 1 GewStG sowie zur Anrechnung von Gewerbesteuer auf die Einkommensteuer nach § 35 EStG kommen.

Von Kapitalgesellschaften erzielte Zinsen unterliegen der Gewerbe- und der Körperschaftsteuer, letztere derzeit erhöht um den Solidaritätszuschlag. Im Gegensatz zu den Verhältnissen bei gewerblichen Unternehmen bzw. Mitunternehmern kommt es aber nicht zur Anwendung eines Freibetrags nach § 11 Abs. 1 GewStG. Auch eine Anrechnung von Gewerbesteuer – entsprechend der Regelung des § 35 EStG – kommt nicht in Betracht.

Sowohl bei gewerblichen Personenunternehmen als auch bei Kapitalgesellschaften ist die *Art der Finanzanlage* insofern von Bedeutung, als Zinsaufwendungen evtl. anders behandelt werden als Zinserträge. Der Unterschied liegt in der Hinzurechnungsvorschrift des § 8 Nr. 1 Buchstabe a GewStG.

Tätigen natürliche Personen positive Finanzinvestitionen im Bereich nichtgewerblicher Einkünfte (Einkünfte aus Land- und Forstwirtschaft, aus freiberuflicher Tätigkeit, aus Kapitalvermögen sowie aus Vermietung und Verpachtung), so unterliegen hieraus entstehende Zinseinnahmen grundsätzlich der Einkommensteuer, ggf. zusätzlich der auf diese entfallenden Zuschlagsteuern. Bei Einkünften aus Kapitalvermögen ist i. d. R. der gesonderte Steuersatz des § 32d Abs. 1 EStG, und zwar in der Form der Abgeltungsteuer, anzuwenden. Gewerbesteuer hingegen fällt in allen genannten Fällen nicht an. Bei der Ermittlung der Einkünfte kann es durch die Zinseinnahmen zum Abzug des Sparer-Pauschbetrags des § 20 Abs. 9 EStG kommen. Dies setzt u. a. voraus, dass die Zinsen im Rahmen der Einkünfte aus Kapitalvermögen vereinnahmt werden.

Werden Finanzinvestitionen in der Form einer Rückzahlung von Verbindlichkeiten im nichtgewerblichen Bereich getätigt, so hängen die Steuerfolgen der Zinszahlungen davon ab, ob diese im Rahmen einer Einkunftsart oder im privaten Bereich anfallen. Im ersten Falle mindern sie die Einkünfte der jeweiligen Einkunftsart. Im zweiten Falle sind sie hingegen nicht abzugsfähig.

Diese kurzen Ausführungen zeigen, dass bei gleich hohen Bruttozinssätzen die Nettozinssätze bei unterschiedlichen Arten von Investoren und bei unterschiedlicher Art der Anlage unterschiedlich hoch sein können. Die Unterschiede sind durch die voneinander abweichende Besteuerung bedingt. In *Abbildung 6.8 auf der nächsten Seite* wird dies beispielhaft demonstriert. Alle Nettozinssätze i_n sind dort in % des Bruttozinssatzes i_b angegeben. Der Tabelle liegt das für den Veranlagungszeitraum 2020 geltende Recht (nach dem Rechtsstand im Frühjahr 2020) zugrunde.

Ist Investor der Finanzinvestition eine Kapitalgesellschaft (Spalte 2), so wird von dem derzeit geltenden Körperschaftsteuersatz von 15 % ($s_{kö} = 0{,}15$), einem Solidaritätszuschlag von 5,5 % ($s_{olz} = 0{,}055$) und einem Gewerbesteuerhebesatz von 400 % ausgegangen. Unterschieden wird zwischen dem Fall, dass die Kapitalgesellschaft Zinserträge erwirtschaftet (Zeile 1) und dem, dass sie durch Schuldenabbau Zinsaufwendungen mindert. Im letzteren Fall wird weiter danach unterschieden, ob die Zinsaufwendungen zu einer Hinzurechnung nach § 8 Nr. 1 Buchstabe a GewStG führen (Zeile 2) oder ob dies nicht geschieht (Zeile 3).

Spalte 3 enthält Werte für die Fallgruppe, dass es sich bei dem Finanzinvestor um ein gewerbliches Personenunternehmen handelt. Hierbei wird von einem Einkommensteuersatz im unteren Plafond ($s_{ei} = 0{,}42$), einem Solidaritätszuschlag von 5,5 % ($s_{olz} = 0{,}055$), einem Kirchensteuersatz von 9 % ($s_{ki} = 0{,}09$) und einem Gewerbesteuerhebesatz von 400 % (h = 4) ausgegangen. Im Falle einer Anrechnung von Gewerbesteuer auf die Einkommensteuer wird ein Anrechnungsfaktor von 3,8 ($\alpha = 3{,}8$) zugrunde gelegt. Zeile 1 gilt auch hier wieder für den Fall, dass Zinserträge anfallen. In den Zeilen 2 und 3 werden durch die Finanzinvestition Zinsaufwendungen gemindert. In Zeile 2 findet keine Hinzurechnung der Zinsaufwendungen nach § 8 Nr. 1 Buchstabe a GewStG statt, in Zeile 3 hingegen geschieht dies.

Spalte 4 beinhaltet Fälle, in denen der Investor ein Land- und Forstwirt, ein Freiberufler oder ein privater Vermieter ist und dieser Investitionen im Rahmen der genannten Einkunftsarten tätigt. Im Falle von Zinseinnahmen bzw. Zinserträgen (Zeile 1) wird von dem Einkommensteuersatz im unteren Plafond von 42 % ($s_{ei} = 0{,}42$), einem 5,5 %igen Solidaritätszuschlag ($s_{olz} = 0{,}055$) und von einem Kirchensteuersatz von 9 % ($s_{ki} = 0{,}09$) ausgegangen. Im Falle einer Verringerung der Zinsauszahlungen bzw. der Zinsaufwendungen (Zeile 2) kommen die gleichen Sätze zur Anwendung. Zeile 3 ist nicht definiert, da bei den genannten Steuerarten keine Gewerbesteuer entstehen kann, mithin auch keine Hinzurechnung nach § 8 Nr. 1 Buchstabe a GewStG in Betracht kommt.

Spalte 5 enthält den Fall eines privaten Kapitalanlegers. Auch hier sind nur die Zeilen 1 und 2 relevant. Zeile 1 liegen Zinseinnahmen im Rahmen der Einkünfte aus Kapitalvermögen zugrunde. Zinsausgaben auf private Schulden (Zeile 2) sind bei Ermittlung des zu versteuernden Einkommens nicht abzugsfähig. Die Nettozinsen entsprechen somit den Bruttozinsen. Der Fall einer Hinzurechnung von Zinsen nach § 8 Nr. 1 Buchstabe a GewStG (Zeile 3) kann bei der Aufnahme von Kapital im Privatbereich nicht auftreten.

Zeile	Kennzeichnung der Art der Investition durch Zinserträge bzw. Zinseinnahmen bzw. Zinsaufwendungen bzw. Zinsausgaben	Art des Investors			
		Kapitalgesellschaft*	Gewerbliches Personenunternehmen**	Land- und Forstwirt, Freiberufler, privater Vermieter***	Privater Kapitalanleger bzw. -aufnehmer****
	Spalte 1	Spalte 2	Spalte 3	Spalte 4	Spalte 5
1	Zinserträge bzw. Zinseinnahmen	70,2 %	53,7 %	53,7 %	72,0 %
2	Zinsaufwand bzw. Zinsausgaben ohne Hinzurechnung nach § 8 Nr. 1 Buchstabe a GewStG	70,2 %	53,7 %	53,7 %	100,0 %
3	Zinsaufwand mit Hinzurechnung nach § 8 Nr. 1 Buchstabe a GewStG	73,7 %	53,7 %	-	-

* Werte ermittelt für $s_{kö}$ = 15 %, s_{olz} = 5,5 %, h = 400 %.

** Werte ermittelt für s_{ei} = 42 %, s_{olz} = 5,5 %, s_{ki} = 9 %, h = 400 %, α = 3,8.

*** Werte ermittelt für s_{ei} = 42 %, s_{olz} = 5,5 %, s_{ki} = 9 %.

**** Werte ermittelt für $s_{ei§32d}$ = 25 % (bei Zinseinnahmen), s_{olz} = 5,5 %, s_{ki} = 9 %.

Abb. 6.8: Nettozinssätze in % des Bruttozinssatzes bei unterschiedlichen Investoren und unterschiedlicher Art der Anlage

Die Tabelle lässt erkennen, dass bei konstantem Bruttozinssatz die Nettozinsen je nach Art des Investors und der Art der Investition erheblich voneinander abweichen können. Zu beachten ist, dass Abbildung 6.8 in den Fällen, in denen es sich bei dem Investor um eine natürliche Person handelt (Spalten 3 bis 5), stets entweder von einem Einkommensteuersatz von 42 % oder 25 % ausgegangen wird. Unterliegt der Investor nicht diesen Steuersätzen, sondern entweder dem höchstmöglichen Einkommensteuersatz von 45 % (s_{ei} = 0,45) oder dem niedrigstmöglichen von 0 % (s_{ei} = 0), so ergeben sich beachtliche Abweichungen von den in der Tabelle wiedergegebenen Werten. So verringern sich z. B. die in der Spalte 4 enthaltenen Werte der Nettozinssätze bei einem Einkommensteuersatz von 45 % von 53,7 % auf 50,5 %. Bei einem Einkommensteuersatz von 0 % erhöhen sie sich hingegen auf 100 % des Bruttozinssatzes.

6.8 Mischkalkulationszinssätze und Auswirkungen der Niedrigzinsphase

Die bisherigen Ausführungen lassen erkennen, dass bei unterschiedlich hohen Bruttozinsen die Nettozinssätze regelmäßig wesentlich dichter beieinander liegen als die Bruttozinssätze. Diese *Nivellierung* ist – c. p. – umso stärker, je höher die Steuerbelastung der Zinsen ist. Besonders deutlich wird dies in der im Anhang befindlichen Tabelle T- 10 (S. 227). Wird dort Zeile 14 betrachtet, so weisen die Spalten 3 bis 7 Bruttozinsen von 0,5 % bis 8 % auf. Die Spanne zwischen dem höchsten und dem niedrigsten Bruttozinssatz beträgt also 7,5 %. Die den Bruttozinssätzen entsprechenden Nettozinssätze liegen hingegen zwischen 0,272 % (Spalte 3) und 4,344 % (Spalte 7). Die Nettozinsspanne beträgt also lediglich (4,344 % - 0,272 % =) 4,072 %. Dies sind rd. 54 % der Bruttozinsspanne.

Mit der Verringerung der Abstände zwischen den Zinssätzen *sinkt* auch die *Bedeutung einer Fehlschätzung ihrer Bruttohöhe* für die Ermittlung von Kapital- bzw. von Steuerbarwerten. Die Gefahr, dass infolge einer Fehlschätzung des zu erwartenden Zinssatzes eine nachteilige Entscheidung getroffen wird, ist nämlich – c. p. – umso geringer, je geringer das Ausmaß dieser Fehlschätzung ist. So kann eher dann aus einem positiven ein negativer Kapitalwert werden, wenn der Zinssatz von 4 % auf 2 %, als wenn er lediglich von rd. 2 % auf 1 % sinkt. Aber selbst dann, wenn sich in beiden Fällen das Vorzeichen des Kapitalwerts ändert, ist zu erwarten, dass der Absolutbetrag der Änderung bei Anwendung der Bruttozinssätze wesentlich größer ist als bei Anwendung der zugehörigen Nettozinssätze.

Auch eine Fehleinschätzung dergestalt, dass die Supplementinvestitionen *nicht* in der erwarteten Weise in positiven *Finanzinvestitionen, sondern* in einem *Abbau von Schulden* bestehen, hat bei Anwendung der Nettozinssätze geringeren Einfluss auf das Ergebnis, als dies bei einer Berücksichtigung der Bruttozinssätze der Fall wäre. Auch hier findet nämlich unter Berücksichtigung der Besteuerung eine *Nivellierung der Kalkulationszinssätze* statt.

Die aufgezeigten Zusammenhänge lassen es in Fällen, in denen nicht klar vorhersehbar ist, ob und in welchem Umfang Zahlungsdifferenzen die Höhe der positiven Finanzinvestitionen oder die der Verbindlichkeiten berühren, bereits in Normalzinsphasen eher als vertretbar erscheinen, mit *geschätzten Mischkalkulationszinsfüßen* zu rechnen, als dies der Fall wäre, wenn es den dargestellten Nivellierungseffekt nicht gäbe. Gleiches gilt für den Fall, dass das Unternehmen bei unterschiedlicher Ausnutzung seines Beleihungsrahmens unterschiedliche Zinskonditionen erhält. Auch hier ist unter Berücksichtigung des Zinsnivellierungseffekts die Anwendung eines geschätzten Mischkalkulationszinssatzes eher vertretbar, als wenn es diesen Effekt nicht gäbe.

Die Schätzung von *Mischkalkulationszinssätzen* ermöglicht es, den *Anwendungsbereich des Kapitalwert- bzw. des Steuerbarwertkriteriums* erheblich *auszudehnen*. Nunmehr ist es nicht erforderlich, dass in einer Periode ein einheitlicher Soll- oder ein einheitlicher Habenzinssatz gegeben ist. Vielmehr können Kapitalwerte auch dann berechnet werden, wenn die Zahlungsdifferenzen zwischen alternativen Gestaltungsmaßnahmen Guthaben mit unterschiedlichen Habenzinssätzen oder Verbindlichkeiten mit unterschiedlichen Sollzinssätzen oder aber sowohl Guthaben als auch Verbindlichkeiten sich verändern. Im Ergebnis hat die Schätzung von Mischkalkulationszinssätzen somit die gleiche Wirkung wie die Annahme eines *vollkommenen Kapitalmarktes*. Die Begründung für die Annahme eines einheitlichen Kalkulationszinsfußes ist aber eine völlig andere. Während dem vollkommenen Kapitalmarkt die Annahme zugrunde liegt, dass Kapital in beliebiger Höhe zu einem einheitlichen Zinssatz aufgenommen und angelegt werden könne, bedarf es einer derart realitätsfernen Annahme bei Schätzung eines Mischkalkulationszinssatzes nicht. Hier wird vielmehr von den zu erwartenden realen Anlage- und Finanzierungsmöglichkeiten des einzelnen Betriebes ausgegangen. Unter Berücksichtigung der Besteuerung wird dann ein Mischkalkulationszinssatz geschätzt. Schätzungsfehler werden durch den Nivellierungseffekt der Besteuerung erheblich abgemildert.

Zu beachten ist, dass in der derzeitigen Niedrigzinsphase (Stand Frühjahr 2020) bereits die Bruttozinsen erheblich niedriger sind als in einer Normalzinsphase. Bekanntlich liegen sie im Falle positiver Finanzinvestitionen derzeit i. d. R. knapp über oder sogar knapp unter 0 %. Im Falle eines Abbaus von Schulden sind die relevanten Zinssätze zwar deutlich höher als 0 %, aber auch hier wesentlich niedriger als in einer Normalzinsphase. Damit ist in der derzeitigen Niedrigzinsphase eine Fehleinschätzung hinsichtlich der Anwendung eines Haben- oder eines Sollzinssatzes nahezu entscheidungsirrelevant.

7 Unterschiedliche Systeme der Unternehmensbesteuerung

7.1 Einführung

Besteuerungssysteme und damit auch deren Subsysteme der Unternehmensbesteuerung unterliegen einem ständigen durch politische und soziale Veränderungen induzierten Wandel. Ein bestimmtes System gilt deshalb auch nur innerhalb eines bestimmten Raumes, etwa innerhalb der Bundesrepublik Deutschland, zu einer bestimmten Zeit, etwa im Jahre 2020. Es ist somit raum- und zeitbezogen. Das gilt auch für das Subsystem der Unternehmensbesteuerung.

Unter einem **Besteuerungssystem** soll hier das Zusammenwirken aller gesetzlichen und verwaltungsmäßigen Regelungen und der Rechtsprechung, die bei der Durchführung der Besteuerung zu beachten sind, verstanden werden. Ein *System der* **Unternehmensbesteuerung** ist der Teil des Besteuerungssystems, der die Besteuerung der Unternehmen und deren (Mit-)Unternehmer bzw. Gesellschafter regelt.

Das System der *Unternehmensbesteuerung in Deutschland* wird bereits seit vielen Jahrzehnten von der *Besteuerung der Gewinne* bzw. Gewerbeerträge beherrscht. Die Gewinnbesteuerung spielt auch in allen anderen hochentwickelten Staaten eine herausragende Rolle. Bis Mitte der neunziger Jahre des vorangegangenen Jahrhunderts waren in der Bundesrepublik Deutschland ansässige Unternehmen zusätzlich mit von der Substanz abhängigen Steuern (Gewerbekapital- und Vermögensteuer) belastet. Derartige Steuern gibt es z. Zt. in der Bundesrepublik Deutschland mit Ausnahme der Grundsteuer nicht, wohl aber vergleichbare Steuern in einigen wenigen anderen Staaten.

Steuerpflichtiger und Steuerschuldner der deutschen *Umsatzsteuer* ist zwar der Unternehmer, wirtschaftlich Belasteter i. d. R. aber nicht er, sondern der Endverbraucher. Gleichartige Verhältnisse wie in der Bundesrepublik Deutschland sind hinsichtlich der Umsatzsteuer in fast allen hoch entwickelten Staaten anzutreffen. Auch dort werden also nicht die Unternehmer bzw. die Unternehmen mit der Umsatzsteuer belastet, sondern die Endverbraucher. Aufgrund dieses Sachverhalts soll die Umsatzsteuer hier nicht als Unternehmensteuer angesehen werden; sie ist nach dieser Klassifikation also nicht in das System der Unternehmensbesteuerung einbezogen.

Aus den bisherigen Ausführungen ergibt sich, dass in der historischen Situation zu Beginn der dritten Dekade des einundzwanzigsten Jahrhunderts weltweit die Systeme der Unternehmensbesteuerung durch *Ertragsteuern* bestimmt werden. Nur auf derartige Steuern soll deshalb nachfolgend eingegangen werden.

Bei einem Vergleich des Systems der Unternehmensbesteuerung in der Bundesrepublik Deutschland im zeitlichen Ablauf zeigt sich, dass dieses während der letzten 50 Jahre erhebliche Veränderungen erfahren hat. Die gravierendsten Veränderungen haben bei der Besteuerung der Kapitalgesellschaften und ihrer Gesellschafter stattgefunden. Besonders hervorzuheben sind in diesem Zusammenhang

- der Wechsel von einem System einer definitiven doppelten Belastung der Kapitalgesellschaften und ihrer Gesellschafter mit Körperschaft- und Einkommensteuer zu einem körperschaftsteuerlichen Anrechnungsverfahren zum 1.1.1977,
- der Wechsel von dem körperschaftsteuerlichen Anrechnungsverfahren zum Halbeinkünfteverfahren zum 1.1.2001 und
- die Unternehmensteuerreform der Jahre 2008/2009 mit der Einführung einer Abgeltungsteuer.

Bei einem Vergleich der Besteuerungssysteme einzelner Länder ergeben sich durchaus Gemeinsamkeiten, aber auch vielfache Unterschiede. Am auffälligsten sind die Unterschiede hinsichtlich

- der Höhe der Steuersätze und
- der Art der Besteuerung der Kapitalgesellschaften und ihrer Gesellschafter.

Nachfolgend sollen zunächst wichtige Einflussfaktoren, die die Systeme der Unternehmensbesteuerung bestimmen, herausgearbeitet werden. Anschließend sollen einige von ihnen näher betrachtet, insbesondere ihre Steuerwirkungen erörtert werden.

7.2 Einflussfaktoren auf die Steuerbelastung der Unternehmen

Derzeit und während der vergangenen Jahrzehnte werden bzw. wurden die Systeme der Unternehmensbesteuerung in den Industrieländern insbesondere beeinflusst durch:

1. die Zahl und die Arten der Ertragsteuern, mit denen die Gewinne belastet werden und deren Wechselwirkungen untereinander,
2. den Umfang der Bemessungsgrundlagen und die Höhe der Steuersätze,
3. den Zeitraum, innerhalb dessen Aufwand steuerlich abgezogen werden kann und Erträge zu erfassen sind und
4. den Umfang, in dem eine Doppel- oder Mehrfachbelastung ausgeschütteter Gewinne herbeigeführt oder vermieden wird.

Auf diese Einflussfaktoren soll in den nächsten Gliederungspunkten in knapper Form eingegangen werden. Der Schwerpunkt der Ausführungen wird hierbei auf den unter 4. angesprochenen Einflussfaktoren liegen.

7.3 Anzahl der gewinnabhängigen Steuern und ihre Beziehungen zueinander

In einem Unternehmen entstandene Gewinne können mit einer einzigen, sie können aber auch mit mehr als einer Steuerart belastet werden. Letzteres ist z. B. seit Jahrzehnten in der Bundesrepublik Deutschland der Fall. Hier unterliegen Gewinne bekanntlich grundsätzlich sowohl der Einkommen- bzw. Körperschaftsteuer als auch der Gewerbesteuer. Außerdem unterliegen sie derzeit noch zumindest einer sog. Zuschlagsteuer, nämlich dem Solidaritätszuschlag. Handelt es sich bei dem Unternehmen um ein Personenunternehmen, so kann außerdem noch bei dem (Mit-)Unternehmer Kirchensteuer entstehen.

Die Belastung der Gewinne von Personenunternehmern mit Einkommen- und der Gewinne von Kapitalgesellschaften mit Körperschaftsteuer ist auch in anderen Besteuerungssystemen üblich. Hingegen ist eine Steuerart, die an eine ähnliche Größe wie den Gewerbeertrag anknüpft, in anderen Rechtsordnungen nur vereinzelt anzutreffen, und zwar in Ländern, die historisch gesehen von der deutschen Rechtsordnung maßgeblich beeinflusst worden sind. Das Fehlen einer der deutschen Gewerbesteuer ähnlichen Steuerart in einem anderen Staat bedeutet aber nicht zwingend, dass dort nur eine einzige gewinnabhängige Steuer erhoben wird. Vielmehr werden in einer Reihe von Ländern rein gewinnabhängige Steuern auf unterschiedlichen staatlichen Ebenen erhoben.[56] So gibt es z. B. in der Schweiz sowohl eine bundesstaatliche Einkommen- bzw. Körperschaftsteuer als auch eine kantonale. In den USA wird Einkommen- bzw. Körperschaftsteuer sowohl von dem Bund als auch von den einzelnen Staaten erhoben.

Wird mehr als eine gewinnabhängige Steuerart erhoben, so ist für die Ermittlung der Gesamtsteuerwirkung das Verhältnis dieser Steuerarten zueinander von erheblicher Bedeutung.[57] Werden zwei gewinnabhängige Steuern nebeneinander erhoben, so sind insbesondere folgende Konstellationen denkbar:

1. Die beiden Steuern beeinflussen sich gegenseitig nicht.
2. Eine der beiden Steuern ist von der Bemessungsgrundlage der anderen abzugsfähig.
3. Eine der beiden Steuern ist von der Bemessungsgrundlage beider Steuern abzugsfähig.
4. Beide Steuern sind von der Bemessungsgrundlage einer der beiden Steuern abzugsfähig.
5. Beide Steuern sind von den Bemessungsgrundlagen beider Steuern abzugsfähig.
6. Die Steuerschuld einer der beiden Steuerarten ist von der Steuerschuld der anderen Steuerart abzugsfähig.

---

[56] Hinsichtlich einer Übersicht s. *Förster* (2019), Tz. 108.

[57] Vgl. zu den nachfolgenden Ausführungen auch Gliederungspunkt 3.5 (S. 43).

Werden mehr als zwei gewinnabhängige Steuern erhoben, so vervielfachen sich die möglichen Konstellationen. Auch sind Kombinationen denkbar, in denen eine Steuerschuld von einer Bemessungsgrundlage, eine andere von einer Steuerschuld abzugsfähig ist.

Bei einem Vergleich der o. a. sechs Konstellationen miteinander ist – c. p. – die Gesamtsteuerbelastung bei der ersten am höchsten. Hinsichtlich der Rangfolge der Gesamtsteuerbelastungen der anderen Konstellationen lassen sich keine allgemeingültigen Aussagen treffen. Lediglich lässt sich feststellen, dass der Abzug einer Steuerschuld von einer anderen Steuerschuld zu einer geringeren Gesamtsteuerbelastung führt als ein Abzug lediglich von der Bemessungsgrundlage. Ein Beispiel soll die möglichen erheblichen Belastungsunterschiede zwischen drei möglichen Fällen veranschaulichen.

Beispiel

In den Ländern A, B und C werden jeweils zwei gewinnabhängige Steuern erhoben und zwar die KSt I und die KSt II. Der Steuersatz der KSt I beträgt jeweils 25 %, der der KSt II je 20 %. Im Land A stehen KSt I und KSt II unverbunden nebeneinander. Keine der beiden Steuern ist also von der Bemessungsgrundlage oder der Steuerschuld der anderen abzugsfähig. In Land B ist KSt II sowohl von der Bemessungsgrundlage der KSt I als auch von ihrer eigenen abzugsfähig. In Land C hingegen ist KSt II auf die Steuerschuld der KSt I anrechenbar. In allen drei Ländern entsteht ein Gewinn vor Steuern i. H. v. 100 GE.

Die Gesamtsteuerbelastung und der verbleibende Betrag in Land A können wie folgt ermittelt werden:

	GE	GE
Gewinn vor Steuern		100
KSt I (100 · 25 % =)	25	./. 25
KSt II (100 · 20 % =)	20	./. 20
Gesamtsteuerbelastung	45	
Verbleibender Betrag		55

Die Situation in Land B entspricht derjenigen, die in der Bundesrepublik Deutschland zu Anfang des einundzwanzigsten Jahrhunderts, d. h. zu Zeiten des Halbeinkünfteverfahrens, bestanden hat. KSt I entspricht der damaligen 25 %igen Körperschaftsteuer nach § 23 Abs. 1 KStG a. F. KSt II kann als die damals als Betriebsausgabe abzugsfähige deutsche Gewerbesteuer bei einem Hebesatz von 400 % interpretiert werden. Die Belastung kann deshalb aus der in Gliederungspunkt 3.5.3 (S. 44) abgeleiteten Gleichung (45) ermittelt werden, indem dort für B_r 100 GE eingesetzt wird. Es ergibt sich dann eine Gesamtsteuerbelastung in Land B von 37,5 GE und ein verbleibender Betrag von (100 - 37,5 =) 62,5 GE.

Die Gesamtsteuerbelastung und der verbleibende Betrag in Land C können wie folgt ermittelt werden:

	GE	GE	GE
Gewinn vor Steuern			100
KSt II (100 · 20 % =)		20	./. 20
KSt I (100 · 25 % =)	25		
./. Anrechnung von KSt II	./. 20	5	./. 5
Gesamtsteuerbelastung		25	
Verbleibender Betrag			75

Die Ausführungen zeigen, dass die Gesamtsteuerbelastung in den drei Ländern des Beispiels erheblich voneinander abweicht. Allerdings ist anzumerken, dass eine vollständige Anrechnung der Steuern einer Gebietskörperschaft auf die Steuerschuld einer anderen Gebietskörperschaft desselben Staates – wenn überhaupt – nur äußerst selten vorkommen dürfte. Grenzüberschreitend hingegen sind derartige Anrechnungen häufig anzutreffen. Nach deutschem Recht regelt § 34c EStG eine derartige grenzüberschreitende Anrechnung.

7.4 Umfang der Bemessungsgrundlagen und Höhe der Steuersätze

In der deutschen Steuerreformdiskussion während der neunziger Jahre des zwanzigsten Jahrhunderts hat das Argument, die deutschen Steuersätze seien international gesehen viel zu hoch, eine herausragende Rolle gespielt. Tatsächlich sind die Einkommen- und Körperschaftsteuersätze in der Folge auch mehrfach deutlich gesenkt worden.[58] Im Gegenzug zu den Senkungen der Steuersätze wurde im politischen Raum diskutiert, die Bemessungsgrundlagen der Einkommen- und Körperschaftsteuer zu erweitern. Tatsächlich ist auch eine Vielzahl von Maßnahmen ergriffen worden. Doch haben die meisten von ihnen keine dauerhafte Verbreiterung der Bemessungsgrundlagen, sondern lediglich eine Vorverlagerung der Besteuerung im Vergleich zum alten Recht zur Folge gehabt. Hierauf wird im nächsten Gliederungspunkt noch einzugehen sein.

In vielen anderen Staaten hat während der vergangenen Jahre eine ähnliche Debatte stattgefunden wie in Deutschland. Auch dort hat es z. T. erhebliche Senkungen der Steuersätze gegeben. In einigen Fällen sind sie mit einer Verbreiterung der Bemessungsgrundlagen verbunden gewesen. Auch derzeit (2020) wird in vielen Ländern – so auch in der Bundesrepublik Deutschland – eine (weitere) Senkung der Steuersätze diskutiert.

Der weltweiten Diskussion um eine Senkung der Steuersätze bei gleichzeitiger Verbreiterung der Bemessungsgrundlagen liegen mehrere Annahmen zugrunde. Zwei hier besonders wichtige lassen sich wie folgt zusammenfassen:

1. Niedrige Steuersätze lassen ein Land als günstigen Investitionsstandort erscheinen.
2. Breite Bemessungsgrundlagen wirken auf potentielle Investoren nicht so abschreckend wie niedrige Steuersätze anziehend wirken.

Beide Annahmen beziehen sich auf das empirische Verhalten potentieller Investoren. Es handelt sich also um Thesen über das Verhalten von Wirtschaftssubjekten. Diese könnten mit Hilfe der empirischen Sozialforschung auf ihren Wahrheitsgehalt überprüft werden. Soweit ersichtlich, ist dies bisher nicht geschehen.

[58] Im Einzelnen s. hierzu Gliederungspunkt 2.6.2 (S. 11).

Die Steuerbelastung aus einer Steuerart ergibt sich bekanntlich als das Produkt ihrer Bemessungsgrundlage und dem anzuwendenden Tarif, bei linearem Tarifverlauf also dem Steuersatz. Soll die Steuerbelastung mit einer Steuerart in einem Land mit derjenigen in einem anderen Land verglichen werden, so sind also sowohl die Bemessungsgrundlagen als auch die Steuersätze miteinander zu vergleichen. Das gleiche gilt dann, wenn die Steuerbelastung mit einer Steuerart innerhalb des Landes zu unterschiedlichen Zeiten verglichen werden soll.

Ein Vergleich der Tarife miteinander lässt sich i. d. R. leicht durchführen. Die auf den Tarifen beruhenden Steuerbelastungen lassen sich meistens ohne Probleme den entsprechenden Gesetzen entnehmen. Dies ist zumindest bei einem linearen Tarifverlauf der Fall. Lineare Tarifverläufe finden sich weltweit i. d. R. bei der Körperschaftsteuer und ab einer bestimmten Einkommenshöhe auch bei der Einkommensteuer.

Wesentlich problematischer kann der Vergleich der Bemessungsgrundlagen sein. Sollen z. B. die Bemessungsgrundlagen der Körperschaftsteuer in verschiedenen Ländern miteinander verglichen werden, so müssen folgende Fragen beantwortet werden:

1. Welche betrieblichen Aufwendungen sind in welchem Land steuerlich nicht abzugsfähig, stellen also nach der im deutschen Steuerrecht üblichen Terminologie nichtabzugsfähige Betriebsausgaben dar?
2. Welche betrieblichen Erträge werden in welchem Land ausdrücklich von der Besteuerung ausgenommen, stellen also steuerfreie Betriebseinnahmen dar?
3. Gibt es in den einzelnen Ländern fiktive Betriebsausgaben, also Betriebsausgaben, denen keine tatsächlichen Aufwendungen zugrunde liegen?
4. Sind in einzelnen Ländern fiktive Betriebseinnahmen zu versteuern, also Betriebseinnahmen, denen keine Erträge zugrunde liegen?

Will ein Unternehmen, etwa zur Vorbereitung der Standortwahl für eine Tochtergesellschaft, konkret die zu erwartende Körperschaftsteuerbelastung in den in Betracht kommenden Ländern miteinander vergleichen, so muss es die aufgeworfenen Fragen sorgfältig prüfen. Hierbei muss es die zu erwartenden Bemessungsgrundlagen quantifizieren. Es leuchtet ein, dass diese bei unterschiedlicher Beantwortung der aufgeworfenen Fragen – c. p. – erheblich voneinander abweichen können.

Werden die gestellten Fragen anhand des derzeit geltenden deutschen Steuerrechts für die Verhältnisse in der Bundesrepublik Deutschland untersucht, so ergibt sich Folgendes:

- Betriebliche Aufwendungen, die steuerlich ausdrücklich nicht zum Abzug als Betriebsausgaben zugelassen sind, finden sich sowohl im EStG als auch im KStG. Zu nennen sind in diesem Zusammenhang insbesondere
  - die nicht abzugsfähigen Betriebsausgaben i. S. d. § 4 Abs. 5 EStG,
  - Ausgaben, die mit steuerfreien Einnahmen in unmittelbarem wirtschaftlichen Zusammenhang stehen (§ 3c EStG),

- die nichtabziehbaren Aufwendungen i. S. d. § 10 KStG.

- Als Beispiel für betriebliche Erträge, die ausdrücklich von der Besteuerung ausgenommen werden, können Investitionszulagen (nicht Investitionszuschüsse) nach dem InvZulG genannt werden. Diese wurden unter engen Voraussetzungen für bis einschließlich 2014 in den neuen Bundesländern getätigte Investitionen gewährt.

- Fiktive Betriebsausgaben spielen nach derzeitigem deutschen Steuerrecht keine Rolle.

- Fiktive Betriebseinnahmen können sich insbesondere nach dem Recht der verdeckten Gewinnausschüttungen ergeben. Gewährt z. B. eine GmbH ihrem beherrschenden Gesellschafter ein zinsloses Darlehen, so liegt eine verdeckte Gewinnausschüttung vor. Die Gesellschaft hat (fiktive) Zinsen zu versteuern.

7.5 Zeitpunkt des Abzugs von Aufwendungen und der Erfassung von Erträgen

Im letzten Gliederungspunkt ist u. a. auf unterschiedliche Abweichungen zwischen betrieblichen Aufwendungen und abzugsfähigen Betriebsausgaben in unterschiedlichen Besteuerungssystemen eingegangen worden. In diesem Gliederungspunkt geht es um Aufwendungen, die in den miteinander zu vergleichenden Besteuerungssystemen Betriebsausgaben darstellen, bei denen der Abzug aber zu unterschiedlichen Zeiten erfolgt. Derartige zeitliche Verwerfungen können vielfältige Ursachen haben. Zu nennen sind in diesem Zusammenhang vor allem

- unterschiedliche steuerliche Abschreibungsmodalitäten und
- die Möglichkeiten der Bildung von Rückstellungen sowie deren Bewertung.

Je früher die Anschaffungs- oder Herstellungskosten eines Wirtschaftsgutes als steuerliche Abschreibungen geltend gemacht werden können, um so eher mindern sie den steuerlichen Gewinn. Hierdurch entstehen zwar – c. p. – keine endgültigen Steuerersparnisse, wohl aber Zinsgewinne.

Zinseffekte können sich auch durch unterschiedliche Möglichkeiten der Bildung und Bewertung von Rückstellungen ergeben. Können z. B. in dem Land A Rückstellungen für drohende Verluste aus schwebenden Geschäften mit steuerlicher Wirkung gebildet werden, in dem Land B hingegen nicht, so hat dies zwar keinen Einfluss auf den Totalgewinn in den Vergleichsfällen, doch ergeben sich Gewinnverschiebungen. Im Land A kann der steuerliche Gewinn früher gemindert werden als in dem Land B. Im Land A ergibt sich die Gewinnminderung bereits im Jahr der Bildung der Rückstellung, im Land B hingegen erst in dem Jahr, in dem der Verlust tatsächlich anfällt. Zeigt sich im Nachhinein, dass tatsächlich kein Verlust entstanden ist, so ist im Land A dennoch in einem früheren Jahr eine Minderung des steuerlichen Gewinns erfolgt, der dann in einem späteren Jahr eine gleich hohe Gewinnerhöhung gegenübersteht. Im Land B hingegen ist weder in der Vergangenheit eine Gewinnminderung erfolgt, noch ergibt sich nunmehr eine Gewinnerhöhung. Der Totalgewinn ist somit in den Vergleichsfällen gleich groß. Doch sind im Land A vorübergehende Steuerersparnisse im Vergleich zum Land B entstanden. Diese führen in der Form von Supplementerträgen zu Vorteilen im Land A im Vergleich zum Land B.

Auch Erträge können in unterschiedlichen Besteuerungssystemen zu unterschiedlichen Zeitpunkten steuerlich zu erfassen sein. Der vielleicht wichtigste Anwendungsfall ergibt sich aus einer unterschiedlichen Bewertung der am Bilanzstichtag vorhandenen unfertigen und fertigen Erzeugnisse. Können diese im Land A niedriger bewertet werden als im Land B, so erfolgt im Land A – c. p. – „jetzt" ein geringerer Gewinnausweis. Dies ergibt sich daraus, dass der Ertrag aus der Erhöhung des Bestands an fertigen und unfertigen Erzeugnissen im Land A mit einem geringeren Betrag zu verbuchen ist als im Land B.

Andere Abweichungen können sich aus unterschiedlichen Regelungen zur Zuschreibung nach vorangegangenen außerplanmäßigen Abschreibungen ergeben. So brauchten z. B. nach dem bis einschließlich 1998 geltenden deutschen Recht früher vorgenommene Teilwertabschreibungen nicht durch Zuschreibungen wieder ausgeglichen zu werden, wenn der Teilwert zum Bilanzstichtag wieder gestiegen war. Seit 1999 hingegen muss nach § 6 Abs. 1 Nrn. 1 und 2 EStG in derartigen Fällen bekanntlich eine Zuschreibung erfolgen. Nach altem Recht brauchte somit in derartigen Fällen kein Ertrag ausgewiesen zu werden, nach dem seit 1999 geltenden Recht hingegen muss dies geschehen.

7.6 Besteuerung ausgeschütteter Gewinne

7.6.1 Einführung

Gewinnausschüttungen stellen zunächst einmal Gewinne dar. Üblicherweise unterliegen sie deshalb auch bei der Kapitalgesellschaft der Gewinnbesteuerung in der Form einer Belastung mit Körperschaftsteuer. In verschiedenen Ländern können dann noch weitere Steuern hinzukommen, wie z. B. in Deutschland die Gewerbesteuer. Auf derartige zusätzliche Steuern soll nachfolgend nicht eingegangen, vielmehr lediglich die Belastung mit Körperschaftsteuer betrachtet werden.

Mit der Ausschüttung gelangen Gewinnbestandteile in den Verfügungsbereich der Gesellschafter (Aktionäre). Bei diesen werden sie üblicherweise als steuerpflichtige Einnahmen behandelt, in der Bundesrepublik Deutschland bekanntlich als Einnahmen aus Kapitalvermögen. Sofern der jeweilige Gesetzgeber keine abweichenden Regelungen schafft, kommt es somit zu einer definitiven Doppelbelastung derselben Gewinnbestandteile, und zwar einmal zu einer Belastung mit Körperschaftsteuer bei der Gesellschaft, zum anderen mit Einkommensteuer bei den Gesellschaftern.

In vielen Ländern hält der Gesetzgeber die aufgezeigte definitive Doppelbelastung für nicht erwünscht. Er hat deshalb Regelungen getroffen, um sie zu beseitigen oder zu verringern. Einige Länder halten allerdings an einer ungemilderten Doppelbelastung fest. Weltweit gibt es daher derzeit viele unterschiedliche Systeme der Besteuerung von Gewinnausschüttungen bei den Kapitalgesellschaften und deren Gesellschaftern. Diese Systeme lassen sich in unterschiedlicher Weise zu Gruppen zusammenfassen. Hier soll zwischen folgenden Systemen unterschieden werden:

1. Systeme einer ungemilderten definitiven Doppelbelastung mit Körperschaft- und Einkommensteuer (klassische Systeme),
2. Systeme mit einer Milderung der Steuerbelastung auf der Gesellschaftsebene mit Hilfe eines ermäßigten Körperschaftsteuersatzes für Ausschüttungen (Systeme eines gespaltenen Körperschaftsteuersatzes),
3. Systeme mit einer Entlastung auf Gesellschafterebene mit Hilfe einer vollständigen oder teilweisen Anrechnung der Körperschaftsteuer auf die Einkommensteuer (Voll- und Teilanrechnungssysteme),
4. Systeme mit einer Entlastung auf der Gesellschafterebene mit Hilfe einer vollständigen oder teilweisen Freistellung der Ausschüttungen von der Einkommensteuer (Freistellungssysteme) und
5. Systeme einer Entlastung auf der Gesellschafterebene mit Hilfe eines ermäßigten Einkommensteuersatzes (Systeme eines ermäßigten Einkommensteuersatzes, auch Shareholder-Relief-Verfahren genannt).

Nachfolgend soll auf die genannten Systeme in knapper Form eingegangen werden.

7.6.2 Klassisches System der Doppelbelastung

Das üblicherweise als *klassisch* bezeichnete System einer *Doppelbelastung ausgeschütteter Gewinne* zeichnet sich dadurch aus, dass weder bei der Kapitalgesellschaft noch bei ihren Gesellschaftern irgendeine Milderung der doppelten Belastung vorgenommen wird. Es kann bereits bei im internationalen Vergleich niedrigen Körperschaftsteuersätzen zu einer insgesamt recht *hohen Gesamtbelastung* führen.

Beispiel

Die A-Kapitalgesellschaft (A-KapG) in A-Land unterliegt einer 10 %igen Körperschaftsteuer. Ausschüttungen der A-KapG an ihre Gesellschafter unterliegen bei diesen dem Spitzensteuersatz der Einkommensteuer in A-Land i. H. v. 45 %. Die A-KapG hat 100 GE Gewinn vor Steuern zur Verfügung. Diese sollen ausgeschüttet werden, soweit sie nicht für Steuerzahlungen benötigt werden. Die Steuerzahlungen und der den Gesellschaftern zufließende Nettobetrag (Verfügungsbetrag) können wie folgt ermittelt werden:

	GE	GE
Gewinn vor Steuern		100,0
Körperschaftsteuer (100 · 10 % =)	10,0	./. 10,0
Ausschüttung		90,0
Einkommensteuer (90 · 45 % =)	40,5	./. 40,5
Gesamtsteuerbelastung	50,5	
Verfügungsbetrag		49,5

Der letztlich den Gesellschaftern zur Verfügung stehende Betrag beläuft sich also auf lediglich 49,5 GE, der größere Teil des Ausgangsbetrags, nämlich 50,5 GE ist an das Finanzamt zu entrichten. Klargestellt sei, dass ein Körperschaftsteuersatz von 10 % im internationalen Vergleich gering und ein Spitzensteuersatz der Einkommensteuer von 45 % nicht sonderlich hoch ist.

Das Beispiel veranschaulicht, dass bei Anwendung des klassischen Systems die Gesamtbelastung außerordentlich hoch sein kann. Dies wird weltweit überwiegend als nicht sachgerecht angesehen. Insbesondere wird die Gefahr gesehen, dass die hohe Steuerbelastung potentielle Eigenkapitalgeber abschrecke. Das klassische System wird deshalb auch nur noch in wenigen Staaten angewendet.[59]

7.6.3 System eines gespaltenen Körperschaftsteuersatzes

Eine Möglichkeit, die definitive Belastung mit Körperschaft- und Einkommensteuer zu mildern, besteht darin, ausgeschüttete Gewinne mit einem – bezogen auf thesaurierte Gewinne – ermäßigten Körperschaftsteuersatz zu besteuern. Dieses System wurde weltweit mehrere Jahrzehnte in vielen Ländern angewendet. In der Bundesrepublik Deutschland hat es bis einschließlich 1976 bestanden. Das deutsche System war damals durch folgende Steuersätze gekennzeichnet:

- einen Körperschaftsteuersatz auf thesaurierte Gewinne von 51 % und
- einen Körperschaftsteuersatz auf ausgeschüttete Gewinne von 15 %.

Außerdem wurde damals – ebenso wie heute – Gewerbesteuer erhoben. Da der Spitzensteuersatz der Einkommensteuer damals deutlich höher lag als heute (im Jahr 1976 betrug er 56 %), konnte sich im Einzelfall eine exorbitant hohe Steuerbelastung ergeben. Auf eine Darstellung im Einzelnen soll hier verzichtet werden.

7.6.4 Voll- und Teilanrechnungssysteme

Voll- und Teilanrechnungssysteme sind dadurch gekennzeichnet, dass in ihnen die auf die ausgeschütteten Gewinne entfallende Körperschaftsteuer in vollem Umfang (Vollanrechnungssysteme) oder teilweise (Teilanrechnungssysteme) auf die Einkommensteuer der Gesellschafter angerechnet wird. Bei einer *Vollanrechnung* werden ausgeschüttete Gewinne letztlich nur mit der Einkommensteuer des Gesellschafters belastet. Sie unterliegen also im Ergebnis dem individuellen Einkommensteuersatz (Differenzsteuersatz) des jeweiligen Gesellschafters. Damit erfolgt eine Besteuerung nach der Leistungsfähigkeit des jeweiligen Gesellschafters. Bei konsequenter Anwendung dieses der Vollanrechnung zugrunde liegenden Prinzips muss eine Anrechnung der Körperschaftsteuer auch dann erfolgen, wenn Gewinne bzw. Gewinnteile nicht im

[59] Z. B. in Irland. Vgl. *Endres/Spengel* (2016), S. 137.

Jahr ihrer Entstehung, sondern zu irgendeinem späteren Zeitpunkt ausgeschüttet werden.

Weltweit als erstes Land hatte die Bundesrepublik Deutschland zum 1.1.1977 ein Vollanrechnungssystem eingeführt. Es wurde als *körperschaftsteuerliches Anrechnungsverfahren* bezeichnet. Innerhalb der EU haben in späteren Jahren Frankreich, Italien und Finnland ebenfalls ein Vollanrechnungssystem eingeführt.[60] In der Bundesrepublik Deutschland selbst ist es mit Ablauf des Jahres 2001 wieder abgeschafft worden. Allerdings bestand nach den §§ 37 und 38 KStG eine längere Übergangsfrist, in der sich noch Wirkungen aus dem Anrechnungsverfahren ergeben konnten. Angemerkt sei, dass nach Ansicht der Verfasser die Argumente, die in der Bundesrepublik Deutschland zur Abschaffung des körperschaftsteuerlichen Anrechnungsverfahrens geführt haben, wenig überzeugend waren.[61]

Im Gegensatz zu den Vollanrechnungssystemen wird bei den *Teilanrechnungssystemen* die auf die Ausschüttungen entfallende Körperschaftsteuer nicht in vollem Umfang, sondern lediglich teilweise auf die Einkommensteuer der Gesellschafter angerechnet. Derzeit gibt es ein derartiges Teilanrechnungssystem z. B. in Großbritannien.[62]

7.6.5 Freistellungssysteme

Eine doppelte Definitivbelastung ausgeschütteter Gewinne mit Körperschaft- und Einkommensteuer lässt sich dadurch vermeiden, dass die Ausschüttungen bei den Gesellschaftern von der Einkommensteuer freigestellt werden. In einem derartigen *Freistellungssystem* werden die Gewinne also nur mit Körperschaftsteuer, nicht hingegen mit Einkommensteuer belastet. Innerhalb der EU wird eine vollständige Freistellung der Ausschüttungen von der Einkommensteuer derzeit u. a. in Estland praktiziert.[63]

Anstelle einer vollständigen ist auch eine teilweise Freistellung der Ausschüttungen von der Einkommensteuer denkbar. Ein derartiges System der teilweisen Freistellung wurde bzw. wird in der Bundesrepublik Deutschland mit dem *Halbeinkünfteverfahren* bzw. dem *Teileinkünfteverfahren* praktiziert.

7.6.6 Ermäßigter Einkommensteuersatz

Eine Möglichkeit, die doppelte Belastung ausgeschütteter Gewinne mit Körperschaft- und Einkommensteuer zu mildern, besteht darin, die Ausschüttungen bei dem Gesellschafter nicht mit dem normalen, sondern mit einem ermäßigten Einkommensteuersatz zu besteuern. Eine derartige Vorgehensweise ist auch unter dem Begriff des *Shareholder-Relief-Verfahrens* bekannt. Innerhalb der EU findet es in vielen Ländern, u. a. in Belgien, Dänemark, Finnland, Frankreich, Italien, Kroatien, Österreich, Polen, Schweden, Spanien und – seit dem

---

[60] Vgl. *Bareis* (2000), S. 139.

[61] Zur Kritik an der Abschaffung des Anrechnungsverfahrens s. *Schneeloch/Trockels-Brand* (2000), S. 907 ff.

[62] Vgl. *Endres/Spengel* (2016), S. 137.

[63] Vgl. *Endres/Spengel* (2016), S. 137 f.

Veranlagungszeitraum 2009 – auch in der Bundesrepublik Deutschland Anwendung.[64]

Eine Ermäßigung des Einkommensteuersatzes kann im Hinblick auf zwei unterschiedliche Bezugsgrößen erfolgen. Die erste Möglichkeit besteht darin, dass die Bezugsgröße in dem Spitzensteuersatz des Landes besteht. Der ermäßigte Steuersatz ist dann in Bezug auf den Spitzensteuersatz ermäßigt. Bei dieser Vorgehensweise kann die Einkommensteuer auf die Gewinnausschüttung als Abgeltungsteuer gestaltet werden. Sie wird dann von der ausschüttenden Gesellschaft bzw. von der Depotbank einbehalten und für Rechnung des Steuerschuldners an das Finanzamt abgeführt. Die Ausschüttung wird nicht in die Veranlagung zur Einkommensteuer einbezogen. Zu einer Ermäßigung der Steuerbelastung gegenüber einer Einbeziehung der Ausschüttung in das zu versteuernde Einkommen kann es bei dieser Vorgehensweise nur dann kommen, wenn der Abgeltungsteuersatz niedriger ist als der Differenzeinkommensteuersatz im Falle einer Einbeziehung in das zu versteuernde Einkommen. Ist der Abgeltungsteuersatz hingegen höher, so kommt es nicht zu einer Entlastung, sondern zu einer Verschärfung der Doppelbelastung. Dies kann dadurch vermieden werden, dass dem Steuerpflichtigen das Recht eingeräumt wird, eine Einbeziehung der Ausschüttungen in das zu versteuernde Einkommen zu beantragen. Dies ist z. B. in Deutschland der Fall. Das soeben dargestellte System wird in der Bundesrepublik Deutschland seit dem Veranlagungszeitraum 2009 angewendet.

Die zweite mögliche Bezugsgröße für die Ermäßigung des Einkommensteuersatzes kann der „normale" individuelle Einkommensteuersatz des einzelnen Gesellschafters sein. So kann der ermäßigte Einkommensteuersatz z. B. ein bestimmter Prozentsatz des Durchschnittssteuersatzes des einzelnen Gesellschafters sein. Die Art der Ermäßigung ist dann vergleichbar mit derjenigen, die sich nach deutschem Recht aus § 34 Abs. 3 EStG ergibt. Klargestellt sei, dass § 34 Abs. 3 EStG (selbstverständlich) keine Begünstigungsvorschrift für Gewinnausschüttungen darstellt. Begünstigt werden nach dieser Vorschrift vielmehr – unter den engen Voraussetzungen dieser Vorschrift – bestimmte außerordentliche Einkünfte.

Die bisherigen Ausführungen zeigen Folgendes:

- Wird als Bezugsgröße für die Festlegung eines ermäßigten Einkommensteuersatzes der Spitzensteuersatz des jeweiligen Landes gewählt, so kann im individuellen Einzelfall die Situation entstehen, dass es überhaupt nicht zu einer Einkommensteuerentlastung kommt oder statt einer Entlastung sogar eine zusätzliche Belastung entsteht.

- Wird als Bezugsgröße eines ermäßigten Steuersatzes hingegen der „normale" Einkommensteuersatz des jeweiligen Gesellschafters gewählt, so kommt es stets zu einer Ermäßigung der Steuerbelastung im Vergleich zu einer „normalen" Besteuerung.

[64] Vgl. *Endres/Spengel* (2016), S. 137 ff.

7.6.7 Das Problem einer Mehrfachbelastung

In vielen Ländern ist zwar eine definitive Doppelbelastung ausgeschütteter Gewinne mit Körperschaft- und Einkommensteuer gewollt, nicht aber eine doppelte oder gar mehrfache Belastung mit Körperschaftsteuer. Zu einer derartigen Doppelbelastung mit Körperschaftsteuer kommt es aber grundsätzlich dann, wenn eine Kapitalgesellschaft an einer anderen beteiligt ist und von dieser Gewinnausschüttungen erhält. Eine *Mehrfachbelastung* entsteht dann, wenn Beteiligungen übereinander geschachtelt sind, etwa Kapitalgesellschaft A an Kapitalgesellschaft B und diese an Kapitalgesellschaft C beteiligt ist.

Soll eine derartige Doppel- oder Mehrfachbelastung mit Körperschaftsteuer vermieden werden, so kann dies am einfachsten dadurch geschehen, dass die Ausschüttungen bei der Gesellschaft, die die Beteiligung hält (Obergesellschaft), steuerbefreit werden. Dies ist eine Regelung, die in der Bundesrepublik Deutschland mit § 8b Abs. 1 KStG herbeigeführt wird. Allerdings sind auf Grund des § 8b Abs. 5 KStG tatsächlich derzeit (Rechtsstand Frühjahr 2020) nur 95 % der Ausschüttungen befreit. Zu Zeiten des körperschaftsteuerlichen Anrechnungsverfahrens war eine Regelung wie hier dargestellt nicht erforderlich, da die Körperschaftsteuer der ausschüttenden Kapitalgesellschaft bei der Obergesellschaft angerechnet wurde.

Auch in anderen Ländern als der Bundesrepublik Deutschland bleiben Ausschüttungen bei einer Obergesellschaft körperschaftsteuerfrei. Das gilt innerhalb Europas für die Länder Dänemark, Finnland, Großbritannien, Irland, Italien, Luxemburg, Österreich, Schweden und Spanien. Einige dieser Länder, nämlich Dänemark, Luxemburg, die Niederlande, Schweden und Spanien setzen allerdings eine Mindestbeteiligung der Obergesellschaft an der ausschüttenden Gesellschaft (Untergesellschaft) voraus.[65]

7.6.8 Vergleich der Systeme miteinander

Ein Vergleich der Systeme miteinander zeigt, dass eine definitive Doppelbelastung mit Körperschaft- und Einkommensteuer nur dann vollständig vermieden werden kann, wenn entweder eine *vollständige Anrechnung* der Körperschaftsteuer auf die Einkommensteuer oder aber eine *vollständige Freistellung* der Ausschüttungen bei dem Empfänger erfolgt. In allen anderen Fällen hingegen wird eine Doppelbelastung überhaupt nicht oder nur teilweise vermieden.[66]

Die Systeme der Vollanrechnung und der vollständigen Freistellung sind auch die einzigen, die keine Spezialregelung zur Vermeidung einer doppelten oder mehrfachen Belastung mit Körperschaftsteuer erforderlich machen. Die Steuerwirkungen dieser beiden Systeme können allerdings erheblich voneinander abweichen. Während bei der Vollanrechnung letztlich eine Belastung mit dem individuellen Einkommensteuersatz des Gesellschafters erfolgt, ergibt sich bei der Freistellungsmethode eine Belastung mit dem Körperschaftsteuersatz der Kapitalgesellschaft. Wird eine Besteuerung nach der Leistungsfähigkeit der einzelnen Gesellschafter angestrebt, so kommt nur ein System der vollständigen Anrechnung der Körperschaftsteuer auf die Einkommensteuer in Betracht.

---

65 Siehe hierzu die Länderteile in *Förster* (2019) unter dem Stichwort „Schachtelprivileg“.

66 Siehe hierzu die Aufstellung von *Sigloch* (2000), S. 165.

7.7 Aufgabe 8

8. Seit seiner Scheidung vor einem Jahr ist Björn Björnson (B) aus Kiruna der langen nordschwedischen Winter überdrüssig. Er beschließt deshalb, in südlichere Gefilde auszuwandern und seinen hochrentablen Betrieb der Nanotechnik in seine neue Heimat zu verlagern. Seine besten Mitarbeiter hat er bereits davon überzeugt, dass sie im Süden wesentlich besser leben können; sie haben zugesagt, auch in seinem neuen Betrieb zu arbeiten.

   Nach einer sorgfältigen Untersuchung nichtsteuerlicher Faktoren und langen Diskussionen mit seinen Mitarbeitern kommt B zu dem Ergebnis, dass als Zielländer der geplanten Auswanderung lediglich die Länder D und F in Betracht kommen. Vor einer endgültigen Entscheidung will B wissen, welches der beiden Länder für ihn steuerlich vorteilhafter ist. Er beauftragt seinen Steuerberater Sven Svenson (S) mit einer entsprechenden Untersuchung. Da B erbschaft- und schenkungsteuerliche Aspekte trotz seines hohen Vermögens nicht interessieren und da weiterhin in beiden Ländern umsatzsteuerlich das Mehrwertsteuersystem angewendet wird, soll sich die Untersuchung auf ertragsteuerliche Wirkungen beschränken. Aus Haftungsgründen kommt für B in beiden Ländern nur die Gründung einer Kapitalgesellschaft in Betracht. B will Alleingesellschafter der Kapitalgesellschaft werden. In beiden Ländern ist dies gesellschaftsrechtlich möglich.

   Im Rahmen seiner Untersuchung stellt S fest, dass in D-Land eine 25 %ige Körperschaftsteuer erhoben wird. Diese ist nicht als Betriebsausgabe abzugsfähig. Außerdem wird in D-Land eine regionale Steuer erhoben. Der Steuersatz dieser Steuer variiert zwischen den einzelnen Regionen. Im Durchschnitt beträgt er etwa 20 %. Die regionale Steuer ist als Betriebsausgabe bei der Gewinnermittlung abzugsfähig. Sowohl die Körperschaftsteuer als auch die regionale Steuer haben definitiven Charakter, d. h. sie werden unabhängig davon erhoben, ob die der Besteuerung zugrunde liegenden Gewinne einbehalten oder ausgeschüttet werden. Auch eine Anrechnung dieser Steuern auf die persönliche Einkommensteuer der Gesellschafter findet nicht statt. Werden Gewinne ausgeschüttet, so unterliegt die Hälfte der Ausschüttungen der Einkommensteuer der Gesellschafter; die andere Hälfte ist einkommensteuerfrei. Der Spitzensteuersatz der Einkommensteuer beträgt 42 %.

   In F-Land erhebt lediglich der Zentralstaat eine Körperschaftsteuer. Eine zusätzliche regionale Steuer wird also nicht erhoben. Der Körperschaftsteuersatz beträgt 45 %. Die Körperschaftsteuer stellt bei der steuerlichen Gewinnermittlung keine abzugsfähige Betriebsausgabe dar. Schüttet eine Kapitalgesellschaft Gewinne aus, so unterliegt die Ausschüttung bei dem Gesellschafter in vollem Umfang der Einkommensteuer. Der Spitzensatz der Einkommensteuer entspricht dem Körperschaftsteuersatz. Er beträgt also 45 %. Auf die Einkommensteuer wird die von der Kapitalgesellschaft gezahlte Körperschaftsteuer insoweit in vollem Umfang angerechnet, als sie auf die ausgeschütteten Gewinnbestandteile entfällt. Der Gesellschafter hat zusätzlich zu der Gewinnausschüttung auch das auf ihn entfallende körperschaftsteuerliche Anrechnungsguthaben zu versteuern.

Nehmen Sie bitte auf der Grundlage des geschilderten Sachverhalts zu der Frage Stellung, welches der beiden Ländern sich für B aus steuerlicher Sicht besser zur Auswanderung eignet. Sollte der Sachverhalt für eine abschließende Beurteilung nicht hinreichend geklärt sein, erläutern Sie bitte, welche Einflussfaktoren noch zusätzlich untersucht werden sollten.

Teil II

Autonome Steuerplanung

1 Einführung

In diesem zweiten Teil des vorliegenden Buches sollen Probleme einer *autonomen Steuerplanung* behandelt werden. Hierbei handelt es sich um Probleme, die mit der Ausnutzung bzw. Nichtausnutzung steuerlicher Wahlrechte und Ermessensspielräume zusammenhängen. Hierbei geht es zum einen um die Suche nach möglichst einfachen Kriterien, anhand derer die Vorteilhaftigkeit der Ausübung von Wahlrechten und Ermessensspielräumen beurteilt werden kann. Zum anderen geht es um die Herausarbeitung wichtiger derartiger Aktionsparameter sowie deren zielgerichteten Einsatz.

Die meisten und zugleich viele der wichtigsten Aktionsparameter einer autonomen Steuerpolitik dürften die Möglichkeit einer zeitlichen Einkommensverlagerung beinhalten. Innerhalb dieser Gruppe von Aktionsparametern dürften diejenigen, die die *Steuerbilanzpolitik* betreffen, von herausragender Bedeutung sein. Bei der **Steuerbilanzpolitik** geht es um Maßnahmen zur optimalen Gestaltung der Steuerbilanz.

Neben Maßnahmen der Steuerbilanzpolitik dürften auch solche einer zeitlichen Einkommensverlagerung im Rahmen einer Ermittlung des steuerlichen Gewinns mit Hilfe einer Einnahmen-Überschussrechnung gem. § 4 Abs. 3 EStG von großer Bedeutung sein. Auch im Rahmen anderer Einkünfte als der der Gewinneinkünfte können im Einzelfall Aktionsparameter einer zeitlichen Einkommensverlagerungspolitik vorhanden sein. Das gilt insbesondere hinsichtlich der Einkünfte aus Vermietung und Verpachtung.

Steuerliche Wahlrechte und Ermessensspielräume gibt es auch bei *anderen Steuerarten* als den Ertragsteuern. Diese zeitigen andere Steuerwirkungen als zeitliche Steuerverlagerungen. Genannt seien z. B. das Wahlrecht nach § 9 Abs. 1 UStG sowie zahlreiche Wahlrechte und Ermessensspielräume im Zusammenhang mit der Ermittlung des steuerpflichtigen Erwerbs bei der Erbschaft- bzw. Schenkungsteuer.

In dem nachfolgenden umfangreichen *Gliederungspunkt 2 (S. 133)* wird nach möglichst einfachen Vorteilskriterien für unterschiedliche Fälle einer autonomen Steuerplanung gesucht. Der Schwerpunkt der Ausführungen liegt hier bei den Fällen einer zeitlichen Verlagerung von Ertragsteuern. Innerhalb dieser Fallgruppe spielen die Fälle einer *Steuerbilanzpolitik* eine herausragende Rolle.

Innerhalb der *Gliederungspunkte 3 (S. 149) bis 5 (S. 179)* werden anhand der einschlägigen Gesetze Aktionsparameter, d. h. Wahlrechte und Ermessensspielräume, einer autonomen Steuerplanung ermittelt. Der *Schwerpunkt* der Ausführungen liegt hierbei auf der Ermittlung von Aktionsparametern im Rahmen der *Steuerbilanzpolitik*. Aber auch andere Aktionsparameter spielen im Einzelfall eine wichtige Rolle. Auf einige von ihnen wird ebenfalls eingegangen.

2 Vorteilskriterien der autonomen Steuerplanung

2.1 Steuerbarwertminimierung als allgemeines Kriterium

Kennzeichen einer autonomen Steuerplanung ist, dass ausschließlich Steuerzahlungen entscheidungsrelevant sind. Alle künftigen Ein- und Auszahlungen, mit Ausnahme der Steuerzahlungen, sind hingegen definitionsgemäß entscheidungsirrelevant. Vorteilskriterium ist damit der Steuerbarwert. Diesen gilt es zu minimieren. Aus dem übergeordneten Ziel der Kapitalwertmaximierung wird somit das Subziel der **Steuerbarwertminimierung**.[67] Hierbei ist es ausreichend, lediglich die durch die Steuergestaltungsmaßnahme beeinflussten Steuern zu berücksichtigen. Es genügt also die *Ermittlung des Barwerts der Steuerdifferenzen*. Damit wird die Ermittlung des Vorteilhaftigkeitskriteriums im Vergleich zu dem der Berechnung des Kapitalwertmaximums erheblich vereinfacht. Aber auch die Ermittlung eines wohl definierten Steuerbarwerts kann im Einzelfall noch sehr aufwendig und mit erheblichen Unsicherheiten behaftet sein. Deshalb ist es naheliegend, bei konkreten Fragestellungen nach weiter vereinfachenden Ersatzkriterien des Vorteilsvergleichs zu suchen. Dies soll nachfolgend für die große *Fallgruppe der zeitlichen Einkommensverlagerung* geschehen. Wie bereits ausgeführt, ist innerhalb dieser Fallgruppe die Untergruppe der *Steuerbilanzpolitik* von großer Bedeutung.

Die nachfolgende Darstellung erfolgt für den Fall, dass sich die Ausübung des Aktionsparameters der *zeitlichen Einkommensverlagerung* in einem *Gewerbebetrieb* abspielt. Damit entstehen grundsätzlich neben einkommen- bzw. körperschaftsteuerlichen Wirkungen auch gewerbesteuerliche. Die Anwendung der abzuleitenden Formeln ist aber problemlos auch im nichtgewerblichen Bereich möglich. Dies kann am einfachsten dadurch geschehen, dass in der einschlägigen Gleichung m_e oder h gleich Null gesetzt wird.

2.2 Barwert einer Steuerverlagerung

Durch die Ausübung eines zeitlichen steuerlichen Wahlrechts oder Ermessensspielraums im gewerblichen Bereich (nachfolgend als „Wahlrecht" bezeichnet) für das Jahr $t = 0$ in der Form, dass ein niedrigerer als der höchstzulässige Wert angesetzt wird, vermindert sich E i. S. d. in Teil I (S. 3) abgeleiteten Gesamtbelastungsgleichungen.[68]

---

[67] Vgl. *Marettek* (1971), S. 169 ff; *Siegel* (1982), S. 178; *Siegel* (1989); *Kußmaul* (2020), S. 148.

[68] Vgl. Teil I (S. 3), Gliederungspunkte 4.2 (S. 52), 4.2.2 (S. 56) und 4.3.1 (S. 68) sowie Anhang 2: Wichtige Formeln (S. 229).

Wird die aus der Ausübung des Wahlrechts durch ein Personenunternehmen resultierende Verringerung der Steuerbemessungsgrundlage als W_0 bezeichnet, so ergibt sich für das Jahr der Ausübung des Wahlrechts eine Steuerminderung (S_0) von:

$$S_0 = W_0 \cdot [s_{e0} + m_{e0} \cdot h_0 - \alpha_0 \cdot m_{e0} \cdot (1 + s_{olz0})]. \tag{116}$$

Wird das Wahlrecht nicht im Rahmen eines Gewerbebetriebes ausgeübt, so nimmt m_{e0} in Gleichung (116) den Wert 0 an, d. h. W_0 hat die Wirkung einer Minderung von E_e i. S. v. Gleichung (I).

Die volle oder teilweise Auflösung der durch die Ausübung eines Wahlrechts gebildeten stillen Reserven (W_t) in einem oder in mehreren späteren Jahren (t = 1, 2, ..., n) führt zu einer Erhöhung des steuerlichen Gewinns, so dass sich im Jahre t eine zusätzliche Steuerbelastungsdifferenz (S_t) ergibt. Diese beträgt:

$$S_t = W_t \cdot [s_{et} + m_{et} \cdot h_t - \alpha_t \cdot m_{et} \cdot (1 + s_{olzt})]. \tag{117}$$

Handelt es sich um ein nicht in einem Gewerbebetrieb ausgeübtes Wahlrecht, so nimmt m_{et} den Wert 0 an, d. h. W_t hat die Wirkung einer Erhöhung von E_e i. S. v. Gleichung (I).

Die Differenz aus der Steuerersparnis bei Ausübung des Wahlrechts und dem Barwert der Steuermehrzahlungen als Folge der Auflösung des Wahlrechts wird hier *Barwert der Steuerverlagerung* genannt. Bei Personenunternehmen beträgt dieser Barwert ($B_{ar/persu}$):

$$\begin{aligned} B_{ar/persu} &= W_0 \cdot [s_{e0} + m_{e0} \cdot h_0 - \alpha_0 \cdot m_{e0} \cdot (1 + s_{olz0})] \\ &\quad - \sum_{t=1}^{n} W_t \cdot [s_{et} + m_{et} \cdot h_t - \alpha_t \cdot m_{et} \cdot (1 + s_{olzt})] \cdot q^{-t}. \end{aligned} \tag{118}$$

Die Ausübung des Bewertungswahlrechts ist vorteilhaft, wenn gilt:

$$\begin{aligned} & W_0 \cdot [s_{e0} + m_{e0} \cdot h_0 - \alpha_0 \cdot m_{e0} \cdot (1 + s_{olz0})] \\ & \quad > \sum_{t=1}^{n} W_t \cdot [s_{et} + m_{et} \cdot h_t - \alpha_t \cdot m_{et} \cdot (1 + s_{olzt})] \cdot q^{-t}. \end{aligned} \tag{119}$$

Wird ein Wahlrecht von einer Kapitalgesellschaft ausgeübt bzw. aufgelöst, kann dieser Vorgang dadurch berücksichtigt werden, dass s_e in den Gleichungen (116) bis (118) durch s_k ersetzt wird. Außerdem findet keine Anrechnung von Gewerbesteuer nach § 35 EStG statt, d. h. es gilt $\alpha = 0$. Gleichung (118) und Ungleichung (119) werden dann zu:

$$B_{ar/kap} = W_0 \cdot (s_{k0} + m_{e0} \cdot h_0) - \sum_{t=1}^{n} W_t \cdot (s_{kt} + m_{et} \cdot h_t) \cdot q^{-t}. \tag{120}$$

bzw.

$$W_0 \cdot (s_{k0} + m_{e0} \cdot h_0) > \sum_{t=1}^{n} W_t \cdot (s_{kt} + m_{et} \cdot h_t) \cdot q^{-t}. \tag{121}$$

Beispiel

Die X-GmbH hat im Januar des Jahres t = 0 eine Spezialmaschine zum Gebrauch im eigenen Betrieb fertiggestellt und in Betrieb genommen. Während des Herstellungszeitraums sind der X-GmbH Kosten für die allgemeine Verwaltung und für soziale Einrichtungen im Betrieb in Höhe von 8.000 € entstanden. Die betriebsgewöhnliche Nutzungsdauer der Spezialmaschine beträgt 2 Jahre, der Körperschaftsteuersatz 15 %, der Solidaritätszuschlag 5,5 %. Der Hebesatz der Gewerbesteuer beträgt 400 %. Ohne nähere Untersuchung soll hier aus Vereinfachungsgründen davon ausgegangen werden, dass mögliche Steuerersparnisse des Jahres t = 0 mit einem Nettozinssatz, d. h. einem Zinssatz nach Steuern, in Höhe von 4 % angelegt werden können.

Bei Ansatz der Maschine im Anlagevermögen der X-GmbH dürfen angemessene Teile der Kosten für die allgemeine Verwaltung und für soziale Einrichtungen im Betrieb in die Herstellungskosten einbezogen werden. Ausgehend davon, dass die entstandenen Kosten in Höhe von 8.000 € als angemessen zu betrachten sind, besteht ein Wahlrecht. Die angefallenen Kosten, die als Aufwand verbucht worden sind, können im Rahmen der Ermittlung der Herstellungskosten erfasst werden. Der Buchungssatz lautet dann: „Maschine 8.000 € an aktivierte Eigenleistungen 8.000 €". Es wird also im Jahr t = 0 ein Ertrag (aktivierte Eigenleistung) i. H. v. 8.000 € verbucht. In den Jahren t = 0 und t = 1 muss die X-GmbH dann jeweils eine Abschreibung von 4.000 € vornehmen. Per Saldo ergibt sich also im Jahr t = 0 eine Gewinnerhöhung von 4.000 € und im Jahr t = 1 eine Gewinnminderung von ebenfalls 4.000 €. Infolgedessen nehmen sowohl W_0 als auch W_t in Gleichung (120) den Wert 4.000 € an. Der Barwert der Steuerverlagerung beträgt dann (4.000 · 0,29825 - 4.000 · 0,29825 · 1,04^{-1} ≈) 45,88 €. Um diesen Betrag ist eine Verbuchung von 8.000 € als aktivierte Eigenleistung nachteiliger als ein Verzicht auf eine derartige Ertragsbuchung.

2.3 Vorteilskriterien und abgeleitete Zielsetzungen bei linearen und im Zeitablauf gleichbleibenden Steuersätzen

2.3.1 Nettozinssätze als Vorteilskriterien

Es kann davon ausgegangen werden, dass in aller Regel die Auflösung eines Bewertungswahlrechtes insgesamt mit demselben Betrag erfolgt wie die vorhergegangene Ausübung.[69] Nur dieser Fall wird hier betrachtet. Es gilt also $W_0 = W_t$. Sind alle Steuersätze (s_e, $m_e \cdot h$) sowie der Anrechnungsfaktor α während des gesamten Planungszeitraums konstant, d. h. liegen *lineare* und *im Zeitablauf gleichbleibende Steuersätze* vor, so kann anstelle von Ungleichung (119) folgende Ungleichung geschrieben werden:

[69] Vgl. *Müller-Kröncke* (1974), S. 243 f.

$$W \cdot [s_e + m_e \cdot h - \alpha \cdot m_e \cdot (1 + s_{olz})] > \sum_{t=1}^{n} W \cdot [s_e + m_e \cdot h - \alpha \cdot m_e \cdot (1 + s_{olz})] \cdot q^{-t}. \tag{122}$$

Entsprechend ergibt sich für Kapitalgesellschaften anstelle von Ungleichung (121) folgende Ungleichung:

$$W \cdot (s_k + m_e \cdot h) > \sum_{t=1}^{n} W \cdot (s_k + m_e \cdot h) \cdot q^{-t}. \tag{123}$$

In diesen Fällen ist die Bedingung der Ungleichungen (119) bzw. (121) dann erfüllt, wenn gilt:

$$\frac{1}{q} < 1 \text{ bzw.} \tag{124}$$

$$q > 1. \tag{125}$$

Da definitionsgemäß gilt

$$q = 1 + i_n, \tag{126}$$

kann Ungleichung (125) in der Form

$$1 + i_n > 1 \tag{127}$$

geschrieben werden. Hieraus ergibt sich als Vorteilskriterium:

$$i_n > 0. \tag{128}$$

Verbal bedeutet Ungleichung (128) Folgendes: Eine *Einkommensnachverlagerung* ist zumindest immer dann *vorteilhaft*, wenn der Nettozinssatz der Differenzinvestitionen während des ganzen Vergleichszeitraums stets größer als Null ist.

Ungleichung (128) ist nur dann anwendbar, wenn die Einkommen- (Körperschaft-) und Gewerbesteuersätze, die zu Steuerent- bzw. -belastungen führen, für alle relevanten Jahre gleich sind. Bei natürlichen Personen ist dies nur dann der Fall, wenn sich deren Einkommen mit und ohne Einkommensnachverlagerung in einem – und zwar in demselben – Proportionalbereich des Einkommensteuertarifs befinden. In aller Regel kann dies nur ein Bereich oberhalb des Progressionsbereichs, d. h. der untere oder der obere Plafond, sein.

Ist der Nettozinssatz der Supplementinvestitionen in einzelnen Jahren positiv, in anderen negativ, so kann Ungleichung (128) grundsätzlich nicht für einen vereinfachten Vorteilsvergleich herangezogen werden. Vorteilskriterium ist dann gemäß Ungleichung (119) bzw. (121) der Barwert der Steuerverlagerung. Ist aber die Nettoverzinsung lediglich in einem oder wenigen Jahren negativ, in allen anderen Jahren des Vergleichszeitraums hingegen positiv, so lässt sich vielfach schätzen, ob die Zinswirkung die Steuerverlagerung insgesamt vorteilhaft werden lässt. In diesen Fällen kann Ungleichung (128) somit Grundlage einer Schätzung der Vorteilhaftigkeit sein. In Gliederungspunkt 2.3.3 wird begründet werden, dass ein negativer Nettozinssatz bei einem positiven Bruttozinssatz in der Bundesrepublik Deutschland derzeit nicht vorkommen kann.

2.3.2 Die Zielsetzung der maximalen Einkommensnachverlagerung

Der Nettozinssatz als Vorteilskriterium ist für einen einzelnen Aktionsparameter abgeleitet worden. Doch kann dieses Kriterium auch bei einer Vielzahl von Aktionsparametern angewendet werden.[70] Die Handlungsanweisung für eine nach dem Vorteilskriterium ausgerichtete Steuerverlagerungspolitik lautet dann: Betreibe in jeder Periode **maximale Einkommensnachverlagerung**. Bei Wahlrechten im Rahmen einer *steuerlichen Gewinnermittlung* durch Bestandsvergleich führt dies zu den Subzielen einer *maximalen Aufwandsvorverrechnung* und einer *maximalen Ertragsnachverrechnung*. Unter einer **maximalen Aufwandsvorverrechnung** wird eine möglichst frühzeitige Verrechnung von Aufwendungen, unter einer **maximalen Ertragsnachverrechnung** eine möglichst späte Erfassung von Erträgen verstanden.

Gegen eine Politik der maximalen Aufwandsvorverrechnung sind in der Literatur Bedenken erhoben worden.[71] Sie lassen sich dahingehend zusammenfassen, dass die Gefahr bestünde, dass durch eine maximale Aufwandsvorverrechnung in einem Jahr höhere Aufwandsverrechnungen in späteren Jahren, die insgesamt zu einem besseren Ergebnis führten, verhindert würden. Sollte diese Befürchtung zu Recht bestehen, wäre das hier entwickelte Vorteilskriterium nur in Ausnahmefällen anwendbar. Ausführungen an späterer Stelle (Gliederungspunkt 3.5.2 (S. 162)) zeigen aber, dass die Befürchtung in aller Regel unbegründet ist.

2.3.3 Der mindest erforderliche Bruttozinssatz

Für die Disposition eines Steuerpflichtigen reicht die Erkenntnis nicht aus, dass eine Steuerverlagerung nur dann vorteilhaft ist, wenn der Nettozinssatz möglicher Supplementinvestitionen größer als Null ist. Vielmehr muss er wissen, welcher Bruttozinssatz zu einem positiven Nettozinssatz führt.

Der zu einem vorgegebenen Nettozinssatz gehörige Bruttozinssatz lässt sich den in Teil I, Gliederungspunkt 6 (S. 85) abgeleiteten Gleichungen zur Ermittlung der Nettozinssätze von Finanzinvestitionen entnehmen. Der Nettozinssatz bei Kapitalgesellschaften beträgt nach Gleichung (IX) des ersten Teils dieses Buches:

$$i_{n/kap} = i_b \cdot [1 - s_k - m_e \cdot h \cdot (1 - \beta)] \,. \qquad \text{(IX)}$$

[70] Vgl. hierzu Gliederungspunkt 2.7 (S. 146).

[71] Vgl. *Müller-Kröncke* (1974), S. 243 f.

Der Nettozinssatz für Personenunternehmen mit Supplementinvestitionen im gewerblichen Bereich ergibt sich aus der ebenfalls in Teil I, Gliederungspunkt 6 (S. 85) abgeleiteten Gleichung (X). Er beträgt:

$$i_{n/persu} = \{1 - s_{e§32a} - m_e \cdot [h \cdot (1-\beta) - \alpha \cdot (1+s_{olz}) \cdot (1-\beta)]\} \cdot i_b. \qquad \text{(X)}$$

Aus der Struktur der Gleichungen (IX) und (X) lässt sich ersehen, dass $i_{n/kap}$ bzw. $i_{n/persu}$ nur dann einen negativen Wert annehmen kann, wenn der jeweilige Ertragsteuersatz > 1 oder $i_b < 0$ ist.

Körperschaft- oder Einkommensteuersätze von mehr als 100 % ($s_k > 1$ bzw. $s_{e§32a} > 1$) gibt es in der Bundesrepublik Deutschland nicht. Sie sind hier auch derzeit bereits aus rechtlichen Gründen nicht vorstellbar. Damit ist geklärt, dass bei linearen und im Zeitablauf gleichbleibenden Steuersätzen eine Politik der maximalen Einkommensnachverlagerung grundsätzlich dann vorteilhaft ist, wenn der Bruttozinssatz der Supplementinvestitionen größer als Null ist. Bruttozinssätze von weniger als 0 % kommen zwar derzeit im Habenzinsbereich durchaus vor, in dem für die Steuerplanung vermutlich deutlich wichtigeren Sollzinsbereich aber nicht. Im historischen Ablauf sind Habenzinssätze im negativen Bereich eine äußerst seltene Ausnahme. Damit kann davon ausgegangen werden, dass bei linearen und im Zeitablauf gleichbleibenden Steuersätzen eine Politik der maximalen Einkommensnachverlagerung i. d. R. vorteilhaft ist.

Angemerkt sei, dass sich auch bei einem positiven Bruttozinssatz in Ausnahmefällen eine negative Nettoverzinsung ergeben kann, und zwar dann, wenn der Bruttozinssatz sehr niedrig ist. Voraussetzung ist allerdings, dass die Supplementinvestitionen nicht nur – wie hier – mit Ertrag- sondern auch mit Substanzsteuern belastet werden. Dies war in der Bundesrepublik Deutschland bis einschließlich des Veranlagungszeitraums 1996 der Fall. Näheres hierzu ist in der ersten Auflage dieses Buches dargestellt worden.[72]

2.3.4 Aufgabe 9

9. Der Geschäftsführer G der X-GmbH erwägt, zum 31.12.2020 eine rechtlich zulässige Sonderabschreibung vorzunehmen. Die GmbH könnte hierdurch ihr zu versteuerndes Einkommen für das Jahr 2020 um 150 T€ senken. Sie müsste dann in den folgenden 10 Jahren eine Einkommenserhöhung von je 15 T€ in Kauf nehmen. G geht davon aus, dass temporäre Steuerersparnisse eine Verringerung der kurzfristigen Kontokorrentverbindlichkeiten der X-GmbH bewirken werden. Er nimmt an, dass der Sollzinssatz 5 % p. a. betragen wird, die Zinsen aber nicht zu einer Hinzurechnung gem. § 8 Nr. 1 GewStG führen werden. G rechnet für alle relevanten Jahre mit positiven zu versteuernden Einkommen. Er nimmt an, dass die für das Jahr 2020 geltende Rechtslage auch während der folgenden 10 Jahre bestehen wird. Er geht davon aus, dass der Gewerbesteuerhebesatz stets 420 % betragen wird.

   Es ist zu untersuchen, ob bei steuerlicher Partialbetrachtung die Vornahme der Sonderabschreibung vorteilhaft ist.

[72] Vgl. *Schneeloch* (1994), S. 92 ff.

2.4 Vorteilskriterien und abgeleitete Zielsetzungen bei natürlichen Personen mit Einkommen im Progressionsbereich der Einkommensteuer

2.4.1 Gleichwertigkeitsbedingung und Gleichwertigkeitsskalen

Hat ein Steuerpflichtiger Einkommen im Progressionsbereich der Einkommensteuer, so können die Nettozinssätze nicht als Vorteilskriterien dienen. Hier ist eine Einkommensverlagerung aus dem Jahre t in das Jahr $t + 1$ vielmehr erst dann vorteilhaft, d. h. der Steuerbarwert vermindert sich, wenn folgende Bedingung erfüllt ist:

Die Steuerersparnis im Jahre t als Folge der Einkommensnachverlagerung, erhöht um den hieraus entstehenden Nettodifferenzertrag bis zum Ende des Jahres t + 1, muss größer sein als die hierdurch hervorgerufene Steuermehrzahlung im Jahre t + 1.

Die Steuerersparnis des Jahres t ergibt sich aus Gleichung (116), die Steuermehrzahlung des Jahres $t + 1$ aus Gleichung (117). Da ab Veranlagungszeitraum 2021 auf zu versteuernde Einkommen im Progressionsbereich kein Solidaritätszuschlag mehr erhoben wird, kann in der genannten Gleichung $s_{olz} = 0$ gesetzt werden. Der Differenzertrag ist das Produkt aus der Steuerersparnis des Jahres t und dem Nettozinssatz des Jahres $t + 1$. Der Nettozinssatz ist aus Gleichung (X) zu errechnen. Die Vorteilhaftigkeitsbedingung ist erfüllt, wenn gilt:

$$
\begin{aligned}
& W_t \cdot (s_{et} + m_{et} \cdot h_t - \alpha_t \cdot m_{et}) \cdot (1 + i_{n/persu_{t+1}}) \\
& \quad > W_{t+1} \cdot (s_{et+1} + m_{et+1} \cdot h_{t+1} - \alpha_{t+1} \cdot m_{et+1}).
\end{aligned} \tag{129}
$$

In dieser und den folgenden Gleichungen wird aus Vereinfachungsgründen darauf verzichtet, den kombinierten Einkommen- und Kirchensteuersatz s_e mit „§ 32a" besonders zu kennzeichnen.

Wird davon ausgegangen, dass der Gewerbesteuersatz $m_e \cdot h$ sowie α in den Jahren t und $t + 1$ gleich groß sind, so kann auf eine Indizierung von m_e, h und α verzichtet werden. Ungleichung (129) vereinfacht sich dann zu:

$$
\begin{aligned}
& W_t \cdot (s_{et} + m_e \cdot h - \alpha \cdot m_e) \cdot (1 + i_{n/persu_{t+1}}) \\
& \quad > W_{t+1} \cdot (s_{et+1} + m_e \cdot h - \alpha \cdot m_e).
\end{aligned} \tag{130}
$$

Ob Ungleichung (130) erfüllt ist, hängt außer von der Höhe des Nettozinssatzes von den Einkommensteuersätzen s_{et} und s_{et+1} ab, von den Steuersätzen also, mit denen die Einkommensdifferenz alternativ in den Jahren t und $t + 1$ belastet ist. Diese Steuersätze ihrerseits werden durch die Höhe der Einkommen in beiden Jahren bestimmt. Es gibt somit bei gegebenem Nettozinssatz ein optimales Verhältnis der Einkommenshöhen der Jahre t und $t + 1$ zueinander. Es gilt, dieses Optimum durch eine entsprechende Ausübung der Wahlrechte zu erreichen. Für den letzten – theoretisch infinitesimalen – Teil des im Jahre t noch geltend gemachten Wahlrechts muss somit gelten, dass er im Jahre t genau den gleichen Vorteil bringt, als wenn er im Jahre $t + 1$ geltend gemacht würde. Die Optimumbedingung kann somit wie folgt geschrieben werden:

$$\begin{aligned} W_t \cdot (s_{et} + m_e \cdot h - \alpha \cdot m_e) \cdot (1 + i_{n/persu_{t+1}}) \\ = W_{t+1} \cdot (s_{et+1} + m_e \cdot h - \alpha \cdot m_e). \end{aligned} \tag{131}$$

s_{et} und s_{et+1} sind dann als Grenzsteuersätze aufzufassen.

W_t bzw. W_{t+1} stellen hierbei den Teil eines ertragsteuerlichen Aktionsparameters dar, für den es gleich vorteilhaft ist, ihn im Jahre t oder im Jahre $t + 1$ geltend zu machen. W_t und W_{t+1} sind also definitionsgemäß gleich:

$$W_t = W_{t+1}. \tag{132}$$

Gleichung (131) kann somit vereinfacht werden zu:

$$\begin{aligned} (s_{et} + m_e \cdot h - \alpha \cdot m_e) \cdot (1 + i_{n/persu_{t+1}}) \\ = s_{et+1} + m_e \cdot h - \alpha \cdot m_e. \end{aligned} \tag{133}$$

Nach einigen Umformungen und Auflösung der Gleichung nach s_{et} ergibt sich:

$$s_{et} = \frac{s_{et+1} - m_e \cdot (h - \alpha) \cdot i_{n/persu_{t+1}}}{1 + i_{n/persu_{t+1}}}. \tag{XIII}$$

Bei vorgegebenem Einkommen des Jahres $t + 1$ lässt sich aus Gleichung (XIII) das Einkommen des Jahres t ermitteln, bei dem eine Einkommensminderung im Jahre t einen Vorteil in genau der Höhe erbringt, wie eine entsprechende Einkommenserhöhung im Jahre $t + 1$ einen Nachteil bewirkt. Die Einkommensänderungen in beiden Jahren sind somit „gleichwertig". Die Bedingung der Gleichung (XIII) wird deshalb nachfolgend **Gleichwertigkeitsbedingung**, die zugehörigen Einkommen werden **gleichwertige Einkommen** oder **Gleichwerte** für die Jahre t und $t + 1$ genannt.

Ebenso wie für die Jahre t und $t + 1$ lassen sich gleichwertige Einkommen auch für die Jahre t - 1 und t finden. Gibt es aber für die Jahre t - 1 und t einerseits und die Jahre t und $t + 1$ andererseits gleichwertige Einkommen, so muss dies auch für die Jahre t - 1 und $t + 1$ gelten. Entsprechende gleichwertige Einkommen lassen sich auch für die Jahre t - n und t + m zueinander finden. Daraus folgt, dass sich der gesamte Progressionsbereich der Einkommensteuer mit einer Skala zueinander gleichwertiger Einkommen durchziehen lässt. Eine derartige Skala wird hier als **Gleichwertigkeitsskala** bezeichnet. Diese lässt sich graphisch zu einer Gleichwertigkeitskurve verarbeiten.[73]

[73] Vertiefend hierzu s. *Schneeloch* (2009), S. 157.

Der Zeitraum, der durch eine Gleichwertigkeitsskala bestimmt ist, wird **Verknüpfungszeitraum** genannt. Ein Verknüpfungszeitraum kann unterschiedlich viele Jahre umfassen. Seine Länge richtet sich nach den Daten des Einzelfalls, so insbesondere nach der Höhe des Zinssatzes der Differenzinvestitionen.

Für natürliche Personen mit Einkommen, die sich mehrere Jahre im Progressionsbereich der Einkommensteuer befinden, muss die Handlungsanweisung einer vorteilsorientierten Einkommensverlagerungspolitik also lauten:

„Verlagere die Einkommen in zeitlicher Hinsicht so, dass sie auf der in Betracht kommenden Gleichwertigkeitsskala liegen oder doch den Werten dieser Skala möglichst weit angenähert sind; hierbei ist mit einem möglichst niedrigen Wert auf der Skala zu beginnen."

Der letzte Teil der Anweisung stellt klar, dass die Summe der Einkommen innerhalb des Planungszeitraumes möglichst gering gehalten werden soll.[74]

2.4.2 Nivellierung der Einkommen als Zielsetzung

In den früheren Auflagen dieses Buches ist anhand konkreter Bruttozinssätze eine Vielzahl einander gleichwertiger Einkommen ermittelt worden. Diese sind in Tabellen von Gleichwertigkeitsskalen erfasst und – teilweise – zu Gleichwertigkeitskurven verarbeitet worden. In der dritten Auflage dieses Buches befindet sich auf Seite 156 eine Tabelle gleichwertiger Einkommen für Bruttozinssätze (i_b) von 4 %, 8 % und 12 %. Dieser Tabelle lässt sich entnehmen, dass die einander gleichwertigen Einkommen eng beieinander liegen. Dies gilt vor allem für den in dieser Tabelle erfassten Fall, dass der Bruttozinssatz lediglich 4 % beträgt. Hier liegen die Werte im unteren Progressionsbereich – bei Anwendung des Grundtarifs – z. T. weniger als 200 € auseinander. Der gesamte Verknüpfungszeitraum umfasst 48 Jahre.

Seit dem Erscheinen der letzten Auflage dieses Buches im Jahre 2009 haben sich die Zinsen in der Bundesrepublik Deutschland erheblich verringert. Zinssätze von 8 % bzw. 12 % dürften derzeit kaum jemals vorkommen. Auch Zinssätze von 4 % dürften als Habenzinsen bei weitem nicht erreichbar sein. Auch die Sollzinsen sind derzeit i. d. R. niedriger als 4 %. Damit kann davon ausgegangen werden, dass bei den derzeit üblichen Zinssätzen die gleichwertigen Einkommen häufig deutlich weniger als 200 € auseinander liegen.

Bei derart eng beieinander liegenden gleichwertigen Einkommen ist es naheliegend, in einem konkreten Fall nicht mühsam und mit hohem Aufwand die für diesen Fall gleichwertigen Einkommen zu ermitteln, sondern aus Vereinfachungsgründen eine Nivellierung der zu versteuernden Einkommen anzustreben. Die vereinfachende Zielsetzung lautet dann:

Nivelliere die während des Planungszeitraums zu erwartenden zu versteuernden Einkommen.

Die durch eine Politik der Einkommensnivellierung im Vergleich zu einer Politik der Anpassung der Einkommen an eine Skala gleichwertiger Einkommen zu erwartenden finanziellen Nachteile sind sehr gering. Dies gilt um so mehr,

[74] Im Schrifttum sind noch weitere Verfahren zur Bestimmung der optimalen Gewinnausweisreihe vorgeschlagen worden. Vgl. hierzu *Siegel* (1972), S. 65 ff; *Okraß* (1973), S. 492 ff; *Günther* (1980), S. 32 ff; *Schult* (1993), S. 174 ff.

je niedriger der Bruttozinssatz i_b ist. Außerdem sind sie im unteren Progressionsbereich niedriger als im oberen. Vielfach liegen sie selbst bei einem – aus heutiger Sicht – hohen Bruttozinssatz von 4 % im unteren einstelligen Bereich.

In Anbetracht der geschilderten Situation wird in dieser Auflage des Buches – im Gegensatz zu den vorangegangenen Auflagen – darauf verzichtet, Tabellen gleichwertiger zu versteuernder Einkommen zu ermitteln und die Werte graphisch abzubilden. An der bei der Erstellung derartiger Tabellen angewendeten Vorgehensweise interessierte Leser verweisen die Autoren auf die dritte Auflage dieses Buches.[75]

Im Schrifttum findet sich statt des Begriffs der Nivellierung der zu versteuernden Einkommen häufig der der Gewinnnivellierung. Klargestellt sei, dass diese Bezeichnung nicht korrekt ist: Nicht die Gewinne sind im Zeitablauf zu nivellieren, sondern die zu versteuernden Einkommen. Deren Höhe wird nicht nur durch die Höhe der jährlichen Gewinne, sondern auch durch andere Einflussfaktoren, insbesondere durch andere Einkünfte als die Gewinneinkünfte bestimmt.

2.4.3 Allgemeine Schlussfolgerungen

Die bisherigen Ausführungen lassen für den Fall, dass sich die Einkommen im *Progressionsbereich* der Einkommensteuer bewegen, Folgendes erkennen:

1. Eine Politik maximaler Einkommensnachverlagerung entspricht nicht dem übergeordneten Ziel einer Steuerbarwertminimierung.
2. Vereinbar mit dem Ziel einer Steuerbarwertminimierung ist die Anpassung der Einkommen im Zeitablauf an die jeweils einschlägige Gleichwertigkeitsskala bzw. -kurve.
3. Die gleichwertigen Einkommen zweier aufeinanderfolgender Jahre liegen – c. p. – um so weiter auseinander, je höher die Bruttozinsen der Supplementinvestitionen sind. Hierbei sind die Abstände im unteren Progressionsbereich geringer als im oberen.
4. Die Vorteile einer Anpassung der Einkommen an die jeweils relevante Gleichwertigkeitskurve gegenüber einer Politik der Einkommensnivellierung sind i. d. R. sehr gering. Aus Praktikabilitätsgründen dürfte i. d. R. eine Politik der Einkommensnivellierung einer Politik der Anpassung der Einkommen an eine Gleichwertigkeitskurve vorzuziehen sein.

2.4.4 Der Einfluss des Zeitpunktes der Steuerentrichtung auf die Vorteilhaftigkeit

Die abgeleiteten Vorteilhaftigkeitskriterien beruhen auf der Annahme, dass sich alle Steuerverlagerungen am Ende des Jahres ihrer Entstehung auf die Auszahlungen auswirken (zahlungswirksam werden). In der Besteuerungspraxis dürfte dies die Ausnahme sein. Hier sind diese Belastungsdifferenzen vielfach

[75] Vgl. *Schneeloch* (2009), S. 151 ff.

bereits in den Vorauszahlungen des Entstehungsjahres berücksichtigt. In anderen Fällen hingegen wirken sie sich erst wesentlich später im Rahmen der Veranlagung aus. Die Effekte, die durch abweichende Zahlungszeitpunkte auf die Vorteilhaftigkeit eintreten, dürften aber in aller Regel äußerst gering sein.[76] Sie können somit im Rahmen von Vorteilhaftigkeitsüberlegungen vernachlässigt werden.

2.4.5 Aufgabe 10

10. Der Steuerberater S des Gewerbebetreibenden G erstellt im März des Jahres 3 die Steuererklärungen seines Mandanten für das Jahr 1. Nach seinen vorläufigen Berechnungen ergibt sich für das Jahr 1 ein zu versteuerndes Einkommen von 56 T€. Nicht berücksichtigt ist hierbei eine mögliche Sonderabschreibung von maximal 20 % auf eine neu angeschaffte Maschine mit Anschaffungskosten von 175 T€. Diese Sonderabschreibung kann neben der AfA nach § 7 Abs. 1 EStG in vollem Umfang im Jahre 1 in Anspruch genommen, sie kann aber auch beliebig auf die Jahre 1 bis 5 verteilt werden. S ist in seinen Berechnungen von einer 10 %igen AfA nach § 7 Abs. 1 EStG ausgegangen. Für das Jahr 2 ermittelt S – ebenfalls vorläufig – ein zu versteuerndes Einkommen von 50 T€. Auch dieser Berechnung liegt eine 10 %ige AfA auf die Maschine zugrunde. In einer Bilanzbesprechung vor der endgültigen Erstellung des Jahresabschlusses und der Steuererklärungen für das Jahr 1 kommen G und S gemeinsam zu dem Ergebnis, dass für die Jahre 3 ff. jeweils von einem zu versteuernden Einkommen von 55 T€ ausgegangen werden kann. Auch diesen Schätzungen liegt eine 10 %ige AfA auf die Maschine zugrunde.

    Während aller Jahre wird der Gewerbeertrag voraussichtlich stets zwischen 50 T€ und 60 T€ betragen. Der Gewerbesteuerhebesatz wird für alle Jahre auf 400 % geschätzt. Im Übrigen gehen S und G davon aus, dass während des gesamten Planungszeitraums das im Jahr 2021 geltende Steuerrecht (nach dem Rechtsstand im Frühjahr 2020) unverändert bleiben wird.

    G ist ledig und unterliegt einer 9 %igen Kirchensteuerpflicht.

    Es ist zu prüfen, ob und in welcher Weise von der Möglichkeit einer Sonderabschreibung auf die o. a. Maschine Gebrauch gemacht werden soll.

2.5 Folgerungen aus der Notwendigkeit der Aufrechterhaltung der Liquidität

Die Verbesserung der Liquidität ist zwar keine eigenständige unternehmerische Zielsetzung, doch ist die Aufrechterhaltung der Zahlungsfähigkeit eine *notwendige Voraussetzung* für den Fortbestand des Unternehmens. Auch im Rahmen einer autonomen Steuerplanung ist diese *Nebenbedingung* zu beachten. Es erhebt sich die Frage, ob durch sie andere Handlungsweisen erforderlich werden, als sich aus der jeweiligen Zielsetzung der Steuerplanung ergeben. Zur

[76] Vgl. zur expliziten Berücksichtigung des Auseinanderfallens von Steuerentstehungs- und Steuerentrichtungszeitpunkt *Dedner/Günther* (1980), S. 853 ff; *Siegel* (1980), S. 377 ff.

Beantwortung dieser Frage ist wiederum zu unterscheiden zwischen natürlichen Personen mit Einkommen im Progressionsbereich der Einkommensteuer und allen übrigen Steuerpflichtigen, d. h. den Steuerpflichtigen mit ausschließlich linearen und im Zeitablauf gleichbleibenden Steuersätzen.

Bei *linearen* und *im Zeitablauf gleichbleibenden Steuersätzen* besteht die Zielsetzung der autonomen Steuerplanung bekanntlich in einer maximalen Einkommensnachverlagerung. Ein Handeln nach dieser Zielsetzung gewährleistet zugleich den größtmöglichen Beitrag der Steuerplanung zur Aufrechterhaltung der Liquidität. Das bedeutet: Aus der Nebenbedingung der Aufrechterhaltung der Liquidität ergeben sich *keine anderen Folgerungen* für die autonome Steuerplanung *als aus der Zielsetzung der maximalen Einkommensnachverlagerung*.

Anders verhält es sich bei natürlichen Personen mit Einkommen im *Progressionsbereich* der Einkommensteuer. Die für diesen Personenkreis gültige Zielsetzung der Anpassung der Einkommen an die jeweils maßgebliche Gleichwertigkeitskurve bzw. einer Einkommensnivellierung führt häufig nicht zur höchstmöglichen Liquidität. Diese ist (kurzfristig) allein durch eine maximale Einkommensnachverlagerung erreichbar. Hieraus folgt: Kommt es zu *Liquiditätsengpässen*, so kann unter dem Gesichtspunkt der Aufrechterhaltung der Liquidität eine *Einkommensnachverlagerung* sinnvoll sein. Die Liquiditätsbedingung kann also ein *Abweichen von der optimalen Einkommensgestaltung* erzwingen.[77]

2.6 Vorteilskriterien bei Tarifänderungen

2.6.1 Problemstellung

Es stellt sich die Frage, wie sich Tarifänderungen auf die anzuwendenden Vorteilskriterien auswirken. Tarifänderungen hat es in der Vergangenheit häufig gegeben. Voraussichtlich wird dies auch in Zukunft der Fall sein. Diese können nicht nur auf Bundesebene, vielmehr können sie auch auf lokaler Ebene durch eine Änderung des Gewerbesteuerhebesatzes erfolgen.

Erfolgt eine Erhöhung des Hebesatzes in einem Jahr, in dem eine Senkung des Einkommen- oder Körperschaftsteuertarifs vorgenommen wird, so ergeben sich zwei gegenläufige Effekte. Soweit einer der beiden Effekte den anderen überwiegt, kann bei der Beurteilung unmittelbar von dem saldierten Betrag ausgegangen werden.

Nachfolgend wird zunächst der Fall betrachtet, dass es im Zeitablauf zu einer Tarifsenkung, anschließend derjenige, dass es zu einer Tariferhöhung kommt.

2.6.2 Tarifsenkungen

Kommt es zu einer *Tarifsenkung*, so lassen sich zwei Fälle unterscheiden. Diese lassen sich wie folgt kennzeichnen:

1. Vor und nach der Tarifsenkung sind *nur lineare Steuersätze* anwendbar.
2. Es kommen *progressive Tarifverläufe* zur Anwendung.

---

[77] Vgl. *Selchert* (1975), S. 442.

Der erste Fall ist typisch für Kapitalgesellschaften sowie für Personenunternehmen, bei denen sich der (Mit-)Unternehmer in einem Plafond der Einkommensteuer befindet.

Im ersten Fall wird der unter Gliederungspunkt 2.3 (S. 135) abgeleitete Vorteil einer Politik der maximalen Gewinnnachverlagerung noch verstärkt. Bei linearen und im Zeitablauf gleichbleibenden Steuersätzen (Gliederungspunkt 2.3 (S. 135)) kommt der Vorteil einer derartigen Politik ausschließlich durch Zinseffekte zustande. Hier wird dieser Vorteil noch durch einen *zusätzlichen Tarifvorteil* verstärkt. Zu beachten ist aber, dass der Zinseffekt durch eine Erhöhung des Nettokalkulationszinssatzes infolge der Tarifsenkung geringfügig sinkt.

Im zweiten Fall stehen sich – grundsätzlich in gleicher Weise wie unter Gliederungspunkt 2.4 (S. 139) dargestellt – Zins- und Progressionseffekte gegenüber. Hier ist es deshalb vorteilhaft, die Einkommen aufeinander folgender Jahre anhand von Gleichwertigkeitsskalen bzw. -kurven zu bestimmen bzw. vereinfachend eine Politik der Einkommensnivellierung zu betreiben. In Jahren einer Tarifsenkung kommt es dann zu einem „Sprung". Vor der Tarifsenkung ist anhand einer auf dem bisherigen Recht beruhenden Gleichwertigkeitskurve, nach der Tarifsenkung hingegen anhand einer auf dem neuen Recht basierenden vorzugehen. Zwischen dem letzten Jahr mit altem und dem ersten Jahr mit neuem Tarif ist dann der Abstand zwischen den einander gleichwertigen Einkommen größer als in den übrigen Jahren. Wird vereinfachend grundsätzlich eine Politik der Einkommensnivellierung vorgenommen, so sollte für die beiden Jahre des Tarifwechsels von dieser Abstand genommen werden. Hier ist es vorteilhaft, in engem Rahmen eine Politik der Einkommensnachverlagerung zu betreiben. Es sollte dann soviel Einkommen aus dem Jahr des alten Tarifs (altes Jahr) in das des neuen Tarifs (neues Jahr) verlagert werden, dass der Grenzsteuersatz des alten Jahres multipliziert mit dem Nettozinssatz des neuen Jahres dem Grenzsteuersatz des neuen Jahres entspricht.

2.6.3 Tariferhöhungen

Erfolgt eine *Tariferhöhung*, so ist es wiederum sinnvoll, zwischen den beiden aus dem letzten Gliederungspunkt bekannten Fällen zu unterscheiden, nämlich dem, dass vor und nach der Tarifsenkung lineare und dem, dass progressive Tarifverläufe eine Rolle spielen. Nachfolgend soll lediglich auf den ersten dieser beiden Fälle eingegangen werden.

Im ersten Fall kann die Situation dann relativ leicht beurteilt werden, wenn sich die mögliche Steuerverlagerung nur in dem Jahr vor und in dem Jahr nach der Tariferhöhung auswirkt. Hier ist eine Steuerverlagerung dann vorteilhaft, wenn der durch die Steuerverschiebung erzielbare Nettozinseffekt größer ist als die im zweiten Jahr sich ergebende Steuermehrbelastung. Wesentlich schwieriger lässt sich der Vor- oder Nachteil einer Steuerverlagerung dann beurteilen, wenn sich die Steuerverlagerung in mehr als zwei Jahren auswirkt.

Beispiel

Eine GmbH hat im Rahmen der Gewinnermittlung für das Jahr 1 die Möglichkeit, eine Sonderabschreibung von 10 T€ vorzunehmen oder hierauf zu verzichten. Ende des

Jahres 1 beschließt der Rat der Stadt, in der die X-GmbH ihren Sitz hat, den Gewerbesteuerhebesatz von 420 % auf 450 % zu erhöhen.

Hier ist die Steuerersparnis im Falle einer Inanspruchnahme der Sonderabschreibung geringer als bei einem Verzicht auf eine derartige Maßnahme. Diesem Nachteil stehen Zinsvorteile während mehrerer Jahre gegenüber.

Die Beurteilung der Vorteilhaftigkeit einer Gewinnnachverlagerung in Fällen der hier dargestellten Art dürfte regelmäßig nur mit Hilfe eines *Steuerbarwertvergleichs* möglich sein. Hierbei ist die Ermittlung des Differenzenbarwerts ausreichend.

2.7 Anzahl der Aktionsparameter und Handeln gemäß den Vorteilskriterien

Es erhebt sich die Frage, ob die Einkommensverlagerungsmöglichkeiten (Aktionsparameter) so einfach überschaubar sind, dass ein Handeln gemäß den hier abgeleiteten Vorteilskriterien überhaupt sinnvoll erscheint. Das beinhaltet, dass der zu erwartende *Planungsertrag* den entsprechenden *Planungsaufwand* übertrifft. Zur Prüfung dieser Frage wird wiederum zwischen den beiden Fallgruppen unterschieden, dass die Vorteilhaftigkeit einer Einkommensverlagerung beurteilt werden kann

1. allein nach dem Nettozinssatz der Supplementinvestitionen,
2. anhand der zutreffenden Gleichwertigkeitsskala bzw. -kurve bzw. mit Hilfe des vereinfachenden Vorteilskriteriums einer Einkommensnivellierung.

Die Untersuchung soll sich hier auf den Hauptanwendungsfall der Einkommensverlagerungspolitik, nämlich den der Steuerbilanzpolitik, beschränken.

Ist der *Nettozinssatz Vorteilskriterium*, so ist – wie bereits ausführlich begründet – bei einem positiven Nettozinssatz die maximale Einkommensnachverlagerung zugleich die optimale Handlungsweise. Hier geht es letztlich stets nur darum, den niedrigstmöglichen Wert der Aktiva und den höchstmöglichen Wert der Passiva zu bestimmen. Bei der Bestimmung dieser Werte ergeben sich i. d. R. keine Ermittlungs-, sondern höchstens Rechtsprobleme. Derartige rechtliche Probleme beeinträchtigen aber die Steuerplanung dann nicht, wenn der Steuerpflichtige von zwei oder mehreren vertretbaren Rechtspositionen diejenige einnimmt, die die größte Einkommensnachverlagerung ermöglicht.

Anders verhält es sich hingegen in der *zweiten Fallgruppe*. Optimale Steuerbilanzpolitik ist hier – wie in Gliederungspunkt 2.4 (S. 139) abgeleitet – nicht identisch mit einer maximalen Einkommensnachverlagerung. Aus diesem Grunde muss darauf geachtet werden, dass nicht durch Einkommensverlagerungen vorteilhaftere Anpassungsmaßnahmen in späteren Zeiträumen verhindert werden. Es liegt die Annahme nahe, dass die Lösung des Problems mit den hier aufgezeigten Mitteln nur mit einem unangemessen großen Zeitaufwand möglich sei. Eine derartige Annahme geht aber i. d. R. fehl. In den meisten Fällen ist die Zahl der Aktionsparameter nämlich aus den nachfolgenden Gründen eng begrenzt und daher leicht übersehbar.

Zu beachten ist in diesem Zusammenhang zunächst, dass es sich im Allgemeinen um Steuerpflichtige handelt, die keine oder nur vergleichsweise kleine Betriebe besitzen. Groß- und Mittelbetriebe führen i. d. R. nicht über Jahre hinaus zu Einkünften innerhalb des Progressionsbereichs der Einkommensteuer. Im Normalfall dürften hier die Einkünfte in einem Plafond liegen, in Ausnahmefällen auch darunter, dann aber häufig in der Verlustzone.

Wird davon ausgegangen, dass Anpassungen der Einkommen an Gleichwertigkeitsskalen bei Groß- und Mittelbetrieben i. d. R. nicht in Betracht kommen, so bleiben Steuerpflichtige übrig, die im Allgemeinen nur über eine *eng begrenzte Zahl von Aktionsparametern* verfügen. Das ist vor allem deshalb der Fall, weil ein großer Teil der im Zeitablauf entstehenden Aktionsparameter bereits durch in der Vergangenheit getroffene Entscheidungen „verbraucht" ist. Das gilt z. B. grundsätzlich für alle Aktionsparameter bei abnutzbaren Wirtschaftsgütern des Anlagevermögens, die bereits am letzten Bilanzstichtag zum Betriebsvermögen gehört haben. Ihr Wertansatz ist durch die Anschaffungs- oder Herstellungskosten, die voraussichtliche Nutzungsdauer und – falls ausnahmsweise Wahlmöglichkeiten bestehen – Absetzungsmethode bestimmt. Die Zahl der tatsächlich verfügbaren Aktionsparameter dürfte daher in aller Regel überschaubar sein.

2.8 Erbschaft- und schenkungsteuerliche Konsequenzen und Gesamtwirkungen

Bisher sind ausschließlich ertragsteuerliche Folgen einer Einkommensverlagerungspolitik betrachtet worden. Neben diesen können auch erbschaft- bzw. schenkungsteuerliche Folgen auftreten. Dies ist dann der Fall, wenn Maßnahmen der Einkommensverlagerung den Wert des steuerpflichtigen Erwerbs i. S. d. § 10 ErbStG verändern. Diese erbschaft- bzw. schenkungsteuerlichen Wirkungen beeinflussen die Vorteilhaftigkeit der betreffenden Maßnahmen insgesamt.

Erbschaft- und schenkungsteuerliche Folgen kann die Einkommensverlagerungspolitik nur dann bewirken, wenn im Erbschafts- bzw. Schenkungsfall die Freibeträge des ErbStG überschritten sind.[78] Dies dürfte selten der Fall sein. Weitere Voraussetzung ist, dass der Wert des Unternehmens bzw. der Anteile an dem Unternehmen durch steuerbilanzpolitische Maßnahmen beeinflussbar ist. Dies ist nur dann möglich, wenn der gemeine Wert des Unternehmens bzw. der Anteile hieran mit Hilfe des Ertragswertverfahrens, des DCF-Verfahrens oder des vereinfachten Ertragswertverfahrens i. S. d. §§ 200 ff. BewG ermittelt wird. Hier soll nur kurz auf den Fall der Anwendung des vereinfachten Ertragswertverfahrens eingegangen werden, da dieses vermutlich am häufigsten angewendet werden wird.

[78] Näheres hierzu in *Schneeloch/Meyering/Patek*, Band 3 (2017b), Gliederungspunkte 1.3.4 und 1.3.5.2.

Der gemeine Wert nach dem vereinfachten Ertragswertverfahren wird weitgehend von den Betriebsergebnissen der letzten drei Jahre vor dem Bewertungsstichtag bestimmt (§ 201 Abs. 2 BewG). Diese Betriebsergebnisse werden – nach den allgemeinen Regeln der Buchhaltung und des Jahresabschlusses – durch Erträge erhöht und durch Aufwendungen vermindert. Gelingt es mit Hilfe steuerbilanzpolitischer Maßnahmen die Ergebnisse der drei genannten Jahre zu senken, so hat dies zunächst eine Verringerung des gemeinen Werts und damit des steuerpflichtigen Erwerbs zur Folge. Zu beachten ist aber, dass die meisten dieser Maßnahmen nach § 202 BewG außerbilanziell wieder rückgängig zu machen sind. Dies gilt insbesondere für Sonderabschreibungen, erhöhte Absetzungen, Teilwertabschreibungen sowie für die Zuführungen zu steuerfreien Rücklagen. Damit werden die Betriebsergebnisse in dem gleichen Maße, in dem sie zuvor mit Hilfe steuerbilanzpolitischer Maßnahmen gesenkt worden sind, durch Hinzurechnungen wieder erhöht. Per Saldo haben also die steuerbilanzpolitischen Maßnahmen i. d. R. keinen Einfluss auf den gemeinen Wert des Unternehmens bzw. auf den gemeinen Wert der Anteile hieran.

Zusammenfassend lässt sich feststellen, dass mit Hilfe steuerbilanzpolitischer Maßnahmen allenfalls in seltenen Fällen eine Senkung der Erbschaft- bzw. Schenkungsteuer möglich erscheint. Diese dürfte dann gering ausfallen.

3 Aktionsparameter der Steuerbilanzpolitik

3.1 Überblick

Aktionsparameter, d. h. Gestaltungsmöglichkeiten gibt es im Zusammenhang mit der autonomen Steuerplanung in großer Zahl. Ein großer Teil von ihnen betrifft die Gestaltung der Steuerbilanz. Eine derartige Gestaltung wird üblicherweise als Steuerbilanzpolitik bezeichnet. Mit Möglichkeiten zur Gestaltung der Steuerbilanz beschäftigt sich der vorliegende Gliederungspunkt 3 dieses Buches. In dem darauf folgenden Gliederungspunkt 4 (S. 171) werden sonstige Aktionsparameter einer autonomen Steuerplanung behandelt. In dem abschließenden Gliederungspunkt 5 (S. 179) werden Spezialprobleme behandelt.

Aktionsparameter der **Steuerbilanzpolitik** können sowohl bei der Bilanzierung als auch der Bewertung bestehen. Es gibt also Gestaltungsmöglichkeiten sowohl bei der Frage, *was* überhaupt in der Bilanz anzusetzen ist als auch bei derjenigen, *welcher Wert* den in der Bilanz anzusetzenden Posten beizumessen ist. Aktionsparameter der Steuerbilanzpolitik können sich sowohl aus Wahlrechten als auch aus Ermessensspielräumen ergeben.[79] Ein *Wahlrecht* besteht z. B. dann, wenn der Bilanzierende kraft ausdrücklicher gesetzlicher Regelung zusätzlich zu einer AfA nach § 7 Abs. 1 EStG eine Sonderabschreibung nach § 7g Abs. 5 EStG in Anspruch nehmen kann. Ein *Ermessensspielraum* ist z. B. regelmäßig bei der Schätzung der voraussichtlichen Nutzungsdauer einer Maschine für Abschreibungszwecke vorhanden.

Ermessensspielräume bestehen auch in den Fällen, in denen zu einem bestimmten Problem die Rechtslage ungeklärt ist. Derartige Situationen sind keinesfalls selten. In diesen Fällen kann die Unternehmensleitung ihre steuerbilanzpolitischen Entscheidungen nicht hinausschieben, bis vielleicht in zwei, fünf oder zehn Jahren eine Klärung durch den Gesetzgeber oder den BFH herbeigeführt sein wird. Gehandelt, d. h. bilanziert und bewertet werden muss vielmehr jetzt. Rechtliche Überlegungen helfen somit in derartigen Entscheidungssituationen nicht weiter. Vielmehr liegt hier ein betriebswirtschaftliches Problem vor, und zwar handelt es sich um eine Entscheidung unter Unsicherheit.

Bilanzierungs- und Bewertungsentscheidungen können in Einzelfällen aufgrund der Maßgeblichkeit in Handels- und Steuerbilanz nur einheitlich getroffen werden.[80] Eine Entscheidung über steuerbilanzpolitische Aktionspara-

[79] Zur Definition der steuerlichen Wahlrechte und Ermessensspielräume s. Teil I, Gliederungspunkt 2.1 (S. 5). Zur Charakterisierung von Wahlrechten und Ermessensspielräumen im Rahmen der Bilanzpolitik vgl. auch *Marettek* (1976), S. 515 ff; *Klein* (1989), S. 91 ff; *Küting/Weber* (2015), S. 39 ff; *Winnefeld* (2015), C, Tz. 661 ff; *Kußmaul* (2020), S. 150 ff.

[80] Zur Maßgeblichkeit s. *Schneeloch/Meyering/Patek*, Band 2 (2017a), Gliederungspunkt 2.1.4 sowie ergänzend *Bareis* (2008), S. 31 ff; *Bitz/Schneeloch/Wittstock/Patek* (2014), S. 394 ff; *Herzig/Briesemeister* (2019), Kapitel 3.

meter beinhaltet somit in derartigen Fällen zugleich auch eine Entscheidung über handelsbilanzpolitische Aktionsparameter.

Bilanzierungs- und Bewertungsentscheidungen lassen das reale wirtschaftliche Geschehen unverändert. Sie werden nach dem Abschlussstichtag bei Erstellung des Jahresabschlusses durchgeführt. Neben diesen bilanzpolitischen Aktionsparametern im engeren, gibt es auch solche im weiteren Sinne. Hierbei handelt es sich um jahresabschlusspolitisch motivierte Sachverhaltsgestaltungen, die dazu dienen, das Bild des Jahresabschlusses zu beeinflussen.[81] Beeinflusst werden soll i. d. R. der handelsrechtliche Jahresabschluss und nicht der Steuerbilanzgewinn. Doch sind auch Situationen denkbar, in denen der Steuerbilanzgewinn beeinflusst werden soll. Eine Unternehmenspolitik, die über derartige Sachverhaltsgestaltungen eine Beeinflussung des steuerlichen Ergebnisses bezweckt, wird häufig als Steuerbilanzpolitik im weiteren Sinne bezeichnet. Hier soll dieser Einteilung nicht gefolgt werden. Derartige Maßnahmen sollen vielmehr gemeinsam mit anderen gesondert als steuerpolitisch motivierte Sachverhaltsgestaltungen behandelt werden. Steuerbilanzpolitische Aktionsparameter im hier definierten Sinne sind somit ausschließlich Bilanzierungs- und Bewertungswahlrechte und -ermessensspielräume, die durch bloße „Federstriche" nach dem Bilanzstichtag ausgeübt werden können.

3.2 Aktionsparameter bei der Bilanzierung

3.2.1 Bilanzierungswahlrechte

Handelsbilanziell bestehen aufgrund ausdrücklicher gesetzlicher Vorschriften einige Bilanzierungswahlrechte, und zwar sowohl Aktivierungs- als auch Passivierungswahlrechte. Als Aktivierungswahlrechte – und zwar unabhängig von der Rechtsform – können genannt werden:

- nach § 248 Abs. 2 HGB der Ansatz bzw. Nichtansatz selbstgeschaffener immaterieller Vermögensgegenstände des Anlagevermögens,
- nach § 250 Abs. 3 HGB die Aktivierung bzw. Nichtaktivierung eines Disagios.

Wie bereits in Band 2 dargestellt, führen *handelsbilanzielle Aktivierungswahlrechte* nach der Rechtsprechung des BFH[82] grundsätzlich *steuerlich zu Aktivierungsgeboten*.[83] Dieser Grundsatz führt dazu, dass steuerlich ein Disagio aktiviert werden muss. Für selbstgeschaffene immaterielle Vermögensgegenstände des Anlagevermögens hingegen besteht aufgrund der Spezialnorm des § 5 Abs. 2 EStG steuerlich ausdrücklich ein Aktivierungsverbot.

Nur für Kapitalgesellschaften besteht handelsrechtlich ein Wahlrecht zur Bilanzierung von aktiven latenten Steuern (§ 274 Abs. 1 HGB). Steuerlich dürfen diese nicht aktiviert werden.

---

81 Ausführlich zu Sachverhaltsgestaltungen siehe *Hinz* (1994).

82 Vgl. BFH-Beschluss vom 3.2.1969, GrS 2/68, BStBl II 1969, S. 291 und dazu ausführlich *Winnefeld* (2015), C, Tz. 560 ff.

83 Vgl. *Schneeloch/Meyering/Patek*, Band 2 (2017a), Gliederungspunkt 2.2.1.3.

Eigenständige steuerliche Passivierungswahlrechte bestehen in den Fällen, in denen die Voraussetzungen für die Bildung einer *steuerfreien Rücklage* erfüllt sind. Einen Überblick über derzeit (Frühjahr 2020) bestehende Möglichkeiten zur Bildung steuerfreier Rücklagen gibt *Abbildung 3.1*. Voraussetzung für die Bildung einer steuerfreien Rücklage ist, dass diese in ein nach § 5 Abs. 1 Sätze 2 und 3 EStG zu führendes Verzeichnis aufgenommen wird. Handelsbilanziell darf eine steuerfreie Rücklage nicht gebildet werden.

Vorschrift	Skizzierung der Vorschrift
§ 6b Abs. 3 EStG (Reinvestitionsrücklage)	Erfolgsneutrale Übertragung von bei der Veräußerung bestimmter Wirtschaftsgüter entstehender Gewinne auf Reinvestitionsgüter bei verzögerter Reinvestition. Übertragung auf Reinvestitionsgut innerhalb von vier bzw. sechs Jahren.
§ 6 Abs. 1 UmwStG (Umwandlungsrücklage)	Bei dem übernehmenden Rechtsträger für den Gewinn, der bei der Umwandlung einer Kapitalgesellschaft aus der Vereinigung von Forderungen und Verbindlichkeiten oder der Auflösung von Rückstellungen entsteht. Auflösung in den auf ihre Bildung folgenden drei Jahren mit mindestens je einem Drittel.
§ 6b Abs. 8 EStG i. V. m. Baugesetzbuch (Städtebauförderungsrücklage)	Rücklage für Veräußerungsgewinne bei städtebaulichen Sanierungs- oder Entwicklungsmaßnahmen bis zur Höhe des Veräußerungsgewinns. Übertragung innerhalb von sieben Jahren, bei neu erstellten Gebäuden innerhalb von neun Jahren.
R 6.5 Abs. 4 EStR (Zuschussrücklage)	Bei Gewährung von Investitionszuschüssen, sofern das Anlagegut ganz oder teilweise erst in einem auf die Zuschussgewährung folgenden Wirtschaftsjahr angeschafft oder hergestellt wird. Übertragung auf Investitionsgut im Jahr der Anschaffung oder Herstellung. Minderung der Anschaffungs- oder Herstellungskosten um den Zuschuss.
R 6.6 EStR (Rücklage für Ersatzbeschaffung)	Bei Aufdeckung stiller Reserven aufgrund eines hoheitlichen Aktes oder höherer Gewalt, solange Ersatzwirtschaftsgut nicht beschafft. Übertragung auf Ersatzwirtschaftsgut bei beweglichen Wirtschaftsgütern innerhalb von einem Jahr und bei unbeweglichen innerhalb von zwei Jahren.

Abb. 3.1: Steuerfreie Rücklagen

Ein handelsrechtliches Passivierungswahlrecht besteht hinsichtlich der Bildung von Pensionsrückstellungen für *Altzusagen* i. S. d. Art. 28 Abs. 1 EGHGB. Dieses Passivierungswahlrecht besteht nach § 6a Abs. 1 EStG auch steuerlich. Hinsichtlich der Bewertung ist steuerlich allerdings das Nachholverbot des § 6a Abs. 4 EStG zu beachten. Zur Klarstellung sei angemerkt, dass sowohl handels- als auch steuerrechtlich ein Passivierungswahlrecht nur dann besteht, wenn bisher die entsprechende Pensionsverpflichtung noch nicht passiviert worden ist.

3.2.2 Ermessensspielräume

Ermessensspielräume bei der Bilanzierung können sowohl die Aktiv- als auch die Passivseite der Bilanz betreffen.

Ermessensspielräume bei der *Aktivierung* sind selten. Zu nennen ist in diesem Zusammenhang bei Personenunternehmen das faktische Wahlrecht, ein Wirtschaftsgut des gewillkürten Betriebsvermögens entweder als Betriebs- oder aber als Privatvermögen zu behandeln.[84] Dieser Ermessensspielraum besteht hingegen bei Kapitalgesellschaften nicht, da letztere keine Privatsphäre und damit auch kein Privatvermögen besitzen. Auch bei der *Passivierung* sind Ermessensspielräume selten anzutreffen. Sie dürften ausschließlich den *Ansatz von Rückstellungen* betreffen. So setzt eine Rückstellung für ungewisse Verbindlichkeiten nach der BFH-Rechtsprechung u. a. voraus, dass die Wahrscheinlichkeit für das Ent- bzw. Bestehen einer Verbindlichkeit und einer künftigen Inanspruchnahme größer ist als die Wahrscheinlichkeit dagegen.[85] Die Bildung einer solchen Rückstellung hängt somit von der subjektiven Einschätzung des Bilanzierenden ab. Derartige Ermessensspielräume bestehen insbesondere bei Rückstellungen für Garantie- und Produkthaftpflichtrisiken, Risiken aus Prozessen und Risiken aus der Verletzung von Rechten.

3.3 Bewertungsparameter

3.3.1 Bewertungswahlrechte

3.3.1.1 Überblick

Die Zahl der Bewertungswahlrechte war jahrzehntelang groß.[86] Das galt sowohl für die Handels- als auch für die Steuerbilanz. Die Wahlrechte betrafen sowohl die Aktiv- als auch die Passivseite der Bilanz. Allerdings überwogen die Wahlrechte auf der Aktivseite diejenigen auf der Passivseite zahlenmäßig bei weitem. Während der letzten rd. 30 Jahre ist die Zahl der Wahlrechte vom Gesetzgeber tendenziell immer mehr eingeschränkt worden. Diese Entwicklung hat zunächst nur die Steuerbilanz betroffen.[87] Mit der Verabschiedung des BilMoG[88] durch den Gesetzgeber im Jahre 2009 hat diese Entwicklung aber auch die Handelsbilanz erfasst.[89] Trotz dieser Einschränkung durch den Gesetzgeber gibt es aber auch heute noch Bewertungswahlrechte.

---

[84] Zu den Voraussetzungen s. R 4.2 EStR. Vgl. auch z. B. *Schmidt/Ries* (2020), § 246 HGB, Tz. 55 ff; *Kußmaul* (2020), S. 42 ff.

[85] Siehe BFH-Urteil vom 1.8.1984, I R 88/80, BStBl II 1985, S. 44; vom 30.11.2005, I R 110/04, BStBl II 2007, S. 251.

[86] Ausführliche Darstellungen von Bewertungswahlrechten vor deren deutlicher Reduzierung finden sich z. B. in *Pfleger* (1991); *Veit* (2002).

[87] Zu dieser Entwicklung im Zusammenhang mit der Maßgeblichkeit s. ausführlich *Schön* (2005), § 2; *Gräbe* (2012), S. 24 ff.

[88] Siehe Gesetz zur Modernisierung des Bilanzrechts vom 25.5.2009, BGBl I 2009, S. 1102.

[89] Vertiefend hierzu s. *Zündorf* (2009).

Die *Wahlrechte* bei Bewertung *der Aktiva* werden nachfolgend untergliedert in

- Wahlrechte bei Ermittlung der Anschaffungs- oder Herstellungskosten,
- Wahlrechte zwischen unterschiedlichen Werten (Wertansatzwahlrechte) und
- Wahlrechte zwischen unterschiedlichen Abschreibungsverfahren.

Die *Wahlrechte* bei Bewertung der *Passiva* werden nachfolgend nicht weiter untergliedert.

3.3.1.2 Wahlrechte bei Bewertung der Aktiva

3.3.1.2.1 Wahlrechte bei Ermittlung der Anschaffungs- und Herstellungskosten

Wahlrechte bei Ermittlung der *Anschaffungskosten* sind im Vergleich zu den Wahlrechten bei Ermittlung der Herstellungskosten i. d. R. von minderer Bedeutung. Steuerlich bestehen sie im Wesentlichen aus der Wahlmöglichkeit zwischen der Bewertung nach dem gewogenen Durchschnittsverfahren einerseits und dem Lifo-Verfahren andererseits. Handelsrechtlich besteht darüber hinaus nach § 256 HGB die Möglichkeit, das Fifo-Verfahren anzuwenden.[90]

Wahlrechte bei Ermittlung der *Herstellungskosten* sind im Wesentlichen auf Betriebe des produzierenden Gewerbes (Industrie, Handwerk, Gewinnungsbetriebe) beschränkt. Bei diesen spielen sie allerdings regelmäßig eine große Rolle.

Ein Wahlrecht zur Einbeziehung in die Herstellungskosten besteht hinsichtlich angemessener Teile

- der allgemeinen Verwaltungskosten und
- der Kosten für freiwillige soziale Leistungen und für eine betriebliche Altersversorgung.

Voraussetzung für eine Einbeziehung in die Herstellungskosten ist jeweils, dass die entsprechenden Kosten auf den Zeitraum der Herstellung des zu bewertenden Wirtschaftsgutes entfallen.

Nicht in die Herstellungskosten einbeziehungsfähig sind nach § 255 Abs. 2 Satz 4 HGB Forschungs- und Vertriebskosten. Nicht einbeziehungsfähig sind außerdem kalkulatorische Kosten, wie ein kalkulatorischer Unternehmerlohn oder kalkulatorische (Eigenkapital-)Zinsen.[91]

Abbildung 3.2 auf der nächsten Seite gibt einen Überblick über die Einbeziehungspflichten, -wahlrechte und -verbote von Gemeinkosten, die bei der Ermittlung der Herstellungskosten eines Wirtschaftsgutes sowohl nach Handels-

[90] Zur Erläuterung des Lifo- und des Fifo-Verfahrens s. *Bitz/Schneeloch/Wittstock/Patek* (2014), S. 257 f. Vgl. auch *Sprey* (1997); *Mayer-Wegelin* (2019), § 256 HGB, Tz. 41 ff; *Grottel/Huber* (2020), § 256 HGB, Tz. 59-63.

[91] Vgl. *Winnefeld* (2015), E, Tz. 600 f; *Schneeloch/Meyering/Patek,* Band 2 (2017a), Gliederungspunkt 2.3.2.2.2.

als auch nach Steuerrecht bestehen. Klargestellt sei, dass Material- und Fertigungseinzelkosten nach § 255 Abs. 2 Satz 2 HGB in die Herstellungskosten einzubeziehen sind. Das gilt über den Maßgeblichkeitsgrundsatz des § 5 Abs. 1 Satz 1 EStG auch für die Steuerbilanz.

Bezeichnung der Kosten	Einbeziehungswahlrechte oder -pflichten in Handels- und Steuerbilanz
	§ 255 HGB bzw. § 6 Abs. 1 Nr. 1b EStG
Materialgemeinkosten wie: - Transportkosten des Materials - Miete für Materiallagerhalle - Abschreibungen auf Materiallagerhalle und Betriebsvorrichtungen zur Lagerhaltung - Personalkosten der Lagerhaltung und -überwachung - Kosten der Materialprüfung	Pflicht
Notwendige **Fertigungsgemeinkosten** wie: - Vorbereitung und Kontrolle der Fertigung - technische Betriebsleitung - Raumkosten, Sachversicherungen - Unfallstationen - Lohnbüro - Abschreibungen, die dem notwendigen Werteverzehr des der Fertigung dienenden Anlagevermögens entsprechen	Pflicht
Kosten der allgemeinen Verwaltung wie: - Geschäftsleitung, Einkauf - Betriebsrat, Personalbüro - Nachrichten-, Ausbildungs-, Rechnungswesen - Abschreibungen auf die Verwaltungsgebäude und Büroeinrichtung	Wahlrecht, in Handels- und Steuerbilanz nur einheitlich
Betriebliche **Altersversorgung**, freiwillige **Sozialleistungen**	Wahlrecht, in Handels- und Steuerbilanz nur einheitlich
Sonstiges - Zinsen für Fremdkapital, sofern die Voraussetzungen des § 255 Abs. 3 Satz 2 HGB erfüllt sind - Grundsteuer, soweit diese auf den Fertigungsbereich entfällt	 Wahlrecht, in Handels- und Steuerbilanz nur einheitlich Pflicht

Abb. 3.2: Einbeziehungswahlrechte und -pflichten von in die Herstellungskosten einbeziehungsfähigen bzw. -pflichtigen Gemeinkosten[92]

[92] Hinsichtlich einer Differenzierung der Kosten im Rahmen der Ermittlung der Herstellungskosten im Hinblick auf ihre Zurechenbarkeit und ihren Produktionsbezug sowie hinsichtlich ihrer Differenzierung nach Kostenart und Kostenstelle s. *Schneeloch/Meyering/Patek*, Band 2 (2017a), Gliederungspunkt 2.3.2.3.1.

3.3.1.2.2 Wertansatzwahlrechte

Die steuerlichen Wertansatzwahlrechte bei Bewertung der Aktiva ergeben sich aus § 6 Absätze 1 und 2 EStG, die handelsbilanziellen aus den §§ 253 und 255 HGB. Nachfolgend soll auf beide Arten von Wahlrechten eingegangen und auf Gemeinsamkeiten und Unterschiede hingewiesen werden. Dies erscheint sinnvoll, da es zu einem Zielkonflikt zwischen Handels- und Steuerbilanzpolitik kommen kann. Auf dieses Problem wird allerdings erst unter Gliederungspunkt 5.4.4 (S. 197) näher eingegangen.

Bei alleiniger Betrachtung des Steuerrechts ergibt sich ein Wertansatzwahlrecht sowohl aus § 6 Abs. 1 *Nr. 1* Satz 2 EStG als auch aus § 6 Abs. 1 *Nr. 2* Satz 2 EStG. Nach diesen Vorschriften kann der Steuerpflichtige eine Teilwertabschreibung vornehmen, wenn der Teilwert niedriger ist als der Wert der (fortgeschriebenen) Anschaffungs- oder Herstellungskosten. Dies gilt aber nur dann, wenn es sich um eine *voraussichtlich* dauernde, nicht hingegen, wenn es sich um eine voraussichtlich nur vorübergehende *Wertminderung* handelt.[93] Handelsrechtlich ist in derartigen Fällen eine außerplanmäßige Abschreibung zwingend vorgeschrieben. Dies ergibt sich aus § 253 Abs. 3 Satz 5 HGB für Vermögensgegenstände des Anlage- und aus § 253 Abs. 4 HGB für Vermögensgegenstände des Umlaufvermögens.

Sinkt der Teilwert *voraussichtlich* lediglich *vorübergehend*, so darf nach § 6 Abs. 1 Nr. 1 bzw. 2 EStG keine Teilwertabschreibung vorgenommen werden. Steuerlich darf diese Wertminderung also nicht berücksichtigt werden. Dies gilt sowohl für alle Wirtschaftsgüter des Anlagevermögens als auch für die des Umlaufvermögens. Handelsrechtlich hingegen ist in derartigen Fällen zwischen drei Gruppen zu bewertender Vermögensgegenstände zu unterscheiden. Ist der zu bewertende Vermögensgegenstand dem Anlagevermögen zuzurechnen, gehört er aber nicht zu den Finanzanlagen (erste Gruppe), so darf nach § 253 Abs. 3 Satz 5 HGB wegen einer voraussichtlich nur vorübergehenden Wertminderung keine außerplanmäßige Abschreibung vorgenommen werden. Insoweit besteht Übereinstimmung zwischen Handels- und Steuerrecht. Handelt es sich hingegen um eine Finanzanlage (zweite Gruppe), so darf nach § 253 Abs. 3 Satz 6 HGB auch im Falle einer voraussichtlich nicht dauernden Wertminderung eine außerplanmäßige Abschreibung vorgenommen werden. Insoweit besteht eine Abweichung zum Steuerrecht. Gehört der Vermögensgegenstand zum Umlaufvermögen (dritte Gruppe), so muss nach § 253 Abs. 4 HGB auch bei einer voraussichtlich nur vorübergehenden Wertminderung eine Abschreibung auf den niedrigeren Börsen- oder Marktpreis bzw. den niedrigeren beizulegenden Wert vorgenommen werden. Auch hier besteht eine Abweichung zum Steuerrecht.

Die Ausführungen ergeben also, dass in der ersten Fallgruppe Übereinstimmung zwischen Handels- und Steuerrecht besteht. In der zweiten und dritten Fallgruppe hingegen bestehen Abweichungen. In der zweiten Fallgruppe führt dies dazu, dass aufgrund einer handelsbilanzpolitischen Entscheidung eine Abweichung zwischen den konkreten Wertansätzen in Handels- und Steuerbilanz entstehen kann. In der dritten Fallgruppe hingegen entsteht zwingend

[93] Näheres zum Begriff einer voraussichtlich dauernden Wertminderung im Steuerrecht s. *Schneeloch/Meyering/Patek*, Band 2 (2017a), Gliederungspunkt 2.3.3.3.2.

eine Abweichung zwischen den Wertansätzen in der Handels- und in der Steuerbilanz. Allerdings ist zu vermuten, dass derartige Fälle in der Praxis selten auftreten werden. Der Grund liegt darin, dass der BFH für den wichtigsten Fall dieser Fallgruppen, nämlich den der Bewertung von Wertpapieren, entschieden hat, dass dann, wenn der Börsenkurs eines Wertpapiers am Bilanzstichtag um mehr als 5 % unter dessen Anschaffungskosten liegt, von einer voraussichtlich dauernden Wertminderung ausgegangen werden könne.[94] Damit ist in derartigen Fällen steuerlich eine Teilwertabschreibung zulässig.

Steuerlich kann sich in den Fällen einer *vorausgegangenen Teilwertabschreibung* aus § 6 Abs. 1 Nr. 1 Satz 4 i. V. m. Satz 1 EStG bzw. aus § 6 Abs. 1 Nr. 2 Satz 3 EStG i. V. m. den genannten Vorschriften ein Wahlrecht zur Beibehaltung des niedrigeren Wertansatzes (*Beibehaltungswahlrecht*) ergeben. Dieses beinhaltet zugleich ein *Zuschreibungswahlrecht*. Das *Beibehaltungswahlrecht* gilt aber *nur* dann, wenn der Steuerpflichtige nachweist, dass der *Teilwert auch an diesem Bilanzstichtag niedriger* ist als die (fortgeschriebenen) Anschaffungs- oder Herstellungskosten. Erbringt er diesen Nachweis nicht, so *muss* er auf die (fortgeschriebenen) Anschaffungs- oder Herstellungskosten bzw. den darunter liegenden Wert am Bilanzstichtag *zuschreiben*. Im Ergebnis entsprechen die genannten steuerrechtlichen Regelungen den handelsrechtlichen, die sich aus § 253 Abs. 5 HGB ergeben. Danach darf ein aufgrund einer außerplanmäßigen Abschreibung nach den Absätzen 3 oder 4 des § 253 HGB entstandener niedrigerer Wertansatz nicht beibehalten werden, wenn der Grund für diese Abschreibung nicht mehr besteht. Es muss also eine Zuschreibung erfolgen. Ein Wahlrecht besteht somit weder handels- noch steuerrechtlich.

3.3.1.2.3 Abschreibungswahlrechte

Die Bedeutung der *Abschreibungswahlrechte* war früher sehr groß. Die Wahlrechte ergaben sich insbesondere aus der Möglichkeit, unterschiedliche Abschreibungsmethoden anwenden zu können. Diese sind eingeschränkt worden. Abgeschafft worden ist die Möglichkeit der Vornahme einer geometrisch-degressiven AfA nach § 7 Abs. 2 EStG für nach dem 31.12.2010 vorgenommene Investitionen abnutzbarer beweglicher Wirtschaftsgüter. Dies ergibt sich aus Satz 1 dieser Vorschrift. Geblieben sind

- die linear-gleichbleibende AfA nach § 7 Abs. 1 Satz 1 EStG,
- die Abschreibung nach Maßgabe der Leistung nach § 7 Abs. 1 Satz 6 EStG,
- die Abschreibung für eine außergewöhnliche technische oder wirtschaftliche Abnutzung nach § 7 Abs. 1 Satz 7 EStG sowie
- die Absetzung für Substanzverringerung nach § 7 Abs. 6 EStG.[95]

[94] Vgl. die BFH-Urteile vom 26.9.2007, I R 58/06, BStBl II 2009, S. 294, und vom 21.9.2011, I R 89/10, BStBl II 2014, S. 612, sowie das BMF-Schreiben vom 2.9.2016, IV C 6-S 2171-b/09/10002:002, BStBl I 2016, S. 995. Siehe hierzu auch *Patek* (2008), S. 689 ff.

[95] Vertiefend zu diesen Abschreibungsarten siehe *Schneeloch/Meyering/Patek*, Band 2 (2017a), Gliederungspunkte 2.3.3.5.1.2 und 2.3.3.5.1.4.

In einigen Fällen besteht zudem die Möglichkeit, steuerlich erhöhte Absetzungen oder Sonderabschreibungen vorzunehmen. Diese Möglichkeit besteht handelsrechtlich nicht.

Abbildung 3.3 enthält eine Übersicht über die derzeit (Stand Frühjahr 2020) anwendbaren erhöhten Absetzungen und Sonderabschreibungen im Betriebsvermögen. Dort findet sich auch jeweils eine Kurzskizzierung der Begünstigungsvorschrift.

Als Abschreibungswahlrechte können auch die Möglichkeit einer Vollabschreibung geringwertiger Wirtschaftsgüter nach § 6 Abs. 2 EStG sowie der Bildung und Abschreibung eines Sammelpostens nach § 6 Abs. 2a EStG angesehen werden.[96]

Rechtsnorm	Kurzskizzierung der Begünstigungsvorschrift
Erhöhte Absetzungen:	
§ 7h EStG	bis zu 9 % Abschreibung im Jahr der Anschaffung oder Herstellung und in den folgenden sieben Jahren sowie bis zu 7 % in den folgenden vier Jahren für bestimmte förderungswürdige Baumaßnahmen in einem Sanierungsgebiet bzw. städtebaulichen Entwicklungsgebiet
§ 7i EStG	bis zu 9 % Abschreibung im Jahr der Herstellung und in den folgenden sieben Jahren sowie bis zu 7 % in den folgenden vier Jahren bei Baudenkmälern
Sonderabschreibungen:	
§ 7b EStG	bis zu jeweils 5 % Abschreibung im Jahr der Anschaffung oder Herstellung und in den drei Folgejahren auf die Anschaffungs- oder Herstellungskosten neuer Wohnungen im Mietwohnungsneubau, insgesamt also maximal 20 % der Anschaffungs- oder Herstellungskosten. Beschränkung der Höhe nach. Nur bei Bauantrag nach dem 31.8.2018 und vor dem 1.1.2022 (Frist wird vermutlich verlängert)
§ 7c EStG	Sonderabschreibung bis zu 50 % der Anschaffungskosten neuer Elektronutzfahrzeuge und elektrisch betriebener Lastenfahrräder. Nur bei Anschaffung nach dem 31.12.2019
§ 7g Absätze 5 und 6 EStG	bis zu 20 % Abschreibung im Jahr der Anschaffung oder Herstellung und in den folgenden vier Jahren auf neue bewegliche Wirtschaftsgüter des Anlagevermögens kleiner und mittlerer Betriebe

Abb. 3.3: Übersicht über erhöhte Absetzungen und Sonderabschreibungen

In § 7 Abs. 4 EStG sind bekanntlich grundsätzlich feste Prozentsätze für Abschreibungen auf Gebäude festgelegt.[97] Diese starren Sätze brauchen handelsrechtlich nicht beachtet zu werden.

[96] Vertiefend zu diesen Möglichkeiten siehe *Schneeloch/Meyering/Patek*, Band 2 (2017a), Gliederungspunkt 2.3.3.5.2.

[97] Im Einzelnen s. *Schneeloch/Meyering/Patek*, Band 2 (2017a), Gliederungspunkt 2.3.3.5.1.3.

3.3.1.3 Wahlrechte bei Bewertung der Passiva

Rechtlich ausdrücklich zugelassene Bewertungswahlrechte sind auf der Passivseite der Bilanz selten. Vorrangig zu nennen sind in diesem Zusammenhang die Möglichkeiten, *steuerfreie Rücklagen* mit einem niedrigeren Wert als dem höchstzulässigen anzusetzen. Handelsrechtlich dürfen steuerfreie Rücklagen bekanntlich[98] nicht gebildet werden, so dass die hier angesprochenen Wahlrechte rein steuerlicher Art sind.

3.3.2 Ermessensspielräume bei der Bewertung

3.3.2.1 Ermessensspielräume bei Bewertung der Aktiva

Ermessensspielräume sind bei der Bewertung häufig anzutreffen. Das gilt sowohl für die Bewertung der Aktiva als auch für die der Passiva.

Bei Bewertung der *Aktiva* bestehen *Ermessensspielräume* vor allem bei der Bestimmung der *Nutzungsdauer* von Vermögensgegenständen des abnutzbaren Anlagevermögens und bei der Ermittlung der *Herstellungskosten*.

Beispiel

Der Einzelunternehmer A schafft für seinen Betrieb eine neue Maschine mit Anschaffungskosten von 200 T€ an. Die betriebsgewöhnliche Nutzungsdauer der Maschine schätzt er auf 6 bis 8 Jahre.

A hat bei Festlegung des Abschreibungszeitraumes einen Ermessensspielraum. Er kann ihn auf 6, 7 oder 8 Jahre festlegen. Da A bei Ermittlung der Herstellungskosten der in seinem Betrieb produzierten Erzeugnisse gem. § 255 Abs. 2 HGB bzw. gem. § 5 Abs. 1 und 6 in Verbindung mit § 6 Abs. 1 Nr. 1b EStG Abschreibungen auf diese Maschine einbeziehen muss, hat die Festlegung des Abschreibungszeitraumes zugleich auch Auswirkungen auf den Wertansatz der Erzeugnisse. Die Ausübung des Ermessensspielraumes hat somit eine zweifache Auswirkung, und zwar zum einen auf die Höhe der Abschreibungen in der Gewinn- und Verlustrechnung sowie auf die Höhe des Wertansatzes der Maschine in der Bilanz und zum anderen auf die Höhe des Wertansatzes der Erzeugnisse.

Ermessensspielräume bei Ermittlung der *Herstellungskosten* können sich insbesondere aufgrund der in § 255 Abs. 2 HGB verwendeten unbestimmten Rechtsbegriffe ergeben. So sind in die Herstellungskosten *angemessene Teile* der Material- und der Fertigungsgemeinkosten einzubeziehen. Ferner dürfen *angemessene Teile* der Kosten der allgemeinen Verwaltung sowie *angemessene* Aufwendungen für soziale Einrichtungen des Betriebs, für freiwillige soziale Leistungen und für die betriebliche Altersversorgung einbezogen werden. Die genannten Aufwendungen können nur insoweit in die Herstellungskosten einbezogen werden, als sie auf den *Zeitraum der Herstellung* entfallen. *Ermessensspielräume* können hier sowohl bei der Festlegung der *Angemessenheit* als auch bei der Bestimmung des *Zeitraums der Herstellung* bestehen. Sie bestehen in gleicher Weise sowohl für die Handels- als auch für die Steuerbilanz.

[98] Vgl. Gliederungspunkt 3.2.1 (S. 150).

Ermessensspielräume erheblichen Ausmaßes können sich in forschungs- und entwicklungsintensiven Betrieben ergeben. *Forschungskosten* dürfen nach § 255 Abs. 2 Satz 4 HGB *nicht* in die Herstellungskosten einbezogen werden. *Entwicklungskosten* hingegen sind – wie sich § 255 *Abs. 2a* HGB entnehmen lässt – danach zu differenzieren, welcher Kategorie der in § 255 *Abs. 2* HGB genannten Kosten sie zugeordnet werden können. Sie sind dann handelsrechtlich den Regelungen dieser Rechtsnorm entsprechend in die Herstellungskosten einbeziehungspflichtig oder lediglich einbeziehungsfähig.

Die Unterscheidung zwischen Forschungs- und Entwicklungskosten kann somit in forschungs- und entwicklungsintensiven Betrieben einen erheblichen Einfluss auf die Höhe der Herstellungskosten haben. Forschung ist nach der Legaldefinition des § 255 Abs. 2a Satz 3 HGB „... die eigenständige und planmäßige Suche nach neuen wissenschaftlichen oder technischen Erkenntnissen oder Erfahrungen allgemeiner Art, über deren technische Verwertbarkeit und wirtschaftliche Erfolgsaussichten grundsätzlich keine Aussagen gemacht werden können." Entwicklung stellt nach § 255 Abs. 2a Satz 2 HGB „... die Anwendung von Forschungsergebnissen oder von anderem Wissen für die Neuentwicklung von Gütern oder Verfahren" dar. Hierzu gehört auch die Weiterentwicklung von Gütern oder Verfahren mittels wesentlicher Änderungen. Es leuchtet ein, dass bei der Beantwortung der Frage, ob einzelne Kosten (noch) dem Forschungs- oder (schon) dem Entwicklungsbereich zuzuordnen sind, ein erheblicher Ermessensspielraum bestehen kann. Hieran ändert auch § 255 Abs. 2a Satz 4 HGB wenig. Nach dieser Rechtsnorm dürfen Kosten dann nicht in die Herstellungskosten einbezogen werden, wenn nicht verlässlich bestimmt werden kann, ob sie dem Forschungs- oder dem Entwicklungsbereich zuzuordnen sind.

Entwicklungskosten können im Rahmen der Herstellung sowohl eines materiellen als auch eines immateriellen Vermögensgegenstandes anfallen. Entstehen sie im Rahmen der Herstellung eines *materiellen Vermögensgegenstandes*, so können bzw. müssen sie nach § 255 Abs. 2 HGB bei Ermittlung der Herstellungskosten dieses Vermögensgegenstandes erfasst werden. Entstehen Entwicklungskosten für die Erstellung eines *immateriellen Vermögensgegenstandes*, insbesondere also für die Entwicklung eines *Patents*, so hat der Kaufmann zunächst zu entscheiden, ob er den immateriellen Vermögensgegenstand aktiveren will oder nicht. Bekanntlich hat er insoweit nach § 248 Abs. 2 HGB ein Wahlrecht. Entscheidet er sich zur Aktivierung, so hat er nach den Regeln des § 255 Abs. 2a i. V. m. Abs. 2 HGB die Herstellungskosten zu ermitteln. Wie bereits ausgeführt, können hierbei in erheblichem Maße Ermessensspielräume entstehen.

Alle hier herausgearbeiteten Ermessensspielräume bestehen in Handels- und Steuerbilanz gleichermaßen, sofern es sich bei den zu bewertenden Vermögensgegenständen bzw. Wirtschaftsgütern um solche materieller Art handelt. Sie können dann in Handels- und Steuerbilanz auch nur in gleicher Weise ausgeübt werden. Sind die zu bewertenden Vermögensgegenstände bzw. Wirtschaftsgüter hingegen immaterieller Art, so besteht ein erheblicher Unterschied zwischen Handels- und Steuerrecht.

Zu beachten ist, dass eine Aktivierung selbstgeschaffener immaterieller Vermögensgegenstände (Wirtschaftsgüter) des Anlagevermögens nur *handelsrechtlich* zulässig ist. *Steuerrechtlich* hingegen ist eine Aktivierung derartiger Wirtschaftsgüter nach § 5 Abs. 2 EStG *unzulässig*. Damit entfällt steuerrechtlich auch die Bewertung derartiger Wirtschaftsgüter. Damit entfallen bei der steuerlichen Gewinnermittlung bilanzpolitische Aktivierungsparameter, die es bei der Erstellung des handelsrechtlichen Jahresabschlusses gibt.

3.3.2.2 Ermessensspielräume bei Bewertung der Passiva

Ermessensspielräume bei der Bewertung der Passiva bestehen vor allem im Rahmen der Schätzung von *Rückstellungen*. Den hierbei auftretenden Spielräumen dürfte große praktische Bedeutung zukommen.

Ermessensspielräume oft erheblichen Ausmaßes dürften regelmäßig bei der Schätzung ungewisser Verbindlichkeiten auftreten. So sind z. B. Prozessrisiken häufig nur schwer abschätzbar.

Auch bei der Bewertung von *Rückstellungen für drohende Verluste aus schwebenden Geschäften* können handelsrechtlich im Einzelfall erhebliche Ermessensspielräume bestehen. Steuerrechtlich existieren diese hingegen nicht, da die Bildung derartiger Rückstellungen nach § 5 Abs. 4a EStG unzulässig ist. Damit entfällt auch eine Bewertung derartiger Rückstellungen in der Steuerbilanz.

Ermessensspielräume erheblichen Ausmaßes können sich auch bei der Anwendung des § 6 Abs. 1 Nr. 3a EStG ergeben:

- So ist nach Buchstabe a) dieser Vorschrift bei der Bewertung gleichartiger Rückstellungsverpflichtungen die *Wahrscheinlichkeit* zu schätzen, dass der Steuerpflichtige nur zu einem Teil der Summe dieser Verpflichtungen in Anspruch genommen wird. Bei dieser Schätzung sind die Erfahrungen der Vergangenheit zugrunde zu legen.
- Rückstellungen für Sachleistungsverpflichtungen sind nach Buchstabe b) mit den Einzelkosten und den *angemessenen Teilen* der *notwendigen Gemeinkosten* zu bewerten. Ermessensspielräume werden hier regelmäßig sowohl bei Bestimmung der angemessenen Teile als auch der notwendigen Gemeinkosten bestehen.
- Nach Buchstabe c) ist der Rückstellungsbetrag in bestimmten Fällen um *künftig zu erwartende Vorteile* zu mindern. Die Schätzung derartiger künftiger Vorteile wird ebenfalls regelmäßig einen breiten Ermessensspielraum eröffnen.

3.4 Aktionsparameter nach § 7g EStG

Eine besondere Stellung nehmen die sich aus § 7g EStG ergebenden Aktionsparameter einer steuerlichen Gewinnverlagerungspolitik ein. § 7g EStG bezweckt die Förderung kleiner und mittlerer Betriebe. Welche Voraussetzungen erfüllt sein müssen, damit ein kleiner oder mittlerer Betrieb i. S. d. § 7g EStG vorliegt, regelt Abs. 1 dieser Rechtsnorm.

§ 7g EStG unterscheidet zwischen zwei Arten der Förderung kleiner und mittlerer Betriebe, und zwar einer Förderung durch die Inanspruchnahme

- eines Investitionsabzugsbetrages nach Abs. 1 und
- einer Sonderabschreibung nach den Absätzen 5 und 6

der genannten Rechtsnorm. Während die Sonderabschreibung – wie jede andere Abschreibung auch – im Rechenwerk der steuerlichen Gewinnermittlung vorzunehmen ist, kommt der Investitionsabzugsbetrag außerbilanziell, d. h. im Rahmen einer Nebenrechnung, zum Abzug.

Ein *Investitionsabzugsbetrag* kann nach § 7g Abs. 1 EStG in einer Höhe von bis zu 40 % der voraussichtlichen Anschaffungs- oder Herstellungskosten eines noch zu investierenden Wirtschaftsgutes des beweglichen abnutzbaren Anlagevermögens in Anspruch genommen werden. § 7g Abs. 1 EStG erlaubt also die Geltendmachung von Betriebsausgaben auf die Anschaffungs- oder Herstellungskosten einer künftigen Investition. Er hat also die Wirkung einer vorgezogenen Sonderabschreibung. Die Summe der Abzugsbeträge darf innerhalb des in § 7g Abs. 1 Satz 4 EStG definierten Vierjahreszeitraums 200 T€ nicht übersteigen.

Im Jahr der späteren Investition kann der Steuerpflichtige nach § 7g Abs. 2 Satz 1 EStG den in Anspruch genommenen Investitionsabzugsbetrag den Anschaffungs- oder Herstellungskosten des investierten Wirtschaftsgutes gewinnerhöhend hinzuzurechnen. Gleichzeitig kann er nach § 7g Abs. 2 Satz 2 EStG die tatsächlichen Anschaffungs- oder Herstellungskosten des Wirtschaftsgutes in einer Höhe von bis zu 40 % gewinnmindernd kürzen. Entspricht der früher geltend gemachte Investitionsabzugsbetrag exakt 40 % der nunmehr ermittelten Anschaffungs- oder Herstellungskosten, so steht einer Erhöhung des steuerlichen Gewinns nach § 7g Abs. 2 Satz 1 EStG eine Gewinnminderung nach § 7g Abs. 2 Satz 2 EStG in gleicher Höhe gegenüber. Der Vorteil für den Steuerpflichtigen besteht dann in der ursprünglichen steuerlichen Gewinnminderung infolge der Geltendmachung des Investitionsabzugsbetrages nach § 7g Abs. 1 EStG.

Zusätzlich zu dem bereits vor der Investition geltend gemachten Investitionsabzugsbetrag kann der Steuerpflichtige nach § 7g Abs. 5 EStG im Jahr der Investition eine Sonderabschreibung vornehmen. Diese beträgt maximal 20 % der nach § 7g Abs. 2 EStG korrigierten Anschaffungs- oder Herstellungskosten. Außerdem kommt – selbstverständlich – die Normal-AfA nach § 7 EStG auf die korrigierten Anschaffungs- oder Herstellungskosten zum Ansatz.

3.5 Zielgerichteter Einsatz der steuerbilanzpolitischen Aktionsparameter und Beeinträchtigungen der Wirksamkeit

3.5.1 Zielgerichteter Einsatz und mögliche Beeinträchtigungen

Zielgerichtet ist der Einsatz der unter den Gliederungspunkten 3.2 bis 3.4 ermittelten Aktionsparameter der Steuerbilanzpolitik dann, wenn dieser den unter den Gliederungspunkten 2.3 (S. 135) und 2.4 (S. 139) herausgearbeiteten Vorteilskriterien entspricht. Bei linearen und im Zeitablauf gleichbleibenden Ertragsteuersätzen ist danach eine Politik der maximalen Aufwandsvor-

und der maximalen Ertragsnachverlagerung zielkonform. Bei Einkommen im Bereich des Progressionsbereichs der Einkommensteuer hingegen ist eine Politik der Anpassung der Einkommen an eine Gleichwertigkeitskurve bzw. – vereinfachend – der Einkommensnivellierung zielkonform.

Es stellt sich die Frage, ob der zielgerichtete Einsatz der Aktionsparameter aufgrund bisher nicht berücksichtigter Gesichtspunkte beeinträchtigt sein könnte. Eine derartige Beeinträchtigung ist insbesondere in den folgenden zwei Fällen denkbar:

1. Es besteht die Gefahr, dass durch eine aufgrund der Ausnutzung von Bilanzierungs- und Bewertungsparametern hervorgerufene Gewinnverlagerung ein insgesamt höherer steuerlicher Gewinn entsteht als in dem jeweiligen Alternativfall.
2. Aus der Literatur zur Handelsbilanzpolitik bekannte Beeinträchtigungen sind auch steuerbilanzpolitisch relevant.

Mit diesen denkbaren Beeinträchtigungen beschäftigen sich die beiden nachfolgenden Untergliederungspunkte.

3.5.2 Gefahr der Erhöhung des steuerlichen Gewinns

Denkbar ist die Gefahr, dass durch eine Geltendmachung von Aufwand „jetzt" die insgesamt mögliche Aufwandsverrechnung verringert oder ein zusätzlich zu versteuernder Ertrag ausgelöst wird. Diese Gefahr könnte insbesondere bei der Zielsetzung einer maximalen Aufwandsvorverlagerung eine Rolle spielen. Die Frage ist dann, ob es möglich ist, dass im Falle einer maximalen Aufwandsvorverlagerung diese zu einer Verringerung der kumulierten Aufwandsverrechnung führt oder ob ein zusätzlicher zu versteuernder Ertrag entstehen kann. In beiden Fällen würde es zu einer Erhöhung des kumulierten steuerlichen Gewinns kommen. Ob dies möglich ist, lässt sich nur durch eine Untersuchung der einzelnen steuerlichen Aktionsparameter feststellen. Dies soll nachfolgend geschehen. Hierbei werden die Aktionsparameter in Bilanzierungsparameter einerseits und in Bewertungsparameter andererseits untergliedert. Diese werden jeweils weiter in Parameter auf der Aktiv- und auf der Passivseite der Bilanz untergliedert. Soweit bei einzelnen dieser Gruppen eine Untergliederung sinnvoll ist, wird diese vorgenommen und durch eine entsprechende Bezeichnung kenntlich gemacht.

Steuerliche *Aktivierungsparameter* sind äußerst selten. Sie können lediglich aufgrund von Ermessensspielräumen, nicht hingegen aufgrund von Wahlrechten vorkommen. Eine Nichtaktivierung und gleichzeitige Verbuchung von Aufwand kann nicht zu einem insgesamt höheren Gewinn führen als eine Aktivierung.

Steuerliche *Passivierungsparameter* betreffen im Wesentlichen den Ansatz von Rückstellungen und steuerfreien Rücklagen. Ein Verzicht auf den Ansatz einer möglichen Rückstellung bzw. einer steuerfreien Rücklage kann nicht zu einem höheren Gesamtaufwand führen als im Alternativfall einer Passivierung der Rückstellung bzw. der Rücklage.

Allerdings ordnet das Gesetz in einigen wenigen Fällen im Zuge der Auflösung einer steuerfreien Rücklage ausdrücklich die Versteuerung eines fiktiven Gewinns an. Dies geschieht derzeit in den Fällen des § 6b Abs. 7 EStG. Hier hat der Steuerpflichtige eine Reinvestitionsrücklage i. S. d. § 6b Abs. 3 EStG gebildet, erfüllt aber anschließend nicht die Voraussetzungen, die § 6b EStG an die Investition eines Ersatzwirtschaftsgutes knüpft. In diesem Fall ist der steuerliche Gewinn für jedes volle Wirtschaftsjahr, in dem die steuerfreie Rücklage ungerechtfertigterweise bestanden hat, um 6 % des ungerechtfertigten Rücklagenbetrags zu erhöhen. Ein steuerplanerisches Problem ergibt sich in derartigen Fällen aber nur dann, wenn der Steuerpflichtige erwägt, eine derartige steuerfreie Rücklage zu bilden, obwohl er weiß, dass er später nicht die Voraussetzungen für eine begünstigte Investition wird erfüllen können oder wollen. Nur in diesen Fällen reicht der Nettokalkulationszinsfuß als Ersatzkriterium des Vorteilsvergleichs nicht aus. Nur dann muss der Steuerpflichtige die Steuerfolgen der Hinzurechnung eines fiktiven Gewinns in den Kalkül einbeziehen. Die Bildung einer steuerfreien Rücklage ist in einem derartigen Fall nur dann vorteilhaft, wenn die Nettozinsen, die aufgrund der Steuerverlagerung entstehen, die infolge der Versteuerung eines fiktiven Gewinns anfallenden zusätzlichen Steuern übersteigen. Auf eine formale Darstellung dieser verbal formulierten Bedingung wird hier verzichtet.

Bewertungsparameter auf der Aktivseite der Bilanz können sich bei der Ermittlung der Herstellungskosten eines Wirtschaftsgutes, vereinzelt auch bei der Ermittlung der Anschaffungskosten, ergeben[99] Hier soll lediglich auf den Fall der Bewertung mit den Herstellungskosten eingegangen werden.

Bei der buchhalterischen Erfassung der Herstellungskosten eines Wirtschaftsgutes ist in allgemeiner Form folgende Buchung vorzunehmen:

„Wirtschaftsgut an Ertrag“.

Bei dem Wirtschaftsgut kann es sich entweder um eine selbsterstellte Anlage oder um ein unfertiges oder fertiges Erzeugnis handeln. Im ersten Fall lautet der konkrete Buchungssatz

„Selbsterstellte Anlage an andere aktivierte Eigenleistungen“,

im zweiten Fall

„Erzeugnisse an Bestandserhöhung“.[100]

Ausdrücklich klargestellt sei, dass es sich bei beiden Buchungssätzen bei der Buchung im Haben um eine Ertragsbuchung handelt. Je höher aufgrund der Ausübung eines Wahlrechts bei Ermittlung der Herstellungskosten die selbsterstellte Anlage bzw. ein Erzeugnis bewertet wird, um so höher wird also der Ertrag im Jahr der Herstellung ausgewiesen. Im Gegenzug und im gleichen Maße erhöht sich im Falle einer selbsterstellten Anlage das künftige Abschreibungspotential. Damit steht einer Gewinnerhöhung „jetzt“ eine gleich hohe kumulierte Gewinnminderung „später“ gegenüber. Der kumulierte steuerliche Gewinn ändert sich also nicht. Es ergeben sich lediglich temporäre Gewinnverschiebungen.

[99] Vgl. Gliederungspunkt 3.3.1.2.1 (S. 153).

[100] Beide Buchungssätze sind nach den Vorgaben des § 275 Abs. 2 HGB (Anwendung des Gesamtkostenverfahrens) formuliert worden. Bei einer selbsterstellten Anlage kann es sich insbesondere um eine selbsterstellte und selbstgenutzte Maschine handeln. Das Konto „Bestandsveränderungen“ lautet in der Terminologie des § 275 Abs. 2 HGB ausführlich „Erhöhung oder Verminderung des Bestands an fertigen und unfertigen Erzeugnissen“.

Handelt es sich bei dem zu bewertenden Wirtschaftsgut um ein Erzeugnis, so steht einer Bestandserhöhung im Jahr der Herstellung des Wirtschaftsguts eine gleich hohe Bestandsminderung im Jahr der späteren Veräußerung des Erzeugnisses gegenüber. Per Saldo sind die kumulierten Gewinnauswirkungen also stets Null. Der kumulierte steuerliche Gesamtgewinn ist also auch hier von der Höhe der Inanspruchnahme eines Bewertungsparameters bei Ermittlung der Herstellungskosten unbeeinflusst. Auch hier kommt es also lediglich zu temporären Gewinnverschiebungen.

Steuerbilanzpolitische Aktionsparameter, die durch die Wahl der *Absetzungsmethode*, durch die Schätzung der *Nutzungsdauer*, durch Wahlrechte im Zusammenhang mit möglichen *Teilwertabschreibungen* oder *außergewöhnlichen technischen* oder *wirtschaftlichen Abnutzungen* bestehen, haben gleichartige Wirkungen; sie lassen sich deshalb zusammenfassen. In allen Fällen gleichen sich unterschiedlich hohe Aufwandsverrechnungen des Erstjahres in den nachfolgenden Jahren aus. Dies geschieht entweder im Rahmen der Abschreibungen oder eines Verkaufs des Wirtschaftsgutes.

Wahlrechte und Ermessensspielräume bei der Bewertung von *Verbindlichkeiten*, *Rückstellungen* und *steuerfreien Rücklagen* haben gleichartige Wirkungen. Unterschiedliche Aufwandsverrechnungen im Erstjahr als Folge unterschiedlicher Inanspruchnahme eines Aktionsparameters gleichen sich im Zeitablauf aus, dann nämlich, wenn die Verbindlichkeit getilgt oder die Rückstellung bzw. steuerfreie Rücklage aufgelöst wird. Die kumulierte Aufwandsverrechnung ist somit bei allen Bewertungsalternativen gleich.

Hiermit sind alle Arten der Bilanzierungs- und Bewertungsparameter, die zu Aufwandsvorverrechnungen eingesetzt werden können, untersucht. *Zusammenfassend* kann festgestellt werden, dass die eingangs zu diesem Gliederungspunkt geäußerte Befürchtung grundsätzlich unbegründet ist. Durch die unterschiedliche Ausübung eines Bilanzierungs- oder Bewertungsparameters kann es nicht zu einer unterschiedlichen Höhe des kumulierten Gewinnausweises kommen. Eine Ausnahme kann sich nur dann ergeben, wenn der Gesetzgeber bei einer Alternative die zusätzliche Versteuerung eines fiktiven Gewinns vorschreibt, wie dies derzeit aufgrund des § 6b Abs. 7 EStG geschieht.

3.5.3 Aus der Handelsbilanzpolitik herrührende Beeinträchtigungen

3.5.3.1 Problemstellung

Es stellt sich die Frage, ob die aus dem Schrifttum bekannten Beeinträchtigungen der Handelsbilanzpolitik auch steuerbilanzpolitisch eine Rolle spielen. Diese Frage ist im Schrifttum zur Handelsbilanzpolitik während der letzten Jahre wiederholt diskutiert worden.[101] Als mögliche Beeinträchtigungen werden dort insbesondere genannt:

- eine leichte Erkennbarkeit der Maßnahme,

[101] In diesem Zusammenhang s. die Ausführungen von *Krüger* (2015), S. 41-54.

- eine Beeinträchtigung durch mangelnde Flexibilität des Einsatzes der Aktionsparameter aufgrund der Stetigkeitsgrundsätze,
- eine Beeinträchtigung durch mangelnde Teilbarkeit des Aktionsparameters.

Ob diese möglichen Beeinträchtigungen handelsbilanzieller Art auch im Rahmen der Steuerbilanzpolitik relevant sein können, soll nunmehr in knapper Form untersucht werden.

3.5.3.2 Beeinträchtigung durch Erkennbarkeit

Erkennbar ist der Einsatz bilanzpolitischer Aktionsparameter in aller Regel – wenn überhaupt – nur dann, wenn diese auf Wahlrechten, nicht hingegen, wenn sie auf Ermessensentscheidungen beruhen. Auf die steuerliche Wirksamkeit hat die Erkennbarkeit aber keinerlei direkten Einfluss. Steuerbilanzen sind nicht zur Veröffentlichung bestimmt; sie müssen lediglich dem Finanzamt offengelegt werden. Die Amtsträger der Finanzverwaltung unterliegen dem Steuergeheimnis des § 30 AO, sie sind also – unter Strafandrohung – zur Verschwiegenheit verpflichtet. Eine Beeinträchtigung der Wirksamkeit des Einsatzes eines steuerlichen Wahlrechtes kann somit allenfalls auf indirektem Wege erfolgen, aber nur dann, wenn die Ausübung des Wahlrechts in der Steuerbilanz untrennbar mit einer gleichen Ausübung in der Handelsbilanz verbunden ist. Dies kann nur in den wenigen Fällen, in denen der Maßgeblichkeitsgrundsatz des § 5 Abs. 1 Satz 1 EStG greift, der Fall sein. Dies ist vor allem bei der Bewertung unfertiger und fertiger Erzeugnisse mit den Herstellungskosten der Fall. Eine Offenlegung, die zu Nachteilen des offenlegungspflichtigen Unternehmens führen könnte, ist aber auch hier nicht zu befürchten. Für die meisten Unternehmen gilt dies bereits deshalb, weil sie überhaupt nicht zur Offenlegung ihres Jahresabschlusses verpflichtet sind. Aber auch die anderen Unternehmen müssen zumindest keine Angaben machen, die ihnen Schaden zufügen könnten.[102] Zusammenfassend kann festgestellt werden, dass eine Beeinträchtigung der Wirksamkeit eines Aktionsparameters in der Steuerbilanz infolge einer Erkennbarkeit dieser Maßnahme allenfalls in Ausnahmefällen denkbar ist. Insofern besteht ein erheblicher Unterschied zur Bedeutung der Erkennbarkeit einer Maßnahme im Rahmen der Handelsbilanzpolitik.[103]

3.5.3.3 Beeinträchtigung durch die Stetigkeitsgrundsätze

Die Aktionsparameter der Steuerbilanzpolitik sind in unterschiedlichem Maße flexibel einsetzbar. *Beeinträchtigungen der Flexibilität* können sich insbesondere aus den *Stetigkeitsgrundsätzen* ergeben. Diese umfassen bekanntlich den Grundsatz der Bilanzierungs- und den der Bewertungsstetigkeit. Nachfolgend soll lediglich auf mögliche Beeinträchtigungen der Flexibilität des Einsatzes von steuerbilanzpolitischen Aktionsparametern durch diese beiden Grundsätze eingegangen werden.

[102] Vertiefend hierzu s. *Schneeloch* (2006), S. 66 ff.

[103] Zur Bedeutung des Erkennbarkeitsarguments in der Handelsbilanzpolitik s. insbesondere *Krüger* (2015), S. 43 f.

Der Grundsatz der Bilanzierungsstetigkeit (Ansatzstetigkeit) ist in § 246 Abs. 3 HGB enthalten. Dessen Satz 1 lautet: „Die auf den vorhergehenden Jahresabschluss angewandten Ansatzmethoden sind beizubehalten." Der in § 252 Abs. 1 Nr. 6 HGB kodifizierte Grundsatz der Bewertungsstetigkeit lautet: „Die auf den vorhergehenden Jahresabschluss angewandten Bewertungsmethoden sind beizubehalten." Von beiden Grundsätzen kann nach § 252 Abs. 2 HGB in begründeten Ausnahmefällen abgewichen werden. Für den Grundsatz der Bewertungsstetigkeit ergibt sich dies unmittelbar aus § 252 Abs. 2 HGB, für den Grundsatz der Bilanzierungsstetigkeit durch einen Verweis in § 246 Abs. 3 Satz 2 HGB auf § 252 Abs. 2 HGB. Über den Maßgeblichkeitsgrundsatz des § 5 Abs. 1 Satz 1 EStG gelten alle genannten Rechtsnormen auch für die steuerliche Gewinnermittlung.

Steuerlich spielt der Grundsatz der *Bilanzierungsstetigkeit* allenfalls eine unbedeutende Rolle. Der Grund liegt darin, dass es steuerlich kaum jemals ein Bilanzierungswahlrecht gibt. Auch Ermessensspielräume bei der Bilanzierung dürften selten vorkommen. Ist im Einzelfall ein derartiger Spielraum gegeben, so dürfte er kaum jemals „methodisch" genutzt werden. Der Stetigkeitsgrundsatz setzt aber voraus, dass eine „Methode" stetig angewendet wird.

Im Gegensatz zum Grundsatz der Bilanzierungsstetigkeit spielt der der *Bewertungsstetigkeit* nicht nur handels-, sondern auch steuerrechtlich eine erhebliche Rolle. Allerdings hat er für die verschiedenen Aktionsparameter unterschiedliche Bedeutung. Diese ist groß bei *Ermittlung der Herstellungskosten* und damit insbesondere bei der Bewertung der Vorräte. Es kann die These gewagt werden, dass der Hauptanwendungsfall des § 252 Abs. 1 Nr. 6 HGB bei der *Bewertung der Vorräte* gegeben ist. Allerdings dürfte es möglich sein, in Abständen von jeweils mehreren Jahren die Bewertungsmethode zu ändern. Es muss dann eine begründete Ausnahme von der Stetigkeit i. S. d. § 252 Abs. 2 HGB gefunden werden. Von Bedeutung ist in diesem Zusammenhang, dass das IDW, das die berufsständische Meinung der Wirtschaftsprüfer artikuliert, eine sehr großzügige Interpretation der begründeten Ausnahmen i. S. d. § 252 Abs. 2 HGB vorgenommen hat.[104] Aufgrund dieser müsste es möglich sein, zumindest in größeren zeitlichen Abständen eine Änderung der Methode zur Bewertung der Vorräte herbeizuführen. Eine jährliche Änderung der Methode entsprechend den jeweiligen Erfordernissen der Bilanzpolitik dürfte allerdings nicht möglich sein. Diese Ausführungen gelten sowohl für die Handels- als auch für die Steuerbilanz.

Handelsrechtliche Abschreibungsmethoden sind Bewertungsmethoden i. S. d. § 252 Abs. 1 Nr. 6 HGB. Das hat zur Folge, dass eine einmal gewählte Abschreibungsmethode bei vergleichbaren Vermögensgegenständen grundsätzlich beibehalten werden muss. Auch bei diesen dürfte es aber – mit Begründung – in größeren zeitlichen Abständen möglich sein, einen Methodenwechsel vorzunehmen. Steuerlich ist mit der Abschaffung der degressiven AfA durch eine Änderung des § 7 Abs. 2 EStG das mit Abstand wichtigste Abschreibungswahlrecht entfallen. Die Zahl der verbliebenen Wahlrechte ist eng begrenzt und kommt jeweils nur für eine geringe Zahl von Unternehmen in Betracht. Zu nennen ist das in § 7 Abs. 1 Satz 6 EStG genannte Wahlrecht, anstelle einer linear-gleichbleibenden eine Abschreibung nach Maßgabe der Leistung vorzunehmen. Bergbauunternehmen und die sonstigen unter § 7 Abs. 6 EStG genannten Betriebe können

[104] Vgl. IDW (2011), S. 562 f.

anstelle einer linear-gleichbleibenden AfA eine Absetzung für Substanzverringerung vornehmen. Diese im Steuerrecht ausdrücklich verankerten Wahlrechte unterliegen nicht dem Stetigkeitsgebot.

Mit der Schaffung von Vorschriften über *steuerliche Sonderabschreibungen und erhöhte Absetzungen* verfolgt der Gesetzgeber politische Zwecke. Diesen entsprechend verhalten kann sich der einzelne Steuerpflichtige nur dann, wenn er die Möglichkeit zur Vornahme von Sonderabschreibungen und erhöhten Absetzungen flexibel handhaben kann. Dies setzt voraus, dass insoweit der Stetigkeitsgrundsatz nicht greift. Es ist deshalb davon auszugehen, dass der Stetigkeitsgrundsatz auf Sonderabschreibungen und erhöhte Absetzungen nicht anzuwenden ist.

Große Flexibilität besteht hinsichtlich des Einsatzes der Wertansatzwahlrechte des § 6 EStG. Der Stetigkeitsgrundsatz spielt hier grundsätzlich keine Rolle. Eine Ausnahme ergibt sich aus § 6 Abs. 2a Satz 5 EStG. Danach können in einem Jahr angeschaffte oder fertiggestellte geringwertige Wirtschaftsgüter der in diesem Absatz definierten Art nur einheitlich entweder in einem Sammelposten erfasst oder nicht erfasst werden. Diese Einschränkung gilt aber nur für jeweils ein Jahr. Aufgrund der Logik des Gesetzes und durch den Verweis in § 6 Abs. 2a Satz 5 EStG auf § 6 Abs. 2 Satz 1 EStG gilt eine vergleichbare Einschränkung auch für den sofortigen Abzug der in § 6 Abs. 2 EStG definierten geringwertigen Wirtschaftsgüter. Eine weitere Einschränkung der Ausübung der Wertansatzwahlrechte des § 6 EStG ergibt sich aus § 6 Abs. 1 Nr. 2a EStG. Danach kann die Anwendung eines einmal gewählten (zulässigen) Verbrauchsfolgeverfahrens nur mit Zustimmung des Finanzamts geändert werden. Klargestellt sei, dass die in § 6 Abs. 2 bzw. Abs. 2a EStG definierten Wirtschaftsgüter auch nach den allgemeinen Vorschriften des § 7 EStG abgeschrieben werden können.

Für die *Passivposten* der Bilanz hat das *Stetigkeitsgebot* nur *geringe Bedeutung*. Der Grund liegt darin, dass bei der Bewertung der Passiva i. d. R. keine „Methoden" i. S. d. § 252 Abs. 1 Nr. 6 HGB angewendet werden. So beruht die Bildung und Bewertung einer Rückstellung in den meisten Fällen auf einer Einzelfallentscheidung und damit eben nicht auf einer Bewertungs*methode*. Diese Einschätzung dürfte zumindest bei der großen Zahl kleiner Unternehmen zutreffen. Großunternehmen hingegen werden bei der Bewertung von Rückstellungen häufig „Methoden" anwenden, um die Bewertung bei einer größeren Zahl vergleichbarer Sachverhalte zu schematisieren und damit zu vereinfachen. In derartigen Fällen greift der Stetigkeitsgrundsatz.

Allerdings gibt es auch bei der Bewertung der *Passiva* durch kleine Unternehmen Fälle, in denen der Stetigkeitsgrundsatz zur Anwendung kommt. Dies gilt handelsbilanziell insbesondere hinsichtlich der Bewertung von *Pensionsrückstellungen*. Derartige Rückstellungen sind nach § 253 Abs. 2 HGB abzuzinsen. Hierbei kann der Bilanzierende zwischen den in den Sätzen 1 und 2 dieser Rechtsnorm festgelegten Zinssätzen wählen. Mit der einmal getroffenen Wahl begründet er eine Bewertungs*methode*. An diese ist er grundsätzlich in Zukunft gebunden. Steuerlich besteht hinsichtlich der Festlegung des Rechnungszinsfußes kein Wahlrecht, da der Zinsfuß gem. § 6a Abs. 3 EStG mit 6 % p. a. festgelegt ist. Damit stellt sich steuerbilanziell auch nicht die Frage nach einer stetigen Anwendung des Rechnungszinsfußes. Angemerkt sei, dass Pensionszusagen in kleinen Unternehmen nur selten gegeben werden. Ausgenommen sind

Pensionszusagen an die Gesellschafter-Geschäftsführer kleiner Gesellschaften mbH.

Bei der Bildung und Bewertung der steuerfreien Rücklagen dürfte es i. d. R. nicht zur Anwendung einer Bewertungsmethode kommen, so dass bereits aus diesem Grunde der Stetigkeitsgrundsatz nicht greift. Darüber hinaus sollen nach dem Gesetzeszweck einschlägiger Rechtsnormen diese dem jeweiligen politisch verfolgten Ziel entsprechend eingesetzt werden können. Die Anwendung des Stetigkeitsgebots würde diesem Gesetzeszweck widersprechen. Auch aus diesem Grunde ist das Stetigkeitsgebot also nicht anwendbar.

Zusammenfassend kann festgestellt werden, dass der Stetigkeitsgrundsatz sowohl handels- als auch steuerbilanziell bei kleinen Unternehmen nur die Wahlmöglichkeiten einiger weniger bilanzpolitischer Aktionsparameter einschränkt. Die wichtigste Einschränkung dürfte bei der Bewertung der Vorräte gegeben sein. Diese Einschränkung ist allerdings bei Unternehmen des produzierenden Gewerbes gravierender Art. Bei Großunternehmen hingegen dürfte der Grundsatz der Bewertungsstetigkeit eine größere Rolle spielen. Generell kann vermutet werden, dass die Bedeutung des Stetigkeitsgrundsatzes – c. p. – mit der Unternehmensgröße steigt.

3.5.3.4 Beeinträchtigung durch mangelnde Teilbarkeit

Die Wirksamkeit des Einsatzes von Aktionsparametern kann durch deren *mangelnde Teilbarkeit* beeinträchtigt werden. Im Rahmen der Steuerbilanzpolitik gilt dies aber nur für die Fälle, in denen die steuerbilanzpolitische Zielsetzung in einer Anpassung der Einkommen an eine Gleichwertigkeitskurve bzw. – vereinfachend – in der Gewinnnivellierung besteht. Bei der Zielsetzung einer maximalen Einkommensnachverlagerung hingegen spielt die Teilbarkeit der Aktionsparameter keine Rolle: In derartigen Fällen ist stets die maximale Ausnutzung des jeweiligen Aktionsparameters die optimale Maßnahme.

Hinsichtlich der Teilbarkeit von Aktionsparametern der Steuerbilanzpolitik ist es von Bedeutung, ob diese in Ermessensspielräumen oder aber in Wahlrechten bestehen. Ermessensspielräume sind in aller Regel in unterschiedlichem Maße betragsmäßig nutzbar. So kann es im Einzelfall vertretbar sein, eine Rückstellung für ungewisse Verbindlichkeiten mit 30 T€, mit 50 T€ oder mit beliebigen Zwischenwerten anzusetzen. Eine Teilbarkeit des maximal möglichen Betrages ist somit in aller Regel gegeben.

Bei den – ohnehin sehr seltenen – Bilanzierungswahlrechten ist eine Teilbarkeit kaum vorstellbar: Es kann entweder eine Bilanzierung oder ein Verzicht auf eine Bilanzierung, nicht aber eine nur teilweise Bilanzierung erfolgen.

Steuerliche Wahlrechte im Rahmen der Bewertung von Wirtschaftsgütern, insbesondere von unfertigen und fertigen Erzeugnissen, mit ihren Herstellungskosten sind bei ihrer erstmaligen Bewertung i. d. R. teilbar. Bei den Folgebewertungen sowie der Bewertung vergleichbarer Wirtschaftsgüter greift dann aber der bereits behandelte Grundsatz der Bewertungsstetigkeit. Dies hat zur Folge, dass bei Folgebewertungen derselben Wirtschaftsgüter sowie der Bewertung vergleichbarer Wirtschaftsgüter der einmal gewählte Aufteilungsmaßstab weiterhin anzuwenden ist.

Die sich aus § 6 EStG ergebenden Bewertungswahlrechte sind grundsätzlich teilbar. Ausgenommen ist das sich aus § 6 Abs. 2a EStG ergebende Wahlrecht zur Bildung und Abschreibung eines Sammelpostens. Dieses kann nach Satz 5 dieser Rechtsnorm in einem Jahr nur einheitlich ausgeübt werden. In dem nachfolgenden Jahr kann für die dann angeschafften oder hergestellten Wirtschaftsgüter das Wahlrecht erneut – aber auch wieder nur einheitlich – ausgeübt werden. Gleiches gilt nach der hier bereits unter Gliederungspunkt 3.5.3.3 (S. 165) vertretenen Rechtsansicht auch für das sich aus § 6 Abs. 2 EStG ergebende Wahlrecht zur Vollabschreibung der in dieser Norm definierten geringwertigen Wirtschaftsgüter.

Eine Teilbarkeit der wenigen sich aus § 7 EStG ergebenden steuerlichen Abschreibungswahlrechte ist regelmäßig nicht gegeben. So kann ein Wirtschaftsgut nicht teilweise linear-gleichbleibend nach § 7 Abs. 1 Satz 1 EStG und teilweise nach Maßgabe der Leistung gem. § 7 Abs. 1 Satz 6 EStG abgeschrieben werden.

Bei den – ebenfalls wenigen – Wahlrechten zur Vornahme einer erhöhten Absetzung oder Sonderabschreibung ist regelmäßig eine nur teilweise Inanspruchnahme des maximal möglichen Betrages möglich. In diesem Sinne ist das Wahlrecht teilbar.

Wahlrechte bei der Bewertung steuerfreier Rücklagen können regelmäßig mit einem geringeren als dem maximal möglichen Betrag genutzt werden. Insofern ist bei der erstmaligen Bildung einer steuerfreien Rücklage ein Wahlrecht gegeben. Eine Erhöhung des einmal gewählten Betrages in einem Folgejahr dürfte aber regelmäßig nicht möglich sein.

3.5.3.5 Gesamtwürdigung

Zusammenfassend kann festgestellt werden, dass die im Rahmen von Untersuchungen zur (handelsbilanziellen) Jahresabschlusspolitik viel diskutierten Beeinträchtigungen des zielgerichteten Einsatzes von Aktionsparametern in der Steuerbilanzpolitik nur eine geringe Rolle spielen. Besteht das steuerbilanzielle Ziel in einer maximalen Einkommensnachverlagerung, so ist kaum jemals mit einer nennenswerten Beeinträchtigung zu rechnen. Besteht das steuerbilanzielle Ziel (vereinfachend) in einer Einkommensnivellierung, so können Beeinträchtigungen zwar durchaus vorkommen, doch kann deren Bedeutung insgesamt als gering eingestuft werden.

4 Sonstige Aktionsparameter einer autonomen Steuerplanung

4.1 Einführung

Alle bisher behandelten Aktionsparameter einer autonomen Steuerplanung betreffen den Spezialfall der Steuerbilanzpolitik. Neben dieser gibt es aber noch weitere Aktionsparameter einer autonomen Steuerplanung. Einige von ihnen bewirken ebenso wie diejenigen der Steuerbilanzpolitik eine zeitliche Einkommensverlagerung. Dies gilt insbesondere hinsichtlich der Aktionsparameter im Zusammenhang mit der Ermittlung des Gewinns mit Hilfe einer Einnahmen-Überschussrechnung gem. §4 Abs. 3 EStG. Ferner gilt dies hinsichtlich der Aktionsparameter im Zusammenhang mit der Ermittlung der Überschusseinkünfte, insbesondere der Einkünfte aus Vermietung und Verpachtung. Auf diese beiden Arten von Aktionsparametern einer zeitlichen Einkommensverlagerungspolitik soll nachfolgend unter den Gliederungspunkten 4.2 und 4.3 eingegangen werden.

Neben den Aktionsparametern einer zeitlichen Einkommensverlagerungspolitik gibt es noch eine Vielzahl anderer steuerlicher Aktionsparameter. Diese können sehr unterschiedlicher Art sein. Auf zwei von ihnen soll unter den Gliederungspunkten 4.4 (S. 174) und 4.5 (S. 175) eingegangen werden. Sie betreffen zum einen die Umsatz-, zum anderen die Erbschaft- bzw. Schenkungsteuer.

4.2 Aktionsparameter bei der Gewinnermittlung nach §4 Abs. 3 EStG

Bei der Gewinnermittlung nach §4 Abs. 3 EStG wird der Gewinn nicht durch Bestandsvergleich, sondern mit Hilfe einer Einnahmen-Überschussrechnung ermittelt. Es herrscht also grundsätzlich das Zu- und Abflussprinzip des §11 EStG. Damit entfallen grundsätzlich alle mit der Bilanzierung und Bewertung im Zusammenhang stehenden Aktionsparameter. Eine Ausnahme bilden diejenigen Aktionsparameter, die im Rahmen der Steuerbilanzpolitik hinsichtlich der steuerlichen Abschreibungen bestehen. Diese Aktionsparameter sind auch im Rahmen einer Gewinnverlagerungspolitik bei Gewinnermittlung nach §4 Abs. 3 EStG vorhanden. Gleiches gilt hinsichtlich des Investitionsabzugsbetrages i. S. d. §7g Abs. 1 EStG.

Durch den Fortfall aller der mit der Bilanzierung und der meisten der mit der Bewertung im Zusammenhang stehenden Aktionsparameter verringert sich bei einer Gewinnermittlung nach §4 Abs. 3 EStG die Zahl der Aktionsparameter der Gewinnverlagerungspolitik im Vergleich zu den Verhältnissen bei einer Gewinnermittlung durch Bestandsvergleich. Die Zahl der Aktionsparameter einer Gewinnverlagerungspolitik ohne Sachverhaltsgestaltung ist somit im

Vergleich zur Zahl der Aktionsparameter im Rahmen der Steuerbilanzpolitik deutlich geringer. Dafür können aber durch *geringfügige Sachverhaltsänderungen* Aktionsparameter eingesetzt werden, die es im Rahmen der Bilanzpolitik nicht gibt. Diese Sachverhaltsgestaltungen betreffen den Zeitpunkt des Zu- und Abflusses von Betriebseinnahmen und Betriebsausgaben. So kann versucht werden, Betriebseinnahmen aus dem alten in das neue Jahr nachzuverlagern oder aber sie aus dem neuen in das alte Jahr vorzuziehen.

Eine Nachverlagerung von Betriebseinnahmen lässt sich normalerweise bereits dadurch erreichen, dass das Versenden von Kundenrechnungen über den Jahreswechsel hinaus verschoben wird. Betriebsausgaben lassen sich häufig bereits dadurch in ein anderes Jahr verlagern, dass die Bezahlung von Lieferantenrechnungen hinausgeschoben wird oder aber Lieferantenrechnungen besonders frühzeitig angefordert und bezahlt werden. Auch Abschlagszahlungen auf zu erwartende Lieferantenrechnungen können zum Zweck einer Gewinnnachverlagerung eingesetzt werden.

Alle diese Gestaltungsmaßnahmen einer Gewinnverlagerung durch Variation des Zahlungszeitpunktes bestehen im Rahmen der Steuerbilanzpolitik durch Bestandsvergleich nicht. Strenggenommen gehören diese Maßnahmen aber nicht mehr zu den Aktionsparametern ohne Änderung des Sachverhalts, sondern zu denjenigen durch Änderung des Sachverhalts. Doch ist die Sachverhaltsänderung häufig von so geringer Bedeutung, dass die Aktionsparameter denjenigen ohne Sachverhaltsänderung gleichgestellt werden können.

4.3 Aktionsparameter bei Einkünften aus Vermietung und Verpachtung und bei selbstgenutztem Wohnraum

Aktionsparameter der Einkommensverlagerungspolitik im Bereich der Einkünfte aus Vermietung und Verpachtung betreffen im Wesentlichen die steuerlichen Abschreibungen. Derartige Aktionsparameter können allerdings nur dann auftreten, wenn das vermietete oder verpachtete Grundstück nicht nur die Voraussetzungen einer AfA nach § 7 Abs. 4 EStG, sondern zusätzlich zumindest die einer weiteren Abschreibungsvorschrift erfüllt. Nach geltendem Steuerrecht kann diese Voraussetzung regelmäßig nur bei neuen Gebäuden bzw. neu durchgeführten Baumaßnahmen im Jahr der Anschaffung oder Herstellung und in einigen darauffolgenden Jahren erfüllt sein. Eine Übersicht über die derzeit (Frühjahr 2020) über § 7 EStG hinausgehenden steuerlichen Abschreibungsmöglichkeiten im Zusammenhang mit den Einkünften aus Vermietung und Verpachtung gibt *Abbildung 4.1 auf der gegenüberliegenden Seite.* Aufgenommen worden sind nur diejenigen Vorschriften, die nach dem 31.12.2019 noch Aktionsparameter beinhalten.

Rechtsnorm	Kurzskizzierung der Begünstigungsvorschrift
§ 7b EStG	bis zu jeweils 5 % Abschreibung im Jahr der Anschaffung oder Herstellung und in den drei Folgejahren auf die Anschaffungs- oder Herstellungskosten neuer Wohnungen im Mietwohnungsneubau, insgesamt also 20 % der Anschaffungs- oder Herstellungskosten. Beschränkungen der Höhe nach. Nur bei Bauantrag nach dem 31.8.2018 und vor dem 1.1.2022 (Frist wird vermutlich verlängert)
§ 7h EStG	bis zu 9 % Abschreibung im Jahr der Anschaffung oder Herstellung und in den folgenden sieben Jahren sowie bis zu 7 % in den folgenden vier Jahren für bestimmte förderungswürdige Baumaßnahmen in einem Sanierungsgebiet bzw. städtebaulichen Entwicklungsgebiet
§ 7i EStG	bis zu 9 % Abschreibung im Jahr der Herstellung und in den folgenden sieben Jahren sowie bis zu 7 % in den folgenden vier Jahren bei Baudenkmälern

Abb. 4.1: Übersicht über Abschreibungsmöglichkeiten bei den Einkünften aus Vermietung und Verpachtung mit Begünstigungscharakter

Allen bisher behandelten Aktionsparametern ist gemeinsam, dass durch sie der reale Sachverhalt nicht verändert wird. Sie wirken also wie steuerbilanzpolitische Aktionsparameter im engeren Sinne. Darüber hinaus gibt es Gestaltungsmöglichkeiten dergestalt, dass Zu- und Abflüsse in zeitlicher Nähe zum Jahreswechsel vorgezogen oder hinausgeschoben werden können. Bei der zeitlichen Verteilung der Einkünfte aus Vermietung und Verpachtung gibt es somit Aktionsparameter, die lediglich auf der Verschiebung des Zahlungszeitpunktes beruhen, im Übrigen aber das reale Geschehen unberührt lassen. Derartige Gestaltungsmöglichkeiten bestehen im Rahmen der Steuerbilanzpolitik nicht, da dort nicht das Zu- und Abflussprinzip gilt, sondern die Gewinnermittlung durch Berücksichtigung der Erträge und Aufwendungen erfolgt.

Werden Wohnungen vom Eigentümer selbst genutzt, so führt dieser Vorgang grundsätzlich nicht zu Einkünften aus Vermietung und Verpachtung. Damit kommen auch die in Abbildung 4.1 aufgeführten Abschreibungen nicht zur Anwendung. In einigen dieser Fälle können aber Abschreibungen bzw. Erhaltungsaufwendungen wie Sonderausgaben vom Gesamtbetrag der Einkünfte abgezogen werden. Eine Übersicht über die in diesem Zusammenhang derzeit bestehenden Aktionsparameter (Stand Frühjahr 2020) gibt *Abbildung 4.2 auf der nächsten Seite.*

Rechtsnorm	Kurzskizzierung der Begünstigungsvorschrift
§ 10e EStG	Abschreibungsgleiche Abzüge von den Herstellungs- bzw. Anschaffungskosten einer durch den Eigentümer zu Wohnzwecken selbstgenutzten Wohnung im eigenen Haus oder einer Eigentumswohnung. Keine Begünstigung von Ferienwohnungen. Begünstigungszeitraum maximal acht Jahre. Mehrere Begrenzungen der Abzugshöhe
§ 10f EStG	bis zu jeweils 9 % bestimmter Aufwendungen für zu eigenen Wohnzwecken genutzte Baudenkmäler und Gebäude in Sanierungs- und städtebaulichen Entwicklungsgebieten, wie Sonderausgaben im Jahr des Abschlusses der Baumaßnahme und in den folgenden neun Jahren abzugsfähig
§ 10g EStG	bis zu jeweils 9 % der Herstellungs- und Erhaltungsaufwendungen für bestimmte Kulturgüter im Jahr der Durchführung der Herstellungs- bzw. Erhaltungsmaßnahme und in den folgenden neun Jahren, wie Sonderausgaben abzugsfähig

Abb. 4.2: Abschreibungen und Erhaltungsaufwendungen im Bereich der Sonderausgaben

4.4 Verzicht auf Befreiung von der Umsatzsteuer

Bisher sind ausschließlich Aktionsparameter einer autonomen Steuerplanung behandelt worden, die die Ertragsteuern betreffen und eine zeitliche Verlagerung (von Teilen) des versteuernden Einkommens zur Folge haben. Doch gibt es auch außerhalb der Ertragsteuern Aktionsparameter einer autonomen Steuerplanung, so z. B. nach § 9 UStG. Nach Abs. 1 dieser Rechtsnorm kann der Unternehmer bestimmte dort aufgeführte steuerfreie Umsätze als steuerpflichtig behandeln. Voraussetzung ist jeweils, dass der Umsatz an einen anderen Unternehmer für dessen Unternehmen erfolgt.[105] Von den in § 9 Abs. 1 UStG aufgeführten Umsätzen soll hier nur kurz auf die nach § 4 Nr. 12 UStG steuerbefreiten Vermietungsumsätze eingegangen werden. Befreit sind nach dieser Norm insbesondere die Vermietung und Verpachtung von Grundstücken. Nur dieser Fall soll nachfolgend behandelt werden.

Der Verzicht auf die Steuerbefreiung von Vermietungsumsätzen kann für den Unternehmer nur dann vorteilhaft sein, wenn

1. der Mieter bereit ist, die zusätzlich anfallende Umsatzsteuer zumindest teilweise zu übernehmen und
2. der vermietende Unternehmer durch den Verzicht auf die Steuerbefreiung die Möglichkeit eines bisher nicht gegebenen Vorsteuerabzugs erhält.

Die erste Voraussetzung dürfte regelmäßig zumindest dann erfüllt sein, wenn der Mieter die Möglichkeit hat, die ihm zusätzlich in Rechnung gestellte Umsatzsteuer nach § 15 Abs. 1 UStG als Vorsteuer abzuziehen. Auch die zweite

[105] Hinsichtlich einer vertiefenden Darstellung des § 9 UStG in rechtlicher Hinsicht s. *Schneeloch/Meyering/Patek*, Band 3 (2017b), Gliederungspunkt 2.3.3.6.

Voraussetzung dürfte in aller Regel erfüllt sein: Vorsteuern des vermietenden Unternehmers, die mit den Vermietungsumsätzen im Zusammenhang stehen, werden unter den Voraussetzungen des § 9 Abs. 1 UStG zu nach § 15 Abs. 1 UStG abzugsfähigen. Damit ein Vorteil entstehen kann, müssen diese Vorsteuern größer als Null sein.

Die Vorteilhaftigkeit des sich aus § 9 Abs. 1 UStG ergebenden Aktionsparameters kann anhand eines sehr einfachen Vorteilskriteriums geprüft werden: Sind die neu entstandenen abzugsfähigen Vorsteuern in der entscheidungsrelevanten Periode (i. d. R. ein Jahr) höher als der Betrag an zusätzlicher Umsatzsteuer, so ist ein Verzicht auf Steuerbefreiung vorteilhaft. Es reicht hier also, einen jeweils einperiodigen Vergleich vorzunehmen: Aus dem übergeordneten Kriterium eines Steuerbarwertvergleichs der Alternativen wird also ein einfacher Jahresbelastungsvergleich.

Klargestellt sei, dass in konkreten Fällen regelmäßig von einer Vorteilhaftigkeit des Verzichts auf die Steuerbefreiung ausgegangen werden kann. Ist der Mieter zum vollständigen Vorsteuerabzug berechtigt, so gibt es für ihn regelmäßig keinen Grund, die Übernahme der zusätzlichen Umsatzsteuer nicht zu akzeptieren. Dem vermietenden Unternehmer dürften regelmäßig von anderen Unternehmern im Zusammenhang mit der Vermietung stehende Umsatzsteuern in Rechnung gestellt werden, die durch die Option nach § 9 UStG aus nichtabzugsfähigen zu abzugsfähigen Vorsteuern werden.

4.5 Erbschaft- und schenkungsteuerliche Aktionsparameter

Auch im Rahmen der Ermittlung der Erbschaft- bzw. Schenkungsteuer gibt es eine Reihe von Wahlrechten und Ermessensspielräumen.[106] Diese betreffen in hohem Maße die Besteuerung von Betriebsvermögen einschließlich derjenigen von Anteilen an Kapitalgesellschaften. Einem Großteil dieser Wahlrechte und Ermessensspielräume ist gemeinsam, dass sie im Steuerrecht verankert sind, somit Aktionsparameter einer autonomen Steuerplanung darstellen, aber außer Steuerzahlungen auch andere Auszahlungen – z. T. – in erheblichem Maße beeinflussen. Genannt seien hier lediglich

- das Methodenwahlrecht zur Ermittlung des gemeinen Wertes des Betriebsvermögens des § 11 Abs. 2 Satz 2 BewG und
- das Wahlrecht zwischen der Regel- und der Optionsverschonung nach § 13a Abs. 10 ErbStG.[107]

Nachfolgend soll lediglich in sehr knapper Form auf das Methodenwahlrecht bei Ermittlung des Werts von Betriebsvermögen eingegangen werden.

Nach § 11 Abs. 2 Satz 2 BewG sind Anteile an Kapitalgesellschaften, sofern diese nicht an einer Börse gehandelt werden, mit ihrem gemeinen Wert zu bewerten. Sofern sich dieser nicht aus Verkäufen ableiten lässt, ist er gem. § 11 Abs. 2

[106] Hinsichtlich derartiger Wahlrechte und Ermessensspielräume s. insbesondere *Bradsch* (2007), S. 101 ff; *Frieling* (2015), S. 119 ff; 203 ff und *Frieling* (2017), S. 317 ff.

[107] Siehe *Frieling* (2015), S. 129 ff.

Satz 2 BewG unter Berücksichtigung der Ertragsaussichten der Gesellschaft zu ermitteln. Gleiches gilt gem. § 109 Abs. 1 BewG für das Betriebsvermögen von Gewerbetreibenden und Freiberuflern. Das im Rahmen eines erbschaft- oder schenkungsteuerlichen Erwerbs zu bewertende Betriebsvermögen ist also mit seinem gemeinen Wert i. S. d. § 11 Abs. 2 Satz 2 BewG zu bewerten. Dies ergibt sich auch ausdrücklich aus § 12 Abs. 5 ErbStG.

Aus der Formulierung „... unter Berücksichtigung der Ertragsaussichten ...“ in § 11 Abs. 2 Satz 2 BewG wird im Schrifttum – wohl einhellig – gefolgert, dass zur Ermittlung des gemeinen Werts von Betriebsvermögen grundsätzlich das in der deutschsprachigen Betriebswirtschaftslehre entwickelte Ertragswertverfahren anwendbar sei.[108] Diese Ansicht vertritt auch die Finanzverwaltung.[109] Außer dem Ertragswertverfahren kann nach § 11 Abs. 2 Satz 2 BewG auch ein anderes anerkanntes und im gewöhnlichen Geschäftsverkehr für nichtsteuerliche Zwecke übliches Verfahren angewendet werden. Hierbei handelt es sich in erster Linie um das im angelsächsischen Schrifttum entwickelte Discounted-Cashflow-Verfahren (DCF-Verfahren). Dieses existiert in einer Vielzahl von Varianten. Für die konkrete Ausprägung sowohl des Ertragswert- als auch des DCF-Verfahrens ist in Deutschland die Ansicht des Instituts der Wirtschaftsprüfer (IDW) von Bedeutung. Diese ist im IDW S1 niedergelegt.[110]

Neben der Anwendung des Ertragswert- und des DCF-Verfahrens ist zur Bewertung des Betriebsvermögens nach § 199 BewG auch das in den §§ 200 bis 203 BewG geregelte vereinfachte Ertragswertverfahren anwendbar.

Insgesamt ist also zur Bewertung eines schenkung- oder erbschaftsteuerlichen Erwerbs von Betriebsvermögen die Anwendung eines der folgenden drei Verfahren zulässig:

- Das Ertragswertverfahren, insbesondere in der Ausprägung durch IDW S1,
- das DCF-Verfahren in verschiedenen Varianten, insbesondere in den durch IDW S1 geprägten und
- das vereinfachte Ertragswertverfahren nach den §§ 200 bis 203 BewG.

Zwischen diesen drei Verfahren kann der Steuerpflichtige grundsätzlich frei wählen.

In aller Regel dürften die drei genannten Verfahren in einem konkreten Anwendungsfall zu unterschiedlichen Werten und damit auch zu unterschiedlichen Steuerschulden führen. Die Wertabweichungen können im Einzelfall sehr groß sein.

Zusätzlich zu den Steuerfolgen fallen bei allen drei Verfahren Kosten der Wertermittlung an. Diese können in erheblichem Maße voneinander abweichen. Die

[108] Hinsichtlich einer Kurzskizzierung der Verfahren unter Berücksichtigung der Ertragsaussichten s. *Frieling* (2015), S. 147 ff. Vertiefend s. insbesondere *Wameling* (2004); *Matschke/Brösel* (2013) und *Hering* (2014).
[109] R B 11.2 Abs. 2 ErbStR 2019.
[110] Vgl. IDW (2008).

mit Abstand geringsten Kosten sind bei Anwendung des vereinfachten Ertragswertverfahrens zu erwarten. Dieses ist weitgehend durch den Gesetzgeber schematisiert. Die Wertermittlung kann i. d. R. in kurzer Zeit von dem das Unternehmen betreuenden Steuerberater vorgenommen werden.

Wesentlich höhere Kosten als die bei Anwendung des vereinfachten Ertragswertverfahrens entstehenden sind bei einer Wertermittlung mit Hilfe des Ertragswert- oder des DCF-Verfahrens zu erwarten. Diese dürften regelmäßig ein Vielfaches der bei Anwendung des vereinfachten Ertragswertverfahrens entstehenden betragen. Hier dürfte regelmäßig ein umfangreiches Gutachten eines Wirtschaftsprüfers erforderlich sein. Zwar kann auch der das Unternehmen laufend betreuende Steuerberater ein derartiges Gutachten erstellen, doch dürfte dieses bei der Nähe des Beraters zu dem Unternehmen auf größere Skepsis stoßen als ein von einem unabhängigen Wirtschaftsprüfer erstelltes.

Bei hohen Betriebsvermögen ist zu erwarten, dass das Finanzamt den von dem Gutachter ermittelten Wert mit einem von ihm selbst ermittelten vergleicht. Diesen wird es dann mit Hilfe des vereinfachten Ertragswertverfahren ermitteln. Ist der von dem Gutachter ermittelte Wert erheblich geringer als der sich nach dem vereinfachten Ertragswertverfahren ergebende, so ist es zumindest denkbar, dass das Finanzamt den von dem Gutachter ermittelten Wert nicht anerkennt. Ein Rechtsstreit dürfte dann i. d. R. die Folge sein. Dieser kann zu erheblichen Kosten einer (versuchten) Rechtsdurchsetzung führen.

Die bisherigen Ausführungen lassen erkennen, dass es bei der Methodenwahl regelmäßig nicht ausreicht, nur die unterschiedlichen Steuerfolgen miteinander zu vergleichen. Vielmehr sollten die erwarteten Wertermittlungs- sowie ggf. auch die Rechtsdurchsetzungskosten in den Kalkül einbezogen werden. Ziel muss es sein, das Verfahren zu ermitteln, das die geringsten abgezinsten Gesamtkosten (genauer: die den Kosten entsprechenden Auszahlungen) verursacht. Ziel ist es also, den Barwert aus Steuerzahlungen und den durch die Methodenwahl entstehenden kostenwirksamen Auszahlungen zu minimieren.

5 Spezialprobleme einer zeitlichen Einkommensverlagerung

5.1 Einführung

In diesem fünften Hauptgliederungspunkt des zweiten Teils des vorliegenden Buches sollen einige Spezialprobleme behandelt werden, die im Rahmen einer zeitlichen Einkommensverlagerungspolitik entstehen können. Eingegangen werden soll auf

- Besonderheiten bei Verlusten,
- Probleme im Zusammenhang mit einer Einlagen- und Entnahmenpolitik und
- mögliche Grenzen einer zeitlichen Einkommensverlagerungspolitik.

5.2 Besonderheiten bei Verlusten

5.2.1 Einführung

Außerordentlich kompliziert ist die Bestimmung des Vorteilskriteriums in Verlustsituationen. Im Schrifttum wird z. T. die Ansicht vertreten, dass in Verlustsituationen eine Politik der maximalen Einkommensnachverlagerung nicht sinnvoll sei.[111] Begründet wird dies damit, dass es keinen Sinn ergebe, Verluste, die im Jahr ihrer Entstehung einem Steuersatz von 0 % unterliegen, durch eine Politik der maximalen Gewinnnachverlagerung noch zu erhöhen. Auf diese Art könne keine Steuerentlastung erreicht werden, vielmehr würden spätere Entlastungsmöglichkeiten verringert. Diese Behauptung ist in dieser allgemeinen Form nicht haltbar. Der Grund liegt darin, dass einkommen- bzw. körperschaftsteuerlich eine einjährige Verlustrücktrags- und eine unbeschränkte Verlustvortragsmöglichkeit besteht. Nachfolgend wird deshalb zwischen dem Fall unterschieden, dass eine Erhöhung des Verlustes aufgrund der Ausübung von Aktionsparametern der Einkommensnachverlagerungspolitik zu einem zusätzlichen Verlustrücktrag führt und demjenigen, dass hierdurch lediglich ein zusätzlicher Verlustvortrag entsteht.

Zu beachten ist, dass Verluste nach § 10d Abs. 1 Satz 1 EStG lediglich bis zu einem Betrag von 1 Mio € (bei Einzelveranlagung) bzw. 2 Mio € (bei Zusammenveranlagung) rücktragsfähig sind. Höhere nicht ausgleichsfähige und nicht

[111] So z. B. *Laule* (1983), S. 313, der in Verlustjahren einen möglichst hohen Ansatz der Herstellungskosten und damit eine Aufwandsnachverlagerung nahelegt.

rücktragsfähige Verluste gehen aber nicht verloren, sie werden vielmehr zu vortragsfähigen Verlusten, unterliegen dann aber den Beschränkungen des § 10d Abs. 2 EStG. Auf Einzelheiten kann hier nicht eingegangen werden. Insoweit muss auf die Ausführungen in Band 1 dieses Werkes verwiesen werden.[112] Ferner ist zu beachten, dass Verluste lediglich bei der Einkommen- bzw. Körperschaftsteuer rücktragsfähig sind. Gewerbesteuerlich ist nach § 10a GewStG nur ein Verlustvortrag möglich.

Nachfolgend wird lediglich auf solche Verluste bzw. Verlustanteile eingegangen, die nicht den Abzugsbeschränkungen des § 10d Abs. 2 EStG unterliegen.

5.2.2 Rücktragsfähige Verluste

Führt die Ausübung eines steuerbilanzpolitischen Aktionsparameters zu einer Erhöhung des Verlustes im Jahr $t = 0$, so kommt es nach § 10d Abs. 1 EStG vorrangig zu einem Verlustrücktrag in das Jahr $t = -1$. Dies führt für das genannte Jahr zu Steuererstattungen. Diese wirken sich zahlungsmäßig i. d. R. in dem Jahr aus, in dem die Veranlagung für das Jahr $t = 0$ durchgeführt wird. In den meisten Fällen ist dies das Jahr $t = +1$ oder das Jahr $t = +2$. Hinsichtlich des Zahlungszeitpunktes hat somit ein Verlustrücktrag in das Jahr $t = -1$ in vielen Fällen die gleiche Wirkung wie ein Verlustausgleich für das Jahr $t = 0$. In diesen Fällen gelten hinsichtlich einer maximalen Gewinnnachverlagerung bzw. einer Anpassung der Einkommen an eine Gleichwertigkeitskurve oder (vereinfachend) einer Gleichverteilung der Einkommen die gleichen Überlegungen wie sie in Gliederungspunkt 2 (S. 133) dieses Teils des Buches dargestellt worden sind. Verlustrückträge in das Jahr $t = -1$ aufgrund steuerplanerischer Maßnahmen, die im Jahr $t = 0$ zur Verlustentstehung führen, sind somit regelmäßig in gleicher Weise zu behandeln wie Gewinnminderungen im Jahr $t = 0$ im „Normalfall". Zu beachten ist also, dass das Jahr $t = -1$ in gleicher Weise zu behandeln ist wie „normalerweise" das Jahr $t = 0$. Ein Beispiel soll den Zusammenhang verdeutlichen.

Beispiel

Die X-GmbH hat bisher für das Jahr $t = -1$ ein Einkommen von 2 Mio € versteuert. Im Mai des Jahres $t = +1$ ermittelt der Steuerberater S der X-GmbH für das Jahr $t = 0$ ein zu versteuerndes Einkommen von 100 T€. Hierbei ist noch nicht berücksichtigt worden, dass die X-GmbH für das Jahr $t = 0$ Sonderabschreibungen i. H. v. 200 T€ geltend machen könnte. Für das Jahr $t = +1$ rechnen der Geschäftsführer der X-GmbH G und der Steuerberater S nach einer gemeinsamen Beratung mit einem steuerlichen Verlust von 1 bis 1,5 Mio € und für das Jahr $t = +2$ von 0,5 bis 1 Mio €. Ab dem Jahr $t = +3$ rechnen sie wieder mit steuerlichen Gewinnen. Werden Steuerzahlungen aufgrund einer Sonderabschreibung in die Zukunft verlagert, so hat dies die Verringerung eines Kontokorrentkredites zur Folge. Gerechnet wird damit, dass der Kontokorrentkredit im Durchschnitt der nächsten Jahre mit 4 % p. a. zu verzinsen sein wird. Eine Hinzurechnung der Zinsen nach § 8 Nr. 1 GewStG ist aufgrund des in dieser Vorschrift enthaltenen Freibetrags von 100 T€ nicht zu erwarten. G will von S wissen, ob und in welcher Höhe von der Möglichkeit der Sonderabschreibung Gebrauch gemacht werden sollte. S und G gehen von dem für das Jahr 2021 geltenden Steuerrecht (nach dem Rechtsstand im Frühjahr 2020) aus.

---

[112] Siehe *Schneeloch/Meyering/Patek,* Band 1 (2016), Gliederungspunkt 2.4.1.

Durch die Inanspruchnahme der Sonderabschreibung kann der steuerliche Gewinn des Jahres t = 0 in einen steuerlichen Verlust verwandelt werden. Der höchstmögliche Verlustausweis für das Jahr t = 0 beträgt (100 - 200 =) -100 T€. Dieser ist in vollem Umfang in das Jahr t = -1 rücktragsfähig. Von dieser Möglichkeit sollte Gebrauch gemacht werden. Der Grund liegt darin, dass die Minderungen der Steuerzahlungen für das Jahr t = -1 zu Differenzinvestitionen verwendet werden, die bei einem Bruttozinssatz von 4 % p. a. einen Nettozinssatz von deutlich größer als 0 % p. a. aufweisen.[113] Soll ein Verlustrücktrag von 100 T€ erreicht werden, so muss die GmbH im Jahr t = 0 eine Sonderabschreibung von 200 T€ vornehmen.

5.2.3 Vortragsfähige Verluste

Vortragsfähige Verluste mit Hilfe von steuerbilanzpolitischen Aktionsparametern zu erzeugen, kann – wenn überhaupt – nur dann vorteilhaft sein, wenn diese Aktionsparameter im ersten Jahr, in dem voraussichtlich wieder Gewinn entsteht, nicht mehr ausgeübt werden können. Weitere Voraussetzung ist, dass mit Hilfe dieser steuerbilanzpolitischen Maßnahmen die kumulierten Gewinne (nach Abzug der Verluste) nach Wiedereintritt des Unternehmens in eine Gewinnphase (vorübergehend) niedriger sind als bei Verzicht auf diese Maßnahmen.

Diese Ausführungen gelten für den Fall, dass alle Steuersätze linear sind. Sofern progressive Einkommensteuersätze zu berücksichtigen sind, ist eine bilanzpolitische Maßnahme zur Erzeugung eines vortragsfähigen Verlustes dann vorteilhaft, wenn so eine bessere Anpassung der Einkommen an eine (niedrigere) Gleichwertigkeitskurve gelingt. Auf die komplizierten Zusammenhänge soll nicht weiter eingegangen werden.

5.2.4 Aufgabe 11

11. Während des Jahres t = -1 hat die X-GmbH einen steuerlichen Verlust von 50 T€ erzielt. Dieser ist körperschaftsteuerlich in das Jahr t = -2 zurückgetragen und dort abgezogen worden. Gewerbesteuerlich wird der Verlust des Jahres t = -1 durch eine Hinzurechnung in gleicher Höhe ausgeglichen. Im Jahre t = 0 ist gewerbesteuerlich weder eine Hinzurechnung nach § 8 GewStG noch eine Kürzung nach § 9 GewStG vorzunehmen. Für das Jahr t = 0 weist die X-GmbH in ihrer vorläufigen Steuerbilanz einen Gewinn von 100 T€ aus. In diesem Gewinn ist die mögliche Bildung einer steuerfreien Rücklage nach § 6b Abs. 3 EStG (6b-Rücklage) von maximal 200 T€ noch nicht berücksichtigt. Im Zeitpunkt der Erstellung der vorläufigen Bilanz für das Jahr t = 0 zeichnet sich für t = +1 ein steuerlicher Gewinn von 150 T€ ab. Für die weitere Zukunft rechnet der Geschäftsführer (G) mit deutlich steigenden Gewinnen der X-GmbH. G rechnet damit, dass die X-GmbH im Jahre t = +2 eine Investition tätigen wird, die eine die Anschaffungskosten mindernde Auflösung der 6b-Rücklage in diesem Jahr ermöglicht. Die Investition wird in der Anschaffung von Grund und Boden bestehen.

[113] Hinsichtlich der möglichen Nettozinssätze bei einem vorgegebenen Bruttozinssatz von 4 % s. Anhang, Tabelle T- 10 (S. 227), Spalte 5.

Es ist zu prüfen, ob sich aus dem hier geschilderten Sachverhalt steuerbilanzpolitische Aktionsparameter ergeben. Sollte dies der Fall sein, ist zu prüfen, wie diese bei einer steuerbilanzpolitischen Partialbetrachtung genutzt werden sollen. Hierbei ist davon auszugehen, dass Supplementinvestitionen stets in der Form eines Abbaus von Schulden durchgeführt werden. G geht in diesem Zusammenhang von einer 6 %igen Verzinsung aus. Er nimmt an, dass es nicht zu einer Hinzurechnung der Zinsen nach § 8 Nr. 1 GewStG kommt. Es ist das für das Jahr 2021 geltende Steuerrecht (nach dem Rechtsstand im Frühjahr 2020) anzuwenden. Der nach dem Recht dieses Jahres zu erhebende Solidaritätszuschlag soll berücksichtigt werden. Der Gewerbesteuerhebesatz beträgt 400 %. Ein aus vorangegangenen Jahren stammender gewerbesteuerlicher Verlustvortrag besteht nicht.

5.3 Einlagen- und Entnahmenpolitik

5.3.1 Einführung

Die bisherigen Ausführungen in diesem Teil des Buches haben sich auf Maßnahmen bezogen, die auf Wahlrechten und Ermessensspielräumen beruhen. Maßnahmen zur Gestaltung des realen Sachverhalts hingegen sind grundsätzlich nicht behandelt worden. Nunmehr sollen einige wenige Maßnahmen besprochen werden, die den Rahmen der Ausnutzung von Wahlrechten und Ermessensspielräumen sprengen. Hierbei handelt es sich um Maßnahmen, die Einlagen in und Entnahmen aus dem Unternehmen zum Gegenstand haben. Es handelt sich also um Maßnahmen einer Einlagen- und Entnahmenpolitik, mit deren Hilfe steuerliche Vorteile erzielt werden sollen. Derartige Maßnahmen setzen voraus, dass der handelnde Steuerpflichtige in seinem Privatbereich entweder über ausreichende eigene finanzielle Mittel oder aber über entsprechende Kreditspielräume verfügt, die Einlagen in das Betriebsvermögen ermöglichen.

Steuerliche Vorteile mit Hilfe einer Einlagen- und Entnahmenpolitik sind erzielbar durch

- Gestaltungsmaßnahmen beim Schuldzinsenabzug im Rahmen des § 4 Abs. 4a EStG und
- Gestaltungsmaßnahmen bei der Verlustverrechnung i. S. d. § 15a EStG.

Sowohl § 4 Abs. 4a EStG als auch § 15a EStG finden *nur bei Personenunternehmen*, nicht hingegen bei Kapitalgesellschaften Anwendung. Die nachfolgend zu erörternden Probleme können somit nur bei Personenunternehmen, nicht hingegen bei Kapitalgesellschaften auftreten. Die Vorschrift des § 15a EStG ist darüber hinaus innerhalb der Personenunternehmen nur auf beschränkt haftende Gesellschafter einer Mitunternehmerschaft anwendbar, in erster Linie also auf die Kommanditisten einer KG.

Nachfolgend wird zunächst auf Gestaltungsmaßnahmen im Zusammenhang mit § 4 Abs. 4a EStG, anschließend auf solche im Zusammenhang mit § 15a EStG eingegangen.

5.3.2 Gestaltungsmaßnahmen im Zusammenhang mit dem Abzug von Schuldzinsen

5.3.2.1 Gesetzlicher Rahmen und Problemstellung

Betrieblich veranlasste Schuldzinsen stellen handelsbilanziell Aufwand und steuerbilanziell Betriebsausgaben dar. Doch wird der (steuerliche) Abzug als Betriebsausgaben gem. § 4 Abs. 4a Satz 1 EStG in den Fällen einer *Überentnahme* eingeschränkt.[114] Der Umfang dieser Einschränkung ergibt sich aus den Sätzen 2 bis 4 des § 4 Abs. 4a EStG. Technisch gesehen wird allerdings auch der nichtabzugsfähige Teil der Schuldzinsen als Aufwand verbucht. Dieser wird dann nach seiner Ermittlung in einer Nebenrechnung im Rahmen der vorbereitenden Jahresabschlussbuchungen außerbilanziell dem steuerlichen Gewinn hinzugerechnet (**Hinzurechnungsbetrag**). Dies ergibt sich auch ausdrücklich aus § 4 Abs. 4a Satz 4 EStG.

Eine **Überentnahme** ist nach § 4 Abs. 4a Satz 2 EStG der Betrag, um den die Entnahmen die Summe des Gewinns und der Einlagen des Wirtschaftsjahres übersteigen. Die *Bemessungsgrundlage des Hinzurechnungsbetrages* setzt sich zusammen aus der Überentnahme des Jahres zuzüglich der Überentnahmen vorangegangener Wirtschaftsjahre, abzüglich der Unterentnahmen vorangegangener Jahre (§ 4 Abs. 4a Satz 3 EStG). Eine **Unterentnahme** ist der Betrag, um den der steuerliche Gewinn und die Einlagen eines Jahres die Entnahmen dieses Jahres übersteigen.

Die Bemessungsgrundlage des Hinzurechnungsbetrages ist nach § 4 Abs. 4a Satz 3 EStG mit einem typisierten Zinssatz von 6 % p. a. zu multiplizieren. Das Produkt stellt nach § 4 Abs. 4a Satz 4 EStG den Hinzurechnungsbetrag zum steuerlichen Gewinn dar. Die Hinzurechnung wird der Höhe nach allerdings auf den Betrag beschränkt, um den die tatsächlichen Schuldzinsen den Betrag von 2.050 € überschreiten. Der Betrag von 2.050 € wird im Schrifttum oft als Bagatellbetrag bezeichnet.

Beispiel

Im Jahr 2 erzielt der Gewerbetreibende G einen steuerlichen Gewinn von 145.830 €. Er entnimmt 450.840 € und legt 120.824 € ein. Aus den Jahren vor dem Jahr 2 besteht per Saldo eine kumulierte Unterentnahme von 50.820 €. Der im gewerblichen Bereich im Jahr 2 angefallene Zinsaufwand des G beträgt 27.482 €.

Der Hinzurechnungsbetrag für das Jahr 2 gem. § 4 Abs. 4a EStG ergibt sich wie folgt:

		€	€
1.	Entnahme des Jahres 2		450.840
	- steuerlicher Gewinn des Jahres 2		- 145.830
	- Einlagen des Jahres 2		- 120.824
2.	Überentnahme des Jahres 2		184.186
	- kumulierte Unterentnahme der Vorjahre		- 50.820
3.	Bemessungsgrundlage des Hinzurechnungsbetrages für das Jahr 2		133.366
4.	Hinzurechnungsbetrag für das Jahr 2 (133.366 · 6 % =)		8.002

[114] Bei der Anwendung des § 4 Abs. 4a EStG ergeben sich zahlreiche Zweifelsfragen. Zu einer Reihe von ihnen nimmt das BMF-Schreiben vom 2.11.2018, IV C 6-S 2144/07/10001:007, BStBl I 2018, S. 1207, Stellung.

		€	€
5.	Tatsächlicher Zinsaufwand	27.482	
	- Bagatellbetrag	- 2.050	
6.	Begrenzung der Hinzurechnung auf	25.432	
7.	Minderung des Hinzurechnungsbetrags (aus Vergleich 4. mit 6.)		-
	Hinzurechnungsbetrag zum Gewinn des Jahres 2 gem. § 4 Abs. 4a EStG		8.002

Dieser Betrag erhöht den steuerlichen Gewinn des G im Jahr 2 von 145.830 € auf (145.830 + 8.002 =) 153.832 €.

Nach § 4 Abs. 4a Satz 3 zweiter Halbsatz EStG ist bei Ermittlung der Überentnahme von dem Gewinn ohne Berücksichtigung der infolge der Überentnahmevorschrift nicht abziehbaren Schuldzinsen auszugehen. Für das soeben behandelte Beispiel bedeutet dies, dass der dort unter 1. von den Entnahmen abgezogene steuerliche Gewinn nicht um die nicht abziehbaren Schuldzinsen zu kürzen ist.

5.3.2.2 Aktionsparameter und deren Steuerwirkungen

5.3.2.2.1 Problemstellung

Eine Hinzurechnung von Zinsen zum steuerlichen Gewinn hat regelmäßig eine Erhöhung der Ertragsteuern zur Folge. Diese hat definitiven Charakter, da der Hinzurechnung in einem Jahr keine Kürzung in irgendeinem anderen Jahr gegenübersteht. Aus diesem Grunde ist es naheliegend zu versuchen, die Höhe des Hinzurechnungsbetrages durch geeignete Gestaltungsmaßnahmen zu verringern. Dies kann geschehen durch

- eine Verringerung der Überentnahmen bzw. der kumulierten Überentnahmen und
- eine Verringerung des maßgeblichen tatsächlichen Zinsaufwandes.

Auf Probleme, die sich hierbei ergeben, soll nachfolgend eingegangen werden. Hierbei sollen auch besondere Probleme, die sich bei Mitunternehmerschaften ergeben, behandelt werden.

Die Bemessungsgrundlage des Hinzurechnungsbetrages wird außerdem durch den kumulierten Betrag der Über- bzw. Unterentnahmen der Vergangenheit beeinflusst. Dieser Betrag kann aber – zumindest soweit er durch mehrere Jahre zurückliegende Entscheidungen hervorgerufen worden ist – im Planungszeitpunkt regelmäßig nicht mehr beeinflusst werden. Er soll deshalb hier aus Vereinfachungsgründen nicht unter die Aktionsparameter aufgenommen werden.

5.3.2.2.2 Verringerung der Überentnahmen

Die Höhe der Überentnahmen bzw. der Unterentnahmen wird bestimmt durch

1. die Höhe der *Entnahmen,*
2. die Höhe der *Einlagen* und
3. die Höhe des *steuerlichen Gewinns.*

Hierbei erhöhen die Entnahmen die Höhe der Überentnahmen, während Gewinnerhöhungen und Einlagen sie mindern.

Soll eine drohende Überentnahme durch eine *Verringerung der Entnahmen* bzw. eine *Erhöhung der Einlagen* verhindert bzw. ihre Höhe verringert werden, so kann dies nur vor dem Bilanzstichtag, i. d. R. also vor dem Ende eines Kalenderjahres geschehen. Maßnahmen, die später erfolgen, können das Entstehen bzw. eine Erhöhung von Überentnahmen nicht mehr verhindern.

Eine *Verringerung der Entnahmen* kann insbesondere erreicht werden durch

1. einen Verzicht auf Konsum oder ein zeitliches Hinausschieben dieses Konsums bzw.
2. die Verwendung privater anstelle betrieblicher Mittel für den Konsum bzw. für einen Teil des Konsums.

Auch durch die Aufnahme von Fremdkapital im Privatbereich können die Entnahmen verringert werden. Zu beachten ist hierbei aber, dass die dann anfallenden Zinsen i. d. R. nach § 12 EStG zu den nichtabzugsfähigen Kosten der Lebenshaltung gehören. An die Stelle der pauschalen Hinzurechnung von Zinsen nach § 4 Abs. 4a EStG treten tatsächliche Zinsen, die nach § 12 EStG nicht abzugsfähig sind.

Eine *Erhöhung der Einlagen* kann insbesondere durch die Verwendung privater Finanzmittel erfolgen. Diese hat eine Verringerung von im Privatvermögen anfallenden Zinserträgen zur Folge. Hierdurch wird die Hinzurechnungsbesteuerung nach § 4 Abs. 4a EStG verringert. Gleichzeitig entfällt die Besteuerung von Einnahmen aus Kapitalvermögen i. S. d. § 20 EStG.

5.3.2.2.3 Verringerung des maßgeblichen tatsächlichen Zinsaufwandes

Nach § 4 Abs. 4a Satz 4 EStG wird die Hinzurechnung begrenzt auf die Höhe des maßgeblichen tatsächlichen Zinsaufwands abzüglich eines im Schrifttum als „Bagatellbetrag" bezeichneten Betrages von 2.050 €. Die Höhe des maßgeblichen tatsächlichen Zinsaufwandes lässt sich durch Gestaltungsmaßnahmen beeinflussen. Diese beruhen auf § 4 Abs. 4a Satz 5 EStG. Nach dieser Vorschrift gehören „... Schuldzinsen für Darlehen zur Finanzierung von Anschaffungs- oder Herstellungskosten von Wirtschaftsgütern des Anlagevermögens ..." nicht zu dem maßgeblichen tatsächlichen Zinsaufwand (begünstigter Zinsaufwand). Zu beachten ist, dass derartiger begünstigter Zinsaufwand zwar den tatsächlichen maßgeblichen Zinsaufwand (nichtbegünstigter Zinsaufwand) zu beeinflussen vermag, nicht aber die Höhe der (fortgeschriebenen) Überentnahmen. Damit zeitigt ein Ersatz nichtbegünstigten Zinsaufwandes durch begünstigten Zinsaufwand nur dann Wirkung, wenn hierdurch der nichtbegünstigte tatsächliche Zinsaufwand abzüglich des Bagatellbetrages unter den pauschalen Zinshinzurechnungsbetrag abgesenkt werden kann. Ein Beispiel soll die aufgezeigten Zusammenhänge veranschaulichen.

Beispiel

Zum 31.12.1 ermittelt der Gewerbetreibende G eine kumulierte Überentnahme i. H. v. 120.852 €. Im Jahr 2 rechnet er mit einer Überentnahme von

a) 160 T€,
b) 10 T€.

Den voraussichtlichen Zinsaufwand während des Jahres 2 schätzt G auf 20 T€. Hierin enthalten ist ein Betrag von 10 T€, der auf Zinsen für eine noch zu tätigende Anschaffung eines betrieblichen LKW entfällt. G kann diese Investition entweder über sein einen Sollsaldo aufweisendes Kontokorrentkonto oder aber zu gleichen Konditionen durch die Aufnahme eines speziellen Investitionskredits seiner Hausbank finanzieren. G geht davon aus, dass es ihm bei einer Finanzierung des Lkw über das Kontokorrentkonto – im Gegensatz zur Finanzierung mit Hilfe eines Investitionsdarlehens – nicht gelingen wird, die Voraussetzungen des § 4 Abs. 4a Satz 5 EStG zu erfüllen.[115]

Die mögliche Verringerung der Hinzurechnung von Zinsen infolge der Aufnahme eines Investitionsdarlehens anstelle einer Finanzierung des LKW über das Kontokorrentkonto lässt sich wie folgt ermitteln:

Zeile		Fall a) €	Fall b) €
1	Kumulierte Überentnahmen der Vorjahre	120.852	120.852
2	Voraussichtliche Überentnahme im Jahr 2	160.000	10.000
3	Kumulierte Überentnahme Ende des Jahres 2	280.852	130.852
4	Pauschale Zinsen von 6 % auf 280.852 € bzw. 130.852 €	16.851	7.851
5	Voraussichtlicher tatsächlicher Zinsaufwand im Jahr 2	20.000	20.000
6	./. Bagatellbetrag	./. 2.050	./. 2.050
7	Höchstbetrag der Zinshinzurechnung bei Finanzierung der Investition über Kontokorrentkonto	17.950	17.950
8	./. Mögliche begünstigte Zinsen	./. 10.000	./. 10.000
9	Höchstbetrag der Zinshinzurechnung bei Finanzierung mit Investitionsdarlehen	7.950	7.950
10	Pauschale Zinsen lt. Zeile 4	16.851	7.851
11	./. Höchstbetrag lt. Zeile 9	./. 7.950	./. 7.950
12	Verringerung der Hinzurechnung durch Finanzierung mit Investitionsdarlehen	8.901	0

Im Fall a) lässt sich also die Hinzurechnung von Zinsen gem. § 4 Abs. 4a EStG durch die Aufnahme eines Investitionsdarlehens anstelle einer Finanzierung der Anschaffung des LKW über einen Kontokorrentkredit um 8.901 € senken.

[115] Bei sorgfältiger Planung dürfte es vielfach auch möglich sein, die Finanzierung der Anschaffung eines Wirtschaftsgutes des Anlagevermögens über ein Kontokorrentkonto so zu gestalten, dass die Voraussetzungen des § 4 Abs. 4a Satz 5 EStG erfüllt werden. Vertiefend hierzu s. das BMF-Schreiben vom 2.11.2018, IV C 6-S 2144/07/10001:007, BStBl I 2018, S. 1207, Tz. 25.

Im Fall b) hingegen ist durch eine derartige Gestaltungsmaßnahme keine Verringerung der Hinzurechnung möglich.

5.3.2.3 Zusatzwirkungen als Folge der Hinzurechnungsbesteuerung bei der Inanspruchnahme steuerbilanzpolitischer Aktionsparameter

Wie bereits ausgeführt, kann auch durch eine *Erhöhung des steuerlichen Gewinns* eine Verringerung der Hinzurechnungsbesteuerung nach § 4 Abs. 4a EStG bewirkt werden. Zu beachten ist aber, dass eine Erhöhung des Gewinns nach den allgemeinen Grundsätzen zusätzliche Gewerbe- und Einkommensteuer zur Folge hat. Diese dürften die Verringerung derselben Steuern infolge einer Verringerung der Hinzurechnung gem. § 4 Abs. 4a EStG i. d. R. weit überkompensieren. Doch ist zu beachten, dass die Gewinnerhöhung nach den allgemeinen Regeln lediglich vorübergehenden Charakter hat und in späteren Jahren durch Gewinnminderungen wieder ausgeglichen wird. Die Steuerbelastung infolge einer Hinzurechnung nach § 4 Abs. 4a EStG hingegen hat definitiven Charakter. Die Zusammenhänge sind damit äußerst komplex. Auf eine nähere Analyse wird hier verzichtet.

5.3.2.4 Vorteilskriterien zur Beurteilung möglicher Gestaltungsmaßnahmen

Unter Gliederungspunkt 2 (S. 133) ist für den Fall einer Politik der zeitlichen Einkommensverlagerung herausgearbeitet worden, dass für den Vorteilsvergleich alternativer Gestaltungsmaßnahmen i. d. R. eine Berücksichtigung der Steuerzahlungen bzw. der Steuerzahlungsdifferenzen ausreichend ist. Auf die Einbeziehung anderer Zahlungen als Steuerzahlungen in den Vergleich kann im Rahmen einer autonomen Steuerplanung verzichtet werden. Diese sehr weitgehende Vereinfachung kann bei Gestaltungsmaßnahmen im Rahmen des § 4 Abs. 4a EStG nicht ohne weiteres vorgenommen werden. Hier ist vielmehr im Einzelfall zu prüfen, ob und ggf. welche weiteren Zahlungen zuzüglich zu den Steuerzahlungen und den auf Steuerdifferenzen beruhenden Zinsen für Supplementinvestitionen durch Gestaltungsmaßnahmen verändert werden. Dabei dürfte sich häufig ergeben, dass die Zielsetzung der Steuerbarwertminimierung durch eine etwas umfassendere Zielsetzung ersetzt werden muss. Hierbei wird es vielfach um die Minimierung eines wohldefinierten Auszahlungsbarwerts gehen. Auf eine ausführliche Untersuchung an dieser Stelle muss aber aus Platzgründen verzichtet werden.

5.3.3 Gestaltungsmaßnahmen im Rahmen des § 15a EStG

Bekanntlich hat die Gewinnverwendung bei Personenunternehmen grundsätzlich keinen Einfluss auf die Besteuerung. Eine Ausnahme ergibt sich aus § 15a EStG für Kommanditisten und diesen gleichgestellte beschränkt haftende Mitunternehmer. Nachfolgend werden explizit nur die Kommanditisten genannt; die Ausführungen gelten aber auch für die ihnen gleichgestellten übrigen beschränkt haftenden Mitunternehmer.

Nach § 15a Abs. 1 EStG sind Verlustanteile eines Kommanditisten nur insoweit ausgleichs- und abzugsfähig, als das Kapitalkonto des Kommanditisten positiv ist. Nicht ausgleichs- und abzugsfähige Verluste sind lediglich in späteren Wirtschaftsjahren mit Gewinnen aus derselben Beteiligung verrechenbar (verrechenbare Verluste). Einlagen erhöhen das Potential ausgleichs- und abzugsfähiger Verluste. Voraussetzung ist nach § 15a Abs. 1a Satz 2 EStG, dass es sich bei den Einlagen nicht um nachträgliche Einlagen handelt. Nachträgliche Einlagen sind nach § 15a Abs. 1a Satz 2 EStG solche, die nach dem Ablauf eines Wirtschaftsjahres geleistet werden, in dem ein nicht ausgleichs- oder abzugsfähiger Verlust entstanden ist. [116]

Beispiel

Das Kapitalkonto des Kommanditisten K1 am 1.1. des Jahres 1 beträgt 25 T€. Im November dieses Jahres tätigt K1 eine Einlage i. H. v. 50 T€. Im Jahre 1 erwirtschaftet die KG einen Verlust; der Verlustanteil des K1 beträgt 80 T€.

Ohne die von ihm getätigte Einlage würde das Kapitalkonto des K1 am 31.12.1 (25 - 80 =) -55 T€ betragen. In dieser Höhe wäre dann der Verlust des K1 nicht ausgleichsfähig, sondern lediglich verrechenbar. Infolge der Einlage erhöht sich das Kapitalkonto des K1 zum 31.12.1 um 50 T€ auf 75 T€. Hierdurch wird der Verlust i. H. v. 75 T€ ausgleichsfähig, da es sich bei der Einlage nicht um eine nachträgliche Einlage i. S. d. § 15a Abs. 1 Satz 2 EStG handelt. Lediglich i. H. v. (80 - 75 =) 5 T€ ist der Verlust nicht ausgleichsfähig, sondern nur verrechenbar.

In Umkehrung der Wirkung von Einlagen mindern Entnahmen das Verlustausgleichspotential: Ausgleichsfähige Verluste können durch Entnahmen zu lediglich verrechenbaren Verlusten werden.

Beispiel

Das Kapitalkonto des Kommanditisten K2 am 1.1. des Jahres 1 beträgt 100 T€. Im Laufe dieses Jahres tätigt K2 Entnahmen i. H. v. insgesamt 75 T€. Für das Jahr 1 wird ihm ein Anteil am Verlust der KG von 50 T€ zugerechnet. Ohne Entnahmen könnte K2 seinen gesamten Verlustanteil im Jahr 1 mit anderen Einkünften ausgleichen. Infolge der Entnahme mindert sich sein Kapitalanteil zum 31.12.1 bereits ohne Berücksichtigung des Verlustanteils auf (100 - 75 =) 25 T€. Sein Verlustanteil von 50 T€ ist lediglich i. H. v. 25 T€ mit anderen Einkünften des Jahres 1 ausgleichsfähig; der darüber hinausgehende Verlustanteil von (50 - 25 =) 25 T€ ist lediglich mit späteren Gewinnanteilen der KG verrechenbar.

Entsteht ein negatives Kapitalkonto nicht im Jahr der Verlustentstehung, sondern durch eine Entnahme in einem späteren Jahr, so ist nach § 15a Abs. 3 EStG der frühere Verlustausgleich durch eine außerbilanzielle Gewinnerhöhung im Jahr der Entnahme zu neutralisieren.

[116] Vertiefend hierzu s. *Wacker* (2020), § 15a EStG, Tz. 111-119.

Beispiel

Das Kapitalkonto des Kommanditisten K3 beträgt zum 1.1. des Jahres 1 100 T€, sein Verlustanteil für dieses Jahr 75 T€. Im Jahr 2 tätigt K3 eine Entnahme von 50 T€. Für das Jahr 2 wird seinem Kapitalkonto ein Gewinnanteil von 50 T€ gutgeschrieben.

Der Verlustanteil des K3 im Jahr 1 i. H. v. 75 T€ ist mit seinen anderen Einkünften dieses Jahres in vollem Umfang ausgleichsfähig. Sein Kapitalanteil am 31.12.1 beträgt (100 - 75 =) 25 T€. Durch die Entnahme verringert sich der Kapitalanteil des K3 im Jahr 2 auf (25 - 50 =) -25 T€. Die Einlagenminderung in Höhe von 25 T€, die zu einem negativen Kapitalkonto führt, ist dem steuerlichen Gewinnanteil des K3 im Jahr 2 hinzuzurechnen. Dieser fiktive Gewinn wird gem. § 15a Abs. 3 Satz 4 EStG in einen verrechenbaren Verlust umgedeutet. Der steuerliche Gewinnanteil des Jahres 2 in Höhe von 50 T€ wird deshalb um den zugerechneten Betrag gemindert, so dass der steuerliche Gewinnanteil des K3 für das Jahr 2 (25 + 50 - 25 =) 50 T€ beträgt.

Die bisherigen Ausführungen lassen erkennen, dass aufgrund der Regelung des § 15a EStG Entnahmen und Einlagen als steuerpolitische Aktionsparameter eingesetzt werden können. Sie können dazu benutzt werden, um aus verrechenbaren Verlusten ausgleichsfähige Verluste zu machen oder umgekehrt, um aus ausgleichsfähigen lediglich verrechenbare Verluste entstehen zu lassen.

Mit derartigen Maßnahmen können die Steuerpflichtigen *drei unterschiedliche Ziele* verfolgen. Zum einen können sie versuchen, *positive Zinseffekte* zu erreichen, zum anderen können sie eine bessere Ausnutzung von Progressionseffekten des Einkommensteuertarifs anstreben. In Einzelfällen können sie auch das Ziel verfolgen, *Verluste* in solchen Jahren geltend zu machen, in denen bei ihnen nicht der Splitting-, sondern der *Grundtarif* zur Anwendung kommt. Alle drei genannten Fälle sollen nunmehr anhand je eines Beispiels veranschaulicht werden. Aus Vereinfachungsgründen soll in allen Fällen weder Solidaritätszuschlag noch Kirchensteuer berücksichtigt werden. Es soll stets der (nach dem Rechtsstand im Frühjahr 2020) im Jahr 2020 geltende Tarif angewendet werden.

Beispiel

1. Der Kapitalanteil des K4 an der A-KG beträgt am 1.1.1 0 €. Mitte Dezember dieses Jahres erwartet K4 für das Jahr 1 einen Verlustanteil an der A-KG von 50 T€ und andere Einkünfte von insgesamt 200 T€. Tätigt K4 noch im Jahr 1 eine Einlage, um damit den Verlustanteil in diesem Jahr mit seinen anderen Einkünften ausgleichen zu können, so muss er hierzu 50 T€ einem privaten Konto entnehmen. Er könnte das Geld dort alternativ zu einem Zinssatz von 4 % p. a. anlegen. Nach dem Gewinnverteilungsschlüssel der KG werden die Kontenstände im Rahmen der Gewinnverteilung vorab mit 4 % p. a. verzinst. K4 rechnet für die nächsten drei Jahre damit, dass die KG Verluste erzielt, er aber gemeinsam mit seiner Ehefrau aufgrund hoher Einkünfte aus anderen Einkunftsarten zu versteuernde Einkommen jeweils im unteren Plafond haben wird.

   Tätigt K4 noch im Jahr 1 eine Einlage in die KG i. H. v. 50 T€, so mindert er seine Einkommensteuerschuld für das Jahr um (50 T€ · 42 % =) 21 T€. Dieses Geld kann er anlegen. Hierdurch erzielt er einen positiven Zinseffekt. Bei einem Zinssatz von 4 % beträgt dieser (21 T€ · 4 % =) 840 € jährlich. Die Zinseffekte als Folge der Abhebung von dem Privatkonto und der Einlage in die KG heben sich hingegen gegenseitig auf. Für K4 ist es somit vorteilhaft, noch im Dezember des Jahres 1 eine Einlage von 50 T€ in die A-KG zu leisten.

2. Das Kapitalkonto des geschiedenen Kommanditisten K5 am 1.1.1 beträgt 57 T€. Ende des Jahres 1 zeichnet sich für ihn ein anteiliger Verlust an der KG i. H. v. 57 T€ ab. Ohne Berücksichtigung dieses Verlustes erwartet K5 für das Jahr 1 ein zu versteuerndes Einkommen von ebenfalls 57 T€. Dieses stammt ausschließlich aus seinem gewerblichen Einzelunternehmen. Ab dem Jahr 2 erwartet K5 positive Gewinnanteile an der KG und andere Einkünfte mindestens in Höhe des Jahres 1. K5 rechnet für alle genannten Jahre mit einer Verzinsung von Zahlungsdifferenzen von 2 % p. a.

   Ohne eine besondere Gestaltungsmaßnahme ist der Verlustanteil des K5 für das Jahr 1 mit seinen anderen Einkünften ausgleichsfähig und -pflichtig. Er hat dann für das Jahr 1 0 € zu versteuern und kann für das Jahr 1 nicht den in § 32a Abs. 1 EStG in den Tarif eingebauten Abzugsbetrag in Anspruch nehmen. Tätigt er hingegen noch im Jahr 1 eine Entnahme i. H. v. 57 T€, so wandelt sich sein ausgleichsfähiger Verlustanteil an der KG in einen lediglich verrechenbaren. Sein zu versteuerndes Einkommen für das Jahr 1 beträgt dann 57 T€. Dies hat nach § 32a Abs. 1 Satz 2 Nr. 4 EStG den Abzug eines Steuerbetrages von 8.964 € zur Folge. Dieser Betrag steht K5 auf Dauer infolge der Einlage zur Verfügung. Einen diesen Vorteil kompensierenden Nachteil braucht K5 nicht zu befürchten, da der im Jahr 1 entstandene Verlustanteil von 57 T€ im Wege der Verlustverrechnung die zu versteuernden Einkommen der Folgejahre voraussichtlich in vollem Umfang mindern wird. Der negative Zinseffekt, der wegen der Einkommensteuerzahlung auf den verrechenbaren Verlust in Höhe von [(0,42 · 57.000 - 8.964) · 2 % =] 300 € entsteht, ist allerdings gegen den steuerlichen Vorteil aufzurechnen.

3. Die Kommanditistin K6 ist seit dem 29.12. des Jahres 0 verwitwet. Für das Jahr 0 hat sie eine Zusammenveranlagung mit ihrem verstorbenen Ehemann gewählt. Der Einkommensteuerbescheid für das Jahr 0 ist im August des Jahres 1 ergangen und im September dieses Jahres bestandskräftig geworden.

   Mitte des Jahres 1 schätzt K6 gemeinsam mit ihrem Steuerberater S für das Jahr 1 folgende steuerlich relevanten Daten:

	T€
Verlustanteil aus der KG	60
Kapitalanteil an der KG am 31.12.1 vor Abzug ihres Verlustanteils	60
zu versteuerndes Einkommen vor Abzug des Verlustanteils	60
maximal mögliche Entnahme aufgrund des Gesellschaftsvertrages der KG im Dezember des Jahres 1	60

   K6 beabsichtigt am 2.1. des Jahres 2 ihre frühere Tätigkeit als selbständige Augenärztin wieder aufzunehmen. Gemeinsam mit S schätzt sie für das Jahr 2 folgende steuerlich relevanten Daten:

	T€
Gewinnanteil aus der KG	0
zu versteuerndes Einkommen	150

Die genannten Daten beziehen sich auf den Fall, dass K6 im Dezember des Jahres 1 keine Gestaltungsmaßnahmen im Hinblick auf ihre Beteiligung an der KG vornimmt. Sie geht davon aus, dass während des gesamten Jahres 2 ihr Familienstand „verwitwet" sein wird.

Steuerberater S rät seiner Mandantin K6, noch im Dezember des Jahres 1 den ihr maximal möglichen Betrag von 60 T€ aus der KG zu entnehmen. Er begründet dies mit dem nachfolgend wiedergegebenen Vorteilhaftigkeitsvergleich.

a) Es erfolgt *keine Entnahme* im Dezember des Jahres 1, d. h. der Verlustanteil der K6 an der KG von 60 T€ führt bei K6 zu einer Minderung des zu versteuernden Einkommens auf 0 €. Hieraus ergibt sich für das Jahr 1 eine Einkommensteuerschuld von 0 €.

Im Jahr 2 beträgt das zu versteuernde Einkommen 150.000 €.

Hierauf ist der Grundtarif anzuwenden, so dass nach § 32a Abs. 1 Satz 1 Nr. 4 EStG folgende Steuerbelastung entsteht:

150.000 € · 42 % - 8.964 = 54.036 €.

Dieser Betrag kann auch der Grundtabelle entnommen werden.

Die Gesamtsteuerbelastung für die Jahre 1 und 2 beträgt also:

0 € + 54.036 € = 54.036 €.

b) Es erfolgt *eine Entnahme* im Dezember des Jahres 1 i. H. v. *60.000 €*. Hierdurch kann der Verlustanteil von 60.000 € erst im Jahre 2 geltend gemacht werden. Im Jahre 1 beträgt das zu versteuernde Einkommen also 60.000 €. Hierauf ist nach § 32a Abs. 6 EStG der Splittingtarif des § 32a Abs. 5 EStG anwendbar (Gnadensplitting). Die Steuerschuld beträgt nach der Splittingtabelle 10.375 €.

Im Jahr 2 vermindert sich das zu versteuernde Einkommen um den aus dem Jahr 1 stammenden Verlustabzug von 60.000 € auf (150.000 - 60.000 =) 90.000 €. Hierauf ist der Grundtarif anzuwenden. Die Einkommensteuer beträgt nach § 32a Abs. 1 Satz 1 Nr. 4 EStG

90.000€ · 42 % - 8.964 = 28.836 €.

Dieser Betrag lässt sich auch aus der Grundtabelle ablesen.

Insgesamt ergibt sich also folgende Steuerbelastung:

	€
Jahr 1	10.375
Jahr 2	28.836
Summe	39.211

Gegenüber dem Fall a) ergibt sich also eine Minderbelastung von (54.036 - 39.211 =) 12.825 €. Diese kommt dadurch zustande, dass K6 im Falle b) im Jahre 1 eine Entnahme von 60 T€ tätigt, sie dadurch in diesem Jahr diese 60 T€ dem Splittingtarif unterwerfen kann. Ohne diese Entnahme, d. h. im Fall a), sind die vollen 150 T€ zu versteuerndes Einkommen nach dem Grundtarif zu versteuern.

5.4 Steuerbilanzpolitik und handelsbilanzpolitische Ziele

5.4.1 Oberziele und Subziele

Die bisherigen Ausführungen beruhen alle auf einer steuerplanerischen Partialbetrachtung. Insbesondere sind somit bilanzpolitische Ziele nichtsteuerlicher Art nicht berücksichtigt worden. Derartige bilanzpolitische Ziele nichtsteuerlicher Art können aber im Einzelfall von außerordentlich großer Bedeutung sein. Sie beziehen sich regelmäßig primär nicht auf die Gestaltung der Steuer-, sondern der Handelsbilanz oder sogar des gesamten (handelsrechtlichen) Jahresabschlusses. Die zielgerichtete Gestaltung der Handelsbilanz bzw. des Jahresabschlusses wird üblicherweise als Handelsbilanzpolitik bzw. als Jahresabschlusspolitik bezeichnet. Nachfolgend soll darauf eingegangen werden, ob und ggf. welche steuer- und handelsbilanzpolitische Ziele miteinander in Konflikt geraten können und ob und inwieweit hierdurch Maßnahmen einer autonomen Steuerpolitik begrenzt sein können.

Die mit der Jahresabschlusspolitik verfolgten Ziele sind i. d. R. nicht Selbstzweck, sondern lediglich Mittel bei der Verfolgung übergeordneter unternehmerischer Ziele. Die jahresabschlusspolitischen Ziele sind somit *Subziele*, d. h. abgeleitete Ziele der Unternehmenspolitik.[117]

Unternehmenspolitische Ziele unterschiedlicher Art gibt es auf verschiedenen Zielebenen. Als Ziele auf einer *oberen* Zielebene können z. B. genannt werden:

- Erhaltung oder Steigerung der Ertragskraft des Unternehmens,
- Erhaltung oder Mehrung der Unternehmenssubstanz,
- Erhaltung oder Steigerung des Marktanteils,
- Erhaltung oder Steigerung der Kapitalbeschaffungsmöglichkeiten,
- Steuerung, i. d. R. Senkung der jahresabschlussabhängigen Auszahlungen.

Es ist offensichtlich, dass mit jahresabschlusspolitischen Maßnahmen zwar einige, keinesfalls aber alle unternehmenspolitischen Ziele verfolgt werden können. Von den soeben beispielhaft genannten Zielen auf einer oberen Zielebene kommen in diesem Zusammenhang

- die Erhaltung oder Steigerung der *Kapitalbeschaffungsmöglichkeiten* und
- die Steuerung, i. d. R. Senkung der *ertragsabhängigen Auszahlungen*

in Betracht. Diese Ziele werden häufig unter dem Begriff der **finanzpolitischen Ziele** zusammengefasst.[118]

[117] Vgl. *Mellerowicz* (1978), S. 197; *Bitz/Schneeloch/Wittstock/Patek* (2014), S. 684.
[118] Vgl. z. B. *Schneeloch* (1990), S. 97; *Pfleger* (1991), S. 23; *Bitz/Schneeloch/Wittstock/Patek* (2014), S. 684 ff; *Kußmaul* (2020), S. 147 ff.

Neben finanzpolitischen können mit Hilfe jahresabschlusspolitischer Maßnahmen auch bestimmte **informationspolitische Ziele** verfolgt werden.[119] Sie lassen sich unterscheiden in die Ziele,

- Informationen möglichst zu vermeiden (Ziel der *Informationsvermeidung*) und
- Informationen in einer bestimmten Weise zu gestalten (Ziel der *Informationsgestaltung*).

Mit den finanz- und informationspolitischen Zielen dürften diejenigen unternehmenspolitischen Ziele erfasst sein, die sich mit Hilfe jahresabschlusspolitischer Maßnahmen verfolgen lassen. Sollen aus diesen unternehmenspolitischen Oberzielen konkrete bilanzpolitische Maßnahmen abgeleitet werden, so müssen in einem Zwischenschritt aus den Oberzielen *bilanzpolitische Subziele* abgeleitet werden. Bei diesen handelt es sich um jahresabschlusspolitische *Formalziele*, die bestimmte bilanzielle Kennzahlen betreffen.

5.4.2 Bilanzpolitische Formalziele

Die jahresabschlusspolitischen Formalziele können unterschiedliche Kennzahlen des Jahresabschlusses betreffen. So wird zur Verfolgung des Ziels einer Stärkung der Kreditwürdigkeit meistens angenommen, es sei am besten, das Vermögen in der Bilanz möglichst hoch auszuweisen. Oft wird auch empfohlen, den Gewinn (Jahresüberschuss) möglichst hoch auszuweisen oder eine Politik der Gewinnnivellierung auf möglichst hohem Niveau zu betreiben. Für wichtig wird es auch erachtet, dass die gängigen Kennzahlen einer Jahresabschlussanalyse möglichst gute Werte ausweisen. Zu nennen sind in diesem Zusammenhang insbesondere:

- traditionelle Liquiditäts- und Deckungskennzahlen,
- der Cash-Flow und Cash-Flow-Kennzahlen,
- Kennzahlen der Vermögens- und Kapitalstruktur,
- Kennzahlen der Erfolgsanalyse.

In vielen dieser Kennzahlen ist das *Eigenkapital* oder der *Gewinn* (*Jahresüberschuss*) als zentraler Bestandteil enthalten. Die entsprechenden Kennzahlen verbessern sich – c. p. – mit steigendem Eigenkapital bzw. steigendem Gewinn. Das gilt z. B. für die Deckungsgrade,[120] die Eigenkapitalquote[121] und die Eigenkapitalrentabilität.[122]

---

119 Vgl. z. B. *Schneeloch* (1990), S. 97; *Pfleger* (1991), S. 23; *Hinz* (1994), S. 43 ff; *Bitz/Schneeloch/Wittstock/Patek* (2014), S. 684 ff.

120 Die langfristigen Deckungsgrade sind definiert als: Deckungsgrad 1 = Eigenkapital / Anlagevermögen und Deckungsgrad 2 = (Eigenkapital + langfristiges Fremdkapital) / Anlagevermögen. Vgl. zu diesen Deckungsgraden z. B. *Bitz/Schneeloch/Wittstock/Patek* (2014), S. 536 ff; *Küting/Weber* (2015), S. 156.

121 Die Eigenkapitalquote ist definiert als: Eigenkapital / Gesamtkapital. Vgl. zur Konkretisierung dieser Kennzahl z. B. *Bitz/Schneeloch/Wittstock/Patek* (2014), S. 525 ff; *Küting/Weber* (2015), S. 139.

122 Die Eigenkapitalrentabilität ist definiert als: Jahresüberschuss / Eigenkapital. Vgl. zur Eigenkapitalrentabilität z. B. *Bitz/Schneeloch/Wittstock/Patek* (2014), S. 525 ff; *Küting/Weber* (2015), S. 327 ff; *Coenenberg/Haller/Schultze* (2018), S. 1181 f.

Aus dem unternehmenspolitischen Oberziel *Stärkung der Kreditwürdigkeit* lassen sich somit folgende jahresabschlusspolitischen Subziele ableiten, die als besonders bedeutsam angesehen werden können:[123]

1. Ausweis eines möglichst *hohen Gewinns* (Jahresüberschusses),
2. Ausweis eines *gleichbleibenden* oder eines *gleichmäßig steigenden Gewinns* (Jahresüberschusses),
3. Ausweis eines möglichst *hohen Vermögens*,
4. Ausweis eines möglichst *hohen Eigenkapitals*,
5. Schaffung der Grundlagen für möglichst günstige *relative Kennzahlen der Jahresabschlussanalyse*, wie vor allem
   - hohe Renditekennzahlen,
   - eine niedrige Fremdkapitalquote,
   - einen niedrigen dynamischen Verschuldungsgrad.

Diese Subziele, die alle der Stärkung der Kreditfähigkeit dienen sollen, sind keinesfalls stets miteinander vereinbar. So führt ein hoher Vermögensausweis in Jahren hoher Gewinne dazu, dass in späteren Verlustjahren keine stillen Reserven aufgedeckt werden können. Dies hat zur Folge, dass dann der Verlust höher ausgewiesen werden muss als dies der Fall wäre, wenn stille Reserven aufgedeckt werden könnten. Eine derartige Vorgehensweise ist somit nicht vereinbar mit dem Subziel einer Gewinnnivellierung, d. h. dem Ausweis gleichbleibender oder gleichmäßig steigender Gewinne. Auf die Problematik der Nichtvereinbarkeit jahresabschlusspolitischer Ziele miteinander und der sich hieraus ergebenden Konsequenzen wird noch in dem Gliederungspunkt 5.4.3 auf der gegenüberliegenden Seite einzugehen sein.

Aus dem Oberziel der Erhaltung oder Stärkung der *Eigenkapitalbeschaffungsmöglichkeiten* lassen sich die *gleichen jahresabschlusspolitischen Subziele* ableiten wie für das Subziel der *Stärkung der Kreditwürdigkeit*. Allerdings kommt den langfristigen Erfolgsindikatoren i. d. R. ein größeres Gewicht zu als dies bei dem Ziel der Stärkung der Kreditwürdigkeit der Fall ist.

Mit Hilfe der Jahresabschlusspolitik kann auch versucht werden, ertragsabhängige Auszahlungen zu beeinflussen. Neben der Beeinflussung der Steuerzahlungen kann insbesondere versucht werden, die Ausschüttungen an die Gesellschafter zu beeinflussen. Mit der Feststellung, dass die Geschäftsführung die Möglichkeit besitzt, über die Höhe des Gewinns (Jahresüberschusses) die Höhe der Ausschüttungen zu beeinflussen, ist noch nicht über die Zielrichtung einer möglichen Beeinflussung entschieden. So ist es denkbar, dass der Geschäftsführer (Vorstand) ein Interesse hat an dem Ausweis

- hoher, im Zeitablauf möglichst steigender Gewinne,
- konstanter oder im Zeitablauf konstant steigender Gewinne,
- möglichst niedriger Gewinne.

[123] Ausführlicher s. *Bitz/Schneeloch/Wittstock/Patek* (2014), S. 686 ff.

An dem Ausweis hoher, möglichst steigender Gewinne und daran geknüpft an hohen Gewinnausschüttungen kann z. B. der Vorstand einer Aktiengesellschaft dann interessiert sein, wenn er annimmt, dass infolge hoher Ausschüttungen die Möglichkeiten der Eigenkapitalbeschaffung verbessert werden. Aus dem gleichen Grunde kann er an dem Ausweis konstanter bzw. konstant steigender Gewinne und – daran geknüpft – an konstanten Ausschüttungen interessiert sein. In beiden Fällen stellt er die Ausschüttungspolitik in den Dienst der Politik der Eigenkapitalbeschaffung. An dem Ausweis möglichst niedriger Gewinne und daran angeknüpft an möglichst niedrigen Gewinnausschüttungen kann z. B. der Geschäftsführer einer GmbH interessiert sein, wenn er annimmt, durch eine möglichst restriktive Ausschüttungspolitik am besten die Investitionskraft der Gesellschaft erhalten zu können.

5.4.3 Zur Vereinbarkeit unterschiedlicher Subziele miteinander

Bereits die vorstehenden, kurzen Ausführungen zeigen, dass es eine Reihe unterschiedlicher bilanzpolitischer Subziele geben kann. Es stellt sich die Frage, welche von ihnen miteinander vereinbar sind und in welchen Fällen Zielkonflikte zu erwarten sind.

Als ein häufig anzutreffendes handelsbilanzpolitisches *Subziel* dürfte der Ausweis eines möglichst *hohen Gewinnes* (Jahresüberschusses) anzusehen sein. Dieses ist vereinbar mit den ebenfalls häufig vorkommenden Subzielen eines hohen Vermögens- und Eigenkapitalausweises.

Eine Gewinnerhöhung führt i. d. R. zu einer Erhöhung der Eigenkapitalrendite.[124] Die Verfolgung des Subziels eines hohen Gewinnausweises ist also auch mit dem ebenfalls möglichen Subziel des Ausweises einer hohen Eigenkapitalrentabilität vereinbar.

Eine Gewinnerhöhung führt zu einer Erhöhung des Eigenkapitals. Diese ihrerseits bewirkt eine Erhöhung des Eigenkapitalanteils am Gesamtkapital. Damit verringert sich die Fremdkapitalquote.[125] Die Verfolgung des Subziels eines hohen Gewinnausweises geht somit einher mit dem ebenfalls möglichen Subziel des Ausweises einer niedrigen Fremdkapitalquote. Auch mit dem möglichen Subziel des Ausweises eines geringen dynamischen Verschuldungsgrades[126] geht der Ausweis eines hohen Gewinns konform.

Das Subziel einer Erhöhung des Gewinnausweises kann zu einem *Zielkonflikt* mit dem steuerbilanzpolitischen Ziel einer *Steuerbarwertminimierung* führen. Das gilt, wenn die Steuerbarwertminimierung zu dem vereinfachten Zielkriterium einer *maximalen Gewinnnachverlagerung* führt. Der Grund liegt in dem Maßgeblichkeitsprinzip.

124 Eigenkapitalrendite und Eigenkapitalrentabilität sind synonyme Begriffe. Die Definition der Eigenkapitalrendite entspricht mithin der Definition der Eigenkapitalrentabilität.

125 Die Fremdkapitalquote ist definiert als: Fremdkapital/Gesamtkapital. Zur bilanzanalytischen Konkretisierung der Kennzahlenbestandteile vgl. z. B. *Bitz/Schneeloch/Wittstock/Patek* (2014), S. 525 ff.

126 Der dynamische Verschuldungsgrad wird unterschiedlich definiert, und zwar entweder als dynamischer Verschuldungsgrad 1 = Fremdkapital/Cash Flow oder als dynamischer Verschuldungsgrad 2 = Effektivverschuldung/Cash Flow. Vgl. hierzu auch u. a. *Bitz/Schneeloch/Wittstock/Patek* (2014), S. 602 ff; *Küting/Weber* (2015), S. 182; *Coenenberg/Haller/Schultze* (2018), S. 1121.

Unterliegt der Gewinn im Zeitablauf starken Schwankungen, so wird in den bisher angesprochenen Fällen häufig nicht das Subziel eines möglichst hohen, sondern das eines *nivellierten Gewinnausweises* angestrebt. Dieses ist in den Jahren, in denen es eine Gewinnnivellierung „von oben nach unten" zur Folge hat, *unvereinbar* mit den Subzielen eines möglichst *hohen Vermögens-* und *Eigenkapitalausweises*. Es ist in diesen Jahren auch nicht vereinbar mit den möglichen Subzielen einer hohen Eigenkapitalrentabilität, einer niedrigen Fremdkapitalquote und eines niedrigen Verschuldungsgrades.

Vereinbarkeit besteht in diesen Fällen aber mit dem besonders häufig anzutreffenden steuerbilanzpolitischen Subziel einer maximalen Gewinnachverlagerung. In Jahren, in denen der Gewinn „von unten nach oben" nivelliert wird, steht das Subziel der Gewinnnivellierung hingegen nicht im Einklang mit dem einer maximalen Gewinnnachverlagerung, d. h. einem besonders häufig anzutreffenden Subziel der Steuerbilanzpolitik.

Vor Inkrafttreten der Normen des BilMoG im Jahre 2010 bestand in der großen Mehrzahl der Fälle ein Zielkonflikt zwischen dem konkreten handels- und dem steuerbilanzpolitischen Ziel. Hauptursache war die damalige Fassung des Grundsatzes der Maßgeblichkeit der Handels- für die Steuerbilanz (Maßgeblichkeitsgrundsatz) in § 5 Abs. 1 Satz 1 EStG a. F. Damals waren die steuerlichen Bilanzansätze in hohem Maße bestimmt durch die Handelsbilanz.[127] Verstärkt wurde die äußerst enge Verknüpfung zwischen Handels- und Steuerbilanz durch den Grundsatz der umgekehrten Maßgeblichkeit. Nach diesem in § 5 Abs. 1 Satz 2 EStG a. F. kodifizierten Grundsatz konnten steuerrechtliche Wahlrechte in der Steuerbilanz nur dann ausgeübt werden, wenn sie in die Handelsbilanz übernommen wurden.

Seit der Neufassung des § 5 Abs. 1 EStG durch das BilMoG mit Wirkung ab 2010 ist die rechtliche Bindung zwischen Handels- und Steuerbilanz weitgehend aufgehoben: Die umgekehrte Maßgeblichkeit wurde abgeschafft und der Anwendungsbereich des Maßgeblichkeitsgrundsatzes erheblich eingeschränkt. Nunmehr können alle im Steuerrecht verankerten Wahlrechte unabhängig von der handelsrechtlichen Vorgehensweise ausgeübt werden (§ 5 Abs. 1 Satz 1 zweiter Halbsatz EStG). Damit greift der Maßgeblichkeitsgrundsatz nur noch in wenigen Fällen, insbesondere in den Folgenden:

- Ermittlung der Herstellungskosten von unfertigen und fertigen Erzeugnissen,
- Schätzung der betriebsgewöhnlichen Nutzungsdauer abnutzbarer Wirtschaftsgüter (Vermögensgegenstände) des Anlagevermögens und
- Schätzung der Wahrscheinlichkeit einer Inanspruchnahme wegen Schadenersatzes bei der möglichen Bildung einer Rückstellung für ungewisse Verbindlichkeiten und ggf. Schätzung der Höhe der Inanspruchnahme.

Damit dürfte es aus rechtlichen Gründen nur noch in wenigen Fällen zu einem Zielkonflikt zwischen handels- und steuerbilanziellem Ansatz kommen. Darüber hinaus ist ein derartiger Zielkonflikt nur dann denkbar, wenn das

[127] Im Einzelnen hierzu s. *Schneeloch* (2008), S. 203 ff.

handelspolitische Ziel von dem steuerbilanzpolitischen abweicht. Dies ist insbesondere dann der Fall, wenn handelsbilanziell im Hinblick auf die Kreditwürdigkeit des Unternehmens ein möglichst hoher Wertansatz der Aktiva und entsprechend ein niedriger Wertansatz der Passiva angestrebt wird. In einem derartigen Fall dürfte regelmäßig das steuerbilanzielle Ziel in einer maximalen Gewinnverlagerung in die Zukunft oder in einer Gewinnnivellierung bestehen.[128] In einem derartigen Fall weichen handels- und steuerbilanzpolitisches Ziel also voneinander ab.

Wenn auch der traditionelle Konflikt zwischen handels- und steuerbilanzpolitischem Ziel aufgrund der Änderung des § 5 Abs. 1 EStG durch das BilMoG nur noch eine geringe Rolle spielen dürfte, so bleibt ein anderer Zielkonflikt bestehen. Er kommt dann zum Tragen, wenn handels- und steuerbilanzpolitisches Ziel auseinanderfallen und erwogen wird, möglichst beide Ziele gleichzeitig zu verfolgen. Geschieht dies, so entstehen zusätzliche Kosten, und zwar dadurch, dass i. d. R. zu jedem Bilanzstichtag zwei Jahresabschlüsse erstellt werden müssen, nämlich ein handelsrechtlicher und ein steuerrechtlicher. Die hierdurch entstehenden zusätzlichen Kosten, insbesondere Buchhaltungs- und Steuerberatungskosten, können im Einzelfall ein durchaus beachtliches Ausmaß annehmen. Hier ist es naheliegend, diese Kosten dadurch zu vermeiden oder zumindest zu senken, dass handels- und steuerrechtlich möglichst dieselben Bilanzansätze gewählt werden. Im Idealfall kann dann eine einheitliche Handels- und Steuerbilanz, eine Einheitsbilanz also, erstellt werden. In einem derartigen Fall besteht also der Zielkonflikt darin, dass als Folge der voneinander abweichenden handels- und steuerbilanziellen Zielsetzungen unterschiedliche Bilanzansätze angestrebt werden, aus Kostengründen aber diese unterschiedlichen Ansätze vermieden werden sollen.

5.4.4 Handeln bei Zielkonflikten

Sieht die Geschäftsleitung in Fällen eines Zielkonfliktes eines dieser Ziele als dominant an (Zieldominanz), so sollte sie dieses verfolgen. Als *dominant* ist z. B. häufig das Ziel der Erhaltung oder Steigerung der *Kreditwürdigkeit* oder ein Ziel der *Ausschüttungspolitik* anzusehen. Dominiert bei einem Zielkonflikt nicht eines der Ziele, so ist es sinnvoll, einen *Zielkompromiss* anzustreben. So kann versucht werden, Zielerreichungsgrade der miteinander konkurrierenden Ziele zu vergleichen und zu bewerten. Die Bewertung setzt die Kenntnis der subjektiven Wertvorstellungen der Entscheidenden voraus.[129]

Das Ziel der *Steuerbilanzpolitik* nimmt innerhalb der Jahresabschlusspolitik eine besondere Stellung ein. Insbesondere bei kleinen, teilweise aber auch mittelgroßen Unternehmen, ist es vielfach dominant. Bei diesen Unternehmen handelt es sich fast ausschließlich um Einzelunternehmen oder um Unternehmen mit einem sehr eng begrenzten Gesellschafterkreis. Bei diesen Gesellschaftern handelt es sich zum großen Teil um Eheleute oder um sehr eng miteinander verwandte Personen, insbesondere um Eltern und Kinder.

---

[128] Vgl. Gliederungspunkt 2.4 (S. 139)

[129] Vgl. zu den verschiedenen Ansätzen zur Lösung derartiger Zielkonfliktsituationen z. B. *Mag* (1977), S. 37 ff; *Schneider* (1992), S. 452 ff.

5.4.5 Aufgabe 12

12. Zum 31.12. des Jahres 1 ist der Geschäftsführer G der X-GmbH der Ansicht, dass er einen Ermessensspielraum hat, auf ein vor rd. einem Jahr angeschafftes Betriebsgrundstück eine außerplanmäßige Abschreibung bzw. eine Teilwertabschreibung i. H. v. 1 Mio€ vorzunehmen. Er ist im Zweifel, ob es sich bei der zugrundeliegenden Wertminderung um eine voraussichtlich nur vorübergehende oder eine voraussichtlich dauernde handelt. G möchte steuerlich eine Abschreibung von 1 Mio. € vornehmen, handelsbilanziell hingegen mit Rücksicht auf die Kreditwürdigkeit der GmbH gegenüber den Banken nicht. Sollte eine derartig unterschiedliche steuer- und handelsbilanzielle Behandlung nicht möglich sein, will er wissen, wie sich das Bilanzbild durch eine Abschreibung von 1 Mio. € insgesamt verändert. Hierbei interessiert ihn die Wirkung zum 31.12.1 und zum 31.12.6, also fünf Jahre später. Er geht davon aus, dass die ertragsteuerlichen Abschlusszahlungen für das Jahr 1 im Dezember des Jahres 2 zu entrichten sein werden. Ähnliche zeitliche Verzögerungen dürften sich für die Abschlusszahlungen bzw. Erstattungen der Folgejahre ergeben. G nimmt an, dass er den Ermessensspielraum hinsichtlich des Wertansatzes des Betriebsgrundstücks auch zu den Bilanzstichtagen 31.12.2 bis 31.12.6 haben wird.

    Supplementinvestitionen erfolgen voraussichtlich in einem Abbau von Schulden. Die auf diese Schulden entfallenden Zinsen sind voraussichtlich im Rahmen des § 8 Nr. 1 GewStG dem Gewerbeertrag zu 25 % hinzuzurechnen. G erwartet, dass diese regelmäßig mit 6 % verzinst werden. Er nimmt an, dass der Gewerbesteuerhebesatz in Zukunft stets 400 % betragen wird. Es soll von dem für das Jahr 2021 geltenden Steuerrecht (nach dem Rechtsstand im Frühjahr 2020), einschließlich der Erhebung eines 5,5 %igen Solidaritätszuschlags, ausgegangen werden.

Teil III

Lösungen zu den Aufgaben

1 Lösungen zu Teil I

1.1 Lösungen zu Gliederungspunkt 3

1. Ministerialrat Manske (M) steht vor der Frage, ob er das [...] (s. S. 42)

Tabellen mit Durchschnitts-, Grenz- und Differenzsteuersätzen befinden sich im Tabellenanhang dieses Buches. Dort befindet sich mit Tabelle T- 6 (S. 223) eine Tabelle, die weitgehend den hier zu beachtenden Sachverhalt berücksichtigt. Sie beruht nämlich auf dem für das Jahr 2020 geltenden Recht (nach dem Rechtsstand bei Fertigstellung dieses Buches im Frühjahr 2020) und berücksichtigt die Regelungen des SolZG in der für 2021 geltenden Fassung.

Das zu versteuernde Einkommen erhöht sich bei Annahme des Auftrags von 80 T€ auf 90 T€. Nach Tabelle T- 6 (S. 223) steigt der Durchschnittssteuersatz von 22,60 % auf 24,32 % (Spalte 2) und der Grenzsteuersatz von 36,75 % auf 38,92 % (Spalte 3). Der Differenzsteuersatz, mit der eine Erhöhung des zu versteuernden Einkommens von 80 T€ auf 90 T€ belastet ist, beträgt 37,83 % (Spalte 5). Für die von M zu treffende Entscheidung ist dieser Differenzsteuersatz bedeutsam. Die Übernahme der Seminare würde eine zusätzliche Steuerbelastung von (10.000 € · 37,83 % =) 3.783 € bedeuten.

1.2 Lösungen zu Gliederungspunkt 4

2. Der Installateur I steht vor der Frage, ob er einen Auftrag [...] (s. S. 67)

Da der Eingang des Geldes in jedem Fall erst im Jahr 2 erfolgt, sind lediglich die Steuerzahlungen entscheidungsrelevant. Die Umsatzerlöse des I stellen E i. S. v. Gleichung (II) dar. Zieht I Umsatzerlöse i. H. v. 5 T€ aus dem Jahr 2 in das Jahr 1 vor, indem er den Auftrag noch im Jahr 1 ausführt, so erhöht er hierdurch E im Jahre 1 um 5 T€ und mindert E im Jahre 2 um denselben Betrag. Die allgemeine Form des kombinierten Steuersatzes, mit dem E belastet ist, lautet nach Gleichung (II):

$$s_e + m_e \cdot [h - \alpha \cdot (1 + s_{olz})].$$

Mit ihrem zu versteuernden Einkommen von mehr als 200 T€ unterliegen die Eheleute I in beiden Jahren im Hinblick auf das Differenzeinkommen von 5 T€ dem Steuersatz des unteren Plafonds von 42 % (s_{ei} = 0,42). Bei den genannten Einkommenshöhen ist hinsichtlich des Solidaritätszuschlags uneingeschränkt § 4 Satz 1 SolZG anzuwenden, d. h. es gilt s_{olz} = 5,5 %. Der kombinierte Einkommen-, Kirchensteuer- und Solidaritätszuschlagsatz s_e kann aus der in Teil I, Gliederungspunkt 3.2.3.1 (S. 22), abgeleiteten Gleichung (20) ermittelt werden. Sie lautet:

$$s_e = \frac{s_{ei} \cdot (1 + s_{olz} + s_{ki})}{1 + s_{ki} \cdot s_{ei}}.$$

Unter Berücksichtigung einer 9 %igen Kirchensteuer und des 5,5 %igen Solidaritätszuschlags ergibt sich hieraus für beide Jahre ein kombinierter Einkommen-, Kirchensteuer- und Solidaritätszuschlagsatz von 46,34 %. s_e ist in beiden Jahren also mit 0,4634 anzusetzen.

Die Steuermesszahl m_e beträgt in beiden Jahren 3,5 %, der Hebesatz im Jahre 1 450 % und im Jahre 2 480 %, α beläuft sich jeweils auf 3,8.

Wird der Auftrag vorgezogen, so ergibt sich im Jahr 1 eine Steuermehrbelastung von

$$5.000 \cdot [0{,}4634 + 0{,}035 \cdot (4{,}5 - 3{,}8 \cdot 1{,}055)] = 2.403\,€.$$

Für das Jahr 2 ergibt sich dann eine Steuerminderbelastung von

$$5.000 \cdot [0{,}4634 + 0{,}035 \cdot (4{,}8 - 3{,}8 \cdot 1{,}055)] = 2.455\,€.$$

Die Steuermehrbelastung des Jahres 1 mindert voraussichtlich für ein Jahr die Supplementinvestitionen um 2.403 €. Hierdurch mindert sich bei dem geschätzten Nettozinssatz von 3 % der Zinsertrag um voraussichtlich (2.403 € · 3 % =) 72 €.

Erfolgt die Auftragsdurchführung noch im Jahr 1 statt im Jahr 2, so ergibt sich also Folgendes: Einer Steuermehrzahlung im Jahr 1 von 2.403 € und einer Minderung des Zinsertrags im Jahr 2 von 72 € steht eine Steuerminderzahlung im Jahr 2 von 2.455 € gegenüber. Insgesamt entsteht also eine Differenz von (2.455 - 2.403 - 72 =) -20 €. Eine Auftragsdurchführung noch im Jahr 1 ist somit bei steuerlicher Partialbetrachtung unvorteilhaft.

3. **Der Gewerbetreibende G will Ende des Jahres 1 für 100 T€ [...]** (s. S. 68)

Die Steuerbelastung der Eheleute G als Folge der Anschaffung der „Sylvesteranleihe“ kann mit Hilfe der in Teil I, Gliederungspunkt 4.2.2 (S. 56) abgeleiteten Gleichung (II) ermittelt werden.

Werden die Wertpapiere Betriebsvermögen, so erhöhen die jährlichen Zinsen von 2.000 € E i. S. v. Gleichung (II). Da sich das Einkommen der Eheleute G im unteren Plafond bewegt, die Eheleute kirchensteuerpflichtig sind und sich das zu versteuernde Einkommen oberhalb der in § 4 Satz 2 SolZG definierten Milderungszone des Solidaritätszuschlags bewegt, nimmt s_e in Gleichung (II) den Wert 46,34 % an. Dieser Wert ergibt sich durch Einsetzen des konstanten Steuersatzes des unteren Plafonds von s_{ei} = 0,42, des Solidaritätszuschlagsatzes s_{olz} = 0,055 und des angegebenen Kirchensteuersatzes s_{ki} = 0,09 in die in Teil I, Gliederungspunkt 3.2.3.1 (S. 22) abgeleitete Gleichung (20). Dieser Wert kann aber auch den Spalten 3 oder 5 der im Anhang befindlichen Tabelle T- 6 (S. 223) entnommen werden. Dieser Wert ergibt sich dort für zu versteuernde Einkommen im unteren Plafond oberhalb der Milderungsgrenze des § 4 Satz 2 SolZG als Grenz- bzw. Differenzsteuersatz. Die weiteren in Gleichung (II) einzutragenden Werte betragen: m_e = 0,035,

$h = 4{,}8$ und $\alpha = 3{,}8$. Durch Einsetzen der genannten Werte in Gleichung (II) ergibt sich folgende Steuerbelastung:

$$2.000 \cdot [0{,}4634 + 0{,}035 \cdot (4{,}8 - 3{,}8 \cdot 1{,}055)] = 982\,€.$$

Die Steuerbelastung bei Aufnahme der Wertpapiere in das Betriebsvermögen beträgt demnach 982 € jährlich.

Werden die Wertpapiere als Privatvermögen erworben, so erhöhen die Zinserträge nicht E, sondern E_e i. S. v. Gleichung (II). Zu berücksichtigen ist jedoch, dass die Zinserträge dem besonderen Steuersatz für Einkünfte aus Kapitalvermögen unterliegen (§ 32d EStG). Die Zinserträge sind in dem Umfang von 2.000 € steuerpflichtig, da der gemeinsame Sparer-Pauschbetrag bereits ohne diese Zinsen ausgeschöpft wird. E_e ist lediglich mit dem besonderen kombinierten Einkommen-, Kirchensteuer- und Solidaritätszuschlagsatz verknüpft, der sich für die Einkünfte aus Kapitalvermögen ergibt. Dieser kann durch Einsetzen von $s_{ei} = 0{,}25$, $s_{olz} = 0{,}055$ und $s_{ki} = 0{,}09$ in die in Teil I abgeleitete Gleichung (20) ermittelt werden. Es ergibt sich ein kombinierter Steuersatz von 27,995 % ($s_{e§32d} = 0{,}27995$). Hieraus ergibt sich für den Fall, dass die Wertpapiere im Privatvermögen erworben werden, eine Steuerbelastung von (2.000 · 27,995 % =) 560 €.

Gegenüber dem Fall der Behandlung der Wertpapiere als Betriebsvermögen ergibt sich demnach eine Minderbelastung von (982 - 560 =) 422 € jährlich.

4. Der Alleingesellschafter G der X-GmbH erwägt, dieser zur [...] (s. S. 74)

Die Erhöhung des Eigenkapitals der X-GmbH und der Erwerb von 100.000 € der „Sylvesteranleihe" durch die GmbH hat bei dieser ab dem Jahre 1 folgende Wirkung: Erhöhung von E i. S. v. Gleichung (IV) als Folge der zusätzlichen Zinserträge um 2.000 €.

Nach Gleichung (IV) ist E mit dem Körperschaftsteuersatz s_k und dem Gewerbesteuersatz s_{ge} verknüpft. Unter Berücksichtigung des Solidaritätszuschlags nimmt s_k den Wert 15,825 % ($s_k = 0{,}15825$) an. Der Gewerbesteuersatz s_{ge} beträgt bei dem hier prognostizierten Hebesatz von 400 % 14 % ($s_{ge} = 0{,}14$). Der mit E verknüpfte kombinierte Gewerbe- und Körperschaftsteuersatz beträgt somit 29,825 %. Er kann entweder durch Einsetzen der genannten Werte in Gleichung (IV) errechnet oder der im Anhang befindlichen Tabelle T- 8 (S. 225) (Zeile 1, Spalte 4) entnommen werden. Die durch die zusätzlichen jährlichen Zinserträge von 2.000 € hervorgerufene Gewerbe- und Körperschaftsteuerbelastung beträgt (2.000 · 29,825 % =) 597 € p. a.

Die zusätzliche Ausschüttung bewirkt bei dem Gesellschafter G zusätzliche Einkünfte aus Kapitalvermögen i. H. v. 1.000 € p.a., da der Sparer-Pauschbetrag bereits ausgeschöpft ist. Insofern stellt die Ausschüttung i. H. v. 1.000 € A i. S. v. Gleichung (VI) dar. Bei dem mit A multiplikativ verknüpften Steuersatz $s_{e§32d}$ handelt es sich um einen kombinierten Einkommen-, Kirchensteuer- und Solidaritätszuschlagsatz. Da G konfessionslos ist, beträgt der kombinierte Einkommen-, Kirchensteuer- und Solidaritätszuschlagsatz $s_{e§32d}$ hier 26,375 % ($s_{e§32d} = 0{,}26375$). Damit ergibt sich bei dem Gesellschafter G eine zusätzliche Steuerbelastung i. H. v. (1.000 · 26,375 % =) 264 € p.a.

Durch den Verkauf des Baulands entfällt bei G künftig Grundsteuer. Die Bemessungsgrundlage der Grundsteuer beträgt lt. Sachverhalt 5.000 € (B_{mpgr} = 5.000). B_{mpgr} ist nach Gleichung (I) bzw. (II) mit dem Grundsteuersatz multiplikativ verknüpft. Nach Gleichung (I) bzw. (II) kann es zwar grundsätzlich durch die Zahlung von Grundsteuer zu einer Verringerung der Einkommensteuer und der Zuschlagsteuern kommen. Dies ist nach der konkreten Aufgabe aber hier nicht der Fall, da die Grundsteuer lt. Sachverhalt weder als Werbungskosten noch als Betriebsausgabe abzugsfähig ist. Der Grundsteuersatz s_{gr} ergibt sich als das Produkt aus der Steuermesszahl von 0,35 % gem. § 15 Abs. 1 GrStG und dem Hebesatz von 400 %. Er beträgt demnach (0,35 % · 400 % =) 1,4 %. Damit entfällt durch den beabsichtigten Verkauf des Baulands eine Steuerbelastung i. H. v. (5.000 · 1,4 % =) 70 € p.a.

Weitere Steuerwirkungen als die bisher ermittelten ergeben sich aus dem Sachverhalt nicht.

Die jährlichen Steuerwirkungen lassen sich wie folgt zusammenfassen:

• zusätzliche Gewerbe- und Körperschaftsteuer bei der X-GmbH	597 €
• zusätzliche Einkommensteuer und Solidaritätszuschlag bei G durch zusätzliche Ausschüttungen	264 €
• Fortfall von Grundsteuer	-70 €
Saldierte Steuerbe- und -entlastungen	791 €

1.3 Lösungen zu Gliederungspunkt 5

5. Ermitteln Sie die Steuerbarwerte (bei i = 6 %) folgender [...] (s. S. 84)

Der Steuerbarwert ergibt sich aus der in Teil I, Gliederungspunkt 5.4 (S. 79) abgeleiteten Gleichung

$$B_{ar} = \sum_{t=0}^{n} S_t \cdot q^{-t}. \qquad (90)$$

Unter Berücksichtigung eines Zinssatzes von 6 % folgt daraus für Alternative 1 (B_{ar1}):

$$B_{ar1} = 100.000 \cdot 1{,}06^0 + 120.000 \cdot 1{,}06^{-1} + 130.000 \cdot 1{,}06^{-2} + 180.000 \cdot 1{,}06^{-3},$$

$$B_{ar1} = 480.039.$$

Der Steuerbarwert der Alternative 2 (B_{ar2}) ergibt sich entsprechend mit:

$$B_{ar2} = 100.000 \cdot 1{,}06^0 + 125.000 \cdot 1{,}06^{-1} + 125.000 \cdot 1{,}06^{-2} + 180.000 \cdot 1{,}06^{-3},$$

$$B_{ar2} = 480.306.$$

Der Steuerbarwert der Alternative 2 ist also um (480.306 - 480.039 =) 267 € größer als derjenige der Alternative 1. Bei einer rein steuerlichen Partialbetrachtung ist demnach die Alternative 2 (minimal) nachteiliger als die Alternative 1.

6. **Wählen Sie unter dem Gesichtspunkt der Kapitalwertmaximierung [...]** (s. S. 84)

   Der Kapitalwert der Alternative 1 ergibt sich aus Gleichung

$$K = \sum_{t=0}^{n} (Z_{et} - Z_{at}) \cdot q^{-t} + R \cdot q^{-n}. \tag{89}$$

   Unter Berücksichtigung eines Zinssatzes von 4 % wie folgt:

$$K_1 = (90 - 23) \cdot 1{,}04^0 + (92 - 24) \cdot 1{,}04^{-1} + (103 - 31) \cdot 1{,}04^{-2} + (117 - 12) \cdot 1{,}04^{-3},$$

$$K_1 = 292.$$

   Für die Alternative 2 ergibt sich entsprechend:

$$K_2 = (80 - 26) \cdot 1{,}04^0 + (95 - 29) \cdot 1{,}04^{-1} + (109 - 30) \cdot 1{,}04^{-2} + (116 - 12) \cdot 1{,}04^{-3},$$

$$K_2 = 283.$$

   Der Kapitalwert der Alternative 1 ist mit rd. 292 T€ größer als der Kapitalwert der Alternative 2 mit rd. 283 T€. Also ist die Alternative 1 vorteilhafter als die Alternative 2.

1.4 Lösungen zu Gliederungspunkt 6

7. **Durch die Vornahme einer Sonderabschreibung auf ein [...]** (s. S. 97)

   Die gesuchten Nettozinssätze können aus den in Teil I, Gliederungspunkten 6.2 (S. 86) und 6.3.2.2 (S. 90) abgeleiteten Gleichungen (IX) und (X) ermittelt werden.

   Im Fall a) ist Gleichung

$$i_{n/kap} = i_b \cdot [1 - s_k - m_e \cdot h \cdot (1 - \beta)] \tag{IX}$$

anzuwenden. Hierbei nimmt s_k den Wert (0,15 · 1,055 =) 0,15825 an. Die Steuermesszahl beträgt 3,5 % (m_e = 0,035) und der Hebesatz 360 % (h = 3,6). Der Bruttozinssatz beträgt lt. Aufgabenstellung 4 %, d. h. es gilt i_b = 0,04. β nimmt den Wert 0,25 an, da die Supplementinvestition zu einer Verringerung der Hinzurechnung nach § 8 Nr. 1 Buchstabe a GewStG führt. Damit ergibt sich im Fall a) folgende Nettoverzinsung:

$$i_{n/kap} = [1 - 0{,}15825 - 0{,}035 \cdot 3{,}6 \cdot (1 - 0{,}25)] \cdot 0{,}04,$$

$$i_{n/kap} = 0{,}0299.$$

Die Nettoverzinsung beträgt im Fall a) also 2,99 %.

Im Fall b) ist Gleichung

$$i_{n/persu} = \{1 - s_{e\S32a} - m_e \cdot [h \cdot (1 - \beta) - \alpha \cdot (1 + s_{olz}) \cdot (1 - \beta)]\} \cdot i_b \qquad \text{(X)}$$

anzuwenden. Da M ein zu versteuerndes Einkommen von 320.000 € erwartet, ist von dem Spitzensteuersatz der Einkommensteuer im oberen Plafond auszugehen. Dieser beträgt nach dem für den Veranlagungszeitraum 2020 geltenden Recht (Rechtsstand Frühjahr 2020) 45 % (s_{ei} = 0,45). Hinzu kommt ein 5,5 %iger Solidaritätszuschlag (s_{olz} = 0,055). Außerdem hat M lt. Sachverhalt eine 9 %ige Kirchensteuer zu entrichten (s_{ki} = 0,09). Durch Einsetzen der konkreten Werte für s_{ei}, s_{ki} und s_{olz} in Gleichung (20) ergibt sich für den kombinierten Einkommen-, Kirchensteuer- und Solidaritätszuschlag folgender Wert:

$$s_{e\S32a} = \frac{0{,}45 \cdot (1 + 0{,}055 + 0{,}09)}{1 + 0{,}09 \cdot 0{,}45} \text{ bzw.}$$

$$s_{e\S32a} = 0{,}49519.$$

Dieser Wert ist in Gleichung (X) einzusetzen.

Die Steuermesszahl beträgt unabhängig von der Höhe des Gewerbeertrags 3,5 % (m_e = 0,035). Der Hebesatz beläuft sich auf 480 % (h = 4,8). Infolge dieses Hebesatzes beträgt der Anrechnungsfaktor der Gewerbe- auf die Einkommensteuer 3,8 (α = 3,8). Da die Supplementinvestitionen im hier zu behandelnden Fall b) im Bereich der positiven Finanzinvestitionen getätigt werden, ergeben sich keine gewerbesteuerlichen Wirkungen i. S. v. § 8 Nr. 1 Buchstabe a GewStG, d. h. es gilt β = 0. Der Bruttozinssatz i_b wird lt. Sachverhalt auf 2 % p. a. geschätzt (i_b = 0,02).

Durch Einsetzen der genannten konkreten Zahlen in Gleichung (X) ergibt sich:

$$i_{n/persu} = [1 - 0{,}49519 - 0{,}035 \cdot (4{,}8 - 3{,}8 \cdot 1{,}055)] \cdot 0{,}02 \text{ bzw.}$$

$$i_{n/persu} = 0{,}0095.$$

Im Falle b) ergibt sich somit ein Nettozinssatz von rd. 0,95 %.

1.5 Lösungen zu Gliederungspunkt 7

8. Seit seiner Scheidung vor einem Jahr ist Björn Björnson (B) [. . .] (s. S. 126)

Die Besteuerungssituation in D-Land entspricht derjenigen, die in der Bundesrepublik Deutschland während der letzten Jahre vor der Unternehmensteuerreform der Jahre 2008/2009 gegolten hat, allerdings ohne Berücksichtigung von Kirchensteuer und Solidaritätszuschlag. In D-Land erzielte Gewinne können als E i. S. v. der in Teil I, Gliederungspunkt 3.5.3 (S. 44) abgeleiteten Gleichung (45) angesehen werden. Der Körperschaftsteuersatz kann dann durch s_{nab}, der Steuersatz der regionalen Steuer durch s_{ab} i. S. dieser Gleichung symbolisiert werden. Der kombinierte Ertragsteuersatz für in D-Land erzielte Gewinne beträgt demnach:

$$\frac{0{,}25 + 0{,}2}{1 + 0{,}2} = 0{,}375.$$

In D-Land werden Gewinne also mit 37,5 % Ertragsteuern belastet, und zwar unabhängig davon, ob die Gewinne einbehalten oder ausgeschüttet werden.

Für Ausschüttungszwecke stehen in D-Land von einem Gewinn vor Steuern (G) demnach (G - 0,375 · G =) 0,625 · G zur Verfügung. Dieser Betrag wird zur Hälfte, d. h. i. H. v. (0,625 : 2 =) 0,3125 · G der Einkommensteuer des Gesellschafters unterworfen. Bei Anwendung des Spitzensteuersatzes von 42 % ergibt sich hieraus eine Belastung mit Einkommensteuer i. H. v. (0,3125 · 0,42 =) 13,125 % · G. Die Gesamtbelastung ausgeschütteter Gewinnbestandteile bei der Gesellschaft zzgl. derjenigen beim Gesellschafter beträgt (37,5 % + 13,125 % =) 50,625 %.

In D-Land werden also thesaurierte Gewinnbestandteile mit 37,5 % und ausgeschüttete Gewinnbestandteile mit insgesamt 50,625 % Ertragsteuern belastet.

Thesaurierte Gewinne werden in F-Land mit definitiv 45 % Körperschaftsteuer belastet. Dieser Steuersatz ist deutlich höher als der kombinierte Steuersatz der Gesellschaft in D-Land i. H. v. 37,5 %. Dies gilt, obwohl eine schlichte Addition der beiden in D-Land erhobenen Unternehmensteuern mit (25 % + 20 %) ebenfalls 45 % ergibt. Der Unterschied ergibt sich daraus, dass die regionale Steuer in D-Land als Betriebsausgabe zum Abzug kommt, in F-Land hingegen nur eine einheitliche nichtabzugsfähige Körperschaftsteuer existiert. Soweit Gewinne auf Dauer oder quasi auf Dauer thesauriert werden, ist also eine Besteuerung in D-Land vorteilhafter als in F-Land.

Ausgeschüttete Gewinnbestandteile werden in F-Land vollständig von Körperschaftsteuer entlastet. Im Ergebnis findet also nur eine Belastung mit Einkommensteuer statt. Da der Spitzensatz der Einkommensteuer bei 45 % liegt, kann die Belastung ausgeschütteter Gewinnteile alle Werte von 0 % bis zu 45 % annehmen. Selbst bei Anwendung des Spitzensteuersatzes von 45 % ist somit die Belastung ausgeschütteter Gewinnbestandteile in F-Land niedriger als in D-Land. Der Vorteil beträgt dann (50,625 % - 45 % =) 5,625 % des ausgeschütteten Gewinns. Beträgt der Steuersatz des Gesellschafters in beiden Ländern 0 %, so ist die Gesamtbelastung in D-Land um 37,5 %, d. h. um die Belastung der Gesellschaft höher als in F-Land. Die Besteuerung ausgeschütteter Gewinne ist somit in F-Land aufgrund des Anrechnungsverfahrens wesentlich geringer als in D-Land, in dem das Halbeinkünfteverfahren angewendet wird.

Die bisherigen Ausführungen liefern einander widersprechende Ergebnisse: Thesaurierte Gewinne werden in D-Land, ausgeschüttete Gewinne hingegen in F-Land niedriger besteuert. Damit die Gewinnbesteuerung im konkreten Fall endgültig beurteilt werden kann, muss B Vorstellungen darüber entwickeln, in welcher Höhe in Zukunft in den einzelnen Jahren Gewinne anfallen, in welchem Umfang diese thesauriert und in welchem sie ausgeschüttet werden und wann es zur Ausschüttung der zunächst thesaurierten Gewinne kommen wird. Es muss dann ggf. ein Steuerbarwertvergleich durchgeführt werden. Im Rahmen dieses Vergleichs sind aber noch weitere Einflussfaktoren auf die Vorteilhaftigkeit einzubeziehen. Zu nennen sind in diesem Zusammenhang insbesondere

- der Umfang der Bemessungsgrundlagen in den Vergleichsländern und dessen Auswirkungen auf die konkrete Entscheidungssituation und
- der Zeitpunkt des Abzugs von Aufwendungen und der Erfassung von Erträgen.

2 Lösungen zu Teil II

2.1 Lösungen zu Gliederungspunkt 2

9. **Der Geschäftsführer G der X-GmbH erwägt, zum 31.12.2020 […]** (s. S. 138)
   Da der Bruttozinssatz (i_b) mit 5 % (= 0,05) vorgegeben ist, ist es am zweckmäßigsten, diesen in die im Anhang 2: Wichtige Formeln (S. 229) wiedergegebene Gleichung (IX)

$$i_{n/kap} = i_b \cdot [1 - s_k - m_e \cdot h \cdot (1 - \beta)] . \qquad \text{(IX)}$$

   einzusetzen. Da G mit positiven zu versteuernden Einkommen rechnet, ist von einem kombinierten Körperschaftsteuer- und Solidaritätszuschlagsatz von (0,15 · 1,055 =) 15,825 % auszugehen, d. h. es gilt s_k = 0,15825. Der Hebesatz h beträgt 420 %, die Steuermesszahl m_e 3,5 %. β ist mit 0 anzusetzen, da G nicht mit einer Hinzurechnung von Zinsen zum Gewerbeertrag nach § 8 Nr. 1 GewStG rechnet.

   Durch Einsetzen der genannten Werte in Gleichung (IX) ergibt sich

$$i_{n/kap} = 0{,}05 \cdot (1 - 0{,}15825 - 0{,}035 \cdot 4{,}2).$$

$$i_{n/kap} = 0{,}0347375.$$

   Die Supplementinvestition erwirtschaftet also eine positive Nettorendite von rd. 3,5 %. Da G mit konstanten und im Zeitablauf gleichbleibenden Steuersätzen rechnet, ist eine Gewinnverlagerung dann steuerlich vorteilhaft, wenn Supplementinvestitionen einen positiven Nettozinssatz erwirtschaften. Dies ist hier mit einem Nettozinssatz von rd. 3,5 % der Fall. Die Vornahme der Sonderabschreibung ist damit steuerlich vorteilhaft.

10. **Der Steuerberater S des Gewerbebetreibenden G erstellt im […]** (s. S. 143)

    Die Summe der zu versteuernden Einkommen während der Jahre 1 bis 5 kann mit Hilfe der möglichen Sonderabschreibung um insgesamt (20 % · 175 T€ =) 35 T€ gesenkt werden. Gleiches gilt hinsichtlich der Summe der Gewerbeerträge. Diese möglichen Senkungen der zu versteuernden Einkommen und Gewerbeerträge um maximal 35 T€ sind nach dem Erkenntnisstand im Frühjahr des Jahres 3 auf jeden Fall vorteilhaft. Sie sollten deshalb vorgenommen werden. Problematisch ist lediglich die Verteilung der Sonderabschreibung innerhalb des Fünfjahreszeitraums. Da lediglich während der Jahre 1 bis 5 Aktionsparameter der Steuerbilanzpolitik bestehen, ist es sinnvoll, diesen Zeitraum als Planungszeitraum festzulegen.

Wie unter Gliederungspunkt 2.4.2 (S. 141) des zweiten Teils dieses Buches abgeleitet, ist es vorteilhaft, in allen Jahren des Planungszeitraums ein gleich hohes zu versteuerndes Einkommen anzustreben. Dies kann durch eine Verteilung der Sonderabschreibungen in der nachstehend aufgeführten Weise erreicht werden (Angaben in T€):

Jahr	1	2	3	4	5	Summe
vorläufiges Einkommen	56	50	55	55	55	271
Sonderabschreibungen	-9	-3	-8	-8	-7	-35
endgültiges Einkommen	47	47	47	47	48	236

Sonderabschreibungen in der in der Aufstellung wiedergegebenen Weise sind möglich. Damit ist das Ziel einer Einkommensnivellierung innerhalb des Planungszeitraums in vollem Umfang erreichbar.

2.2 Lösungen zu Gliederungspunkt 5

11. Während des Jahres t = -1 hat die X-GmbH einen [. . .] (s. S. 181)

Ein Zwang zur Bildung einer steuerfreien Rücklage besteht nicht. Die GmbH hat demnach ein Wahlrecht, die steuerfreie Rücklage in Höhe von 200 T€ zu bilden, auf die Bildung in vollem Umfang zu verzichten oder beliebige Zwischenwerte anzusetzen. Sie hat also die Möglichkeit, für das Jahr $t = 0$ einen Gewinn von 100 T€, einen Verlust von 100 T€ oder beliebige Zwischenwerte zwischen einem Gewinn und einem Verlust von je 100 T€ auszuweisen.

Bildet die GmbH im Umfang von 100 T€ eine 6b-Rücklage, so verhindert sie gegenüber dem Verzicht hierauf eine Körperschaft- und Gewerbesteuerzahlung für das Jahr $t = 0$. In Höhe von 100 T€ wird nämlich das Entstehen von E i. S. v. Gleichung (IV) verhindert. Der mit E verknüpfte kombinierte Ertragsteuersatz braucht hier nicht gesondert ermittelt zu werden. Vielmehr kann er der im Anhang 1 befindlichen Tabelle T- 8 (S. 225), Zeile 1, Spalte 4 entnommen werden. Die im Kopf dieser Spalte aufgeführten Steuersätze bzw. der genannte Gewerbesteuerhebesatz (s_k = 15 %, s_{olz} = 5,5 % und h = 400 %) entsprechen den sich aus dem Sachverhalt ergebenden. Der kombinierte Ertragsteuersatz beträgt 29,825 %. Damit entsteht eine Steuerersparnis i. H. v. 29.825 €. In dieser Höhe kann die GmbH Schulden abbauen. Bei einer Bruttoverzinsung von 6 % ergibt sich nach der ebenfalls im Anhang befindlichen Tabelle T- 9 (S. 226) (Zeile 2, Spalte 3) eine positive Nettoverzinsung von (6 % · 70,18 % =) 4,21 %. Damit ist zumindest im Umfang von 100 T€ die Bildung einer steuerfreien Rücklage vorteilhaft.

Eine 6b-Rücklage kann nach § 6b Abs. 3 EStG nur in dem Jahr gebildet werden, in dem ein in § 6b Abs. 1 Satz 1 EStG genanntes Wirtschaftsgut veräußert wird. Aus dem Sachverhalt ergibt sich implizit, dass dies im Jahr $t = 0$ geschehen ist. Damit kann die 6b-Rücklage nur im Jahr $t = 0$ oder gar nicht gebildet werden. Dies gilt auch hinsichtlich ihrer Höhe. Dieser rechtliche Rahmen ist bei Beantwortung der Frage, ob die 6b-Rücklage lediglich in einer Höhe von 100 T€ oder aber von 200 T€ gebildet werden soll, zu beachten.

Bildet die GmbH die 6b-Rücklage in vollem Umfang von 200 T€, so entsteht im Jahre $t = 0$ ein steuerlicher Verlust von 100 T€. Dieser ist körperschaft-

und gewerbesteuerlich in das Jahr $t = +1$ vortragsfähig und dort abzugsfähig. Hierdurch entsteht im Jahre $t = +1$ - E i. S. v. Gleichung (IV) in einer Höhe von 100 T€. Nach Tabelle T- 8 (S. 225), Zeile 1, Spalte 4 ist E mit einem kombinierten Steuersatz von 29,825 % verknüpft. Durch die Bildung der 6b-Rücklage in ihrer maximalen Höhe von 200 T€ anstatt in einer Höhe von lediglich 100 T€ entsteht im Jahr $t = +1$ eine zusätzliche Steuerminderbelastung von (100.000 € · 29,825 % =) 29.825€. Die gesamte 6b-Rücklage ist voraussichtlich im Jahr $t = +2$ aufzulösen. Die Auflösung wird dann erfolgsneutral durch den Buchungssatz „6b-Rücklage 200 T€ an Grund und Boden 200 T€" erfolgen. Damit bleibt der Steuervorteil von (29.825 + 29.825 =) 59.650€ voraussichtlich über viele Jahre oder sogar Jahrzehnte erhalten. Eine Rückgängigmachung erfolgt erst bei einer späteren Veräußerung des Grund und Bodens. Jedes Jahr, in dem der Steuervorteil erhalten bleibt, entsteht ein zusätzlicher Nettozinsvorteil i. H. v. 4,21 % des Steuervorteils plus der bereits entstandenen Zinsen und Zinseszinsen. Die Bildung der 6b-Rücklage in voller Höhe ist somit im Vergleich zur Unterlassensalternative in hohem Maße vorteilhaft.

12. Zum 31.12. des Jahres 1 ist der Geschäftsführer G der [...] (s. S. 198)

Wird davon ausgegangen, dass G tatsächlich einen Ermessensspielraum besitzt, die Wertminderung des Grundstücks sowohl als voraussichtlich vorübergehend als auch als voraussichtlich dauernd einzustufen, so kann er diesen Ermessensspielraum in Handels- und Steuerbilanz nur einheitlich ausüben. Geht er von einer voraussichtlich vorübergehenden Wertminderung aus, so darf er weder nach Handels- noch nach Steuerrecht eine Abschreibung vornehmen. Handelsrechtlich ergibt sich dies im Umkehrschluss aus § 253 Abs. 3 Satz 5 HGB, steuerrechtlich aus § 6 Abs. 1 Nr. 2 Satz 2 EStG. Geht G hingegen von einer voraussichtlich dauernden Wertminderung aus, so muss er nach § 253 Abs. 3 Satz 5 HGB eine außerplanmäßige Abschreibung vornehmen. Steuerrechtlich hingegen hat er gem. § 6 Abs. 1 Nr. 2 Satz 2 EStG ein Wahlrecht, eine Teilwertabschreibung vorzunehmen oder hierauf zu verzichten. Aus den aufgezeigten möglichen Rechtsfolgen ergibt sich, dass die von G erwünschte Konstellation, steuerlich eine Teilwertabschreibung vorzunehmen, handelsrechtlich hingegen auf eine korrespondierende außerplanmäßige Abschreibung zu verzichten, unzulässig ist und damit nicht realisiert werden kann.

Nimmt G eine Teilwertabschreibung vor, so hat diese die Wirkung einer Verringerung von E i. S. v. Gleichung (IV). Der mit E verknüpfte konkrete kombinierte Ertragsteuersatz kann der im Anhang befindlichen Tabelle T- 8 (S. 225), Zeile 1, Spalte 4 entnommen werden. Er beträgt 29,825 %. Als Folge einer Teilwertabschreibung von 1 Mio€ entsteht somit eine Steuerminderung von (1.000.000 · 29,825 % =) 298.250€.

Die Ertragsteuerminderung wirkt sich zahlungsmäßig annahmegemäß erst zum Ende des Jahres 2 aus. Bilanziell hingegen wirkt sie sich bereits zum 31.12.1 aus, da der Steueraufwand des Jahres 1 um die errechneten 298.250€ gemindert wird. Dies führt zu einer entsprechenden Minderung der Steuerrückstellungen bzw. zu einer Erhöhung der Steuererstattungsansprüche. Das Eigenkapital zum 31.12.1 wird damit infolge der Teilwertabschreibung nicht um 1 Mio €, sondern lediglich um (1.000.000 - 298.250 =) 701.750 € geringer ausgewiesen als bei einem Verzicht hierauf. In gleichem Umfang verringert sich per Saldo der Jahresüberschuss. In welcher Weise sich die wichtigsten abgeleiteten Kennzahlen verändern, lässt sich ohne nähere Kenntnis der Bilanz zum 31.12.1 nicht sagen. Es ist aber durchaus denkbar, dass sich einige von ihnen nicht verschlechtern, sondern sogar verbessern. Das kann z. B. für die Eigenkapitalquote zutreffen, da zwar der Absolutbetrag des Eigenkapitals gesunken ist, dies aber nicht zwangsläufig auch für den Quotienten aus Eigen- und Gesamtkapital der Fall sein muss.

Annahmegemäß führt die Steuerersparnis des Jahres 1 Ende des Jahres 2 zu einem Abbau von Schulden. Hierdurch kommt es ab dem Jahre 3 zu einer Verringerung des Zinsaufwandes. Bei Eintritt der in der Aufgabe genannten Steuersätze und sonstigen Steuerwirkungen kann der Nettozinssatz aus Tabelle T- 9 (S. 226), Spalte 3, Zeile 5 ermittelt werden. Er beträgt bei einem Bruttozinssatz von 6 % p.a. (6 · 0,7368 =) 4,421 % p.a. Bis zum 31.12.6 kommt es somit in vier Jahren zu einer Verringerung der Zinsbelastung. Nach Abzug der Verringerung der Schulden und der Zinsen ergibt sich somit bis zum 31.12.6 ein Supplementvermögen in Form einer Verringerung der Schulden um (298.250 · $1{,}04421^4$ =) 354.594 €. Als Folge einer Teilwertabschreibung zum 31.12.1 steht somit in der Bilanz zum 31.12.6 einer Verringerung des Postens „Grundstücke“ um 1 Mio € eine Verringerung des Postens „Verbindlichkeiten“ um rd. 0,355 Mio € gegenüber. Damit wird das Eigenkapital nur noch um rd. 0,645 Mio € niedriger ausgewiesen als bei einem Verzicht auf die Abschreibung. Es ist durchaus möglich, dass sich viele, vielleicht sogar alle relativen Bilanzkennzahlen zum 31.12.6 infolge der außerplanmäßigen Abschreibung im Jahre 1 nicht verschlechtern, sondern verbessern.

Teil IV

Anhang

Vorbemerkung

Der Anhang besteht aus zwei Teilen, und zwar aus

- Anhang 1: Tabellen
- Anhang 2: Wichtige Formeln.

Der Anhang beruht auf dem für die Bundesrepublik Deutschland im Frühjahr 2020 geltenden Recht. Soweit der Einkommensteuertarif nach § 32a EStG zur Anwendung kommt, handelt es sich um den Tarif, der nach dem Rechtsstand im Frühjahr 2020 ab dem Veranlagungszeitraum 2020 gilt. Die für das Buch wichtigen Absätze 1 und 5 dieser Rechtsnorm lauten:

„§ 32a Einkommensteuertarif
(1) Die tarifliche Einkommensteuer bemisst sich nach dem zu versteuernden Einkommen. Sie beträgt ab dem Veranlagungszeitraum 2020 vorbehaltlich der §§ 32b, 32d, 34, 34a, 34b und 34c jeweils in Euro für zu versteuernde Einkommen

1. bis 9.408 Euro (Grundfreibetrag):
   0
2. von 9.409 Euro bis 14.532 Euro:
   $(972{,}87 \cdot y + 1.400) \cdot y$;
3. von 14.533 Euro bis 57.051 Euro:
   $(212{,}02 \cdot z + 2.397) \cdot z + 972{,}79$;
4. von 57.052 Euro bis 270.500 Euro:
   $0{,}42 \cdot x - 8.963{,}74$;
5. von 270.501 Euro an:
   $0{,}45 \cdot x - 17.078{,}74$.

Die Größe „y" ist ein Zehntausendstel des den Grundfreibetrag übersteigenden Teils des auf einen vollen Euro-Betrag abgerundeten zu versteuernden Einkommens. Die Größe „z" ist ein Zehntausendstel des 14.532 Euro übersteigenden Teils des auf einen vollen Euro-Betrag abgerundeten zu versteuernden Einkommens. Die Größe „x" ist das auf einen vollen Euro-Betrag abgerundete zu versteuernde Einkommen. Der sich ergebende Steuerbetrag ist auf den nächsten vollen Euro-Betrag abzurunden.

.

.

.

(5) Bei Ehegatten, die nach den §§ 26, 26b zusammen zur Einkommensteuer veranlagt werden, beträgt die tarifliche Einkommensteuer vorbehaltlich der §§ 32b, 32d, 34, 34a, 34b und 34c das Zweifache des Steuerbetrags, der sich für die Hälfte ihres gemeinsam zu versteuernden Einkommens nach Absatz 1 ergibt (Splitting-Verfahren)."

Anhang 1: Tabellen

zu versteuerndes Einkommen in T€	Durchschnittssteuersatz = durchschnittliche Einkommensteuerbelastung des Einkommenswerts in Spalte 1	Grenzsteuersatz = Grenzsteuerbelastung des Einkommenswerts in Spalte 1 = Differenzsteuersatz bezogen auf zu versteuernde Einkommen lt. Spalte 1 als mittlere Werte	der Diffferenzsteuerbetrachtung zugrunde gelegte Einkommensklassen in T€	Differenzsteuersatz = Belastung der in Spalte 4 aufgeführten Einkommensdifferenz
Spalte 1	Spalte 2	Spalte 3	Spalte 4	Spalte 5
0	0,00 %	0,00 %	0 - 9,408	0,00 %
9,409	0,00 %	14,00 %	9,409 - 10	14,58 %
10	0,86 %	15,15 %	10 - 15	19,66 %
15	7,24 %	24,17 %	15 - 20	25,23 %
20	11,73 %	26,29 %	20 - 25	27,35 %
25	14,86 %	28,41 %	25 - 30	29,47 %
30	17,29 %	30,53 %	30 - 35	31,59 %
35	19,33 %	32,65 %	35 - 40	33,71 %
40	21,13 %	34,77 %	40 - 45	35,83 %
45	22,76 %	36,89 %	45 - 50	37,95 %
50	24,28 %	39,01 %	50 - 55	40,07 %
55	25,72 %	41,13 %	55 - 60	41,57 %
60	27,06 %	42,00 %	60 - 65	42,00 %
65	28,21 %	42,00 %	65 - 70	42,00 %
70	29,19 %	42,00 %	70 - 75	42,00 %
75	30,05 %	42,00 %	75 - 80	42,00 %
80	30,80 %	42,00 %	80 - 85	42,00 %
85	31,45 %	42,00 %	85 - 90	42,00 %
90	32,04 %	42,00 %	90 - 95	42,00 %
95	32,56 %	42,00 %	95 - 100	42,00 %
100	33,04 %	42,00 %	100 - 110	42,00 %
110	33,85 %	42,00 %	110 - 120	42,00 %
120	34,53 %	42,00 %	120 - 130	42,00 %
130	35,10 %	42,00 %	130 - 140	42,00 %
140	35,60 %	42,00 %	140 - 150	42,00 %
150	36,02 %	42,00 %	150 - 160	42,00 %
160	36,40 %	42,00 %	160 - 170	42,00 %
170	36,73 %	42,00 %	170 - 180	42,00 %
180	37,02 %	42,00 %	180 - 190	42,00 %
190	37,28 %	42,00 %	190 - 200	42,00 %
200	37,52 %	42,00 %	200 - 300	43,50 %
300	39,31 %	45,00 %	300 - 400	45,00 %
400	40,73 %	45,00 %	400 - 500	45,00 %
500	41,58 %	45,00 %	500 - 1.000	45,00 %
1.000	43,29 %	45,00 %	1.000 - 2.000	45,00 %
2.000	44,15 %	45,00 %	> 2.000	45,00 %

Tabelle T-1: Einkommensteuersätze nach dem Grundtarif 2020, ohne Kirchensteuer, ohne Solidaritätszuschlag

zu versteuern-des Einkommen in T€	Durchschnittssteuer-satz = durchschnittliche Einkommensteu-erbelastung des Ein-kommenswerts in Spalte 1	Grenzsteuersatz = Grenzsteuerbelas-tung des Einkom-menswerts in Spalte 1 = Diffe-renzsteuersatz be-zogen auf zu ver-steuernde Einkom-men lt. Spalte 1 als mittlere Werte	der Diffferenzsteu-erbetrachtung zu-grunde gelegte Einkommensklas-sen in T€	Differenzsteuer-satz = Belastung der in Spalte 4 auf-geführten Einkom-mensdifferenz
Spalte 1	Spalte 2	Spalte 3	Spalte 4	Spalte 5
0	0,00 %	0,00 %	0 - 18,818	0,00 %
18,82	0,00 %	14,00 %	18,82 - 20	14,58 %
20	0,86 %	15,15 %	20 - 30	19,66 %
30	7,24 %	24,17 %	30 - 40	25,23 %
40	11,73 %	26,29 %	40 - 50	27,35 %
50	14,86 %	28,41 %	50 - 60	29,47 %
60	17,29 %	30,53 %	60 - 70	31,59 %
70	19,33 %	32,65 %	70 - 80	33,71 %
80	21,13 %	34,77 %	80 - 90	35,83 %
90	22,76 %	36,89 %	90 - 100	37,95 %
100	24,28 %	39,01 %	100 - 110	40,07 %
110	25,72 %	41,13 %	110 - 120	41,57 %
120	27,06 %	42,00 %	120 - 130	42,00 %
130	28,21 %	42,00 %	130 - 140	42,00 %
140	29,19 %	42,00 %	140 - 150	42,00 %
150	30,05 %	42,00 %	150 - 160	42,00 %
160	30,80 %	42,00 %	160 - 170	42,00 %
170	31,45 %	42,00 %	170 - 180	42,00 %
180	32,04 %	42,00 %	180 - 190	42,00 %
190	32,56 %	42,00 %	190 - 200	42,00 %
200	33,04 %	42,00 %	200 - 220	42,00 %
220	33,85 %	42,00 %	220 - 240	42,00 %
240	34,53 %	42,00 %	240 - 260	42,00 %
260	35,10 %	42,00 %	260 - 280	42,00 %
280	35,60 %	42,00 %	280 - 300	42,00 %
300	36,02 %	42,00 %	300 - 320	42,00 %
320	36,40 %	42,00 %	320 - 340	42,00 %
340	36,73 %	42,00 %	340 - 360	42,00 %
360	37,02 %	42,00 %	360 - 380	42,00 %
380	37,28 %	42,00 %	380 - 400	42,00 %
400	37,52 %	42,00 %	400 - 600	43,50 %
600	39,31 %	45,00 %	600 - 800	45,00 %
800	40,73 %	45,00 %	800 - 1.000	45,00 %
1.000	41,58 %	45,00 %	1.000 - 2.000	45,00 %
2.000	43,29 %	45,00 %	2.000 - 4.000	45,00 %
4.000	44,15 %	45,00 %	> 4.000	45,00 %

Tabelle T-2: Einkommensteuersätze nach dem Splittingtarif 2020, ohne Kirchensteuer, ohne Solidaritätszuschlag

zu versteuerndes Einkommen in T€	Durchschnittssteuersatz = durchschnittliche Einkommensteuerbelastung des Einkommenswerts in Spalte 1	Grenzsteuersatz = Grenzsteuerbelastung des Einkommenswerts in Spalte 1 = Differenzsteuersatz bezogen auf zu versteuernde Einkommen lt. Spalte 1 als mittlere Werte	der Diffferenzsteuerbetrachtung zugrunde gelegte Einkommensklassen in T€	Differenzsteuersatz = Belastung der in Spalte 4 aufgeführten Einkommensdifferenz
Spalte 1	Spalte 2	Spalte 3	Spalte 4	Spalte 5
0	0,00 %	0,00 %	0 - 9,408	0,00 %
9,409	0,00 %	14,00 %	9,409 - 10	14,58 %
10	0,86 %	15,15 %	10 - 15	19,66 %
15	7,24 %	24,17 %	15 - 20	25,23 %
20	11,73 %	26,29 %	20 - 25	27,35 %
25	14,86 %	28,41 %	25 - 30	29,47 %
30	17,29 %	30,53 %	30 - 35	31,59 %
35	19,33 %	32,65 %	35 - 40	33,71 %
40	21,13 %	34,77 %	40 - 45	35,83 %
45	22,76 %	36,89 %	45 - 50	37,95 %
50	24,28 %	39,01 %	50 - 55	40,07 %
55	25,72 %	41,13 %	55 - 60	41,57 %
60	27,06 %	42,00 %	60 - 65	45,18 %
65	28,46 %	48,36 %	65 - 70	48,36 %
70	29,79 %	48,36 %	70 - 75	48,36 %
75	30,93 %	48,36 %	75 - 80	48,36 %
80	31,94 %	48,36 %	80 - 85	48,36 %
85	32,82 %	48,36 %	85 - 90	48,36 %
90	33,61 %	48,36 %	90 - 95	48,36 %
95	34,32 %	48,36 %	95 - 100	46,34 %
100	34,85 %	44,31 %	100 - 110	44,31 %
110	35,71 %	44,31 %	110 - 120	44,31 %
120	36,43 %	44,31 %	120 - 130	44,31 %
130	37,04 %	44,31 %	130 - 140	44,31 %
140	37,56 %	44,31 %	140 - 150	44,31 %
150	38,01 %	44,31 %	150 - 160	44,31 %
160	38,40 %	44,31 %	160 - 170	44,31 %
170	38,75 %	44,31 %	170 - 180	44,31 %
180	39,06 %	44,31 %	180 - 190	44,31 %
190	39,33 %	44,31 %	190 - 200	44,31 %
200	39,58 %	44,31 %	200 - 300	45,89 %
300	41,47 %	47,48 %	300 - 400	47,48 %
400	42,97 %	47,48 %	400 - 500	47,48 %
500	43,87 %	47,48 %	500 - 1.000	47,48 %
1.000	45,67 %	47,48 %	1.000 - 2.000	47,48 %
2.000	46,57 %	47,48 %	> 2.000	47,48 %

* Die Milderungsregelung in der hier angewendeten Weise gilt ab 2021.

*Tabelle T-3: Einkommensteuersätze nach dem Grundtarif 2020, ohne Kirchensteuer, mit Solidaritätszuschlag unter Berücksichtigung der Milderungsregelung nach § 4 Satz 2 SolZG**

zu versteuern-des Einkommen in T€	Durchschnittssteuer-satz = durchschnittliche Einkommensteuerbelastung des Einkommenswerts in Spalte 1	Grenzsteuersatz = Grenzsteuerbelastung des Einkommenswerts in Spalte 1 = Differenzsteuersatz bezogen auf zu versteuernde Einkommen lt. Spalte 1 als mittlere Werte	der Diffferenzsteuerbetrachtung zugrunde gelegte Einkommensklassen in T€	Differenzsteuersatz = Belastung der in Spalte 4 aufgeführten Einkommensdifferenz
Spalte 1	Spalte 2	Spalte 3	Spalte 4	Spalte 5
0	0,00 %	0,00 %	0 - 18,818	0,00 %
18,82	0,00 %	14,00 %	18,82 - 20	14,58 %
20	0,86 %	15,15 %	20 - 30	19,66 %
30	7,24 %	24,17 %	30 - 40	25,23 %
40	11,73 %	26,29 %	40 - 50	27,35 %
50	14,86 %	28,41 %	50 - 60	29,47 %
60	17,29 %	30,53 %	60 - 70	31,59 %
70	19,33 %	32,65 %	70 - 80	33,71 %
80	21,13 %	34,77 %	80 - 90	35,83 %
90	22,76 %	36,89 %	90 - 100	37,95 %
100	24,28 %	39,01 %	100 - 110	40,07 %
110	25,72 %	41,13 %	110 - 120	41,57 %
120	27,06 %	42,00 %	120 - 130	45,18 %
130	28,46 %	48,36 %	130 - 140	48,36 %
140	29,79 %	48,36 %	140 - 150	48,36 %
150	30,93 %	48,36 %	150 - 160	48,36 %
160	31,94 %	48,36 %	160 - 170	48,36 %
170	32,82 %	48,36 %	170 - 180	48,36 %
180	33,61 %	48,36 %	180 - 190	48,36 %
190	34,32 %	48,36 %	190 - 200	46,34 %
200	34,85 %	44,31 %	200 - 220	44,31 %
220	35,71 %	44,31 %	220 - 240	44,31 %
240	36,43 %	44,31 %	240 - 260	44,31 %
260	37,04 %	44,31 %	260 - 280	44,31 %
280	37,56 %	44,31 %	280 - 300	44,31 %
300	38,01 %	44,31 %	300 - 320	44,31 %
320	38,40 %	44,31 %	320 - 340	44,31 %
340	38,75 %	44,31 %	340 - 360	44,31 %
360	39,06 %	44,31 %	360 - 380	44,31 %
380	39,33 %	44,31 %	380 - 400	44,31 %
400	39,58 %	44,31 %	400 - 600	45,89 %
600	41,47 %	47,48 %	600 - 800	47,48 %
800	42,97 %	47,48 %	800 - 1.000	47,48 %
1.000	43,87 %	47,48 %	1.000 - 2.000	47,48 %
2.000	45,67 %	47,48 %	2.000 - 4.000	47,48 %
4.000	46,57 %	47,48 %	> 4.000	47,48 %

* Die Milderungsregelung in der hier angewendeten Weise gilt ab 2021.

*Tabelle T-4: Einkommensteuersätze nach dem Splittingtarif 2020, ohne Kirchensteuer, mit Solidaritätszuschlag unter Berücksichtigung der Milderungsregelung nach § 4 Satz 2 SolZG**

zu versteuern-des Einkommen in T€	Durchschnittssteuer-satz = durchschnittliche Einkommensteu-erbelastung des Ein-kommenswerts in Spalte 1	Grenzsteuersatz = Grenzsteuerbelas-tung des Einkom-menswerts in Spalte 1 = Diffe-renzsteuersatz be-zogen auf zu ver-steuernde Einkom-men lt. Spalte 1 als mittlere Werte	der Diffferenzsteu-erbetrachtung zu-grunde gelegte Einkommensklas-sen in T€	Differenzsteuer-satz = Belastung der in Spalte 4 auf-geführten Einkom-mensdifferenz
Spalte 1	Spalte 2	Spalte 3	Spalte 4	Spalte 5
0	0,00 %	0,00 %	0 - 9,408	0,00 %
9,409	0,00 %	15,07 %	9,409 - 10	15,68 %
10	0,94 %	16,29 %	10 - 15	21,04 %
15	7,84 %	25,78 %	15 - 20	26,89 %
20	12,66 %	27,99 %	20 - 25	29,09 %
25	15,98 %	30,19 %	25 - 30	31,29 %
30	18,56 %	32,39 %	30 - 35	33,48 %
35	20,71 %	34,57 %	35 - 40	35,66 %
40	22,60 %	36,75 %	40 - 45	37,83 %
45	24,32 %	38,92 %	45 - 50	40,00 %
50	25,90 %	41,08 %	50 - 55	42,15 %
55	27,40 %	43,23 %	55 - 60	43,67 %
60	28,79 %	44,11 %	60 - 65	46,24 %
65	30,06 %	48,36 %	65 - 70	48,36 %
70	31,18 %	48,36 %	70 - 75	48,36 %
75	32,15 %	48,36 %	75 - 80	48,36 %
80	33,00 %	48,36 %	80 - 85	48,36 %
85	33,76 %	48,36 %	85 - 90	48,36 %
90	34,43 %	48,36 %	90 - 95	48,36 %
95	35,04 %	48,36 %	95 - 100	47,35 %
100	36,73 %	46,34 %	100 - 110	46,34 %
110	37,61 %	46,34 %	110 - 120	46,34 %
120	38,35 %	46,34 %	120 - 130	46,34 %
130	38,96 %	46,34 %	130 - 140	46,34 %
140	39,49 %	46,34 %	140 - 150	46,34 %
150	39,95 %	46,34 %	150 - 160	46,34 %
160	40,35 %	46,34 %	160 - 170	46,34 %
170	40,71 %	46,34 %	170 - 180	46,34 %
180	41,02 %	46,34 %	180 - 190	46,34 %
190	41,30 %	46,34 %	190 - 200	46,34 %
200	41,56 %	46,34 %	200 - 300	47,93 %
300	43,47 %	49,52 %	300 - 400	49,52 %
400	44,99 %	49,52 %	400 - 500	49,52 %
500	45,90 %	49,52 %	500 - 1.000	49,52 %
1.000	47,71 %	49,52 %	1.000 - 2.000	49,52 %
2.000	48,62 %	49,52 %	> 2.000	49,52 %

* Die Milderungsregelung in der hier angewendeten Weise gilt ab 2021.

*Tabelle T-5: Einkommensteuersätze nach dem Grundtarif 2020, mit Kirchensteuer, mit Solidaritätszuschlag unter Berücksichtigung der Milderungsregelung nach § 4 Satz 2 SolZG**

zu versteuern-des Einkommen in T€	Durchschnittssteuersatz = durchschnittliche Einkommensteuerbelastung des Einkommenswerts in Spalte 1	Grenzsteuersatz = Grenzsteuerbelastung des Einkommenswerts in Spalte 1 = Differenzsteuersatz bezogen auf zu versteuernde Einkommen lt. Spalte 1 als mittlere Werte	der Diffferenzsteuerbetrachtung zugrunde gelegte Einkommensklassen in T€	Differenzsteuersatz = Belastung der in Spalte 4 aufgeführten Einkommensdifferenz
Spalte 1	Spalte 2	Spalte 3	Spalte 4	Spalte 5
0	0,00 %	0,00 %	0 - 18,818	0,00 %
18,82	0,00 %	15,07 %	18,82 - 20	15,68 %
20	0,94 %	16,29 %	20 - 30	21,04 %
30	7,84 %	25,78 %	30 - 40	26,89 %
40	12,66 %	27,99 %	40 - 50	29,09 %
50	15,98 %	30,19 %	50 - 60	31,29 %
60	18,56 %	32,39 %	60 - 70	33,48 %
70	20,71 %	34,57 %	70 - 80	35,66 %
80	22,60 %	36,75 %	80 - 90	37,83 %
90	24,32 %	38,92 %	90 - 100	40,00 %
100	25,90 %	41,08 %	100 - 110	42,15 %
110	27,40 %	43,23 %	110 - 120	43,67 %
120	28,79 %	44,11 %	120 - 130	46,24 %
130	30,06 %	48,36 %	130 - 140	48,36 %
140	31,18 %	48,36 %	140 - 150	48,36 %
150	32,15 %	48,36 %	150 - 160	48,36 %
160	33,00 %	48,36 %	160 - 170	48,36 %
170	33,76 %	48,36 %	170 - 180	48,36 %
180	34,43 %	48,36 %	180 - 190	48,36 %
190	35,04 %	48,36 %	190 - 200	47,35 %
200	36,73 %	46,34 %	200 - 220	46,34 %
220	37,61 %	46,34 %	220 - 240	46,34 %
240	38,35 %	46,34 %	240 - 260	46,34 %
260	38,96 %	46,34 %	260 - 280	46,34 %
280	39,49 %	46,34 %	280 - 300	46,34 %
300	39,95 %	46,34 %	300 - 320	46,34 %
320	40,35 %	46,34 %	320 - 340	46,34 %
340	40,71 %	46,34 %	340 - 360	46,34 %
360	41,02 %	46,34 %	360 - 380	46,34 %
380	41,30 %	46,34 %	380 - 400	46,34 %
400	41,56 %	46,34 %	400 - 600	47,93 %
600	43,47 %	49,52 %	600 - 800	49,52 %
800	44,99 %	49,52 %	800 - 1.000	49,52 %
1.000	45,90 %	49,52 %	1.000 - 2.000	49,52 %
2.000	47,71 %	49,52 %	2.000 - 4.000	49,52 %
4.000	48,62 %	49,52 %	> 4.000	49,52 %

* Die Milderungsregelung in der hier angewendeten Weise gilt ab 2021.

*Tabelle T-6: Einkommensteuersätze nach dem Splittingtarif 2020, mit Kirchensteuer, mit Solidaritätszuschlag unter Berücksichtigung der Milderungsregelung nach § 4 Satz 2 SolZG**

Zeile	Teilbemessungsgrundlage	Kombinierte Steuersätze in allgemeiner Form	Konkrete kombinierte Steuersätze in % der jeweiligen Teilbemessungsgrundlage bei natürlichen Personen							
	Spalte 1	Spalte 2*	**Spalte 3**	Spalte 4	Spalte 5	**Spalte 6**	Spalte 7	Spalte 8**	Spalte 9	Spalte 10
			m_e = 3,5 % h = 400 % s_{ei} = 42 % s_{olz} = 0 % s_{ki} = 0 %	m_e = 3,5 % h = 400 % s_{ei} = 42 % s_{olz} = 5,5 % s_{ki} = 0 %	m_e = 3,5 % h = 400 % s_{ei} = 42 % s_{olz} = 0 % s_{ki} = 9 %	**m_e = 3,5 % h = 400 % s_{ei} = 42 % s_{olz} = 5,5 % s_{ki} = 9 %**	m_e = 3,5 % h = 500 % s_{ei} = 42 % s_{olz} = 0 % s_{ki} = 0 %	m_e = 3,5 % h = 400 % s_{ei} = 25 % s_{olz} = 5,5 % s_{ki} = 9 %	m_e = 3,5 % h = 400 % s_{ei} = 45 % s_{olz} = 5,5 % s_{ki} = 9 %	m_e = 0 % h = offen s_{ei} = 42 % s_{olz} = 5,5 % s_{ki} = 9 %
1	E	$s_e + m_e \cdot [h - \alpha \cdot (1 + s_{olz})]$	**42,700**	44,279	44,813	**46,307**	46,200	27,964	49,488	46,338
2	E_e	s_e	**42,000**	44,310	44,113	**46,338**	42,000	27,995	49,519	46,338
3	H_{ge}	$m_e \cdot [h - \alpha \cdot (1 + s_{olz})]$	**0,700**	– 0,032	0,700	**– 0,032**	4,200	– 0,032	– 0,032	0,000
4	B_{mbgr}	$\gamma \cdot m_e \cdot \alpha \cdot (1 + s_{olz})$ $+ s_{gr} \cdot m_e \cdot \alpha \cdot (1 + s_{olz})$ $+ s_{gr} \cdot (1 - s_e - m_e \cdot h)$ $- \gamma \cdot m_e \cdot h$	**0,790**	0,781	0,761	**0,752**	0,683	1,009	0,708	0,751
5	B_{mpgr}	$s_{gr} \cdot (1 - s_e)$	**0,812**	0,780	0,782	**0,751**	0,812	1,008	0,707	0,751

* Der Faktor α, d. h. der Faktor, mit dem der Gewerbesteuermessbetrag nach § 35 EStG zu multiplizieren ist, wird in dieser Tabelle generell mit dem Wert von 3,8 angesetzt. Klargestellt sei, dass in Fällen, in denen keine Gewerbesteuer entsteht ($m_e = 0$), es nicht zu einer Anrechnung von Gewerbesteuer kommen kann. Der Grundsteuersatz s_{gr} wird mit dem Wert 1,4 % berücksichtigt. Dies entspricht einem Grundsteuerhebesatz von 400 %. Der Faktor γ wird mit 1,68 % angesetzt. Dies entspricht einer Kürzung nach § 9 Nr. 1 GewStG von 1,2 % und einer Multiplikation mit 140 % nach § 121a BewG.

** Der Hauptanwendungsfall eines Einkommensteuersatzes von 25 % ist der des Abgeltungsteuersatzes i. S. d. § 32d Abs. 1 EStG.

*Tabelle T-7: Teilbemessungsgrundlagen und kombinierte Steuersätze für natürliche Personen**

Zeile	Teilbemessungs grundlagen	Kombinierte Steuersätze in allgemeiner Form	Konkrete kombinierte Steuersätze in % der jeweiligen Teilbemessungsgrundlage bei Kapitalgesellschaften						
	Spalte 1	Spalte 2	**Spalte 3**	**Spalte 4**	Spalte 5	Spalte 6	Spalte 7	Spalte 8	**Spalte 9**
			$s_{kö}$ = 15 % s_{olz} = 0 % h = 400 %	**$s_{kö}$ = 15 % s_{olz} = 5,5 % h = 400 %**	$s_{kö}$ = 15 % s_{olz} = 0 % h = 500 %	$s_{kö}$ = 15 % s_{olz} = 0 % h = 300 %	$s_{kö}$ = 25 %** s_{olz} = 0 % h = 400 %	$s_{kö}$ = 40 %*** s_{olz} = 0 % h = 400 %	**$s_{kö}$ = 10 %**** s_{olz} = 0 % h = 400 %**
1	E	$s_k + m_e \cdot h$	**29,000**	**29,825**	32,500	25,500	39,000	54,000	**24,000**
2	E_k	s_k	**15,000**	**15,825**	15,000	15,000	25,000	40,000	**10,000**
3	H_{ge}	$m_e \cdot h$	**14,000**	**14,000**	17,500	10,500	14,000	14,000	**14,000**
4	B_{mbgr}	$(1 - s_k) \cdot s_{gr} - (\gamma + s_{gr}) \cdot m_e \cdot h$	**0,759**	**0,747**	0,651	0,867	0,619	0,409	**0,829**

* In dieser Tabelle werden m_e mit 3,5 % und γ mit 1,68 % angesetzt. Letzteres entspricht einer Kürzung nach § 9 Nr. 1 GewStG von 1,2 % und einer Multiplikation mit 140 % nach § 121a BewG. Außerdem wird der Grundsteuersatz mit 1,4 % (s_{gr} = 1,4 %) konstant gehalten. Dies entspricht einem Grundsteuerhebesatz von 400 %.

** Dieser Körperschaftsteuersatz entspricht demjenigen, der während der Jahre 2001 bis 2007 anwendbar war. Abweichend von der Behandlung hier war die Gewerbesteuer damals eine abzugsfähige Betriebsausgabe.

*** Ein Körperschaftsteuersatz von 40 % entspricht demjenigen, der während der Jahre 1999 und 2000. d. h. in der Schlussphase des körperschaftsteuerlichen Anrechnungsverfahrens, anwendbar war. Abweichend von der Behandlung hier war die Gewerbesteuer damals eine abzugsfähige Betriebsausgabe.

**** Eine Senkung des Körperschaftsteuersatzes von derzeit 15 % auf 10 % erscheint im Rahmen der derzeit weltweiten Senkung der Körperschaftsteuersätze durchaus realistisch.

*Tabelle T-8: Teilbemessungsgrundlagen und kombinierte Steuersätze bei Kapitalgesellschaften**

Zeile	Gewerbesteuerliche Variable	Nettozinssätze $i_{n/kap}$ im Verhältnis zu den Bruttozinssätzen i_b ($i_{n/kap} : i_b$) bei Kapitalgesellschaften					
	Spalte 1	Spalte 2	Spalte 3	Spalte 4	Spalte 5	Spalte 6	Spalte 7
		$s_{kö}$ = 15 % s_{olz} = 0 %	$s_{kö}$ = 15 % s_{olz} = 5,5 %	$s_{kö}$ = 30 % s_{olz} = 0 %	$s_{kö}$ = 30 % s_{olz} = 5,5 %	$s_{kö}$ = 10 % s_{olz} = 0 %	$s_{kö}$ = 10 % s_{olz} = 5,5 %
1	s_{ge} = 10,5 %, β = 0	74,50 %	73,68 %	59,50 %	57,85 %	79,50 %	78,95 %
2	s_{ge} = 14,0 %, β = 0	71,00 %	70,18 %	56,00 %	54,35 %	76,00 %	75,45 %
3	s_{ge} = 17,5 %, β = 0	67,50 %	66,68 %	52,50 %	50,85 %	72,50 %	71,95 %
4	s_{ge} = 10,5 %, β = 0,25	77,13 %	76,30 %	62,13 %	60,48 %	82,13 %	81,58 %
5	s_{ge} = 14,0 %, β = 0,25	74,50 %	73,68 %	59,50 %	57,85 %	79,50 %	78,95 %
6	s_{ge} = 17,5 %, β = 0,25	71,88 %	71,05 %	56,88 %	55,23 %	76,88 %	76,33 %

Tabelle T-9: Nettoverzinsung in % der Bruttoverzinsung bei Kapitalgesellschaften in Abhängigkeit von den Werten für $s_{kö}$, s_{olz}, s_{ge} und β

Kirchensteuersatz 0 %, Solidaritätszuschlag 0 %**, Gewerbesteuermesszahl 3,5 %, Gewerbesteuerhebesatz 400 %

Zeile	z. v. E. in T€	entspricht s_{ei} i. H. v. **	Nettozinssätze $i_{n/persu}$ in %									
	Spalte 1	Spalte 2	Spalte 3	Spalte 4	Spalte 5	Spalte 6	Spalte 7	Spalte 8	Spalte 9	Spalte 10	Spalte 11	Spalte 12
			$i_b =$ 0,5	$i_b =$ 2	$i_b =$ 4	$i_b =$ 6	$i_b =$ 8	$i_b =$ 0,5	$i_b =$ 2	$i_b =$ 4	$i_b =$ 6	$i_b =$ 8
			$\beta =$ 0	$\beta =$ 0	$\beta =$ 0	$\beta =$ 0	$\beta =$ 0	$\beta =$ 0,25	$\beta =$ 0,25	$\beta =$ 0,25	$\beta =$ 0,25	$\beta =$ 0,25
1***	< 9,4	0,00	0,430	1,720	3,440	5,160	6,880	0,448	1,790	3,580	5,370	7,160
2	9,4	14,00	0,426	1,706	3,412	5,118	6,824	0,427	1,709	3,419	5,128	6,838
3	10	15,15	0,421	1,683	3,366	5,049	6,732	0,422	1,686	3,373	5,059	6,746
4	15	24,17	0,376	1,503	3,005	4,508	6,011	0,377	1,506	3,012	4,518	6,025
5	20	26,29	0,365	1,460	2,920	4,381	5,841	0,366	1,464	2,927	4,391	5,855
6	25	28,41	0,354	1,418	2,836	4,253	5,671	0,355	1,421	2,843	4,264	5,685
7	30	30,53	0,344	1,375	2,751	4,126	5,502	0,345	1,379	2,758	4,137	5,516
8	35	32,65	0,333	1,333	2,666	3,999	5,332	0,334	1,337	2,673	4,010	5,346
9	40	34,77	0,323	1,291	2,581	3,872	5,162	0,324	1,294	2,588	3,882	5,176
10	45	36,89	0,312	1,248	2,496	3,745	4,993	0,313	1,252	2,503	3,755	5,007
11	50	39,01	0,301	1,206	2,412	3,617	4,823	0,302	1,209	2,419	3,628	4,837
12	55	41,13	0,291	1,163	2,327	3,490	4,654	0,292	1,167	2,334	3,501	4,668
13	> 57, < 270,5	42,00	0,287	1,146	2,292	3,438	4,584	0,287	1,150	2,299	3,449	4,598
14	> 270,5	45,00	0,272	1,086	2,172	3,258	4,344	0,272	1,090	2,179	3,269	4,358

* Alle Werte der Spalten 2 bis 12 in %.

** Bei allen Werten von s_{ei} handelt es sich um Grenzsteuersätze der in Spalte 1 aufgeführten zu versteuernden Einkommen (z.v.E). Diese Steuersätze können auch als Differenzsteuersätze interpretiert werden. Die hier verzeichneten z.v.E. sind dann jeweils als der Durchschnittswert des oberen und des unteren Werts der die Einkommensdifferenz definierenden z.v.E. definiert.
In dieser Tabelle wird davon ausgegangen, dass der Solidaritätszuschlag – entgegen der Rechtslage im Frühjahr 2020 – vollständig, also auch für höhere Einkommen, abgeschafft worden ist.

*** Mangels Einkommensteuerbelastung kommt es in Zeile 1 nicht zu einer Anrechnung von Gewerbesteuer ($\alpha = 0$).

*Tabelle T-10: Nettozinssätze einer von einer natürlichen Person getätigten Supplementinvestition nach dem Grundtarif 2020**

Zeile	zu versteuerndes Einkommen in T€	entspricht s_{ei} i. H. v.	Nettozinssätze $i_{n/persu}$ bzw. $i_{n/nat}$*									
	Spalte 1	Spalte 2	Spalte 3	Spalte 4	Spalte 5	Spalte 6	Spalte 7	Spalte 8	Spalte 9	Spalte 10	Spalte 11	Spalte 12
			m_e = 3,5 h = 300 β = 0 α = 300	m_e = 3,5 h = 400 β = 0 α = 380	m_e = 3,5 h = 500 β = 0 α = 380	m_e = 3,5 h = 300 β = 25 α = 300	m_e = 3,5 h = 400 β = 25 α = 380	m_e = 3,5 h = 500 β = 25 α = 380	m_e = 3,5 h = 400 β = 25 α = 90	m_e = 3,5 h = 400 β = 25 α = 180	m_e = 3,5 h = 400 β = 0 α = 270	m_e = 0,0 h = 0 β = 0 α = 0
1**	< 9,4	0,00	3,580	3,440	3,300	3,685	3,580	3,475	3,580	3,580	3,440	4,000
2	9,4	14,00	3,440	3,412	3,272	3,440	3,419	3,314	3,114	3,209	3,258	3,440
3	10	15,15	3,394	3,366	3,226	3,394	3,373	3,268	3,068	3,163	3,212	3,394
4	15	24,17	3,033	3,005	2,865	3,033	3,012	2,907	2,708	2,802	2,851	3,033
5	20	26,29	2,948	2,920	2,780	2,948	2,927	2,822	2,623	2,717	2,766	2,948
6	25	28,41	2,864	2,836	2,696	2,864	2,843	2,738	2,538	2,633	2,682	2,864
7	30	30,53	2,779	2,751	2,611	2,779	2,758	2,653	2,453	2,548	2,597	2,779
8	35	32,65	2,694	2,666	2,526	2,694	2,673	2,568	2,369	2,463	2,512	2,694
9	40	34,77	2,609	2,581	2,441	2,609	2,588	2,483	2,284	2,378	2,427	2,609
10	45	36,89	2,524	2,496	2,356	2,524	2,503	2,398	2,199	2,293	2,342	2,524
11	50	39,01	2,440	2,412	2,272	2,440	2,419	2,314	2,114	2,209	2,258	2,440
12	55	41,13	2,355	2,327	2,187	2,355	2,334	2,229	2,029	2,124	2,173	2,355
13	> 57, < 270,5	42,00	2,320	2,292	2,152	2,320	2,299	2,194	1,995	2,089	2,138	2,320
14	> 270,5	45,00	2,200	2,172	2,032	2,200	2,179	2,074	1,875	1,969	2,018	2,200

* Alle Werte der Spalten 2 bis 12 in %.

** Mangels Einkommensteuerbelastung kommt es in Zeile 1 nicht zu einer Anrechnung von Gewerbesteuer (α = 0). Der Anrechnungsfaktor der Gewerbe- auf die Einkommensteuer α nimmt jeweils den angegebenen Wert an.

Tabelle T-11: Nettozinssätze einer von einer natürlichen Person getätigten Supplementinvestition mit einem Bruttozinssatz i_b von 4 % bei Anwendung des Grundtarifs 2020 ohne Kirchensteuer und ohne Solidaritätszuschlag bei unterschiedlichen gewerbesteuerlichen Einflussfaktoren m_e, h, α und β

Anhang 2: Wichtige Formeln

I. Mit römischen Zahlen gekennzeichnete Formeln

Nachfolgend sind die im Text mit römischen Zahlen versehenen Formeln aufgelistet. Sie sind für den Gang der Untersuchung von herausragender Bedeutung. Sie sind hier in derselben Weise mit römischen Zahlen numeriert wie im laufenden Text.

$$\begin{aligned} S_{nat} = {} & E \cdot (s_e + s_{ge}) + E_e \cdot s_e + H_{ge} \cdot s_{ge} - A_{n/gewst} \cdot (1 + s_{olz}) \\ & + B_{mbgr} \cdot [s_{gr} \cdot (1 - s_e - s_{ge}) - \gamma \cdot s_{ge}] + B_{mpgr} \cdot s_{gr} \cdot (1 - s_e)\,. \end{aligned} \tag{I}$$

$$\begin{aligned} S_{nat} = {} & E \cdot \{s_e + m_e \cdot [h - \alpha \cdot (1 + s_{olz})]\} + E_e \cdot s_e \\ & + H_{ge} \cdot m_e \cdot [h - \alpha \cdot (1 + s_{olz})] \\ & + B_{mbgr} \cdot [\gamma \cdot m_e \cdot \alpha \cdot (1 + s_{olz}) + s_{gr} \cdot m_e \cdot \alpha \cdot (1 + s_{olz}) \\ & + s_{gr} \cdot (1 - s_e - m_e \cdot h) - \gamma \cdot m_e \cdot h] \\ & + B_{mpgr} \cdot s_{gr} \cdot (1 - s_e). \end{aligned} \tag{II}$$

$$\begin{aligned} S_{nat/\alpha=h} = {} & E \cdot (s_e - m_e \cdot h \cdot s_{olz}) + E_e \cdot s_e - H_{ge} \cdot m_e \cdot h \cdot s_{olz} \\ & + B_{mbgr} \cdot \{\gamma \cdot m_e \cdot h \cdot (1 + s_{olz}) - \gamma \cdot m_e \cdot h \\ & + s_{gr} \cdot [m_e \cdot h \cdot (1 + s_{olz}) + 1 - m_e \cdot h - s_e]\} \\ & + B_{mpgr} \cdot s_{gr} \cdot (1 - s_e). \end{aligned} \tag{III}$$

$$\begin{aligned} S_{kap} = {} & E \cdot (s_k + s_{ge}) + E_k \cdot s_k + H_{ge} \cdot s_{ge} \\ & + B_{mbgr} \cdot [(1 - s_k) \cdot s_{gr} - (\gamma + s_{gr}) \cdot s_{ge}]. \end{aligned} \tag{IV}$$

$$\begin{aligned} S_{kap} = {} & E \cdot (s_k + m_e \cdot h) + E_k \cdot s_k + H_{ge} \cdot m_e \cdot h \\ & + B_{mbgr} \cdot [(1 - s_k) \cdot s_{gr} - (\gamma + s_{gr}) \cdot m_e \cdot h]. \end{aligned} \tag{V}$$

$$S_{ges/a/pv} = (A - F_{e§20}) \cdot s_{e§32d}. \tag{VI}$$

$$S_{ges/a/bv} = \delta \cdot A \cdot s_{e§32a}. \tag{VII}$$

$$S_{ges/a/kap} = 0{,}05 \cdot A \cdot (s_k + m_e \cdot h)\,. \tag{VIII}$$

$$i_{n/kap} = i_b \cdot [1 - s_k - m_e \cdot h \cdot (1 - \beta)]\,. \tag{IX}$$

$$i_{n/persu} = \{1 - s_{e§32a} - m_e \cdot [h \cdot (1 - \beta) - \alpha \cdot (1 + s_{olz}) \cdot (1 - \beta)]\} \cdot i_b. \tag{X}$$

$$i_{n/persu} = (1 - s_{e§32a}) \cdot i_b. \tag{XI}$$

$$i_{n/nat} = (1 - s_{e§32a}) \cdot i_b. \tag{XII}$$

$$s_{et} = \frac{s_{et+1} - m_e \cdot (h - \alpha) \cdot i_{n/persu_{t+1}}}{1 + i_{n/persu_{t+1}}}. \tag{XIII}$$

II. Zusätzliche mit arabischen Zahlen versehene Formeln

Von den mit arabischen Zahlen versehenen Formeln sind lediglich die in Teil I mit (17) und (20) versehenen für das gesamte Buch von Bedeutung. Sie lauten:

$$s_e = \frac{s_{ei} \cdot (1 + s_{ki})}{1 + s_{ki} \cdot s_{ei}}. \tag{17}$$

$$s_e = \frac{s_{ei} \cdot (1 + s_{olz} + s_{ki})}{1 + s_{ki} \cdot s_{ei}}. \tag{20}$$

III. Tariffunktionen und Grenzsteuersatzfunktionen für den Veranlagungszeitraum 2020

Tarifbereiche in €	Tariffunktionen	Grenzsteuersatzfunktionen
$0 \leq E^* \leq 9.408$	$E_{St} = 0$	$s_e' = 0$
$9.409 \leq E^* \leq 14.532$	$E_{St} = 9{,}7287 \cdot E^{*2} \cdot 10^{-6} - 0{,}04305521 \cdot E^* - 456{,}0283$	$s_e' = 19{,}4574 \cdot E^* \cdot 10^{-6} - 0{,}04305521$
$14.533 \leq E^* \leq 57.051$	$E_{St} = 212{,}02 \cdot E^{*2} \cdot 10^{-8} + 0{,}178079 \cdot E^* - 2.062{,}788633$	$s_e' = 4{,}2404 \cdot E^* \cdot 10^{-6} + 0{,}178079$
$57.052 \leq E^* \leq 270.500$	$E_{St} = 0{,}42 \cdot E^* - 8.963{,}74$	$s_e' = 0{,}42$
$E^* \geq 270.501$	$E_{St} = 0{,}45 \cdot E^* - 17.078{,}74$	$s_e' = 0{,}45$

Die aufgeführten Tariffunktionen und Grenzsteuersatzfunktionen der einzelnen Tarifbereiche wurden entsprechend der in Teil I, Gliederungspunkt 3.2.3.1 (S. 22) aufgeführten Vorgehensweise ermittelt.

Durch Einsetzen des zu versteuernden Einkommens E^* in die Tariffunktion oder in die Grenzsteuersatzfunktion, kann die Einkommensteuer E_{st} oder der Grenzsteuersatz s_e' des entsprechenden Veranlagungszeitraums und Tarifbereichs ermittelt werden.

Literaturverzeichnis

1. Monographien, Sammelwerke, Kommentare, Zeitschriftenaufsätze

Baan, Wilhelm (1980): Substanz- und Ertragsteuern in der Kapitalwertmethode, DB, S. 700–703, 746–750.

Bareis, Peter (2000): Das Halbeinkünfteverfahren im Systemvergleich, StuW, S. 133–143.

Bareis, Peter (2008): Maßgeblichkeit der Handels- für die Steuerbilanz de lege lata und de lege ferenda in: Steuerliche Gewinnermittlung nach dem Bilanzrechtsmodernisierungsgesetz, herausgegeben von *Ute Schmiel/Volker Breithecker*, Berlin, S. 31–67.

Bitz, Michael (2005): Investition, in: Vahlens Kompendium der Betriebswirtschaftslehre, herausgegeben von *Michael Bitz, Klaus Dellmann, Michael Domsch* und *Franz W. Wagner*, Band 1, 5. Auflage, Müchen, S. 107–173.

Bitz, Michael/Schneeloch, Dieter/Wittstock, Wilfried/Patek, Guido (2014): Der Jahresabschluss: Nationale und internationale Rechtsvorschriften, Analyse und Politik, 6. Auflage, München.

Bradsch, Nicole (2007): Übertragung von Anteilen an einer Kapitalgesellschaft im Rahmen der Unternehmensnachfolge: Eine steuerliche Vorteilhaftigkeitsanalyse in: Betriebswirtschaftliche Steuerlehre in Forschung und Praxis, Band 33, Hamburg.

Burwitz, Gero (2020): § 23 KStG, in: Einkommensteuer- und Körperschaftsteuergesetz. Kommentar, herausgegeben von *Carl Herrmann, Gerhard Heuer* und *Arndt Raupach*, Band 6, Köln (Loseblatt), Stand: Februar 2020.

Coenenberg, Adolf G./Haller, Axel/Schultze, Wolfgang (2018): Jahresabschluss und Jahresabschlussanalyse, 25. Auflage, Stuttgart.

Dedner, Martin/Günther, Rolf (1980): Zur Ertragsteuerplanung unter Berücksichtigung des zeitlichen Auseinanderfallens von Steuerschuld und Steuerzahlung auf der Grundlage modellexogener Daten, ZfB, S. 853–874.

Endres, Dieter/Spengel, Christoph (2016): Internationale Unternehmensbesteuerung, begründet von *Otto H. Jacobs*, 8. Auflage, München.

Förster, Jutta (2019): Allgemeiner Teil: Das Steuerrecht im internationalen Vergleich, in: Steuern in Europa, Amerika und Asien, herausgegeben von *Annemarie Mennel* und *Jutta Förster*, Band 1, Herne/Berlin (Loseblatt), Stand: April 2019.

Frieling, Melanie (2015): Die Familienstiftung als Gestaltungsinstrument im Rahmen der Unternehmensnachfolge. Eine steuerplanerische Untersuchung, in: Bilanz-, Prüfungs- und Steuerwesen, Band 42, herausgegeben von Karlheinz Küting und Claus-Peter Weber, Berlin.

Frieling, Melanie (2017): Erbschaft- und Schenkungsteuerplanung im Rahmen von Vermögensübertragungen auf Familienstiftungen, DB, S. 317–326.

Gräbe, Sebastian (2012): Das Maßgeblichkeitsprinzip vor dem Hintergrund des BilMoG. Geänderte Reichweite – neue Fragen – Entwicklungsperspektiven, Berlin.

Grotherr, Siegfried (2011): Grundlagen der internationalen Steuerplanung, in: Handbuch der internationalen Steuerplanung, herausgegeben von *Siegfried Grotherr*, 3. Auflage, Herne/Berlin.

Grottel, Bernd/Huber, Frank (2020): § 256 HGB, in: Beck'scher Bilanzkommentar: Handels- und Steuerbilanz, begründet von *Wolfgang Dieter Budde u. a.*, herausgegeben von *Bernd Grottel u. a.* 12. Auflage, München.

Günther, Rolf (1980): Ermittlung der Grenzsteuersatzzuwachsraten - Ein Verfahren zur Ertragsteuerplanung, StuW, S. 31–50.

Haberstock, Lothar (1970): Zum Ansatz des Kalkulationszinsfußes vor und nach Steuern in investitionstheoretischen Partialmodellen, ZfbF, S. 510–516.

Haberstock, Lothar/Breithecker, Volker (2016): Einführung in die Betriebswirtschaftliche Steuerlehre mit Fallbeispielen, Übungsaufgaben und Lösungen, 17. Auflage, Bielefeld.

Hagen, Oliver/Schynol, Daniela (2001): Die Besteuerung außerordentlicher Einkünfte nach dem Steuersenkungsgesetz und dem Steuersenkungsergänzungsgesetz, DB, S. 397–407.

Hechtner, Frank (2017): Eine ökonomische Analyse der Besteuerung außerordentlicher Einkünfte nach der Fünftelregelung unter besonderer Berücksichtigung des Progressionsvorbehalts, BFuP, S. 472–512.

Heinhold, Michael (1979): Betriebliche Steuerplanung mit quantitativen Methoden, München.

Hering, Thomas (2014): Unternehmensbewertung, 3. Auflage, München.

Hering, Thomas (2017): Investitionstheorie, 5. Auflage, München.

Herzig, Norbert/Briesemeister, Simone (2019): Maßgeblichkeitsgrundsatz, in: Handbuch der Rechnungslegung, herausgegeben von *Karlheinz Küting, Norbert Pfitzer* und *Claus-Peter Weber*, Stuttgart (Loseblatt), Stand: Dezember 2019.

Herzig, Norbert/Förster, Guido (1999): Steuerentlastungsgesetz 1999/2000/2002: Die Änderung von § 17 und § 34 EStG mit ihren Folgen, DB, S. 711–718.

Hinz, Michael (1994): Sachverhaltsgestaltungen im Rahmen der Jahresabschlußpolitik, Düsseldorf.

Houben, Henriette (2006): Das Zusammenwirken von Fünftelregelung nach § 34 Abs. 1 und ermäßigtem Steuersatz nach Abs. 3 EStG bei außerordentlichen Einkünften, DStR, S. 200–206.

Klein, Hans-Dieter (1989): Konzernbilanzpolitik, Heidelberg.

Krüger, Kathrin (2015): Jahresabschlusspolitik: Analyse, Beurteilung und zielgerichteter Einsatz von Aktionsparametern im Einzelabschluss nach HGB, Norderstedt.

Kruschwitz, Lutz (2019): Investitionsrechnung, 15. Auflage, München.

Kußmaul, Heinz (2020): Betriebswirtschaftliche Steuerlehre, 8. Auflage, München.

Küting, Karlheinz/Weber, Claus-Peter (2015): Die Bilanzanalyse. Beurteilung von Abschlüssen nach HGB und IFRS, 11. Auflage, Stuttgart.

Laule, Gerhard (1983): Steuerplanung in Verlustjahren, DStZ, S. 311–319.

Mag, Wolfgang (1977): Entscheidung und Information, München.

Marettek, Alexander (1971): Steuerbilanz- und Unternehmenspolitik, Freiburg im Breisgau.

Marettek, Alexander (1976): Ermessensspielräume bei aktienrechtlichen Wertansätzen, WiSt, S. 515–520.

Matschke, Manfred Jürgen/Brösel, Gerrit (2013): Unternehmensbewertung: Funktionen – Methoden – Grundsätze, 4. Auflage, Wiesbaden.

Mayer-Wegelin, Eberhard (2019): § 256 HGB., in: Handbuch der Rechnungslegung, herausgegeben von *Karlheinz Küting*, *Norbert Pfitzer* und *Claus-Peter Weber*, Stuttgart (Loseblatt), Stand: Dezember 2019.

Mellerowicz, Konrad (1978): Unternehmenspolitik. Band III: Operative Teilpolitiken und Konzernführung, 4. Auflage, Freiburg im Breisgau.

Mertens, Peter (1962): Ertragsteuerwirkungen auf die Investitionsfinanzierung – ihre Berücksichtigung in der Investitionsrechnung, ZfbF, S. 570–588.

Michels, Rolf (1982): Steuerliche Wahlrechte, Wiesbaden.

Moxter, Adolf (1961): Die Bestimmung des Kalkulationszinsfußes bei Investitionsentscheidungen, ZfhF, S. 186–200.

Müller-Kröncke, Gerhard (1974): Entscheidungsmodelle für die Steuerbilanzpolitik. Analyse der Möglichkeiten zur Bilanzbeeinflussung nach geltendem und künftigem Ertragsteuerrecht, Berlin.

Nettersheim, Achim/Gottwald, Bernd (2012): Fünftelregelung bei Abfindungszahlungen – Steuerfalle und Möglichkeiten der Umgehung, EStB, S. 148–153.

Okraß, Jochen (1973): Zur Praktikabilität des Modells der Steuerbarwertminimierung, BFuP, S. 492–510.

Patek, Guido (2008): Die Beurteilung der voraussichtlichen Dauerhaftigkeit von Wertminderungen börsennotierter Aktien des Finanzanlagevermögens – Darstellung, Würdigung und Wirkungsanalyse des BFH-Urteils vom 26.09.2007, FR, S. 689–697.

Pedack, Elke (2001): Besteuerung außerordentlicher Einkünfte gem. § 34 EStG in der Fassung des Steuersenkungsergänzungsgesetzes, INF, S. 165–168.

Pfleger, Günter (1991): Die neue Praxis der Bilanzpolitik. Strategien und Gestaltungsmöglichkeiten im handels- und steuerrechtlichen Jahresabschluß, 4. Auflage, Freiburg im Breisgau.

Rödder, Thomas (1988): Steuerplanungslehre und steuerliche Gestaltungsfindung, BB, Beilage zu Heft 34, S. 1–11.

Rose, Gerd (1973): Die Steuerbelastung der Unternehmung – Grundzüge der Teilsteuerrechnung, Wiesbaden.

Schmidt, Bärbel (2000): Wiedereinführung des halben durchschnittlichen Steuersatzes für Veräußerungsgewinne, DB, S. 2401–2403.

Schmidt, Stefan/Ries, Norbert (2020): § 246 HGB, in: Beck'scher Bilanzkommentar: Handels- und Steuerbilanz, begründet von *Wolfgang Dieter Budde u. a.*, herausgegeben von *Bernd Grottel u. a.* 12. Auflage, München.

Schneeloch, Dieter (1972): Besteuerung und Investitionsfinanzierung: Eine Analyse bei geplanten Realinvestitionen von Kapitalgesellschaften, Berlin.

Schneeloch, Dieter (1975): Steuerbelastungsvergleiche: Einzelwirtschaftliche Analysen ausgewählter Steuergestaltungsmöglichkeiten im Einpersonen- und im Ehegattenfall, Berlin.

Schneeloch, Dieter (1990): Bilanzpolitik und Grundsätze der Maßgeblichkeit, DStR, S. 96–104.

Schneeloch, Dieter (1994): Besteuerung und betriebliche Steuerpolitik, Band 2: Betriebliche Steuerpolitik, München.

Schneeloch, Dieter/Trockels-Brand, Tanja (2000): Körperschaftsteuerliches Anrechnungsverfahren versus Reformpläne, DStR, S. 907–915.

Schneeloch, Dieter (2002): Besteuerung und betriebliche Steuerpolitik, Band 2: Betriebliche Steuerpolitik, 2. Auflage, München.

Schneeloch, Dieter (2006): Rechtsformwahl und Rechtsformwechsel mittelständischer Unternehmen: Auswahlkriterien, Steuerplanung, Gestaltungsempfehlungen, 2. Auflage, München.

Schneeloch, Dieter (2008): Besteuerung und betriebliche Steuerpolitik, Band 1: Besteuerung, 5. Auflage, München.

Schneeloch, Dieter (2009): Besteuerung und betriebliche Steuerpolitik, Band 2: Betriebliche Steuerpolitik, 3. Auflage, München.

Schneeloch, Dieter/Meyering, Stephan/Patek, Guido (2016): Betriebswirtschaftliche Steuerlehre, Band 1: Grundlagen der Besteuerung, Ertragsteuern, 7. Auflage, München.

Schneeloch, Dieter/Meyering, Stephan/Patek, Guido (2017a): Betriebswirtschaftliche Steuerlehre, Band 2: Steuerliche Gewinnermittlung, 7. Auflage, München.

Schneeloch, Dieter/Meyering, Stephan/Patek, Guido (2017b): Betriebswirtschaftliche Steuerlehre, Band 3: Substanzsteuern, Verkehrsteuern, Besteuerungsverfahren, 7. Auflage, München.

Schneider, Dieter (1992): Investition, Finanzierung und Besteuerung, 7. Auflage, Wiesbaden.

Schön, Wolfgang (2005): Steuerliche Maßgeblichkeit in Deutschland und Europa, Köln.

Schueppen, Matthias (1997): Die Nichtanwendbarkeit des Vermögensteuergesetzes ab 01.01.1997: offene Fragen und ein zusätzliches Steuergeschenk, DStR, S. 225–228.

Schult, Eberhard (1977): Die Steuern des Betriebes – Betriebswirtschaftliche Steuerlehre in drei Bänden, Band 3: Steuerpolitik, Freiburg im Breisgau.

Schult, Eberhard (1993): Steuerbasic, 3. Auflage, München.

Selchert, Friedrich W. (1975): Besteuerung und Unternehmenspolitik, ZfB, S. 429–448, 561–576.

Siegel, Theodor (1972): Verfahren zur Minimierung der Einkommensteuer-Barwertsumme, BFuP, S. 65–80.

Siegel, Theodor (1980): Auseinanderfallen von Steuerentstehung und Steuerzahlung bei der Steuerbilanzplanung, ZfB, S. 377–386.

Siegel, Theodor (1982): Steuerwirkungen und Steuerpolitik in der Unternehmung, Würzburg/Wien.

Siegel, Theodor (1989): Steuerbarwertminimierung nach dem Einkommensteuertarif 1990, WISU, S. 269–272.

Siegel, Theodor/Diller, Markus (2008): Fünftelregelung und Progressionsvorbehalt: Eine Stellungnahme, DStZ, S. 178–181.

Sigloch, Jochen (2000): Unternehmenssteuerreform 2001 – Darstellung und ökonomische Analyse, StuW, S. 160–176.

Sprey, Ralf (1997): Das LIFO-Verfahren als Steuervergünstigung?: Eine ökonomische Analyse der steuerrechtlichen Vorratsbewertung bei Preis- und Geldwertänderungen, Hamburg.

Swoboda, Peter (1967): Einflüsse der Besteuerung auf die Ausschüttungs- und Investitionspolitik von Kapitalgesellschaften, ZfbF, S. 1–16.

Veit, Klaus-Rüdiger (2002): Bilanzpolitik, 4. Auflage, München.

Wacker, Roland (2020): § 15a EStG, in: Einkommensteuergesetz: Kommentar, begründet von *Ludwig Schmidt*, herausgegeben von *Heinrich Weber-Grellet*, 39. Auflage, München.

Wagner, Franz W./Dirrigl, Hans (1980): Die Steuerplanung der Unternehmung, Stuttgart/New-York.

Wameling, Hubertus (2004): Die Berücksichtigung von Steuern im Rahmen der Unternehmensbewertung, Wiesbaden.

Winnefeld, Robert (2015): Handels- und Steuerbilanz, rechtsformspezifisches Bilanzrecht, bilanzielle Sonderfragen, Sonderbilanzen, IAS/IFRS-Rechnungslegung, München.

Zimmermann, Stefan (2009): Die Gestaltung des Zahlungsmodus bei Betriebsveräußerung, Wiesbaden.

Zündorf, Horst (2009): Bewertungswahlrechte in: Das neue deutsche Bilanzrecht, herausgegeben von *Karlheinz Küting*, *Norbert Pfitzer* und *Claus-Peter Weber*, 2. Auflage, Stuttgart, S. 101–114.

2. Gesetze und Verordnungen der Bundesrepublik Deutschland

AO: Abgabenordnung in der Fassung der Bekanntmachung vom 1.10.2002, BGBl I 2002, S. 3866, berichtigt durch BGBl I 2003, S. 61, zuletzt geändert durch Gesetz vom 21.12.2019, BGBl I 2019, S. 2875.

BewG: Bewertungsgesetz in der Fassung der Bekanntmachung vom 1.2.1991, BGBl I 1991, S. 230, zuletzt geändert durch Gesetz vom 12.12.2019, BGBl I 2019, S. 2451.

ErbStG: Erbschaftsteuergesetz in der Fassung der Bekanntmachung vom 27.2.1997, BGBl I 1997, S. 379, zuletzt geändert durch Gesetz vom 26.11.2019, BGBl I 2019, S. 1794.

EStG: Einkommensteuergesetz in der Fassung der Bekanntmachung vom 8.10.2009, BGBl I 2009, S. 3366, 3862, zuletzt geändert durch Gesetz vom 21.12.2019, BGBl I 2019, S. 2886.

Gesetz gegen schädliche Steuerpraktiken im Zusammenhang mit Rechteüberlassungen vom 27.06.2017, BGBl I 2017, S. 2074.

Gesetz über Maßnahmen zur Bewältigung der finanziellen Erblasten im Zusammenhang mit der Herstellung der Einheit Deutschlands, zur langfristigen Sicherung des Aufbaus in den neuen Ländern, zur Neuerung des bundesstaatlichen Finanzausgleichs und zur Entlastung der öffentlichen Haushalte (Gesetz zur Umsetzung des Föderalen Konsolidierungsprogramms – FKPG) vom 23.6.1993, BGBl I 1993, S. 944.

Gesetz zur Änderung des Grundgesetzes (Artikel 72, 105 und 125b) vom 15.11.2019, BGBl I 2019, S. 1546.

Gesetz zur Anpassung des Erbschaftsteuer- und Schenkungsteuergesetzes an die Rechtsprechung des Bundesverfassungsgerichts vom 4.11.2016, BGBl I 2016, S. 2464.

Gesetz zur Bekämpfung des Mißbrauchs und zur Bereinigung des Steuerrechts (Mißbrauchsbekämpfungs- und Steuerbereinigungsgesetz – StMBG) vom 21.12.1993, BGBl I 1993, S. 2310.

Gesetz zur Bereinigung steuerlicher Vorschriften (Steuerbereinigungsgesetz 1999 – StBereinG 1999) vom 22.12.1999, BGBl I 1999, S. 2601.

Gesetz zur Einführung eines befristeten Solidaritätszuschlags und zur Änderung von Verbrauchsteuer- und anderen Gesetzen (Solidaritätsgesetz) vom 24.6.1991, BGBl I 1991, S. 1318.

Gesetz zur Ergänzung des Steuersenkungsgesetzes (Steuersenkungsergänzungsgesetz – StSenkErgG) vom 19.12.2000, BGBl I 2000, S. 1812.

Gesetz zur Familienförderung vom 22.12.1999, BGBl I 1999, S. 2552.

Gesetz zur Fortsetzung der Unternehmensteuerreform vom 29.10.1997, BGBl I 1997, S. 2590.

Gesetz zur Modernisierung des Bilanzrechts vom 25.5.2009, BGBl I 2009, S. 1102.

Gesetz zur Reform des Erbschaftsteuer- und Bewertungsrechts (Erbschaftsteuerreformgesetz – ErbStRG) vom 24.12.2008, BGBl I 2008, S. 3018.

Gesetz zur Reform des Grundsteuer- und Bewertungsrechts vom 26.11.2019, BGBl I 2019, S. 1794.

Gesetz zur Rückführung des Solidaritätszuschlags 1995 vom 10.12.2019, BGBl I 2019, S. 2115.

Gesetz zur Senkung der Steuersätze und zur Reform der Unternehmensbesteuerung (Steuersenkungsgesetz – StSenkG) vom 23.10.2000, BGBl I 2000, S. 1433.

Gesetz zur Senkung des Solidaritätszuschlags vom 21.11.1997, BGBl I 1997, S. 2743.

Gesetz zur steuerlichen Förderung der Elektromobilität und zur Änderung weiterer steuerlicher Vorschriften vom 12.12.2019, BGBl I 2019, S. 2451.

Gesetz zur steuerlichen Förderung des Mietwohnungsneubaus vom 4.8.2019, BGBl I 2019, S. 1122.

Gesetz zur Umsetzung steuerrechtlicher Regelungen des Maßnahmenpakets „Beschäftigungssicherung durch Wachstumsstärkung“ vom 21.12.2008, BGBl I 2008, S. 2896.

Gesetz zur Verbesserung der steuerlichen Bedingungen zur Sicherung des Wirtschaftsstandorts Deutschland im Europäischen Binnenland (Standortsicherungsgesetz – StandOG) vom 13.9.1993, BGBl I 1993, S. 1569.

GewStG: Gewerbesteuergesetz vom 15.10.2002, BGBl I 2002, S. 4167, zuletzt geändert durch Gesetz vom 12.12.2019, BGBl I 2019, S. 2451.

GG: Grundgesetz für die Bundesrepublik Deutschland vom 23.5.1949, BGBl I 1949, S. 1, zuletzt geändert durch Gesetz vom 15.11.2019, BGBl I 2019, S. 1546.

HGB: Handelsgesetzbuch vom 10.5.1897, RGBl 1897, S. 219, in der im BGBl III, Gliederungsnummer 4100-1, veröffentlichten bereinigten Fassung, zuletzt geändert durch Gesetz vom 12.12.2019, BGBl I 2019, S. 2637.

Jahressteuergesetz (JStG) 1997 vom 20.12.1996, BStBl I 1996, S. 2049.

KStG: Körperschaftsteuergesetz in der Fassung der Bekanntmachung vom 15.10.2002, BGBl I 2002, S. 4144, zuletzt geändert durch Gesetz vom 21.12.2019, BGBl I 2019, S. 2875.

SolZG: Solidaritätszuschlaggesetz 1995 in der Fassung der Bekanntmachung vom 15.10.2002, BGBl I 2002, S. 4130, zuletzt geändert durch Gesetz vom 10.12.2019, BGBl I 2019, S. 2115.

Steueränderungsgesetz 1992 vom 25.2.1992, BGBl I 1992, S. 297.

Steueränderungsgesetz 2007 vom 24.7.2006, BGBl I 2006, S. 1652.

Steuerentlastungsgesetz 1999/2000/2002 vom 24.3.1999, BGBl I 1999, S. 402.

Steuerreformgesetz 1990 vom 25.7.1988, BStBl I 1988, S. 224.

UmwStG: Umwandlungssteuergesetz vom 7.12.2006, BGBl I 2006, S. 2782, 2791, zuletzt geändert durch Gesetz vom 25.3.2019, BGBl I 2019, S. 357.

Unternehmensteuerreformgesetz 2008 vom 14.08.2007, BGBl I 2007, S. 1912.

UStG: Umsatzsteuergesetz in der Fassung der Bekanntmachung vom 21.2.2005, BGBl I 2005, S. 386, zuletzt geändert durch Gesetz vom 21.12.2019, BGBl I 2019, S. 2886.

3. Gerichtsbeschlüsse und -urteile

BFH-Beschluss vom 3.2.1969, GrS 2/68, BStBl II 1969, S. 291.

BFH-Urteil vom 1.8.1984, I R 88/80, BStBl II 1985, S. 44.

BFH-Urteil vom 30.11.2005, I R 110/04, BStBl II 2007, S. 251.

BFH-Urteil vom 26.9.2007, I R 58/06, BStBl II 2009, S. 294

BFH-Urteil vom 21.09.2011, 1 R 89/10, BStBI II 2014, S. 612.

BVerfG-Beschluss vom 22.6.1995, 2 BvL 37/91, BStBl II 1995, S. 655.

BVerfG-Urteil vom 10.4.2018, 1BvL 11/14, BVerfGE 148, S. 147.

4. Sonstige Quellen

BMF-Schreiben vom 24.2.2009, III C 6 – S 2296 – a/08/10002, BStBl I 2009, S. 440.

BMF-Schreiben vom 18.1.2016, IV C 1 – S 2252/08/10004 :017, BStBl I 2016, S. 85.

BMF-Schreiben vom 2.9.2016, IV C 6-S 2171-b/09/10002:002, BStBl I 2016, S. 995.

BMF-Schreiben vom 2.11.2018, IV C 6-S 2144/07/10001:007, BStBl I 2018, S. 1207.

ErbStR: Allgemeine Verwaltungsvorschrift zur Anwendung des Erbschaftsteuer- und Schenkungsteuerrechts (Erbschaftsteuer-Richtlinien 2019) vom 16.12.2019, BStBl I 2019, Sondernummer 1, 2 (mit den Erbschaftsteuer-Hinweisen 2019).

EStR: Einkommensteuer-Richtlinien vom 16.12.2005, BStBl I 2005, Sondernummer 1, i. d. F. der Einkommensteuer-Änderungsrichtlinien 2012 vom 25.3.2013, BStBl I 2013, S. 276.

IDW (2008), Grundsätze zur Durchführung von Unternehmensbewertungen (IDW S 1 i. d. F. 2008), IDW Fachnachrichten 7/2008, S. 271-292.

IDW (2011), Stellungnahme zur Rechnungslegung: Ansatz- und Bewertungsstetigkeit im handelsrechtlichen Jahresabschluss (IDW RS HFA 38), IDW Fachnachrichten 8/2011, S. 560-563.

Stichwortverzeichnis